教育部人文社科重点研究基地重大项目
"我国广播电视公共服务体系目标与实施研究"
项目编号：05JJD860168

丛书

U0611634

广播电视公共服务研究系列丛书

德国公共广播电视：
基础—分析—展望

［德］严斯·路赫特（Jens Lucht） 著

修春民 等译

中国广播电视出版社
CHINA RADIO & TELEVISION PUBLISHING HOUSE

图书在版编目（CIP）数据

德国公共广播电视：基础—分析—展望／（德）路
赫特著；修春民等译.—北京：中国广播电视出版社，
2011.1

（广播电视公共服务研究系列丛书/胡正荣，李继
东主编）

ISBN 978 - 7 - 5043 - 6354 - 1

Ⅰ.①德… Ⅱ.①路… ②修… Ⅲ.①广播电视—研
究—德国 Ⅳ.①G229.516

中国版本图书馆 CIP 数据核字（2010）第 257911 号

北京市版权局著作权合同登记号 图字：01 - 2010 - 6889

德国公共广播电视：基础—分析—展望

[德] 严斯·路赫特（Jens Lucht） 著 修春民 等译

责任编辑	杨 凡
封面设计	丁 琳
责任校对	张莲芳

出版发行 **中国广播电视出版社**
电 话 010 - 86093580 010 - 86093583
社 址 北京市西城区真武庙二条 9 号
邮政编码 100045
网 址 www. crtp. com. cn
电子信箱 crtp8@ sina. com

经 销 全国各地新华书店
印 刷 涿州市京南印刷厂

开 本 710 毫米×1000 毫米 1/16
字 数 350（千）字
印 张 20.75
版 次 2011 年 1 月第 1 版 2011 年 1 月第 1 次印刷
印 数 3000 册

书 号 ISBN 978 - 7 - 5043 - 6354 - 1
定 价 41.00 元

翻译人员名单

中国传媒大学外国语学院　修春民：前言，第一、六、七章，
　　　　　　　　　　　　　　通稿并校正全书
山东青年政治学院外语系　温盛妮：第二章
中国传媒大学外国语学院　孙宁宁：第三章
中国传媒大学外国语学院　张世佶：第四、五章

总　序

胡正荣

2008 年、2009 年对于中国来说是具有重要历史节点意义的年份,改革开放 30 周年和建国 60 周年接踵而至,回首走过的这些岁月,中国经历了翻天覆地的变化、日新月异的进步,取得了举世瞩目的成就,体现在经济建设、文化和社会发展等各个方面,特别是在经济建设上塑造了世所公认的中国模式,构建和完善社会主义市场经济体制。放眼世界,中国改革开放的历程与开启于上个世纪八九十年代撒切尔-里根时代的具有全球性的商业化、市场化浪潮具有很多相似性,可以毫不夸张地说,从那时起人类步入了市场经济时代。而在 2008 年和 2009 年之交,一场席卷全球的经济危机,似乎给这种市场经济时代画了个句号,至少是一个大大的问号,自由市场价值与放松规制政策面对极度疲软的经济形势再度失语,人们重提"市场不是万能的"这一金科玉律。同样,推行了 30 年改革开放的中国在这场经济危机的裹挟下好像一夜之间又回到了一个似曾相识的时代。经济结构日益计划化,忘记市场化;社会结构日益人情化,远离规则化;文化环境日益盲目自信,忽视了自省性。在这种具有转折性的历史节点上,如何解决目前纷繁复杂的经济、社会等各个领域涌现的问题和推动整个社会的可持续发展成为焦点和首务。中国新闻传播业的改革与整体改革是同步的,从非核心业务与流通领域的大步伐地商业化、市场化和资本化,到近两年对尚未完全市场化的传媒业的反思与政策安排上的收紧,折射出同样的矛盾与问题。

一、社会公平与发展效率问题

中国的改革走到今天,整个社会的公平以及由公平带来的可持续发展问题,变得越来越突出了。进一步讲,中国所取得的经济成就没人能否定,发展的单向度成绩也是无可否认的,但是全向度和可持续发展的程度则存在着比较突出的问题。这其中除了自然环境保护与自然资源可持续利用等问题之外,主要是社会公正和平衡问题。可以说，社会公平问题可能成为中国现阶段面临的最大的一个问题。

首先，从历史发展的角度看，目前中国的发展还是强调效率优先，但公平应该更加优先，因为效益已优先了三十多年，现在到了如何去审视和解决社会的不公平这一问题，这关乎未来能否全面、协调和可持续发展等问题。过去曾经一度有许多人认为一经市场化就能推动资源配置合理化，中国式的市场化虽然在一定程度上促使了效率的提高，但其合理性、有效性和全面性却是有限的，或根本就没有解决这些问题。进一步讲，三十年来，中国经济持续高速增长，社会财富总额不断增长，城市化进程也日趋加快，但与此相伴的是财富或资本也迅速聚集到少数经济利益集团的手中，并与一些政治利益集团紧密媾和，由此，在社会资源配置过程中的主导推动力是传统的政治力量与新兴的国内经济力量及海外资本力量博弈与黏合的结果，并没有实现真正的市场化，这与中国社会治理理念和结构及意识形态有直接关系。而且，一旦市场化出现一些问题，就会很快回转到传统意识形态和经济理念上寻求补给，片面地扩大政府在经济领域的信用度。目前4万亿的巨额投资与煤炭资源等领域的国进民退就是一个明证，而实际上这些举措成败的关键在于是否能解决社会资源分配的不平等问题，或者是否能撬开不平衡的权力结构这块铁板，进而实现社会的全向度发展。从世界范围来看，一味地强调效率，无论是用"看不见之手"还是"看得见的手"，都会出现很大的社会问题。撒切尔-里根时代的放松规制以及其后的第三条道路指引下的政府与市场双管齐下推动经济增长政策，都造成了资源配置的重复与浪费，加剧了社会不平等，直至近来全球性的经济危机。再到海外巨型企业乃至国家负债破产和重组，等等，都是人类历史上惨痛的教训，而需要警戒的是目前中国的一些制度设计和政策安排还在重蹈覆辙、盲目跟进。

其次，从转型国家的有关经验来看，在社会转型期矛盾的突发往往不是聚焦在经济上，而是在社会公平问题上。像一些东欧国家出现的社会矛盾激化等问题恰恰正是因社会不公平而带来的社会动荡与变乱。在不解决公平问题的前提下或没有将公平纳入到社会发展的首要价值中，经济增长会在一定程度上激化社会矛盾。也就是说，人们并不会因为社会总体"仓廪实"就能"知礼节"，特别是当这个"富贵"忘记了公平，社会的稳定与可持续发展都会出现很大的问题。

再次，从中国的现实来看，近几年或者未来的5年到10年社会公平将是一个最核心或最极端的话题，可能成为制约发展的最大的一个瓶颈。这个问题若解决不了，可能好多问题就没有办法解决。由此，中央近年来的战略决策也是以解决社会不公平问题为核心的,强调公平正义,构建惠及全民的公共服务体系,以推动基本公共服务均等化和满足人民多样化的需求。

最后,从理论上来看,公平实质上就是一个社会资源分配的公正和均衡问题,至少意味着在一个社会中成员之间拥有平等的社会权利、合理的分配、均等的机会和公正的司法等。无论是在经济发展成果等的分配中还是在社会成员的心理感知上,如果收益差距过分悬殊、付出与收益相差甚远,即,社会资本、经济资本、文化资本和信息资本等所有资本分配得不公正和不均衡就会导致社会不公平问题,这不仅会影响个人动机和行为的积极性,更为重要的是影响社会稳定与可持续发展。实际上,不公平的根由是权力体系的不平等,因为拥有权力大小不一而造成资源分配的多寡,权力成为一个最大的资源分配力量,以至于形成了一种资源分配的权力哲学。而权力哲学最大的弊端在于社会资源分配的标准以及社会发展的目标不是以人为本而是以权力为本,这与现代社会的理想与目标是相左的,也与主张全面、协调和可持续发展的科学发展观及和谐社会的理念是背道而驰的。

二、传媒业的公平与多样化问题

就传媒业来说,近年来因资源配置格局的不均衡、不公正及其带来的问题也很突出,表现在以下几个方面:

首先是城乡之间的不均衡。城乡二元结构不仅仅体现在经济发展上和社会结构上,在传媒和信息资源的配置上同样是不平等的,广大农村无论是在基础设施、信息享有和传播等方面都与城市有较大的差距。

其次,中央与地方及东西部之间等区域之间的不均衡。由于行政级别、政策安排和地理环境等上不平等、不均衡,形成了中央级媒介与地方级媒介、东部媒介与西部媒介在传媒资源或信息资源配置上存在较大的差距。

再次,部门之间资源利益也不均衡。条块分割是中国传媒市场结构的典型结构,块的分割体现在前面所言的区域之间的差距。而条的分割则集中在管理层面上,即部门之间在资源配置上的差距。目前涉及信息传播领域的管理部门,有国家广播电影电视总局、新闻出版总署、文化部、工业和信息化部等,这些部门在社会资源的配置上是不平衡的。各个部门之间长久以来的纷争,其根由以及焦点问题都集中在资源占有与分配等的不均衡上。而这种纷争对于市场主体来说又是不公正的,同时也影响整个市场运作的效率。

第四,不同社会阶层之间的差距变得越来越突出。就各阶层话语权而言,不仅表现在不同阶层表达的渠道不一样,比如,为何互联网在中国会成为一个很有倾向性的,甚至形成不良舆论的地方?为何在网民的嬉笑怒骂的情感宣泄就能形成异乎寻常的网络事件甚至是一种强大的舆论力量?这与正常渠道宣泄不通畅有关系,更为重要的是不同社会阶层在传媒资源配置上的不公正和不均衡。

最后,"新""旧"媒介之间也是不平等。比如,对传统媒介的规制很严格,而无法应对新媒介出现的问题,目前管理机构有关互联网认知上着实无力,至今现行有关规定基本上没有办法来有效处理网络等新媒介问题,对虚拟空间出现的问题没有相应的法律依据。一言以蔽之,就传媒而言同样这些不公平现象是资源配置不合理、不公正、不平衡带来的结果,就是资源占有不平等问题,其实也就是权利结构不平等的问题。进一步讲,社会资源分配及其方式的不合理已经在媒体凸显得一览无余了。

实际上,传媒业在市场化过程中,因为一味强调效率而导致诸多问题,在世界上早已有先例。比如撒切尔-里根时代的英美就是如此,当时的英美所推行的体制政策很像现在的中国。撒切尔-里根推行放松规制和私有化政策,效率虽然提高了,但资源大幅度浪费,比如因电信、广电可以互相渗透,重复建网现象很多,而多元化的声音和公平的舆论却大幅度减少与降低。实际上就出现了这样一个问题,效率貌似提高了资源配置的合理性,但却造成大量的资源浪费与意识形态话语单一,不同社会阶层、利益群体之间的公平性、多样性丧失掉了。由此,到 20 世纪 90 年代中期随着媒介融合时代的到来,英美国家在制度安排和政策制定上开始反思单纯强调效率所带来的问题,反思市场机制这只无形之手。目前中国传媒业似乎正在重蹈覆辙。

所以中国媒介的改革和经济社会的改革是一样的,也到了一个把公平放在首位的时候了。

三、制度理念与制度安排

社会和传媒不公平问题实际上折射出目前制度现实存在诸多不尽如人意的现象和不合理的问题,而制度现实中表现出的问题,肯定是制度安排上的缺陷导致的,制度安排上的不足又与制度理念的偏差直接关联。没有一个社会是完美社会,有问题非常正常,但重要的是对待问题的态度与解决问题的价值理念及策略。也就是说在制度理念上是否把公平和多样性置于首位,是否将不同利益之间的平衡与和谐放在第一位,是解决社会资源分配不平等、权力结构的不合理与纠结等问题关键所在。传媒制度理念与安排也要关注公平、多样化,以满足人们信息需求的多样化与适应多元化的社会结构。这也是我们这套丛书所希冀的,即通过我们的研究能给中国传媒制度设计以一点点启示,特别是在制度理念以一点点冲击。

研究当今广播电视公共服务问题是一项极为复杂的系统工程,而且背后的制度安排和理念更是广泛而深刻,因此,我们从理论与实践、历史和现实两组维度和海内外两种视角,运用传播学、政治学、经济学、社会学、政策学、传播政治经济学等多种方法论,采用点面结合、文献研究、文本分析、实地调研、深度访谈等多种方法研究了广播电视公共服务的理论与实践问题、政策变迁与安排问题、公共广播电视收入模式问题、中国广播电视公共服务体系、德国公法广播电视等核心问题,还对北京城市低保家庭的媒介使用及大众传媒对其的影响与中国电视娱乐产业中的公共利益问题进行了探讨,力求构筑一个多角度、多层次、多侧面、全向度研究广播电视公共服务的框架与体系。

广播电视公共服务的基本内涵与理论扎根于一般性的公共利益、公共服务内涵与理论,而公共利益、公共服务的实现要靠公共政策,同时政策理念、安排与实施深受政治经济思潮的影响,而广播电视公共服务理论具有时代性与现实性、地域性与普适性、理论性与操作性等多重属性,由此,《公共利益、公共服务、公共政策与广播电视》一书集中剖析了 20 世纪以来世界政治经济思潮变迁以及公共利益、公共服务、公共政策与广播电视公共服务核心概念和理论,并对中国广播电视公共服务理论进行了初步的研究,旨在初步构建当代广播电视公共服务理论研究基本框架与体系;政策安排与资金来源是广播电视公共服务的两大核心和焦点问题,关系到公共服务的基本游戏规则和生存基础以及治理结构等问题,《广播电视公共服务政策研究——以中英美为例》一书以目前世界上三种具有代表性的广播电视体制下公共服务政策问题为研究对象,探讨了中、英、美三种广播电视体制模式下公共服务政策变迁及其价值基础、政策现实、政策问题、发展趋势,剖析了政策安排背后的公平、效率等价值基础、制度困境深层次问题;《公共广播收入模式研究》一书探讨了英、德、加拿大和日本具有代表性的公共广播的收入模式,着重分析了执照费这一收入模式的变迁历程、现状和问题,并探索了公共广播收入模式发展趋势。

《中国广播电视公共服务体系:目标与实践研究》一书对中国广播电视公共服务体系问题进行全方位的分析与探讨,着重讨论了中国广播电视公共服务体系的内涵、目标和实践问题以及政府施政理念与制度基础,并对北京市广播电视公共服务体系建设问题进行了个案研究,以期在制度理念和安排上对广播电视公共服务体系建构和完善有所见地,并提出了一些建设性的策略。中国广播电视公共服务体系的建构需要借鉴"他山之石",通过对英美国家以及台湾地区的公共广播电视的个案研究,分析这些国家和地区公共广播电视实践及其背后的制度安排和制度理念。德国是除英国之外西欧公共广播电视极具代表性的国家,其体制模式、治理结构等方面都有可资借鉴和可供研究之处,特别是在二元体制模式下德国公法广播电视的现状和发展趋势,对于研究广播电视公共服务具有很强的现实针对性和理论价值,由此拓展到德国公共领域建构等政治民主进程中的社会参与等问题,《德国公共广播电视:基础—分析—展望》就这些问题进行了深入阐述,作者 Jens Lucht 博士是苏黎世大学(Universyty of Zurich)公共领域与社会研究中心的负责人(Project Leader, Center For Research on the Public Sphere and Society)。

　　广播电视公共服务问题关乎整个传播业乃至全社会,涉及到与产业发展的关系、政治和社会影响,特别是有关弱势群体等信息传播权利问题等。《焦虑与希望:对北京城市贫困群体的传播社会学研究》一书基于芝加哥学派等批判理论的角度和民族志的方法论,运用深度访谈、观察方法等方法,对北京市区享受最低生活保障的贫困家庭进行个案研究,探索贫困者的脑海世界景象,分析大众传播在这个过程中扮演的角色和起到的作用。从一个侧面展示了北京地区贫困群体的大众传媒特别是广播电视公共服务供给现状和存在的问题,并提出了构建公益性社区媒介、增加贫困者的形象素材来源、提供社群交流的机会选取等提高媒介公共服务能力建设性意见。娱乐是电视的一大功能,也是公共服务的重要范畴之一,BBC 首任总裁 John Reith 在 20 世纪初就指出娱乐是公共广播的三大任务之一。当今,娱乐节目在广播电视节目中比重及其所带来的经济效益都是极为显著的,因此,从娱乐节目生产的角度探讨电视娱乐产业中公共利益诉求和商业利益牟求的关系问题,不失为一种研究广播电视公共服务重要视角之一,《中国电视娱乐产业研究——一种生产者的视角》一书就是从电视综艺娱乐节目的生产者的角度分析和阐述了这些问题。

　　在媒介融合、经济全球化和政治多极化的今天,在社会阶层、价值理念日趋多元化和多样化的社会语境下,保持学术研究的自由和独立是至关重要的,不过绝不能将此理解为或倒退到"躲进小楼成一统"的境界与时代,而是要更加包容和开放,营造丰富多样的意见环境,激荡思想的火花,方能接近真理。《广播电视公共服务与产业发展研究》是一部汇集国内外研究广播电视公共服务的相关专家学者有关言论的论文集,旨在展示更为多样而广阔、深入而新鲜的广播电视公共服务和产业发展及其关系的讨论。

前　言

政治学者和法学者会对政治体制的职能方式提出问题,尤其是对其独有的能够产生有使命的集体约束力决策的职能方式,而这些决策一般来说是以法律和规定的形式调控社会共同生活。这个问题的关键之处是要引人深思,如何达成这样的决策,如何做到决策过程的透明和可控制,如何保障全体公民独立的参与权。由于这种参与权只能通过保障充分的信息沟通、保障各方能够充分表述各方利益才能得到实现,因此,公开的政治交流就起着至关重要的作用。在现代的民主社会,这种交流几乎只在大众传媒中进行。这就必然提出这样一个问题:由于媒介的经济化及媒介与世界观载体的脱钩而使得公共领域的结构转变越来越快,这种转变是如何影响公共政治传播的呢?这个问题正是政治学争论的中心议题,因为公共传播的变化不仅对政治决策过程(政治议事日程安排的结构性变化,常规的政策循环的推迟),对社会的融合都会产生影响。

在经济、社会快速自由化的背景下,这个问题极具感染性并需要公共广播电视在社会讨论中找到答案。问题是,是要如同公共广播电视的拥护者所宣称的那样,坚持公共广播电视在反对大众传媒体系进一步市场化的中坚角色并维持一定水准的公共领域传播,还是如同其批判者所赞成的那样,在私有化的进程中取消公共广播电视,因为市场化已产生了足够的媒介多样性和媒介质量。

本文详尽分析了此类问题,并力图根据公共广播电视体制的社会价值和政治价值对此问题作出一个根本的回答,同时也探讨了其他模式和有关公共广播电视的未来的相关问题。

博士论文从来不是形成于真空中。下列几人对写作本文亦有贡献,在此我要感谢他们。首先我要感谢英格博格·维林格(Ingeborg Villinger)教授,感谢她对于本文选题及辅导的帮助。她使我有可能在弗莱堡大学科学政治系的媒介分析中心的框架结构内写作本文。我要特别感谢苏黎世大学公共领域和社会研究领域的库尔特·因姆霍夫(Kurt Imhof)教授和马克·艾森爱格(Mark Eisenegger)博士,他们在多次谈话中就科学和专业方面的问题给了我重要的建议,给我创造机会参加在路泽的各种各样的媒介研讨会,这样我才可能获得媒介和政治研究领域的最新资料,因为找到与此相关的系列著作对于写作本文极为重要。

我也要感谢亚历山大·穆勒(Alexander Müller)为我写作本文找到很多有用的网上资料,感谢克里斯蒂安·古斯(Christiane Guss)、罗兰德·福格勒(Roland Vogler)和克劳斯·路赫特(Klaus Lucht)教授审阅了原稿。

我要感谢我的父母,没有他们的帮助我是不可能写作本文的。

我要特别衷心地感谢我的妻子西尔维亚·路赫特(Silvia Lucht),她在各个方面对我的帮助都是无可估量的,没有她的帮助本文也无法完成。本书奉献给她。

严斯·路赫特
2006 年 2 月

目　录

德国公共广播电视：基础——分析——展望

第 一 章
导　论

1　提出问题

在贝塔斯曼基金会委托的有关德国二元广播电视体制的比较研究的框架内,Ingrid Hamm 得出下列结论:必须要重新审查德国的基本供应形态并重新定义公共电视的节目内容。[1] 不仅她一个人对公共电视持批评态度,因为自20世纪80年代末私营广播电视出现以来,对于公共广播电视的批评就一直在上升,主要的批评来自政治和社会活动家及社会组织,部分来自科学界[2],从要求取消公共广播电视并对其私有化到对其进行改革,或者如同 Hamm 的研究小组建议的那样重新定义公共节目。

反对以目前的形式继续维持公共广播电视的理由是多种多样的。批判的核心是由于公共电视体制产生的高额费用(1999 年公共广电的预算约为

---

[1]　Ingrid Hamm,二元体制的未来。二元广播电视市场任务的国际比较,Gütersloh,1998,前言,第 10 页;也可参见 Klaus Mattern/Thomas Künstner,电视体制的国际比较;出自:Ingrid Hamm(出版人),二元体制的未来,第 15 - 78 页和第 179 - 204 页和 Tibor Kliment/Wolfram Brunner,二元广电体制的节目特征和利益模式;出自:Hamm,二元体制的未来,第 231 - 321 页。

[2]　参见 Hamm,二元体制的未来;Elisabeth-Noelle-Neumann/Winfried Schulz/Jürgen Wilke(出版人),新闻学。大众传播(费舍尔辞典)第 6 版,法兰克福,2000,第 498 - 504 页;Ansgar Diller,公共广电;出自:Jürgen Wilke(出版人),联邦德国媒介史,波恩,1999,第 146 - 166 页;Rüdiger Steinmetz,倡议和实施私营商业广播电视;出自:Wilke,联邦德国媒介史,第 167 - 191 页。

120亿马克①)。参与贝塔斯曼研究项目的 Klaus Mattern 和 Thomas Künstner 也批评说,广电用户缴纳的收视(听)费从 1985 年到 1995 年期间几乎翻了一番。② 虽然他们认为电视领域的成本在过去的二十年间急剧上升,但却认为德国电视一台(德国广播电视联盟,ARD,一般称为德国电视一台)和电视二台(ZDF)效率特别低而成本却很高昂③。实际上,德国的公共广播电视在全欧范围内的比较中表明,其要求的公共财政拨付份额最高,与其他国家差距明显,同时其每分钟播出节目的制作成本最高,而其节目重点并非"特别关注社会利益"。与私人竞争者相反,根据联邦宪法法院④的永久判决,关注社会利益是公共广播电视的义务⑤。而且这些节目同电视剧、电影、体育和娱乐节目相比甚至成本更低⑥。

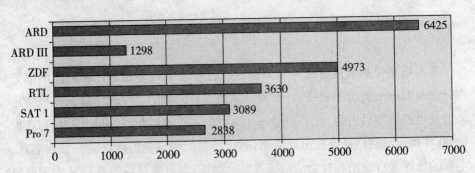

来源:Mattern/Künstner,电视体制的国际比较,第 20 页。

每播出一分钟的总成本 −1995(单位:马克)

随着成本的上升,公共台通过广告再筹资所占的经费份额明显下降。私营电视的广告收入在 20 世纪 90 年代增加了十倍,而公共台不仅广告销售额减少了一半多,而且在整个电视广告市场上如今只起一个从属地位。一直到 80 年

---

① Hermann Meyn(与 Hanni Chill 合作),德国的大众媒介,康斯坦茨,1999,第 178 页,公共广电台的预算由收视(听)费(1999 年约 110 亿马克)和广告收入(1998 年约 10 亿马克)组成。

② Mattern/Künstner,电视体制的国际比较,第 20 页和第 66−71 页。

③ 同上,第 68 页。

④ 联邦宪法,57,第 295 页及以下几页和 73,第 118/119 页。

⑤ 参见 Mattern/Künstner,电视体制的国际比较,第 58/59 页。

⑥ 同上,第 66 页及以下几页,202;最近一段时间特别是故事片、体育节目和娱乐秀的价格急剧上升。未来可以预见的是,版权价格继续上升。与此相反,信息领域的成本则相当的稳定。

代,德国 ARD 和 ZDF 的广告收入占其资金来源的约 50%;今天只有 7% 和 18%。[①] 其饱受诟病的是,公共广播电视台规模太大(比如 ARD 有 51 家电台和 9 套电视节目),因此也太贵[②]。

未来面临的矛盾是,德国 ARD 和 ZDF 的资金需求会由于更大规模的投资对观众有吸引力的节目如体育、故事片和连续剧而继续升高[③]。此外,公共台除了支付上涨的版权和制作费用外,还需要继续投资用于数字化的技术转换装备。再者也可能需要支付投资公共服务形式节目的资金,如专栏节目和/或在线服务。[④] 在此背景下,公共广播电视的费用还会明显攀升。而且可以预料的是,数字化将带来电视节目供应的爆炸式增长(预计至少会出现 100 套可在全德国范围内收视的节目)[⑤],而且由于电视市场的细分,单个节目极有可能会有比目前更小的受众范围。事实上,公共广播电视要求对 2005 年至 2008 年的预算总额提高 29 亿欧元(每年多拨 7.25 亿欧元)。这将导致收视(听)费的(新一轮)增加——从每月 16.15 欧元提高到将近 18 欧元。[⑥]

这些变化已促使科学界、政治和社会各界的批评者采取行动:如社会民主党(SPD)的几位政治家敦促自动增加收视费的指数;基督教民主联盟(CDU)和基督教社会联盟(CSU)及自由民主党(FDP)方面则一再提出,要明显减少公共广电台的节目,要集中力量制作和播出涉及特别社会利益的节目,或者对公共广播电视台进行普遍的私有化改革,[⑦]而联邦宪法法院已经在 1994 年的第八次所谓的"广播电视判决"(再次)强调了公共广电台的财政独立性,由收视费保证资金。[⑧]

---

① Mattern/Künstner,电视体制的国际比较,第 199 页(1996 年的数字)。该数据有部分波动(参见:Meyn,德国的大众媒介,第 178 页;Wolfgang Donsbach/Rainer Mathes,出自:Elisabeth-Noelle-Neumann/Winfried Schulz/Jürgen Wilke,新闻学,第 495、515 页)。但是趋势很明显:公共广播电视台的广告份额大幅下降,在(ARD)是在总预算的约 10%,在(ZDF)15% 左右徘徊。

② Meyn,德国的大众传媒,第 202 页。

③ Mattern/Künstner,电视体制的国际比较,第 73 页。

④ 同上,第 74 页。

⑤ 同上,第 73 页。

⑥ 参见 2003 年 5 月 2 日巴登日报(Badische Zeitung)。

⑦ Noelle-Neumann/Schulz/Wilke,新闻学,大众传播,第 124/125 页。

⑧ "公共广播电视合适的筹资方式是通过收视费资助。这种方式允许它不依赖于收视率和广告订单提供节目,这也符合宪法规定的舆论多样性的要求",联邦宪法法院仲裁 90,第 60,90 页。

联邦宪法法院认为,为了公共台的自由和独立,最根本的是让其保持自己特有的资金来源渠道①。然而不容忽视的是,公民对收取收视(听)费的供养体制的接受度明显下降:1998 年有 31% 的公民赞成不再缴纳收视费②。事实上不主动申报拥有收音机和电视机因而逃避收视费的人数在增多③。在此背景下,各联邦州的州长就一个新模式达成一致——根据这个模式,未来不再以收音机和电视机的数量多少为依据收取收视(听)费,而是以家庭为单位计算。通过这项计划的主要目的是为了防止未来收视费出现亏空④。当然,自 2005 年起,由于公共台要求增加预算和提高收视费,反对的声音也很大,反对者要求公共台明显降低开支(降低人员开支、压缩在线服务)和减少节目供应(合并 3sat 和 arte 电视台,压缩儿童频道 Kika,把公共广播节目从 61 套减少到 45 套)。此外还建议,认真考虑对公共台的财政资助政策并限制其财政自主权。⑤

除了开支和收视费上升之外,公共台的节目构思和内容也在被批判之列。反对者认为,公共台"官僚化"了,不能履行给予它的节目委托。⑥ 政治方面首先是联盟党派一再批评公共台的"左倾"。1993 年前基民盟(CDU)党派主席和联邦总理赫尔穆特·科尔(Helmut Kohl)抱怨说,消费者和付费者对公共台的影响"几乎为零",通过主管的监事会对公共台的监督"总是在持续下降"。他还认为,是公共电视在报导不同党派时失去失衡,偏向美化他所在的基民盟。⑦ 政治家如 Schäuble,Otto(自由民主党的媒介政治发言人),Stoiber,Biedenkopf 等人(也)由于公共台的报道而多次批评公共台,并或多或少要求取消公共台或对公共台进行私有化改造。⑧

社会团体和科学界则出于完全相反的原因批评公共台。他们抱怨说,公共

---

① Georg Schneider-Freyermuth,有关公共广播电视台的国家自由戒律影响的几点看法;出自:ZUM - 版权和媒介法杂志,44,2000 年,第 568 页。

② Kliment/Brunner,二元广播电视体制的供应概况和使用模式,第 308 - 313 页。

③ 同上。

④ 参见 2001 年 10 月 26 日巴登日报。

⑤ 参见 2003 年 6 月 6 日巴登日报。

⑥ Meyn,大众传媒,第 202 页。

⑦ 同上。

⑧ 参见 Meyn,大众传媒,第 203/204 页的其他证明。需要指出的是,同样有政治家明确支持公共广播电视以目前的形式存在;参见 Kurt Beck,广播电视的社会政治责任;出自:经济服务。经济政策杂志,80,2000 年,第 10 - 13 页。

台没有满足宪法规定要其坚持远离政党的信条,而是"被政党控制"了。[①] 它的监事会无法履行职能,因为监事会不是如同规定的那样由社会相关团体组成,而是根据议会职位分配给了各个党派。监督国家权力行使意义上的无阻碍的新闻工作因此是不可能的,(与政党走得太近)将导致出现完全无批判性的政治报道。[②]

一个由正反两方都提出的批判点是所谓的公共和私营合并的提议。他们认为,在联邦德国的二元体制下,存在一种能够产生位于公共和商业的电视和广播节目之间的自适应的结构性因素。[③] 尽管经验研究表明,这种合并假设带来的后果是不无弱点的(尽管播出格式相近,但是在内容上公共台与商业台有根本的不同[④],见第四章,4.1)。仅仅是对当前节目的合并设想已经引起媒介政治的爆炸:公共台和私营台的节目的相互适应已经引起了对公共台是否能够担当得起特别节目委托重任的怀疑。[⑤] 肯定有人会提出这样的问题,没有收视(听)费特权的私营台是否会保证"基本节目供应"。现在科研部工作的基民盟党前议会国务秘书 Bernd Neumann 仔细分析了合并假设,提出了下述的问题:"公共台有何权力还要求这样的竞争优势(意指收视费特权)"。他推荐收入来源分离作为明确的答案,据此公共台应普遍放弃广告收入并在"精简其所属的官僚机器"后完全由收视费供养。[⑥] 如同上面所说的,合并假设还没有被证实,一些经验研究就明显驳倒了这种假设;从理论的角度来看,合并的假设也是有问题的,这就是为什么在本文的框架内要详细探讨这个问题(第四章,4.2)

公共广播电视也受到了私营经济者和经济学家的批判。Jürgen Doetz,私营广电和通讯联合会(VPRT)主席,抱怨目前一直生效的(媒介)法"受一种对竞争效率的深深的不信任"所影响,而"鉴于德国私有广播电视的经济和节目内容的积极发展,这种不信任今天已经不是完全合理的了"。[⑦] 实际上也可以发现,

---

① Meyn,大众传媒,第 202 页。

② 同上,第 202 – 206 页。

③ 参见 Heribert Schatz,二元体制的广播电视发展:趋同理论;出自:Otfried Jarren(出版人),广播和电视中的政治传播,Opladen 1994,第 67 – 77 页。

④ 参见 Heribert Schatz,在测试。有关趋同理论的继续发展;出自:媒介 1/1992,第 49 – 52 页。

⑤ Kliment/Brunner,二元广播电视体制的供应概况和使用模式,第 245/246 页。

⑥ Bernd Neumann,自我商业化。英国模式作为长期考虑;出自:媒介 1/1992,第 28 页。

⑦ Jürgen Doetz,一种"开放的媒介制度"需要什么样的框架?出自:经济服务。经济政策杂志,80. 2000 年,第 18 页。

公共台在电视市场的份额从 20 世纪 90 年代一直在持续下降,但是慢慢的好像巩固了。① Doetz 又说:

"宪法判决说私有广播和电视提供商的存在依赖于公共广播电视的繁荣,而在一个稳定和竞争激烈的私有广电市场的背景下是不合适的。判决构成了给予公共台过度特权的法律基础。结果是形成了公共台成本在国际比较中最高的一种二元体制。"②

另外,他还提到,收费供养在形式上是一种公共补贴,它妨碍了竞争,这样既减少了私营台的机会,也是对私营台的基本权利的一种粗暴干涉(基本法第 12 和 14 款,职业和财产自由)。此外还扭曲了竞争,因为公共台通过他们的竞标明显抬高了体育和故事片转播权的成本。③

要列举的批判观点还有很多。单是从内容角度看,公共电视和广播台就被不同的团体从完全不同的角度所批判。本文的目的是依据对这些和那些批判意见和假设方案的讨论以及依据政治学角度的理论,总结出公共广播电视对于政治和社会体制的价值。由于受电子可视媒介的突出影响(详见第三章 1 和 3.2),公共电视处于本次研究的中心。④

公共广播电视真的是一种文化营养和不可放弃的"民主的服务者"? 它能在一个"不可洞察性增加的世界中指明方向"? 并且对于公众及社会的政治文化是必不可少的吗?⑤ 或者把公共电视的角色降低到"民族的业余大学"⑥更有意义? 它在未来应该成为一种政治内容播出者,一种"高质量报纸"意义上的

---

① 所有公共广播电视节目的目前市场份额约有 40%。最新数据见:http://www.ard. de/ard_intern/mediendaten/index. phtml75_2 und Kap. Ⅴ,1.3.

② Jürgen Doetz,一种"开放的媒介制度"需要什么样的框架? 第 18 页。

③ 总结内容见:Karl-Hans Hartwig/Guido Schröder,市场和政策失灵之间的德国媒介体制—通往合理的媒介政策之路;出自:汉堡经济和社会政策年鉴,44. 1999 年,第 275 - 293 页。

④ 关于术语:"广播电视"这个概念有两层含义:一层是技术的,一层是组织法律的。在技术方面指的是既包括广播也包括电视(参见第三章 2.2)。组织法方面的"公共广播电视"指的是制作和播出(公共的)广播节目和(公共的)电视节目。在文献中没有明确区分这两层含义,因为二者在很多情况下相互关联。因为本文主要关注结构和功能分配,一般指的是组织法层面的含义,也就是说如果本文提到"公共广播电视",主要指的是举办(公共的)电视的组织。广播在本文中只起到一个边缘角色。

⑤ Peter Voß,没有 ARD 为什么不行;出自:媒介视角 6/99,第 278 - 287 页。

⑥ Peter Voß,仅仅卡特尔法不是监督广播电视的有效机制;出自:经济服务。经济政策杂志。80. 2000 年,第 15 页。

"意见导向介质",这种介质因为更少适应媒介逻辑,可以生产和提供完全政治内容质量的文章,以便确保其在一个强烈市场导向的媒介环境中能够持续生存？或者进一步,遵循公共广电私营化的纯粹市场经济模式,经济上的成功在这个模式起着决定性作用,"还要适用于公共性和在社会讨论中脱颖而出"。①这样一个模式是否会导致下列情形:即"市场调控下,人民的范围缩小为只是消费者,是否会丧失影响民主主义者的责任感和价值观"？②

为了从政治学角度对不同的批判点和公共广电体制的可能重组的模式进行讨论,本文采用下列问题作为研究的主线:

1. 从政治学的角度看,公共电视必须要满足何种社会和政治职能,以及它应该满足何种职能？在这里特别要研究和具体化"基本保障"这个概念,虽然公共体制实际上部分明确拒绝这种具体化。③ 但是只有具体化才可能得出可操作和可检验的职能安排。部分具体化的解释,已经由联邦宪法法院的判决做出,但是围绕"公共广电职能任务"的持续争论表明,这里还有继续澄清的必要,借助本文可以减少这种争论。对其任务进行具体化的解释不会如所担心的那样限制公共广电,相反它会分担一些公共体制所饱受的质疑其合法性的压力。

2. 在对"基本保障任务"澄清和具体化了之后,要分析公共电视是否承担以及满足了相应的任务。这个问题首先是在德国广电二元化的背景下提出来的。这里具体要问的是,公共电视的节目是否真的为公民所注意,这些节目的供应质量——在对其内容方面提出要求的意义上——是否与私营台的节目有明显不同。也有人会提出这样的问题,是否由于——或者正是因为——媒介领域私营供应者取得的不可否认的成功和与此相关联的媒介领域发展得更剧烈的复杂性导致节目质量降低、个人化和庸俗化,因而使坚持公共体制的当前结构显得更有意义,以便保障向公民提供(特别是从政治学角度来看)质量优良的节目。

在此情况下,要特别给予被众多引用的"碎片理论"以批判的关注。该理论说,今天的媒介和电视市场分散成众多的分众市场,因为分众接纳的内容或多或少有所不同,这样他们就拥有越来越少普通媒介传播的经验,最终造成具有相关性的共同主题和知识状态节目的数量减小了,从而降低了对共同价值和导向的基本共识。这种变化"对社会融合是很危险的,而社会稳定的一个前

---

① Peter Voß,没有 ARD 为什么不行,第 280 页。

② Beck,广播电视的社会责任,第 13 页。

③ 参见 Peter Voß,没有 ARD 为什么不行。

德国公共广播电视:基础—分析—展望

提——社会一致的机会降低了"①。此外产生了大量的分散受众,他们几乎不再关注政治性的媒介内容,因为他们主要关注的是娱乐节目,会导致(部分的)"受众告别政治",②从而一个由多数公民参与的或者至少他们感兴趣的政治公共领域就停止生存了。

最后,该理论认为,基于这两方面的发展,国家的控制难度加大了,因为政治传播只是在受限制的情况下进行。这样可能侵蚀核心的民主元素:比如,公民对国家的行动和对法规法律的实施的支持将明显变得更难,因为这些行为只能通过沟通才能完成。由于缺少通过大众传媒的电视来进行政治传播,使得证明政治体制的合法地位也只能取得有限的成功。该理论的最后一点认为,二者将导致民众的接受和对结果的认知问题。

需要研究的是,这种碎片化理论是否能够应验——如果真是这样,公共电视对于传播政治信息在这里是否能起到一个集成器的角色?

3. 最后,在一个媒介环境不断变化的背景下,需要介绍和讨论几个对公共广电体制的(再)组织模式的提议,同时也一并讨论新的和未来可能的技术发展以及与此相关联的变化,包括播出格式、收视和接受习惯及广电市场的变化,并对建议的模式进行评价。

2 政治学关联

既然公共广播电视根据宪法和法律的规定已经有相关的监事会和程序在运作,那么作为政治学者究竟为什么还要研究大众传媒或者公共广播电视呢?

今天已经不再完全否认,大众媒体的传播对于民主制度下行使国家行为和政治行为的条件是存在影响的。③ 这种影响使得大众媒体成为一个"不仅仅是法定的,而且正是政治学研究的必要对象领域"④,因为,它们自己可以产生、加

---

① Christina Holtz-Bacha,大众传媒失去其融合功能了吗? 有关媒介受众碎片化后果的一个经验分析;出自:Uwe Hasebrink/Patrick Rössler(出版人),处于个人化和融合之间的媒介接受,München 1999,第42页。

② Kurt Imhof,"公共领域"作为历史的类别和作为;出自:瑞士历史杂志46,第18页。

③ 参见 Frank Marcinkowski,新闻学作为自我的体制。政治和大众传媒。一个系统理论的分析,Opladen 1993,第11－20页;Ulrich Sarcinelli(出版人),媒介社会的政治传播和民主,Bonn 1998。

④ Marcinkowski,新闻学作为自我的体制,第11页。

强和改变现代社会可能的条件,通过政治行为有目的的影响集体的命运——这是政治学的一个中心议题。

因此在一些研究领域,政治学自很长时间以来就已经研究大众传媒对于政治行为的结构条件的影响。这里首先要提的是选举研究、政党和团体研究以及政治领域研究。当然,由于应用了完全不同的分析方式和问题的提法,政治学对于大众传媒的研究的典型特点是缺少一个共同的系统化的基础,更多进行得是零散的和在个别研究领域各自独立的研究。①

系统的来看可以把大众传媒和政治过程就紧张关系不同的问题领域大致归入政治学的三个范畴:

1. 首先,大众传媒和由其所掌握的大众传播过程是作为国家和社会意见形成和政治参与的一个重要组成部分。因而大众传媒在国家和政府体系内有一个类似的重要性,如同政党、中间体系的组织利益或者政治选举过程所拥有的那样(政治范畴②)。③

2. 在政治范畴④里首先要研究的是大众传媒影响和控制公共舆论和公共意志形成过程的可能性。特别是选举研究属于这一领域,因为在这里,大众传媒对政治观点的散布和争夺政治选票的影响是显而易见的。

3. 在政治范畴的第三个维度中⑤,由于媒介政策对应的政治领域的存在和国家及政治活动在公共领域的工作和公共关系的努力,大众传媒的权力政治意义变得十分明显。⑥ 在德国广播电视体制二元化的开始和之后的二十年里,对媒介政策展开的激烈争论——其中心议题也正是公共广电的地位——使人们清楚地认识到,大众传媒在政治进程中的角色必须是政治学研究的中心研究对象。因此,由于新技术的发展(电视体系的数字化,扩大网上内容供应)会导致围绕媒介政策展开的争论更加激烈。

---

① Marcinkowski,新闻学作为自我的体制,第12页。

② 政治的形式结构的称谓,参见 Franz Lehner/Ulrich Widmaier,比较政府说(第4版),Opladen 2002,第12页。

③ Frank Marcinkowski,新闻学作为自我的体制,第11页。

④ "Polity"作为对政治作为传播过程、实现利害和调整冲突的过程的称谓,参见 Lehner/Widmaier,比较政府说,第12页。

⑤ "Polity"作为对政治"作为价值和目标取向"的国家行为的称谓,参见 Lehner/Widmaier,比较政府说,第12页。

⑥ 参见 Stefan Marschall,公共领域和人民代表。议会公共关系的理论和实践,Opladen 1999。

大众传媒对于民主的舆论形成和政治参与以及对国家的决策行为的影响究竟有多大,在此我们先暂且不谈。可以确定的是,大众传媒向民众传播具有社会和政治利益的信息。因此,大众传媒支持了政治的意志形成,民主的社会和国家如果没有这种意志形成是不可想象的。

大众传媒对于政治公共领域的建立也起着一个重要作用:在那些面积较大而人口又较少的联邦州,只有通过大众媒介才能实现全体公民参与公共活动,因为纯粹人际间的政治公共活动只是个别的并且在很局限的范围内进行。这不是说,除了大众传媒就没有与政治有关的传播或者不能传播与政治相关的信息了。但是大众传媒以它影响半径宽广的公众性成为了政治和社会方面的"占支配地位的传播区间"①。这个论断即使由于社会和政治效果存在明显的差异,也可以通过与政治学有关的大众传播研究的状态来证实。②

通过对系统理论的认识,我们有理由猜测,大众传媒在未来的重要性还会明显上升。现代化的工业社会细分为越来越小的小型社会,它们形成了自己的内部和外部的传播结构。社会继续细分为小型社会和传播空间使得这些社会里的越来越多的人生活在不同的意识世界,对于传播不平衡的敏感性和对于适合团体和个体的传播内容和媒介供应的需求都在上升。③ 因此,"制造、传播和接收信息在现代社会赢得了经济、文化和政治的重要性。"④

但是大众传媒不仅在给公民传播信息方面起着一个决定性的作用,而且对于政治活动者相互之间的交流和政治体制的机构的交流,以及对于社会团体和组织,大众传媒已发展为决定性的因素。媒介管理的水平和某类主题在媒介日程安排中的次序一起成为决定着政治行为的成功条件。如果没有公共领域的工作和要素管理,传播和实施自己的目标和兴趣都是不可能的。甚至社会与政治组织和各种机构之间的交流离开了大众传媒也几乎不可能进行。⑤

研究题目的复杂性和对公共广电的社会定位、政治定位和意义的调查,除了要求要有政治学的视角外也需要社会学的认识和经验调查以及传播学和媒

---

① Heinrich Oberreuter,媒介和民主。一个问题概况;出自:Karl Rohe(出版人),媒介社会的政治和民主,Baden-Baden 1997,第14/15页;Marschall,公共领域和人民代表,第56页。

② Marcinkowski,新闻学作为自我的体制,第11页。

③ Ulrich Saxer,媒介社会:理解和误解;出自:Sarcinelli,媒介社会的政治传播和民主,第53页。

④ Otfried Jarren,转变中的媒介,媒介体制和政治公共领域;出自:Sarcinelli,媒介社会的政治传播和民主,第74页。

⑤ Jarren,转变中的媒介,媒介体制和政治公共领域,第74页。

介学研究的综合因素,包括(宪法)法律的因素和事实。在本文写作和研究过程中一直持续遵循上述认识。只有考虑到这些不同科学领域的范围才能就公共广电未来的社会和国家角色的问题做出解释。本文作者基于他的科学成长过程也感到有义务去解答这个问题。

3 研究的现状

在这种背景下,有关大众传媒和政治体制之间的具体关系大部分研究者既没有在经验研究上也没有在理论上予以解释清楚,是一件有趣的事情,但也令人担心。一方面要部分归因于媒介和媒介效果研究的不确定的认识现状。但是决定性的是,大众传媒虽然重要,但作为研究对象至少在德国的政治学中一直还是一个比较边缘的题目。[①] 这首先是因为到目前为止还缺少一个统一的研究开端,只有政治学的单个研究领域是同这个主题有关的。

近年来,Ulrich Sarcinelli 和 Otfried Jarren 的论文已经部分弥补了上述的不足。两位作者的优点在于,他们不但总结了自己的研究结果,而且也总结了来自其他研究方向的对于大众传媒和政治进程的认识,从一个系统普遍的角度阐明和研究了这些认识。在此需要特别强调的是已经几乎被称为典范的由 Sarcinelli 出版的论文集《媒介社会中的政治传播和民主》,书中详细介绍了通过大众传媒进行政治传播的当前研究现状,从中揭示了大众传媒对于社会和政治体制的后果。[②] 这里同样也需要提一下由 Sarcinelli 在 1987 年出版的论文集《政治传播——有关政治传播文化的论文》。[③] 另外,还有在写作本文的过程中不断收到他的文章和论文。

由 Jarren 在 1994 年出版的论文汇编《广播和电视中的政治传播》的目标也是同样的方向。同 Sarcinelli 的《媒介社会中的政治传播和民主》[④]一样,这本书给出了有关研究现状的一个概览,其优点不仅在于通用的系统性,而且在于将理论假设和经验调研有机结合,而在传播和媒介科学的研究中常常不是如此。在这本论文集中——同 Sarcinelli 的论文集一样,展示了媒介格式和内容是如何

---

① 参见 Marcinkowski,新闻学作为自我的体制,第 14 页。

② Ulrich Sarcinelli(出版人),媒介社会的政治传播和民主,Bonn 1998。

③ Ulrich Sarcinelli(出版人),政治传播。有关政治传播文化的论文,Bonn 1987。

④ Otfried Jarren(出版人),广播电视中的政治传播。联邦德国的电子媒体,Opladen 1994。

变化的,政治传播在大众媒介中是如何瞬间进行的,存在何种实际上的媒介供给以及这些媒介供给是否并如何被受众认知和接受。这些都是被纯粹的政治学研究以惊人的一意孤行的方式忽视了的认识,这就是人们为什么在涉及大众传媒的研究和角色问题时指责其大部分是经验盲目式的。基于这些认识,Jarren 研究了从中产生的对于现代大众民主的政治体制和结构的影响,并得出了在本研究领域迫切必要的经验和理论的联系。由 Jarren、Heribert Schatz 和 Hartmut Weßler 出版的论文集《媒体和政治过程——转变中的政治公开性和大众传媒的政治传播》一书也针对类似的研究方向,部分的内容也是受《广播和电视中的政治传播》一书的启发,[1]在写作本文时也参读了该书。此外,Jarren 在一系列单篇文章中发表了一系列其他的有趣的和富于启发性的研究和假设,这些在本文的写作过程中也一并予以参考。

一个把理论和经验成功联系的例子是 Barbara Pfetsch 的论文《联邦德国广电体制二元化的政治后果》[2]。这篇论文发表于 1991 年,在当时已经以很高的科学水准指出了一些问题和二元化后广电体制的发展。

由 Jarren、Kurt Imhof 和 Roger Blum 出版的有关在瑞士卢采恩定期举行的媒介研讨会的系列论文集提供了在大众媒介的传播领域和因此带来的社会和政治后果的社会学研究现状的一个极好的概览。它们的特点是,就一个精选的研究问题提供详细的情况。特别是第 5 卷的主题:信息社会的控制和管理问题[3]对于写作本文十分重要。这一卷详细解释了"媒介体制的控制和调节"(Udo Branahl)[4]的可能性,当然也包括解决由于媒介传播所引起的国家和社会冲突的可能性。第 7 卷研究的主题是"融合和媒介"[5]。在该卷既讨论了"融合传播的条件和形式"(该卷第二章),也提出了下述问题,即社会的融合是否必须是媒体的一个目标,媒体究竟是否应该为了这样的融合而做些什么。这也是本书第

---

① Otfried Jarren/Heribert Schatz/Hartmut Weßler(出版人),媒介和政治过程。转变中的政治公开性和大众传媒的政治传播,Opladen 1996。

② Barbara Pfetsch,联邦德国广播电视体制二元化的政治后果。有关电视节目供应个体观众行为的策略和分析,Baden-Baden 1991。

③ Kurt Imhof/Otfried Jarren/Roger Blum(出版人),信息社会的控制和管理问题,Luzern 媒介论坛,第 5 卷,Opladen/Wiesbaden 1999。

④ Udo Branahl,有关媒介体制控制和管理权的论文;出自:hn-hof/Jarren/Blum(出版人),信息社会的控制和管理问题,第 317 - 330 页。

⑤ Kurt Imhof/Otfried Jarren/Roger Blum(出版人),融合和媒介,Luzern 媒介论坛,第 7 卷,Wiesbaden 2002。

五章的中心问题之一。

　　作为全面性的著作还要提一下 Hermann Meyn 所著的《德国的大众传媒》和由 Elisabeth-Noelle-Neumann、Winfried Schulz 和 Jürgen Wilke 共同出版的《新闻学——大众传播》。① 这两本书都描述了传播和媒介科学领域的当前研究现状，《新闻学——大众传播》一书有详细的一章特别强调了媒介效果的研究。

　　Marie Luise Kiefer、Harald Berens 和 Arne Meder 等人的论文特点是有条理的获取和加工经验数据，并在规律性进行的长期研究项目"大众传播"中既提供了有关德国媒介和电视利用当前的数据资料和可供比较方面的突出数据资料。② 每年一期的《媒介视角》特刊③提供了最新的媒介数据，另外在互联网上也有相应的媒介供给和使用的数据，④这就是为什么出于现实性的原因——只要有更新——就要浏览网上数据。

　　Frankfurt Marcinkowski 在他 1993 年发表的博士论文《新闻学作为自我控制的系统》——题目就表明了其内容——在社会的功能专门化和在封闭的功能领域运行的前提下，描述了围绕联邦德国的大众传媒体制的功能结构系统理论的全部因素。⑤ Marcinkowski 选取了这个论点，因为他看到了政治管理体制和大众媒介相互处于一种非等级的关系之中，与之相反，二者都从属于在高度相互依存下的一种程序方式的广泛的自我参考。⑥ 在这篇论文中，Marcinkowski 尝试在大众传播媒介的案例中具体测试其自我参考系统理论，以便获得通过政治

　　① Hermann Meyn（与 Hanni Chili 合作），德国的大众传媒，Konstanz 1999；Elisa-beth-No-elle-Neumann/Winfried Schulz/Jürgen Wilke（出版人），新闻学。大众传播（Fischer 百科辞典），第 6 版，Frankfurt a. M. 2000。

　　② 参见 Harald Berens/Marie Luise Kiefer/Arne Meder，二元体制下媒介使用的专门化。有关"大众传播"长期研究的特别分析；出自：媒介视角 2/97，第 80－91 页；Marie Luise Kiefer，大众传播 1995。有关媒介使用和媒介评价长期研究的第七波结果；出自：媒介视角 5/1996；Klaus Berg/Marie Luise Kiefer，大众传播。有关媒介使用和媒介评价的一项长期研究。1964－1995，Baden-Baden 1996。

　　③ 参见媒介基础数据（媒介视角杂志的每年特刊）。有关德国 2001 年媒介情况的数据，Frankfurt/M. ，2002。

　　④ 参加 www. ard. de/ard_intern/mediendaten/index. phtml；www. br－online. de；www. me-dien－tenor. de.

　　⑤ Frank Marcinkowski，新闻学作为自我的体制。政治和大众传媒。一个系统理论的分析，Opladen 1993，第 18/19 页。

　　⑥ 同上。

体制对媒介体制的控制性的深入认识。① Marcinkowski 的论文里选择的研究假设从诊断的角度提供了几条重要的有价值的建议，这些建议在当时的大众传媒媒介的政治和社会科学的研究中几乎都是崭新的。

需要强调的还有 Ulrike Handel 的论文《媒介受众的碎片化：媒介使用和它的因素现象的现状清点和经验调查》。该文在十分有争议的"碎片化论断"领域对于科学的准确把握为该问题的研究作出了重要贡献②。围绕着由于接收不同媒介内容而可能引起的社会的碎片化的讨论，尽管以很激烈的方式进行，但大多是很简短的，未能全面公正的评判该现象。因此，很多科学性的研究文章仅仅阐明了节目供给方的观点就已经推断出一个社会的碎片化，没有检验这些供给的实际使用情况。Handel 的论文有助于消除这种偏差，她既从理论上准确定义了碎片化的概念，然后又在关键性的一步把这个概念和媒介使用相比较，得出了科学上可用的结果。

坦白来说，政治学关于公共广播电视在大众媒介传播和政治传播中的角色和职能的研究情况还是很单薄的。媒介政治有关公共广播电视的未来的讨论多年来偏颇于政策制定者一方。虽然对此题目存在或多或少的有实质内容的讨论，却大多由于参与了广播电视建立者和政客之间的政治分配的争斗而黯然失色。因此，在这个领域要寻找高质量的研究是徒劳的。③

法学领域的情况是完全不同的。那里有大量研究公共广电的出版物（大多是以鉴定的形式）。与该学科的要求相适应，这里涉及的主要是广播电视或者宪法法律的问题。④ 这些论文对于政治学上研究公共广电体系只是在某些地方可用，因为没有涉及或者只是在边缘上涉及真正的社会学和政治学问题（比如

---

① Frank Marcinkowski，新闻学作为自我的体制。政治和大众传媒。一个系统理论的分析，Opladen 1993，第 26 页。

② Ulrike Handel，媒介受众的碎片化。有关媒介使用和它的决定因素的一个现象的评述和经验调查，Wiesbaden 2000。

③ 参见 Manfred J. M. Neumann，为了一个开放的媒介制度；Beck，广播电视的社会责任；Voß，仅仅卡特尔法不是监督广播电视的有效机制；Jürgen Doetz，一种"开放的媒介制度"需要什么样的框架；出自：经济服务。经济政策杂志，80. 2000 年，第 7–21 页。

④ 参见 Martin Eifert，公共广播电视节目委托的具体化。公共广播电视自我管理的宪法基础，法律安排和新挑战，Baden-Baden，2002；Martin Bullinger，公共广播电视的任务。通向功能委托之路，Gütersloh，1999；Albert Bleckmann，公共的专栏节目作为基本供应的组成部分？一份司法鉴定，Berlin，1996；Herbert Bethge，二元广播电视制度下的公共广播电视的法律地位（受 ARD 和 ZDF 委托所做的司法鉴定），Baden-Baden 1996。

社会的融合、促进参与积极性、媒介效果的问题)。

在政治学领域出版了三个相关的调研报告。其中之一是由贝塔斯曼基金会委托的由 Ingrid Hamm 的研究成果《二元制体制的未来——二元广电市场任务的国际比较》(这里特别值得一提的是 Klaus Mattern、Thomas Künstner、Tibor Kliment 和 Wolfram Brunner 的文章)。① 另一本是由 Otfried Jarren 等出版的调查《政治、经济和社会网络里的公共广播电视》。② 这两本书虽然给出了宝贵的建议,但是却强烈关注国际比较,因此在调研德国的公共体制时有些部分篇幅过短。特别是 Hamm 的论文显得很单向,因为她很少考虑到政治学和法学研究的认识。

Marie Luise Kiefer 尝试在她的很有趣的文章《选择权:否—行动可能性:是。二元制中的公共广播电视》和《不能缺少还是多余? 多媒体世界的公共广播电视》中找出公共广电的具体行动指南,这个指南尝试即使在一个细分的、数字化了的媒介体制条件下也能长期保障公共广播电视对于政治和社会传播的贡献——这样最后保证了公共广播电视自身的生存。③

4　研究方法

因为在政治学中没有实现一个统一的和封闭的理论或者方法④,所以在本文中使用了不同的研究方法。为了找出公共广电的社会和政治功能,运用了不同政府学说的宪法体系理论:这样做首先是因为通过运用法学的和宪法的诠释,找出有关公共广播电视的积极法律规定。⑤ 为此目的,本文分析了法律条

---

①　Ingrid Hamm(出版人),二元体制的未来。二元广播电视市场任务的国际比较,Gütersloh 1998。

②　Otfried Jarren/Patrick Donges/Matthias Künzler/Wolfgang Schulz/Thorsten Held/Uwe Jürgens(出版人),政治、经济和社会网络里的公共广播电视。一项有关保障公共服务的可能性的比较研究,Baden-Baden/Hamburg 2001。

③　参见 Marie Luise Kiefer,选择权:否—行动可能性:是。二元体制下的公共广播电视;出自:Silke Holgersson 等(出版人),德国的二元广播电视,有关广播电视发展理论的文章,Münster 1994,第 129 – 146 页和 Kiefer,不能放弃还是多余? 多媒体世界的公共广播电视;出自:广播和电视,1/1996,第 7 – 26 页。

④　参见 Lehner/Widmaier,比较政府说。

⑤　有关宪法诠释的法律方式见 Konrad Hesse,联邦德国宪法的基本特征,第 16 版,Heidelberg,1988,第 19 – 32 页。

文、评论、法院判例和立法者的意图(有关法律的材料)。

如此获取的认识还要经受宪法系统的社会学和政治学的相关内容的检验,并为此打开了研究对象的新视角。它不是停留在法律的注解上,而是追求对统治形式、宪法结构和机构规定的一个系统的探究和讨论。[①] 以这种假设为出发点,宪法法律的规定远远在法律规定包含的准则的准确原意之外管理着社会秩序,因为可以观察到的是,单一的宪法准则成了复杂的社会结构和过程的基础。[②] 在这种背景下应该尝试描述的是,特别关注公共广电的结构、运作逻辑和作用方式。这样既可以运用以参与者为中心的假设(首先考虑到大众媒介的工作和运行方式),也可以运用机构为中心的假设(涉及大众媒体的传播对政治体制的影响)。

由此来看,宪法系统学的研究方法是有问题的,因为它虽然提供了规范领域的知识和一些描述性的信息,但是却相对缺少系统性。[③] 因此需要对经由法学诠释方式获取的和经由宪法系统式方法获取的有关媒介体制和公共广电体制的(政治性)功能与媒介学和传播学的经验研究及社会学和政治学的认识进行比较。这些假设是有条件的作为认识主导的理论,它们主要适合于发现和检验经验性的关联,但是它们的理论基础对于描述和诠释社会和政治过程有时候是不充分的。[④]

为了确立可检验的假设和经由检验得出一定的认识,检验的方式方法必须经由一个其他的方式加以补充,同时把通过法律和宪法体系的方式获取的结果编排入一个理论框架。这里可以用上比较政府学说的系统理论方案。这个方式尝试消除使用纯粹分类描述方式的比较政府学说的不足并加强该学说的理论基础。[⑤] 系统理论在这里是有用的,因为它尝试以一个统一的理论框架指出机构的结构和功能问题,这就解释了政治和社会体系的结构和行为。它还试图把政治学建立在一个普遍的和普遍承认的、非规范的,而且是经验分析的理论基础上。[⑥]

从系统理论的角度看,政治体制满足了外部或内部定义的某些功能,也就

---

① Lehner/Widmaier,比较政府说,第 10 页。
② 同上,第 25 页。
③ 同上,第 35 页。
④ 同上,第 35 页。
⑤ 同上,第 9,37 - 43 页。
⑥ 同上,第 37 页。

是说既有从外部带给体制的也有体制内部确定的功能。但是这个功能上的联系不仅涉及政治体制,也涉及部分体制(如:经济、法律和社会体制)以及机构和过程。这样从系统理论的角度可以把体制描述为功能上相关的结构和过程的集合。①

系统理论的问题是,它一直还是一个很抽象的术语。② 它定义了抽象的必要的能力和效率,然而却没有揭示出这些政治体制的功能、能力和效率是如何具体取得的或者应该如何切实实现它们。③ 尽管由于这个不足而没有把系统理论称之为经验分析的理论,但是它却准备了以一个概念系统的形式为基础的设想的相关框架,该系统抽象地确定了从何种角度上研究实际政治和社会体制。④ 它也有助于描述用于维持体制的系统能力、行动方式和功能。⑤

带有系统理论假设的比较政府学说的成绩首先在于,把诸如功能和其他特征的抽象理念归入实际的功能、结构和过程:它首先"从有关某些功能的联系以及有关某些仅仅抽象定义需要的能力和效率联系的理论假设出发",在这些假设的基础上研究了政治和社会体制的实际结构和过程,然后尝试确定哪些功能是通过哪些机构、组织和程序获得满足的。⑥ 这些对于本文尤其是对于"体制的公共领域"和媒介体制的描述是很有吸引力的,特别是对于比较公共广电和私营广电的功能逻辑。最后,这一方法开端的重要性也在于,可以描述一方面在政治体制,另一方面在媒介体制的总是非常发散的主题和运行。

5 结构和步骤

为了找到对于公共广电体制特别是公共电视的功能和意义这一问题的答案,首先需要弄清,普通媒介和公共广电在政治和社会过程中所扮演的角色。对此问题需要在第 2 章"公共领域的原则"中加以研究。

---

① 见第二章 3.3。

② Lehner/Widmaier,比较政府说,第 40 页。

③ 同上。

④ 经验分析的理论被理解为大量逻辑相关的论述和假说,而且可以在经验上检验,而一个概念的参照系是一个概念体系,它虽然应该证明与现实相关,"但是不包含对概念中所描述经验的事实之间的解释",参见 Lehner/Widmaier,比较政府说,第 40 页。

⑤ Lehner/Widmaier,比较政府说,第 40 页。

⑥ 同上,第 39 页。

统治者和被统治者在公共领域见面,以便交流思想和讨论与政治有关的主题和问题并做出决定——这样至少是民主的理想形象。但是这些在一个大众民主里不能够在人际之间完成,而是只能通过大众传媒的中介职能完成,也就是说,是大众传媒创造并使公共领域成为可能。但是准确来讲什么是"公共领域"呢,它是如何被描述和限定为讨论区的? 它的政治的和参与的质量在哪里呢? 联邦宪法法院把"公共领域"定义为意见可以自由和畅通无阻的到达其他人的发表意见和信息。[1] 但是这个定义在社会学和政治学的角度下却是不充足的,Niklas Luhmann 已经认识到这点了。[2] 为了制定出一个可操作的"公共领域"方案,并根据这个方案可以对大众传媒在政治和社会过程里进行定位并检验其中介和传播效率,出现了不同的尝试。考虑到历史的(2.)和宪法法律(4.)的观点,对于"公共领域"这一综合体首先进行描述的是社会学理论。然后根据观察描述了"公共领域"的政治和社会功能(5.)。

紧接着提出了这个问题:由于其组织结构尤其是在媒介和社会变化的背景下,公共广播电视是否还有能力做出相应的传达功能(准备好政治的和社会的相关信息)和完成表达可能,以便保障公民对于意见形成参与影响并为形成一个正常运转的政治的公共领域作出贡献。为研究这一问题在第三章中有对公共广电的具体的社会和政治功能的分析。

为了能够进行这样一个功能的分配,首先要分析公共广电体制的规范的法律基础(2.)。因此需要弄清楚,在这个宪法法律的构造后面有什么样的国家理论的理念。这些在第一眼看来是乏味的,因为有联邦宪法法院的 8 个涉及公共广播电视的法律地位的所谓的广电判例。这一事实同时又表明,在涉及公共广电的社会的指导方针和责任方面,在联邦和州的层面上只有不完整的积极法律规定。而且联邦宪法法院对于公共广电的指导方针也有意识的保持很远的距离。在讨论公共广电的宪法法律的基础时,"基本供应"这个词处于中心地位。

在第二步提出了与"大众媒介的现实"(卢曼)——如同它今天所表现的——相反的宪法法律的方案。在这里介绍了来自媒介和传播学、社会学及政治学的最新的经验调查和理论假设(3.),在此,特别关注的焦点领域放在媒介效果研究、有关大众传媒的阐述逻辑的理论和象征政治及其后效。这里也将研

---

[1] 联邦宪法法院的仲裁 65,第 45/46 页,也参见联邦宪法法院的仲裁 7,第 198/199 页。

[2] Niklas Luhmann,大众传媒的现实,第 2 版,Opladen 1996,第 184 页。

究,大众传媒在"公共领域的第二次结构转变"中是否发展成了①"独特的机构"②,而不再遵循社会的和政治的目标指导方针和其他的民主理论的要求,而是追求经济目标。这个相反的方案应该解释明白,基于社会的和媒介的形势的宪法法律的指导方针对于公共广电的合理的职能分配是不足够的,而为了保证和维持一个起作用的政治公共领域的内容必须要有这种职能分配。

在本章的结尾(4.)将会做出这种职能分配:关于大众传媒体制的功能方式和其对政治过程、"公共领域"的职能(第二章,5)的影响及对宪法法律对广电领域的规定的影响,在汇集了政治学和社会学的认识后,将总结出公共广电的具体职能和任务。然后根据这些总结再检验,公共电视在何种程度上对于政治传播和公开的政治讨论作出贡献(第五章)。

在第四章和第五章写的是德国媒介在媒介体制的二元化过程中发生的重大变化。

第四章分析的是,由于广电体制的二元化在何种程度上出现了对于媒介的运作和展示方式的结构变化,尤其是是否加强了对媒介逻辑的遵循(4.1)。同时也指出了公共和私营电视台的节目方面的发展,着重分析了公共和私营台之间的所谓的趋同趋势(4.2)。

在和第四章紧密联系的第五章中详尽说明了鉴于特别是考虑到政治信息供应的电视节目供应的利用下的二元化的后果(1)。基于这一利用分析就回答了一个核心问题,公共电视是否满足了在第三章中总结出的职能(2)。这样下列问题就处于中心地位:是否满足融合功能以及与此相联系的有关受众的碎片化的论断的讨论(2.2)。这说明,由于多样化的电视供应形成了互相封闭的信息和传播圈,如此将加重社会必要的融合并使追求社会一致的机会变得渺茫。

在第四章还论述了对公共广电批评界一再提出的问题,如果有其他(成本较优惠的)节目结构和组织结构,并且这种结论也可以或者更好满足基本功应委托所引导出的职能,是否可以对此加以考虑(1和2)。在此首先就成本和满

---

① 参见 Richard Münch,媒介事件制作:政治权力的结构转变;载:Stefan Hradil(出版人),差异和融合。现代社会的未来。第28届德累斯顿德国社会学大会论文,Frankfurt a. M. 1995,第696－709页。

② Otfried Jarren,媒体受益和机构损失?媒介社会的中间体制的转变。电子媒体在政治传播中的重要性增长的理论说明;出自:Jarren,广播和电视中的政治传播,Opladen 1994,第25页。

足基本供给功能这两个广泛争议的领域来探讨公共广电体制重组的可能性。就这种相互联系也逐点分析和检验了国外的公共广电体制,这些模式和组织形式是否能够转接到德国的媒介和法律体制。在要求转接英国公共广电领域的单个元素到德国公共电视体制①的背景下首先进一步分析了英国的广电体制。

因为把公共广电的监管结构、控制机制和社会联系归入部分不完善之列(第四章,1.2),讨论了可选择的控制模式。这些模式的要求是,保障一个更好的可以与社会团体和组织不依赖于政治因素的反馈联系(3.)。

在接下来的关键的一步将把在研究过程中的获得的知识应用于(适应)战略和具体的行动指南。这些应该使公共广电有可能在未来保证其生存和履行其中的职责,即生产高质量的传播能力强的信息产品(4.)。

紧接着——只要基于诊断可能的话——对于公共广播和电视的未来进行展望,包括当前可见的技术发展(5.)。

在本书的结尾将在结论中总结主要的观点和辩论路线,勾勒将要出现的发展和展示未来的讨论需求(第七章)。

---

① 参见巴伐利亚州长 Stoiber 在 2001 年慕尼黑媒介大会上的讲话。讲话稿见:www.medientage – muenchen. de.

第 二 章

公共领域的原则

1 导 论

如果问到公共电视的角色和前景,首先要澄清的是公共广播电视,但也包括私营广播电视的国家和社会定位是什么。显而易见的是:媒体,尤其是电视给大众传递信息;媒体是政治意识形态的一个根本因素,没有媒体,一个民主国家是难以想象的。或者更尖锐点儿说:没有信息就没有民主。[1]

但是公共广播电视是否还承担法律上所规定的揭示政治和社会相关真相的义务? 并且,大众媒体尤其是公共广播电视在我们当今的社会、我们的国家到底起到什么作用? 它在由联邦立法机构所要求的政治意识形态中到底扮演哪些角色,依照这些任务它们究竟还起到哪些作用?

人们在短暂思索后很快会发现"公共领域"这一基本概念,因为现在几乎所有在这个规范的、民主理论的背景下归于大众传媒的功能最终都源于启蒙的公共领域思想。[2]

此外,公共领域应该关注国家和政治行为的知名度和透明度,这可以使国家行使政权的合法化得到监督,同时也是市民参与政治决策过程的前提条件,因为这些公开透明的政治信息包括:

"自由民主的国家必须建立公共领域,使之成为可能并保证公共领域:在民

---

① 参见 Matthias Jestaedt,公共领域和信任之间——开放社会的国家:什么可以隐藏? 出自:Otto Depenheuer(出版人),公共领域和信任——政治传播的理论与实践,威斯巴登,2001 年,第 83 - 84 页。

② 参见 Imhof,公共领域作为历史范畴和作为历史学范畴,第 4 页和第 11 页。

主角色中扮演公民,在法律国家角色中扮演市民,它必须创造单独的评价基础,以便能自己承担相关责任并作出涉及国家的有关决定。"①

根据民主的思想,公共领域还有其他的作用:统治者和被统治者可以相互交流意见并且就相关主题和问题展开讨论并作出决策。在此建立——共同的——相关的"公共领域的意见",根据这种意见,应该监督并修正相关政治行为及权力的行使。

在此无须更进一步地讨论,公共领域作为统治者和被统治者直接交流的空间的理想蓝图,在今天大众民主的环境中不再有市场。尽管如此,媒体还是一再被期待成为"机构公共领域":人们期待公共领域的产生,期待创建一种"透明",并要监督"带去光明"的政治体制,通过这些信息,公共领域思想的构建才能实现,也只有通过互通信息才能保证民主体系的功能。

为了调查大众媒体的这种需求是否能够得到满足,需要先弄清当今的民主国家和社会形势下的(政治)公共领域的蓝图是否还是准确和充分的。回答这个问题就要求对"公共领域"这个概念做出解释。这个概念乍一看很平凡:所有思想的表达和信息都是公开的,这些思想的表达和信息都是自由且任何人都可以得到的。这至少是联邦宪法法院的定义。美国社会学家 Harwood Child 对这个概念已经给出 50 个不同的定义。②

然而这里涉及的不应该只是一些常用的标语和口号,而是首先确定政治和社会体系的公共领域的职能,然后定义涉及公共领域的公共电视台的角色。为了找出公共领域的概念,曾进行了不同的尝试:

首先,"公共领域"这个概念在历史上表现为随时间的变化和发展而发展和变化,而且我们发现传统的观念在这里依然继续产生影响,随后我们转向对这一概念的现代理解。我们需要检验公共领域的哪些观念是包括在宪法中的,并且对行使权力是重要的——联邦立法机构把这种观念到底具体到何种程度。调查结果表明,一个关于"公共领域"的明确的概念,是根据其普通大众媒体的原则和公共广播电视在特殊的政治社会体系中的表现决定的。

2 公共领域作为启蒙的原则

现代初期使用"公开的"或者"显然的"之意,在新高地德语中"公共的"一

---

① Jestaedt,公共领域和信任之间,第 84 页。
② Hardwood L. Childs,公众舆论——自然,形成和作用,普林斯顿,1965。

方面取"普遍可理解的","对于每个人的用途都是确定的"之意。另一方面取"真实的","清楚的","正直的"之意。① 自 17 世纪以来人们能够确定这一概念内容的变化。"公共领域"包括一个政治规范的意思:整体的客观成分也归于"公共领域"的概念:现在这一概念在"公共健康"这一构词中,在"公共利益"、"公共安全"中代表着整体健康定位。②

不久,随着十七八世纪的社会大变革,"公共领域"这一概念又涵盖了更广泛的意义。"公共领域"发展为统治批判范畴,人们开始衡量国家主权范畴。对于公共领域的研究——特别是涉及议会谈判、法院行为、新闻界和文艺界——转向反对管理机构和司法。代表公众的"公共领域"变成了市民阶层的主要要求,"公共领域"的名声变成了政治呼喊。所有的"非秘密的"、"公开的"内容都包括一个积极的价值,并且与旧政权制度的单一决定相对立。

"这些自从法国大革命就与自由人民的设想和自由的宪法联系起来的'政治希望和期待',如今已成为'公共领域'这个新词,并提升为一个政治社会的概念。"③

"公共领域"不再被认为是单纯作为工具的服务的意义,而是提高了它自身的价值,作为反对无法解释的确保专制主义制度统治手段弊病的政治手段。在此,我们引用 Carl Schmitt 的观点:

"公共领域之光芒亦是启蒙思想之光芒,是消除迷信、盲目信仰和贪权的阴谋。"④

围绕"公共领域"的斗争在德国宪法斗争以及 18 世纪以来国家法和新闻法的斗争中,逐渐白热化,⑤它在 1795 年的康德著名的格言中达到高潮:

"所有涉及他人权利的行为,其行为准则与公开性相矛盾,都是不合理的。"⑥

康德认为,"公共领域"公开性的意义是以私密性存在为前提的。这种个人

① Jestaedt,公共领域和机密之间,第 76 页。

② 同上。

③ Lucian Hoelscher,公共领域和秘密:一个关于早期公共领域产生的概念历史的调查,斯图加特,1979;引自:Marschall,公共领域和议会,第 38 页。

④ Carl Schmitt,现代议院制的思想史的地位,第 5 版(1926 年出版的第 2 版未改写再版),柏林,1979,第 48 页。

⑤ Sabine Lang,现代国家的政治公共领域。一个民主化和纪律化之间的公民公共机构,Baden-Baden,2001,第 7 页。

⑥ Immanuel Kant 引自:Lang,现代国家的政治公共领域,第 3 页。

领域显示了避开国家监督的行为空间。在此,社会成员可以不遵循集体的决定或是不受国家影响而追求自己的目标和生活规划。①

然而,在公共的即非私人领域出现了我们今天称之为"政治意志形成"的情况。人们从私人领域中解放出来,以便现在能作为"公民"在公共讨论中决定公众的利益。这种公共讨论的结果只能是理智的表现,因为在这种情况下,只有自由的、达到法定年龄的公民(Kant 认为:具有不受他人支配的判断力的公民②)才能在不受管辖的范围内参加。③ 在启蒙历史哲学领域中,从另一方面看,相对于自然规律来说④,这种结果是必然的,相比较而言这种思想更符合自然规律。⑤ 这就产生了康德关于公共领域的启蒙思想理论,理论主张"公众自我宣传"。⑥ 通过这种方式,这种自由的公共领域成为人类文明的思想,他们从受教育的市民变成市民阶层的先锋,凭借日益增深的关于人类共同生活的观点,他们获得新观点和新知识。⑦ 在此意义上,政治谈判是通过公民对公共领域的理智判断来实现的理智的自我控制。谈判作为自由和理智行为,从启蒙哲学的角度看,从而理解必要性和道德方面的正确以及理智的观念。⑧ 这种道德上正确的结果与旧政权的专职统治是对立的。在此,接受启蒙思想的市民在公共领域与封建统治之间的对立愈演愈烈。然而启蒙运动作为大众的代表,以其洞悉的源于社会规则的理智代替了那些不合理之处及统治阶级的专横,以此使国家和人类到达"成熟"的阶段。⑨

随之出现的理智概念不仅仅关注成年公民,他们通过自己的思维能力来改变自己所处的位置,达到理论的和实践的洞悉力,这种洞悉力原则上可与其他公民的思维能力相衔接。⑩ 另外,社会整体就是自由行为和理智行为的产物:因

---

① Marschall,公共领域和议会,第 37 页。

② Kant 引自:Lang,现代国家的政治公共领域,第 4 页。

③ Imhof 在此解释的更深一步,他把启蒙思想的这种公共领域观和一个宗教的背景相联系:Imhof,"公共领域"作为历史的范畴和作为历史范畴,第 7 - 9 页。

④ 是商量的意思。

⑤ Kurt Imhof,规范的自由观。"商讨"和"公共领域":传播学的两个核心概念;出自:新闻学特刊 4:"传播自由",Wiesbaden 2003,预印本,第 3 页。

⑥ 同上。

⑦ 同上,第 4 页。

⑧ 有关政治讨论的共和自由传统。参见 Imhof,规范的自由观,第 5 - 8 页。

⑨ Imhof,规范的自由观,第 6 页。

⑩ 同上。

为理智的判断产生了普遍的事物,人类能够将自身与普遍存在的东西统一起来。① 这就产生了在普遍有效及必要性的意义上的社会融合。从政治角度来看,人们的言论自由成为理智与道德的条件。②

因此,合法政权只是作为"许多人的协调"③,指的是,只有这些在自由、直接的讨论中达到整体一致的才是政权,它与绝对的暴力统治有彻底的区别。因而,相对于秘密的封建统治内阁政权,公共领域成为启蒙思想最主要的要求。

在当今大众民主中,公共领域的讨论总是产生出正确而有洞察力的事物,这一点是清楚且明确的。但是,在当今的大众社会也不可能实现一个持续集会讨论的基础民主的理想典范。很明显,与媒体相关的和媒体批判的许多领域(科学、政治、媒体本身,当人们考虑关于电视的副刊报道时)总是坚持最正确的乌托邦式的理想典范。Kurt Imhof:"公共领域、出版及政治手段甚至市场经济成为主要的批判焦点,以此成为现代民主理论的问题。"④

更进一步看,它刚好是(私营的和公共的)电视时而批评的对象,它虽然是一个空想,但是正是从这个空想中,公共广播电视最终导出它的现时权利。

此外,不能忘记的是,启蒙运动关于政治公共领域的最深理解,最终产生了现代法治国家的民主机构。因为在政治法方面,思想解放的结果是下层人士成为国家公民,"发牢骚"的大众成为国家主权的行使者,而所有的国家机构服从于公共领域的原则和法律。⑤ 由法治国家的宪法性也促成了政治讨论的条件和形式,达到公共言论形成的质量。因为一个民主的法制社会必须让它的公民能够理解立法者的意图,用国家法的说法是:人民作为主权行使者。只有公民实际上参与或决定政治事件时,这种自我理解才能表现出来。其精华可以表述为:没有公共领域的自由讨论就没有现代民主社会。⑥

公共领域讨论的重大意义表现在对言论和意志形成的真正存在形式进行批判,它援引了从整个现代一直到当代的社会理论。今天对公共领域的理解还在政治监督结果中扮演重要角色:从通过媒体曝光的政治丑闻到公共监事会的

---

① 参见 Georg Kohler,什么是公共领域? 出自:Studia philosophica, Vol. 58/1000, Bern 1999。

② Imhof,规范的自由观,第 6 页。

③ Kant 引自:Imhof,"公共领域"作为历史的范畴和作为历史范畴,第 6 页。

④ Imhof,"公共领域"作为历史的范畴和作为历史范畴,第 6 页。

⑤ Kurt Imhof,各个领域理论,出自:Günther Bentele/Hans-Gern Brosius/Otfried Jarren(出版人),公共传播。传播学和媒介学手册,Wiesbaden 2003,第 194 页。

⑥ Imhof,规范的自由观,第 7 页。

德国公共广播电视:基础—分析—展望

干预,对启蒙运动中关于公共领域理解的批判一直影响我们到现在。国家全力支持实行权力宣传机构,社会行为在更大公共程度上要广泛的依赖公众及公众的组成体。依据这一原则根本没有例外。对于国家而言,(在某些必要和需要的方面)设立政治决策和行动的"不受公共领域约束"的秘密操作空间越来越难。通过对国家权力的程序和行为的公开化或者公开磋商和讨论,才能产生政治合法性和创建对政治行为的约束效应。

3 现代的公共领域观念

"公共领域"这个概念①在现代社会中是与启蒙思想中对"公共领域"的理解是分不开的,并和政治—法律的、社会一体化的、审慎的权力相联系。对于权力条件、权力内容及更加公开交流形式的要求源于这种权力,并且通过这种权力区分大众传播的产物及其他商品和行业的服务。

在所有的公共领域理论中都确定了公共领域的概念,这一概念被嵌入了核心的规范和现代的价值水平。因此,依据公共领域理论来解释当今社会的大众媒体包括在哪些标准的层面里,它从政治科学方面提出哪些要求,它在社会和政治体系中要实现哪些功能。为了实现这些要求,就要在不同的公共领域理论基础上得到验证,是否需要对民众的启蒙公共领域思想的理解重新组合,也就是说,在保持思想中的有效性的情况下,为了使当今社会的传播变得更加公正,是否有必要更进一步的扩展公共领域功能。

因此,接下来体现的是其必然的发展路线,这一路线是在现实公共领域理论中出现的,在此过程中 Habermas 的"公共的结构转化"理论以及有关系统理论设想的公共领域理论成为展现的焦点。

接着要进行尝试的是,把公共的理论转化为我们规划的方案,并且依据这个方案反映大众媒体的社会角色。

3.1 现代社会细分背景下的公共领域理论

由于现代社会劳动分工的差异,启蒙思想对公共领域的理解不仅在社会融合而且在思考的角度方面都是一个重要的参照物。可能有人会问,公共领域如何也能够在持续的社会差异的条件下发展融合的作用呢?②

---

① 在接下来的论述中一般省去了公共领域这个词的引号。
② 参见 Imhof,规范的自由观,第7页。

早期的马克思已经看到,"自由的媒体"有能力克服市民的那种由分工而产生的、地方主义的狭隘眼光;他只把其看作有能力的"智慧的力量",可以提高大众普遍兴趣中的特别兴趣,以此来促进"整个事实"。① 在媒体的智慧之力中,不仅包括启蒙公共领域的审慎维度(理性要求)如社会一体化维度:"这个结构差异的社会在此会通过集思广益来共同发展。"②

　　紧随马克思之后,先后出现了关于社会结构在功能上差异的研究,从Ferdinand Tönnis,Emile Durkheim 以及马克思·韦伯(Max Weber)的论文,一直到20 世纪、21 世纪的社会学研究,③尤其是 Weber 和 Tönnis 的论文非常有趣,因为他们基本上从事关于公共传播对多元社会的融合和控制的研究。从这个公共领域的设想体现出了令人吃惊的现实发展方针,因为进行的设想探索正是在考虑有关公共领域和公众意见在功能的、等级的、差异化的现代社会条件下进行的。④

　　Max Weber 通过观察发现,政治在公共领域中大部分借助所说的和所写的词汇进行,⑤这是一个理论的开端,这个开端是指"这个国家机构的合法性需求",涉及党派、领袖和媒介之间的功能和转换。⑥ 因为报业与政治党派的关联,他把它们归咎于权力,它们通过外部安排如发表宣言可以胁迫国家。除此之外,关于执政党领导的统治下的"竞选机器",Weber 只是在报社看到一个连续的政治机构。⑦ 先前的"媒体去政治权力视角"解释了⑧经济因素

---

① Karl Marx,自由报社作为中间人;引自:Imhof,公共理论,第 196 页。
② Imhof,自由的标准层面,第 10 页,在马克思后期论文中涉及揭示市民公共领域的概念连同作为虚构大学利益的代表的要求。市民公共领域对于马克思老师只是国家市民权力基础的阶级利益代表主体。他正式否认"这个政治合法及审议的启蒙公共领域的要求,也就是说人民大众代表的权力和审议的普遍理性的实现"(Imhof,公共领域理论,第 195 页)。在马克思主义中审议形成的理智失去他的合法性,参见 Imhof 公共领域理论,第 195 页。对启蒙公共领域概念更广泛的马克思主义的批判,Imhof 自由的标准层面,第 9、10 页。
③ Imhof 自由的标准层面,第 11 页;参见菲尔迪南德托尼斯"团体与社会":纯粹的社会学基本概念,达姆城 1991(第一版 1887);E. 米勒,Durkheim De la division du travail social,巴黎 1926(第一版 1893)Max Weber,经济与社会,图宾根 1985(第一版 1922)。
④ Imhof,公共领域理论,第 195 页。
⑤ Weber,经济与社会,第 525 页。
⑥ Imhof,规范的自由观,第 11 页。
⑦ 对于 Weber 来说"这个政治公众首先是记者,当今最重要的门类代表",他适于政治领袖的功能,参见 Max Weber 谈论在美国茨畔法兰克福的第一个德国社会日 1910;Imhof,规范的自由观,第 11 页,自由的标准层面,第 11 页。
⑧ 参见 Max Weber,政治作为职业,第 7 版,柏林 1982(第一版 1919,1922)。

导致的媒体的改变和党派的更替有直接关系,因此 Max Weber 1910 年就赋予研究报业以重要意义。① "公众的思想"对于 Weber 来说还只是(尽可能具有独特魅力的)定义产物,那些通过宣传赢得政治统治权的,为了使国家机器和社会的僵化总体从外部(和上层)开始。② 他合乎逻辑地拒绝启蒙的公共领域理解的审议内容:公共领域的概念和启蒙的理性要求没有为 Weber 带来自由社会的希望:"理性化的世界历史过程对于他结束于一个凝固了的世界之中。"③ 其余的只有人类行为的决心还保留在经济贸易方面,及通过法律统治和盛行官僚作风的国家。此外只存在一个社会一体化的内在关联,这一关联在统治秩序的节奏中产生,一个开端——这个开端被理解为批判的理论。

Ferdinand Tönnis 借助于在不同单位状况(固定的、勤奋的、灵活的)所存在的"公众意见"的方案来尝试,将商议及说服同洞察环境和发展条件的差异相连,这种差异是由大量不同程度的"公众意见"所致。他将讨论者——那些承担义务的参与磋商的有理智的市民精英(也属于那些报纸编辑),这些通过报纸受教育的人,同分类的功能不同的公众联系起来。Tönnis 希望一个世俗化的公众意见逐渐代替最原始的宗教道德。

"……公共思想变成社会意识,正如宗教一贯的那样;它终究是宗教,在大众中它是如何实现伦理情感并提炼出这种情感。"④ 通过这种观念,Tönnis 写出现代社会的社会一体化并进行了包括受环境条件限制的价值观的理性磋商实践。基于熟思的理性和在环境中固定的公众思想的矛盾必然在实行关于"公共思想的粗俗现象"中导致同现代媒体交际的最激烈的争论。⑤ Tönnis 提出意义这个基本问题——在经济压力下存在的——报纸作为思想载体及磋商媒介。⑥ Tönnis 借助于战争期间提出的方案引起的共鸣,通过结合得以表达出来:"他带着知识分子的设想以古典的方式与启蒙自由的个人理解相连,这些在一个市民精英身上看出来,这个精英通过报纸受教育并且同媒体批评甚至同世界观多样

---

① Imhof,规范的自由观,第 11 页。
② 同上,第 12 页。
③ 同上。
④ Ferdinand Tönnis,公共意见的批判,Berlin 1922,第 573 页。
⑤ 参见 Tönnis,公共意见的批判。
⑥ 参见 Imhof,规范的自由观,第 11 页。

化的观点相连。"①

依据 Tönnis 的观点，报纸业的经济化与被划分为许多类的公众在报纸业及公众（根据他们的公共思想）研究中明显相分离。② Karl Mannheim 的论文对这项研究发展有重大意义。他的出发点在于，个人的社会存在地位的结构要求确定其个人意识结构，并将这种方式同"意识形态"也就是"社会等级"相关联。③ 他将注意力合乎逻辑地集中于在阶级环境中分类确定的公众，然而对于价值，这种理论方式能够困难地讲述社会变迁。④ Mannheim 一方面通过对意识结构功能及社会分类差异的接受，⑤另一方面通过抓住企图社会化的静态来构建稳定的知识分子。他只是基于其自由存在处于战胜存在束缚的意识形态思想的境地⑥。

通过对社会结构特征及与此相关联的意识形态的定位，公共领域的重要性

---

① Imhof，自由的标准层面，第 13 页。Wilhelm Hennis 在 20 世纪 50 年代和 60 年代同托尼斯的市民精英理论相联系。（Wilhelm Hennis，意识研究与代表民主，政治民意调查的评论，图宾根 1957；政治作为时政科学，政治理论与政府学说集，慕尼黑 1968）。他在有明显标准化特征及与国家相关上下文中提出公共领域及公共思想的概念，"我们要坚持这样的观点，公共思想不是仅仅被媒体所理解的那样。必须从中定义的这种关联是政体，与国家相连的政体……据说这种公众思想是一种重要的单纯由思想混乱引起的。这就导致公共思想也处于强大的责任之下。公众思想不是任意的，他必须通过理性来证明。"（政治作为时政科学 S38,44）。与启蒙的公众理解不同，公众讨论的结果不一定是理性的表达。海尼斯认为，个人必须对于"理性"和其思想的品质负责："公众思想不是普遍的低声细语，混乱的思想，而是作为对于特定的人或者机构负责的一种公众思想。当公众思想是一种全力，一个特定的政治生涯时，人们能够亲自保证理性的有责任感的国家思想。"（政治作为实践科学，第 134 页）即使理性也是海尼斯所希望的，但是对他最重要的是可回溯性，也就是公共意见的负责任的来源。在 50、60 年代的讨论过程中出现这种声音，公共领域和公众思想首先确定数量并且放弃除重视外的标准因素，他决定放弃一个开端："19 世纪的思想不同了，可能更单纯、政治但更有意义，如果他们中那些相对信息灵通、有智慧、有道德的市民在公众思想的引导下去理解那些有代表性的观点的话，公众思想起初不是通过普遍的公众原则和实质的公众来确定的，而是通过其内容质量来确定。"（政治作为时政科学，第 136 页）正如几乎所有的公众理论中，都是以对于资产阶级的深入理解为基础，在公共领域事物的权利方面总是保持分散，海尼斯也没确定，因为他不能被确定："正如每个有能力人都能在公共思想方面相协调一样。"或者"谁想要共同决定公共思想，就必须有自己独特的观点"（政治作为实践科学，第 133,139 页）。

② 同上。

③ 参见 Karl Mannheim，意识形态和乌托邦，Frankfurt a. M. 1929。

④ Imhof，规范的自由观，第 13 页。

⑤ 同上。

⑥ 同上。

淡出了人们的视野。其结果是出现了研究方式的分裂:公共领域和以传媒为媒介的公共意见一方面(按照 Weber 的传统观念)依赖于党派、媒体和公民投票选举的魅力领袖的共同定义的权力。另一方面,公众的公共意见又与社会结构所定义的集体的存在状况相联系。Tönnis 和 Mannheim 认为这种介于政治讨论与社会结构间的现有辩证关系一方面处于从交际研究如报纸研究、精英研究或知识分子研究中分离出来的优势中,另一方面是对越来越复杂的科学社会的个人或团体在公众研究及接受程度研究中的世界观的分析。① 这个观点首先保留在"批判理论"和 Habermas 的论文中,公共传播的形式、内容又以新的方式同公众在社会理论和公共理论框架下的社会结构和意识结构联系起来。

3.2 公共领域的(第一次)结构转变

3.2.1 引言:批判理论

Jürgen Habermas 在他撰写的教授资格答辩论文《公共领域的结构转变》中写到有关公共领域对现代的国家和社会的意义的理论。② 这引起德国 20 世纪 60 年代和 70 年代初对于公共领域概念的广泛研究。Habermas 的论文被看成是传统的批判理论,很明显是受 Max Horkheimer 和 Theodor W. Adorno 的启蒙辩证观的影响。③ Horkheimer 和 Adorno 用他们"文化产业"的理论进行第一次尝试,在研究中"同时考虑媒介的结构条件、内容、作用甚至社会秩序的合法需求",其中的一个出发点是把社会理解为一种关联,在这种关联内部由大众媒体调整传播过程。④ 不用详细分析 Horkheimer 和 Adorno 的论文,可以把有关大众媒体的社会定位和影响概括为三个论点,它们在法兰克福学派的媒体理论中占有基础的地位:⑤

1. (社会和媒体)全方位的经济化导致一种一致、标准化及媒体传播的大众文化的平庸。这一发展的后果是,艺术与文化失去了有判断能力的公众,而这又重新加速了把文化降格为娱乐消遣。⑥ 这就导致了文化产业不仅针对消费者的需求,而是这种倾向也是它自己生产出来的:"实际上它是操纵和反向作用的

---

① Imhof,规范的自由观,第 14 页。
② Jürgen Habermas,公共领域的结构转变:对于市民社会分类的研究,Neuwied 1962。
③ Max Horkheimer/Theodor W. Adorno,启蒙的辩证法,美因茨畔的法兰克福 1969。
④ Imhof,规范的自由观,第 13 页。
⑤ 同上。
⑥ 同上。

需求的圈子,在这个圈子里系统的统一越来越紧密。"①

2. 受经济原则控制的文化产品(同其代表)也保持着"商品特征",也就是说公众的资助是经济成就及与之相连的名声的表达,并且"不是以使用价值为导向的,它应该越来越调节文化产出与文化接受的比例关系"。②

3. 基于文化产业最现实构建及社会意义互通的中心意义,由社会经济化产生的文化产业为错误的意识即意识结构担忧,并为政治和文化产出同文化接受的退步而担忧。由此,对于潜在关联的兴趣,③即对于象征化、表现化、情感化、性格化及公共交际的个人化的影响都将停止(见第三章4.4)。结果是:已经没有空间来磋商了;原本打算的社会化失败了,自主的自由被排除了——人类的行为现在也被决定了。④ 这样一来不再有社会争论和公开讨论了,社会被文化消费控制了,文化消费使这种在资本主义和无意义社会的结构中的匮乏得到平衡。⑤

3.2.2 Habermas 的公共领域结构转变

Habermas 发展了 Adorno 和 Horkheimer 的理论并在《公共领域的结构转变》中做了从对传统的公共领域的理解一直发展到"文化产业"的分析,并鉴于战后公共领域传播的条件和形式,准确分析了这些发展。正如这些批判理论,他以公民公共领域的理想式样为方向,这就是说以"启蒙运动为原型的公共领域理解"为方向,⑥去分析真正存在的公共领域及最初在启蒙中所呈现的自由潜力。这样就做出了重要的一步,因为当 Habermas 借助这个方法获得一个分析的规范基础后,他就能够描述公共传播的条件改变和随之而来的社会的总体改变。

3.2.2.1 理论基础

Habermas 将在 18 世纪晚期开始形成的资产阶级的公共领域理论作为他的理论基础。在与专制统治结构划清界限的过程中,产生了一种在私人圈子里主动的非政治形态的公共领域——一个起政治作用的公共领域的文学的雏形。⑦这为思想不受局限地交流与自由地批判创造一个平台,但是还不清楚在这个领

---

① Horkheimer/Adorno,启蒙运动的辩证法,第 129 页,第 128 - 176 页。

② Imhof,规范的自由观,第 17 页。

③ Theodore W. Adorno,意识形态,1956;引自:Imhof,规范的自由观,第 17 页。

④ Imhof,规范的自由观,第 17 页。

⑤ 同上。

⑥ 同上。

⑦ Habermas,公共领域的结构转变,1990 新版,法兰克福,第 44 页(只要没有特别注明,其他的有关脚注也出自这个新版本)。

域中是否有等级结构或者财产界限。在沙龙里，Habermas 强烈表示，如果思想从经济依赖的束缚中解放出来，那么通用的理性的等级划分都成为牺牲品。①

结果，公共领域从单纯的私人领域中发展起来：形成一个"私人范围的公共领域"。② 牢骚满腹的大众把 Habermas 看成一种学者委员会，这样所取得的成果至少不被看成是不理性的。

"在这里所要表达的思想要持续发展为公众思想，需要通过理性思考达到合法性。"③

通过这种方式，"理性的统治应该成为趋势"。④ 这种所赢得的政治公共领域然后通过国家的公众意见协调社会的需求。⑤ 根据 Habermas 的观点，这些使文学的公共领域政治化的观点是建立在私人圈子要求的基础上的，这种要求是理智的沟通作为实现真实、正确社会手段。这样，资产阶级面对公共暴力将变成一个道德占上风的公共领域，在这样的公共领域中聚集着对人性的追求及个人利益的追求。同时这种态势制止了所有者和拥有者的个人利益并且联结了创造理性的共同利益的目标。直到这一点上，Habermas 的观点才与启蒙思想的公共领域观点一致。

当社会阶层发生变革——尤其是代表社会底层的利益政策挤入资产阶级公共领域的时候，受教育的资产阶级的讨论地位会因此失去重要性。Habermas 把这种发展的结果总结为社会结构转变和公共领域的政治功能转变。⑥

首先他通过进入国家经济领域增长的潜力甚至通过社会权力的发展（社会问题的兴起），⑦通过连续的等级影响意义的损失假定了一个在资产阶级公共领域理解中根本性的公共与私人方面之间的分离的重叠（并且反过来）。⑧ 通过这种重叠，公共与私人方面的分离消失了，这种分离为统治和市民激烈讨论的实践建立前提条件——受教育资产阶级的讨论失去了意义。⑨

---

① Habermas，公共领域的结构转变，1990 新版，法兰克福，第 49 页。
② 同上，第 50 页。
③ Lang，现代国家的政治公共领域，第 263 页。
④ Habermas，公共领域的结构转变，第 73 页。
⑤ 同上，第 46 页。
⑥ Imhof，规范的自由观，第 17 页。
⑦ 同上。
⑧ Habermas，公共领域的结构转变，第 225 - 274 页。
⑨ Habermas："通过国家和社会的这种相互的渗透而撼动了相对均质的牢骚满腹的私人观众的基础"，公共领域的结构转变，第 215 页。

下一步,这种被组织的利益一直入侵到"资产阶级的"或者"原本的"公众领域中,强占控制并因此影响沟通和政治的意志构建。在这一过程中,阶级利益中立者的立场也发生变化了,因为涉及自身利益,他们也允许给予公共讨论一定的理性和效率。① 结果,公共讨论中胜出的内容或者达成的妥协最终得到了实行。②

通过这些改变,现在集合起来的参与者踏入了政治领域,大众也减轻了他们原本的负担。那些把个人利益直接交给政治权力的组织以及与公共权力机构共同成长起来的政党,③成为政治公共领域的最重要的参与者和机构。

市民因此被排除参与政治。结果产生 Habermas 提出的公共领域的政治功能转变,这种转变作为启蒙运动的公共领域集合转变为大众媒体生产的公共领域。大众媒体所产生的公共领域脱离了大众,也就是市民,并且被国家、政党特别是通过有组织的个人经济利益占据并被赋予权力。④ 这种赋予权力的过程导致了在市民公共领域的意识类型中所含有的思想解放内容的消除,也就是理性潜质和无限制言论的消除;⑤公共领域只剩下是原先的启蒙的和市民意图的一个衰败产物。

公共领域的建立被用于维护言论,公共领域只是用来附和预定的言论,Habermas 认为这是对公共领域的滥用。公共领域的合法化功能及控制功能不能再被感知,被摆布的市民在政治言论形成和意志形成过程中失去了其意义。Habermas 把这种发展称为"再封建化过程"。⑥ Imhof 在《规范的自由观》中说道:

"这种通过磋商只是从咎由自取的未成年退出回到一个被代表的未成年阶段——正好是封建的——资本主义晚期的公共领域。"⑦

3.2.2.2 《公共领域的结构转变》修订版

Habermas 在此期间修订了 1962 年的《公共领域的结构转变》的第一版,因为第一版表现出一些缺点:⑧一方面是因为他原本分析的出发点有所转变,市民

---

① Habermas:"通过国家和社会的这种相互的渗透而撼动了相对均质的牢骚满腹的私人观众的基础",公共领域的结构转变,第 272 页。

② 同上,第 273 页。

③ 同上,第 212 页。

④ Imhof,规范的自由观,第 18 页。

⑤ Habermas,公共领域的结构转变,第 275 - 342 页。

⑥ 同上,第 292,337 页。

⑦ Imhof,规范的自由观,第 18 页。

⑧ Habermas,公共领域的结构转变,第 11 - 50 页。

公共领域的理想类型在其"控制"①理论中趋向现实类型并且存在与义务的混淆,不可避免地导致描述准确性下降,启蒙时代市民、公众的不均一性和不同形式从 18 世纪的后期出现的反公共领域中逃离出来。②

Habermas 低估了在 20 世纪六七十年代的社会运动和反对党对于媒介传播议程的明显意义。文化工业的理论没有预见到多种多样的公众,同样很少的是,这样的公众在消费行为上不会被减弱。媒体外部政治参与者在媒体作用下传播的潜能同样没有被看到。③

同样,在"再封建化的公共领域"的"有关当局"的区分度,也就是说公共领域的结构转变理论从政治、经济、媒体的角度来看已经变得不公正。Habermas 的分析在很大程度上依靠社会市场经济的社会模式的新合作结构,并且未涉及政治体系、媒体体系与经济体系间的区分过程。④

因此对他来说在新的论文里,特别是在 1990 年"结构转变"的修订版,不再涉及深奥的体系转变,而是局限于系统命令对于生活世界领域的系统命令对民主的阻碍这一假设。⑤ 他在新康德式伦理学基础上形成了公共领域的意见形成模式。

"最低一级主管部门把目光集中到源于民主的言论、意志及决策过程的传播而产生的权力,它是建立在设计一个道德判断时达成一致的基础上的。在这一过程中,参加讨论人员在论证中必须如此表现,好像他们在面对一个无限制的传播整体时原则上也能够兑现其有效要求。"⑥

如果需要普遍地辩论,参与讨论者必须致力于重视所有的相关利益,因为它带来尽可能大的收益,并且使参与者以更好的论据确定言论的形成。⑦ Habermas 虽然同意启蒙讨论中提出的概念,但是这些概念不具有他的绝对理性和美德的历史哲学核心。Imhof 着眼于通过在一个可实现的理想的交际环境框架中,合理地保持更大的理智期待,因为通过这种传播形式,参与者可以不受每

---

① Imhof,规范的自由观,第 18 页。
② 同上。
③ 同上。
④ Kurt Imhof,新的公共领域的结构转变中的政治;Atmin Nassehi/Markus Schroer(出版人),政治的概念。政治的界限抑或无界限的政治?"社会世界"的特殊纽带,慕尼黑 2003(预发行),第 4/5 页。
⑤ Habermas,公共领域的结构转变,第 36 页。
⑥ Imhof,规范的自由观,第 23 页。
⑦ 同上。

个时期和社会环境的限制提高认知标准的表达功效。这种有原则的面对没有限制的传播整体非常重要。①

根据 Habermas 的设想，可以确定公共传播作为说服和行为协调的前提条件，以及作为社会融合和理性构建的资源。② Habermas 要求，公共领域传播的自由作为行使正常讨论的核心前提必须基本巩固：

"资产阶级的公共领域随着普遍可达的原则一起存在或消失的。宣称的群体实际上被排除在外的公共领域不仅是不完全的，更多的时候根本就不是公共领域。"③

让公民有可能参与到公共讨论中，这对于 Habermas 来说是一种基本权利。属于基本权利的还有保障社会成员享受机会平等的物质生活条件，以及不受限制的在公共领域代表所有社会团体的权利。④

在社会和国家层面上，Habermas 认为公民社会、媒体和政治之间应保持相互独立，尤其是通过媒介传播在政治体系也就是议会的讨论核心中自发形成的公民社会的"联合关系"（比如自发产生的公共领域）应保持独立。⑤ 因为政治机构对这些联合关系至少从程序技术上存在影响，因此，文明社会是在有共鸣的和自治的公共领域等此类有效推动的基础上形成的，这样"冲突才能从外围进入政治体系"⑥。通过政治体系（大部分以法规的形式）的解决问题方式应符合公共和议会讨论的意图，也就是说，决策者和解决问题应尽可能地与公共意见密切结合，在此过程中 Habermas 将公共意见理解为自由讨论的结果，而且至少（趋势上看）所有的公民都能够参与其中。⑦ 因此市民形成一个传播整体，它控制着政治行为并检验其后存在的目标和价值观。公共意见补充国家的统治——这样产生的公共领域宣称与国家统治相对立并作为监督机构。由此，政治上解决问题的方式，也就是设置法律，被反馈到了辩论产生的道德信念中。Habermas 坚持现代社会中意图调控的可能性并且把注意力集中在意见形成的质量上。从他的理论中可以看到，"有关政治体制设计的讨论以及有关政治体

---

① Imhof，规范的自由观，第 23 页。
② 同上。
③ Habermas，公共领域的结构转变，第 156 页。
④ 参见 Imhof，规范的自由观，第 24 页。
⑤ 同上。
⑥ Habermas，公共领域的结构转变，第 400 页。
⑦ Imhof，规范的自由观，第 24 页。

制对文明社会中的讨论意见形成过程的反馈的讨论以及有关适应辩论媒体体制的管理的条件和形式的讨论都是很必要的。[①]

3.2.2.3 结论

Habermas 的贡献在于,他提出了对于公共领域以及媒体内容评价的质量因素。在一个几乎爆炸式发展的媒体领域的背景下,从政治学的角度上来看,他的理论把所有的媒介内容和媒介传播放到同一个舞台上检验其受欢迎度好像是不合适的。

当然还有悬而未决的问题限制了 Habermas 理论模式的操作分析力。Habermas 理论与 Marschall 的理论一起为形成公共领域概念的经验要素和标准要素奠定了基础[②],这个概念把研究视角约束于今天来看非常多样化的媒介行业里,却没有指明具体的分析因素。Habermas 正确的理论开端需要在一些领域里进一步确定,以便可实际操作:在一个受众群体日益细分的传播供给的媒介市场(比如电子媒介)里,公共领域的讨论在哪里进行? 以及:为了对公共讨论做出贡献,哪些媒介讨论的内容讨必须适应何种内容要求,以便有助于公共讨论? 这些显示:在今天的大众民主中研究和确定公共领域时还需补充其他的质量和基于经验的因素,以便能对大众媒体进行定位。

尽管有这些疑问,我们还是要同意 Imhof 的观点,就是"鉴于公共传播的结构条件对内容的影响,公共领域的结构转变传递给了我们一种敏感性和洞察力,并且揭示了公共传播可能带来的社会后果(见《公共领域新的结构转变》,第三章4.4)。[③] 在最新的研究中可以观察到,社会理论中对形成自由的和理性的力量的讨论再次受到重视",[④]而在 Habermas 模式的标准构建结构中,通达、公开和可讨论性三者原则上相同起着作用,已经成为一系列研究的指导思想。这个模式要求对它的前提条件的当前情况进行经常的研究,所以对媒介传播的条件、形式和内容之间关系进行精确的社会学和政治学分析就是绝对必要的。

3.3 卢曼:对公共领域的系统理论的理解

(新的)系统理论选择一种与启蒙哲学的标准批判模式完全不同的方法用

---

① Imhof,规范的自由观,第24页;也可参见 Patrick Donges,通过协商体制实行对广播电视的融合要求? 出自:Kurt Imhof/Otfried Jarren/Roger Blum,融合和媒介。Lutzern 媒介论坛第7卷,Opladen Wiesbaden 2002,第336–346页。

② Marschall,公共领域和人民代表,第38页。

③ Imhof,规范的自由观,第19页。

④ 同上。

来解释社会和机构的关联。它不再关注社会在纵向层面的描述，也不再维护严格区分上层建筑的国家与借助于公共领域的影响改善资产阶级的民主参与的介绍。在此，一种没有"上层和中心"的国家社会体系模式被引入进来。[①] 国家、社会，当然也包括司法、经济、科学和公共领域在这都作为社会（部分）体系一起存在。对于系统组织和它们间的相互关系的解释处于系统理论的中心。

新的系统理论（以 Talcott Parson 的结构功能系统理论为依据）的主要代表是尼可拉斯·卢曼（Niklas Luhmann）。鉴于被描述对象也就是社会已经达到的复杂程度，卢曼认为目前所做的解释工作还是不充分的。为了跟上新的发展，卢曼为他的理论模式选择了另外的切入点。[②]

卢曼有条理地构建他的社会理论，不是从单个物体出发，而是致力于以统一的视角，来理解观察者与被观察者的不同，作为整体来理解观察的过程。因此，差异作为社会分析的出发点得到了统一的认识。[③] 当新的系统理论的单个元素根据卢曼理论被进一步展示时，也就观察到了这种统一。

卢曼把社会体系定义为体系与环境的区别形式。系统理论因此可以不再作为一个特定的客观事物、一个体系的理论来理解，而是用来确定系统与环境的不同。一个系统显示出区别的一个方面，而区别的另一方面亦即环境是包含在内的。系统的统一通过不断再造系统和环境的区别而得到更新。卢曼把只有运行的唯一形式作为必要前提，这一形式生产出系统（也是系统与环境的区别），并且能够同其他所有的运行方式相连。这样通过对相同类型的链接形成了一个体系。

这种对各自运行系统的自我生产和通过自己系统的生产的介绍，让人很清楚地联想到自我组织理念，这个概念在自然科学中研究并且在理论解释模式中转化。它对于系统理论的理解来说是不可缺少的，并且使自我组织理念定格于现在。

3.3.1 自我组织的理念

在源自自然科学研究领域的自我组织理念中涉及系统模式，这些模式通过

---

① Axel Görlitz/Hans-Peter Burth，政治控制。一本研究手册，第 2 版，Opladen 1998，第 200/201 页。

② Luhmann 称这里为 Kypernetik，cognitive Science，传播理论和进化理论；出自：Niklas Luhmann，社会之社会，2 卷，Frankfurt a. M. 1997，第 60 页。

③ 参见 Niklas Luhmann，社会系统，法兰克福，1984，第 13 页："开始没有一致，而是区别……a difference that makes a difference."

在现存的解释自然科学结构构建过程的理论基础上的分析的普遍化和概括化被概括表达出来。

自我组织理念的基础是递归的思想：自我组织的过程能够整体上递归，也是把所涉及的过程作为特征。[①] 自我组织理念的一种特殊形式表现了"第二顺序的控制论"的概念，系统理论涉及这个概念。自我组织现象的研究在认知、交际和语义学范围里处于中心位置。递归在此被称为自我参考。这种方式的基本思想是"知识，理解，不仅仅是从观察发展起来的，没有不是同时开始的主题的结构行动"[②]。比如说吸引力(音调、光线、温度)的特殊质量不是在其物理特性下建立起来的，也不是单纯在现存状态，而是这种吸引力通过行动存在于感知到的体系，即通过递归的神经系统的联系的相互作用和组成部分。[③]

应该注意的是，在第二顺序的控制论概念中，不仅仅是研究的体系被认为是"自我反映"或是自我参考的，而且是观察者同他们的理论都是自我参考的。

因为关于系统及其特征的讨论是不断地从特定认知系统角度出发来进行的。[④] 这就是说，控制论的研究及系统建模也是所观察系统分析的前提条件，这也是系统干预建模的形成。

隶属于第二顺序控制论的自我组织理念的理论是自生系统理论。这一理论(各自转移到社会科学研究。见3.3.3)是卢曼系统理论的基础并在接下来的内容中有所表现。

3.3.2 自生系统理论

"自生系统理论"是由 Humberto Maturana 和 Francisco Varela 在20世纪70年代提出的。两人的科研出发点是动物和人类中可视感知的神经生物研究。该理论的核心成果在于，"神经细胞的活跃性不能反映不依赖于生物的环境，因此不能使一个绝对存在的外部世界的构建成为可能"[⑤]。感官的感觉也不是环境的代表，而是由神经系统的活动并通过认知活动和认知效率而形成的。神经系统又是一个"结构决定的系统"，也就是说一个封闭的、圆周运动的、由组成部

---

① Görlitz/Burth，政治控制，第200页。

② Frank Mussmann，复杂的自然——复杂的科学。自我组织，混乱，复杂及系统思维在自然科学中的突破，Opladen，1995，第293页。

③ 同上，第295页。

④ Rainer Paslack，自我组织的源历史。科学范例的考古学，布伦瑞克，威斯巴登州1991，S.133。

⑤ 同上，第155页。

分和关联组成的网络,其活跃性不断导致组成部分间产生新的关联模式。

    这就形成了自生系统理论的核心:认知不再是传统意义上只被看成是"感知"、"思维"或"意识",而且认知还与生命是等同的。"生命系统是认知系统并且生命作为一种过程是认知的过程。"①因此整个有机体根据其神经系统的模式有以下特点:生命被作为自生系统的特征被定义了,它是呈圆周形组织在一起的封闭结构。②

    自生系统也是递归的动态的系统,是在程序化和认知意义上的自治。基于这个自生系统理论作为模式同这两个方向的自我组织理解统一起来的现实,它对于社会科学接受有特别作用的启迪价值。自生系统的中心思想是:所有生命系统是都自生的系统。这一基本理论通过更多的理论而得以精确化:③

    1.所有的生命系统证明了一个统一的组织——自生组织。这个自生组织定义了系统的单位。

    2.自生系统是由组成部分间的组成和关联构成的。

    3.这种自生组织通过以下这种方式来体现出特征,它的组成部分产生出关联和组成部分的关联。换句话说:自生系统是机制封闭的。

自生系统理论的合理再构建:

生命理论	**认知理论**
自生系统理论	
统一的,因此:	
程序化自生	**认知自治**
系统程序化能够追溯到系统构成的共同影响	首先系统使吸引力成为它本来的样子。
动态系统理论	**第二顺序控制论**

源自:Görlitz/Burth,政治控制,第206页。

---

① Umberto Maturana 引用自:Görlitz/Burth,政治控制,第204页。

② 依据 Maturana 的观点一个特殊的看似有理的例子对于一个自生系统提供这些细胞:这些细胞通过特定的生化程序自生,也就是说它生产这些元素,通过这些元素并由这些元素组成。这些自生的细胞组成部分构建了从环境中划分出的生产网络,这一网络通过进行的更多细胞组成的生产保持了其自生。参见 Görlitz/Burth,政治控制,第204页。

③ 参见 Götlitz/Burth,政治控制,第206/208页。仅仅在这些关联中引用这些相关的格言。

第三个公理描写自生系统理论的中心：生命的机制是通过圆周的因果关系来表明的。各自的组成部分和关系间的相互影响生产出体系。体系因此生产出自己组织的内容。

另外一个中心理论的概念是"结构"。这一相关的理论称：一个自生体系的结构具体说明它的自治机制。

这就是说生物的内机制是一致的；不过真正的特点（外在形成）能够区别。Maturana 和 Varela 还说明了其他的理论。

4. 自生体系具体只能在外界促成或者中介的基础上实现。这种自生体系的具体存在是以媒介的存在为前提条件的。

这就是说，生命系统（比如说人类）首先需要非生命（外界的）的物理环境。这种介质概念延续着。一种介质不仅可以是外生的而且可以是自生的。因此人类需要空气、水等，但是为了生存和发展，也需要其他的人。

5. 媒体和自生系统间产生结构的结合。

6. 结构的结合导致系统中状况变化。

当然如果缺乏与环境的相互作用和关联就不存在系统。

7. 结构主导自生系统状态的变化。

对于自生系统而言，外部的影响和刺激仅仅是一种干扰，即所谓的"扰动"。至于系统是否以及如何处理这些影响和刺激，则取决于它的结构。同时，外部并不能影响或者确定内部结果的进程。也就是说，自生系统并不是反应的一方，而是一直扮演着行动者的一方。由于在自生理论中自动生成和认知是一致的，这一原理也适用于系统中对环境的感知。系统对于环境的感知只能依赖于结构来实现。对于没有设置在系统结构中的成分，则是无法察觉的[①]。因此人们对于自生系统的疑问并不在于刺激或者推动来自何方，而是存在与否。这样看来，自生系统并无内外之分。

我们首先总结如下：自生系统是能够通过其内部结构获得认识能力，并且

---

① 以"人"为例，在这个有生命体中，刺激能被感知，接着表达出这种"感知"例如对我们：我们把这种刺激和某些意识联系在一起。没有进入意识的刺激则是不存在的。我们察觉到某些（意识），随后进行专门的大脑活动，这意味着大脑作为我们结构的一部分，把这个刺激变成了另一个刺激。随后一个刺激的感知不是取决于这个刺激本身，而是决定于大脑的处理行为。事实上我们在受到干扰反应的同时，本身也是行动者，因为已经把一个刺激的一部分变成了另一个刺激。Görlitz/Burth，政治控制，第 208 页。

刺激能够在结构主导下进行处理的(活的)系统。因为这些系统在组织上处于关闭的特性,环境无法主导它们,只可能造成混乱。自生结构在组织操作方面处于关闭状态,在环境结构上却是相连的。因此现在我们致力于这一理论在社会学领域的接受,意义匪浅。

3.3.3　社会学对卢曼自生系统理论的接受

卢曼在其 1984 年出版的著作《社会体系》中第一次尝试把自生系统这个概念扩展到社会学领域,并且作为社会理论加以运用。[①] 他认为,社会体系是一种自我负责的系统,同时也真实表现出了赋予其的分析的特性。自生的分析模式概念并不是通过控制的方式来进行的,而是通过类比、隐性的经验式的进行诠释并以此过渡到社会学范畴。由此出现了对于这一假设的测试,验证社会体系是否真的自生组成,但是最终结果却失败了。而卢曼自己也一次次地证明,自生的概念还不能得到解释。对他而言,自生仅仅是"对于各体系不变的法则",[②]这一法则防止某些感知产生,还能确认更需要精确描述的某一类过程。[③]

卢曼把自生系统分为两类:社会体系和精神体系。[④] 这两种都是自我负责及精神进程的体系[⑤],也是社会体系的精神体系在沟通形式中的进展(精神体系是关于意识方面)。与传统的传播概念界限在于,卢曼认为传播不是促进信息从一个位置到另一个位置的传递,而是把传播定义成一种自主行为的过程,是多种选择的综合。其中传播的各个部分都是有意义的成分,同时也是社会系统无法再溶解的元素。他把社会体系中的传播定义为"由三种选择组成的综合"[⑥],它由"信息、通知和理解"组成。[⑦]

由此传播对传播的体系得以联通,它和非传播环境的界限也说明得一清二楚,通过这种方式还产生了系统和环境在系统构成上的差别。再者能够在有传播能力和非连接的成分中作出选择,则是一个沟通和另一个沟通连接的前提。系统和环境在当前实用价值上的区别也就是传播对其他传播的区别,并且进行自生。这个过程可以称为"操作关闭"或者"操作闭合"。

---

① 卢曼把自生概念的辅助视为系统理论中范例的迁移。参见:社会体系,第 15/16 页。

② 卢曼,社会之社会,第 66 页。

③ 参见卢曼,社会之社会,第 66/67 页。

④ 卢曼,社会体系,第 92/93 页。

⑤ 同上。

⑥ 同上,第 190 页。

⑦ 同上。

这个社会(部分)体系特有的意义结构是由一般的、象征的传播媒介进行描述,比如语言或者金钱。通过这些传播媒介,系统内部的传播连接能力得到了保证。此外,这些传播媒介作为"功能社会分化的催化剂"[1]构成了"自我负责的社会体系"的基础,并通过特定的二元代码得到了具体化。(比如经济领域的付款/未付,法律领域的合法/非法)。它们构成了系统内部传播的主要区别,提供了通过系统特定信息才产生的决定。

借助于这些代码的形成,卢曼写下了《社会的功能差别》。社会在部分体系中有所区别,这些体系的定义不是关于一个不存在的公共社会功能上的关联,而是它们构成了在社会中封闭的意义和传播方面的差别。[2] 为此二元代码只用于自我负责操作的结构化中(部分系统),并且没有反射出任何共同社会问题。正如公共福利这个概念的设定。[3]

功能分化社会是通过相应的标志来实现的,它们形成了不同的功能系统,尤其是在知识,经济、政治、法律、宗教、艺术、媒介和公众等领域,并且只为社会的中心功能效力。[4] 这就是说,专门的功能只能在独自的部分系统里以全球的职责受到关注。部分体系的确立是通过这些建立在二元代码基础上的传播,而与那些以别的代码为基础的传播并无多大关系。这些功能系统只运用自身类型的传播(比如法律的影响),同时也只把内部的传播用于实践,这样一来,它们仅仅局限于在自身操作的网络中能够共同作用的部分。也就是说,社会的功能是操作上关闭的自生系统。

这对各种关系,尤其是不同社会部分体系的融合是如何说明的呢? 卢曼也承认,这些部分体系之间的互动是必要的。[5] 这些各自操作关闭的自生的功能系统是不可能相互干扰的。每一个功能体系只能满足其自身的功能。例如,政治建立了集体的决议。法律用于保障规范的期望(法律的安定性)。知识系统创造了理论和应用方面的知识,而经济则关系到商品和效率。

如今,社会的融合却变得必要,这又是怎么回事? 这些社会体系如何相互存在,同时又能够在最低限度上实现体系间的沟通呢? 要回答这个问题和描述

---

[1] Luhmann,社会中的经济,1988,第 68 页。

[2] Görhtz/Burfh,政治控制,第 214 页。

[3] Günther Ulrich 引自:Görlitz/Burth,政治控制,第 214 页。

[4] 根据卢曼的结论,单独功能体系的分化是某种历史和革新的进程。参见卢曼的分析单独的功能体系的文章(社会法律,社会经济,社会文化,社会知识,社会政治,社会宗教)。

[5] Luhmann,社会之社会,第 862 页。

社会部分体系之间的关系，需要先回到结构连接这一概念上（参见 3. 3. 2. ）。这一系统理论深受 Maturana 和 Varela 的影响。

"结构连接是指社会部分体系……只是事件本身，只要它还存在，就已经适应了社会环境。只要它们还能够被系统处理并不损坏系统，就能够通过环境的作用深入到程序结构中。结构连接就是这样实现社会体系融合中的最小需求。"①

卢曼的思考是"连接结构"构造的出发点。卢曼认为，如果社会自生系统真的存在，那么它们一定会显现出自己的结构，以便区别于它们的环境和别的社会系统或者物理环境。② 正如我们之前提到的那样，自生系统真的存在，那么就会有相应的媒介把它们连接在一起，同时实现自我管理的进程，并且保持着活力。③

这个媒介和自生系统之间的结构连接可以被视为一种适应过程。在社会或者部分体系方面，由于自生组织的存在，可以不把它当作是适应，而只是自身的行为。对系统的适应过程只是对于外来的扰动（干扰）而言的，而这些干扰的意识和系统对它们的处理则取决于社会系统的组织。也就是说，社会系统的所有行为是结构主导和操作关闭的，随后，它们会不断偏向为本身意识、行为和传播结构。

社会（不是卢曼认为不存在的"整体社会"）较高的部分领域或者功能关系，简而言之，社会或者社会部分体系，在卢曼的自生系统里都是更高级的秩序。它们由大量的以结构为主导的操作闭合的社会体系构成。这些体系之间有着持久的相互影响，并且形成了沟通领域，以垂直结构在不同的社会层连接，而那些被称为"较低秩序"的较小体系则是由独立体、小组和组织构成的，它们是在语言和行为的结构上连接起来的。④ 社会部分系统的典型关系网就这样通过结构的连接建立起来了，它符合专门系统合理性以及行为逻辑性，并确定了部分系统的结构。这一结构是有活力的，换句话说，社会不同成分之间存在源源不断的互动。

我们总结一下："整体社会"或者说"公共福利"对卢曼而言是不存在的。社会体系（或者说是社会的部分体系）则存在着。这些体系是自生系统，也就是

① Uwe Schimank 引自：Görlitz/Burth，政治控制，第 215 页。
② Görlitz/Burth，政治控制，第 223/224 页。
③ 同上，第 226，228 页。
④ 同上。

说,它们是自我指代,自我包含以及再造的个体。其中有一个必要的前提,就是存在既能够把系统之间区别开又能够实现自身再造的结构特定的传播形式。因此社会体系是自我负责和操作关闭。这种传播形式是通过一般的象征的传播媒介来描述的(比如语言或者金钱)。通过这些传播媒介,系统的内部沟通能力得到了保证,并通过特定的二元代码得到了具体化(比如法律领域的合法/非法)。这些代码构成了社会功能的分化。

社会体系不能在因果上有意识的介入别的社会体系。它们是以结构连接的形式融合的。也就是说,如果出现导流疏通和别的社会系统干扰的(补充性)还原,这将在系统中出现混乱并最终导致系统内现有结构的转换。不要把社会体系中的刺激当成干扰,它并不参与到系统内部过程的转换。当我们致力于社会体系或者系统理论角度的"公共领域部分体系"的时候,能观察到这一点。

3.3.4 系统理论角度的"公共领域部分体系"

一个"整体社会"在系统理论的字面意思上不是存在的,因为只存在于不同社会的部分体系中被分化了的社会中。这些部分体系通过某个特定功能的专门化,通过特有的精神结构的发展,不同部分体系的结合以及通过结构连接的功率消耗来显现自身的特点。[①]

人们可以在这方面把公共领域也视为社会的部分体系吗? 从系统理论的角度来看,公共领域部分体系形成的前提条件究竟是什么?

卢曼自己也对这个问题进行了孜孜不倦的探索。他从不同的角度描写了公共领域,而且看起来,这在他学术论文的写作过程中占了重要的位置。在1971 年的论文《公共的意见》中,他把公共领域描述成"身份需求的中立化"。[②]就是说它是一个人通过在较狭隘特殊的(部分)体系中的行为所接受的,或者必须接受的,被放宽的或者完全取消的要求。[③] 卢曼熟稔启蒙时代公共领域意义的形成,他把启蒙时代当成是一个"开阔的、已经更强分化的社会"。这个社会要求"大范围废除特殊"[④]。因此他在这里已经把公共领域和概念联系到"一个

---

① 参见 Jürgen Gerhards,政治公共系统和活动理论的尝试确定。出自:Friedhelm Neidhardt(出版人),公共领域、公共意见和社会运动,Opladen 1994,第 82/83 页。

② Niklas Luhmann,公共意见;出自:Niklas Luhmann,政治计划,有关政治和管理的社会学论文,Opladen 1971,第 21 页。

③ 同上。

④ 同上。

强烈分化社会的后果问题":①

"社会的融合只有通过特别的体系传统的中立化、标准项目、需求和社会部分体系的防御利益才能实现。"②

社会随着时间进一步发展,功能的分化也继续进行。所以整体社会希望借助公众领域,或者公开的部分体系尤其是共同的意见来实现融合,是非常不可能的。③ 对此,卢曼不得不把这一检测结果"功能方面公共领域的概念重新诠释,并把它转移到部分体系"④。

1996 年,在新书《大众传媒的真相》中,卢曼单独用了一个章节说明"公共领域"的概念。⑤ 和早期的作品相比,他认为,"公共领域的实情"必须和"公共的意见"以及"大众媒介"分开。为了进一步具体深入地讨论"公共领域"的概念,通过公共领域对每个人的可通达性,卢曼把法学上经典的"公开"讨论当成切入点。⑥ 当然这个对于"公开"和"公众领域"最确切的定义,在社会学和政治学范畴上只是一个出发点,并不是最后的定论。⑦ 卢曼继续专注着这个概念的确定:

"可通达性的概念指出了在空间或者行为上的真实的或者比喻性质的理解。当人们观察行为的时候,可以修改这种局限。人们把公共领域定义为每个社会内部体系界限的反射,定义成社会部分体系的社会内部环境,也就是所有互动和组织,而这些同样是具有社会性的。功能体系和社会运动是客观存在的。这个定义的优点在于:人们可以把它们扩展到社会共同体系。那样的话,市场就会变成经济组织和互动中体系的内部环境,而公共意见就是政治组织和互动体系中的内部环境。"⑧

卢曼在《大众传媒的真相》中所阐述的"公共领域"的定义,明显呈现出和

---

① Niklas Luhmann,公共意见;出自:Niklas Luhmann,政治计划,有关政治和管理的社会学论文,Opladen 1971,第 21 页。

② 同上。

③ 同上。

④ 同上。

⑤ Luhmann,大众媒介的真相,第二增编版,Opladen 1996,第 183－189 页。

⑥ 同上,第 184 页。

⑦ 卢曼对此作了一个精确的评价。在此之后,大众媒介,包括印刷品和电视广播都是公共的。因为对于接收的人来说,并没有设置控制。从概念看,它只是公共的一个部分领域。公共领域既不是意见,也不是大众媒介的产物。大众媒介的真相,第 184 页。

⑧ Luhmann,大众媒介的真相,第二增编版,Opladen 1996,第 184 页。

系统理论之间更强烈的关系。公共领域并不是如同在法学讨论的"行为中"而是在"观察中",出现在社会系统中。公共领域就是系统理论的结果,是社会部分系统的社会内部环境。从这个结果中,卢曼展开了功能的阐述,是指在社会关系中能满足公共领域的功能。

"人们始终认为,系统的界限能够被操作但不能够被超越"。但是同时人们也认为,任何一个观察体系都能够反射出从内部可以看到界限的存在。同时也必须有外部,否则界限就不是界限。当内部特定的混乱经验不断聚集的时候,别的可以成为这系统的前提并对此负责。相反,如果当系统的反射从外部观察,这就并不需要知道是怎样的方式,或者是被谁,它已经被认为是在公众领域中可以被观察的。这样能够引导出一些普遍的(代表公众的)观点,因此,公共领域是一个普遍的,社会的公共媒介。"它激发界限的不可超越性,并且观察发生的现象。"①

由此得到以下的结论:系统理论中,社会部分体系通过一再混乱的经验意识到,还存在着别的体系,而且必定存在着。此外可以得出,系统可以观测并反映。同时也存在从外部进行观察的可能。由于系统不可能对系统界限"视而不见",所以它并不清楚它是被谁观察。不过它已经被认为是在公众领域中可以被观察的。② 它还表示,公共领域实际上能够参与促进社会部分体系的融合,因为它们试图引导出潜在的尤其是部分体系中被划分的公共领域。卢曼认为:"这可以(但不是必须)引出一般性的(代表公共)的观点。"③而且只有一种可能性,那就是公共性只对必要的社会融合作出了贡献。卢曼终于暂时不再执著,它的真实情况到底是怎么回事。系统论的后继追随者中,Jürgen Gerhard 和 Friedhelm Neidhardt 致力于研究公共性以及这个领域和社会之间的结合。他们把公共领域看作是一种与其他社会体系界限分明的传播系统。④ 这种公共领域系统是建立在信息意见传播的基础之上,建立在人员、群体和机构都参与的传播之上。这种传播的基础是一种"普遍理解的语言传播",⑤也被称作"外行传

---

① Luhmann,大众媒介的真相,第二增编版,Opladen 1996,第 185,187 页。

② 同上,第 187 页。

③ 同上。

④ Jürgen Gerhards/Friedhelm Neidhardt,现代公共领域的结构和功能。问题和特征。Discussion Paper WZB,Berlin 1990,第 15 页;引自:Marschall,公共领域和人民代表,第 38 页。

⑤ 同上。

播"。① 根据 Gerhard 和 Neidhardt 的观点,大众传播和专家传播之间的区别对于定义"公共领域"是至关重要的。因为公共领域与其他专业性的或专门的社会交流体系的区别就在于此。

对于 Neidhardt 来说,与 Habermas 的观点相类似的,公共领域的另一个重要特征就是不受限制的传播的可能性。② Stefano Marschall,一位 Gerhard 和 Neidhardt 关于公共领域的著作的专家,③得出了这样的结论:

"传播的行为空间在原则上的开放性与所说的公共领域相比并没有系统而明确的界限,它顶多只是一个抽象而模糊的概念。因此我认为,讨论一个空间或是一个系统显得更有意义。公共领域位于与部分体系的结构纵向的第三个范畴,并以一种内部系统关系的形式将其联系起来,以各种行为空间和角色空间将各个部分系统的界限明确化——在中间系统交流的意义上。这样,一种发挥作用的公共领域才能够通过部分体系之间的沟通反映出总的社会关系并创造这种关系。在这种情况下,公共领域允许通过'社会的自我观察',④确切的说是通过对社会各部分体系的观察,进行一体化。"⑤

这里卢曼的观点被坚定地继承了下去:公共领域不只是其他体系下的一部分,而是与整个社会体系的结构平行的,并与此统一于一个相互作用的空间。通过一种有效的公共领域产生了一种能够代表和反映社会关联并由此创造出一种关联。而这里最终强调的是通过空间公共领域而达到社会一体化的思想。通过对社会各个组成体系的观察可以实现一体化,更有甚者可能实现各个自主的组成体系的一体化行为。Gerhard 和 Neidhardt 进一步区别了"公共领域"的概念。他们将公共领域分为三个层面:⑥

1.其中,位于最底层的一个没有结构上的确定性的层面构成了"偶遇"形式的公共领域,即属于陌生人偶然相遇的范围内。虽然现代的国家是被大众传媒以及由大众传媒创造并传播的公共领域主导着,但公共领域的此种形式仍一如既往地存在着,并从科学的角度赋予了它的意义。这被视为是公共领域的第二

① Jürgen Gerhards/Friedhelm Neidhardt,现代公共领域的结构和功能。问题和特征。Discussion Paper WZB,Berlin 1990,第 15 页;引自:Marschall,公共领域和人民代表,第 17 页。
② 参加 Neidhardt,公共领域、公共意见和社会运动,第 15/16 页。
③ Marschall,公共领域和人民代表,第 38 页。
④ Gerhards,政治公共领域,第 88 页。
⑤ Marschall,公共领域和人民代表,第 39 页。
⑥ 参见 Gerhards/Neidhardt,现代公共领域的结构和功能,第 48 页。

个层面。

2. 作为主题化、中心化的互动体系的公众活动构成了这第二个层面。这种公共领域的形式是通过主题和角色分配的确定具体构建起来的。对它的参与是不受限的,但要以"主题兴趣"为前提。特殊形式有集体抗议,举例来说如游行示威活动。

3. 第三个层面,公共领域在它的结构固定性上发展最远的一个阶段就只有大众传媒了。大众传媒的公共领域以它广阔的宽度在目前构成了主导的交际空间。在现代社会,缺少了技术性交流工具的使用是无法创造出广泛的公共领域的。在场公共领域,作为暂时的(第一层面)或活动性的公共领域(第二层面),在现代国家是具有排他性的。对于当今的形势来说,"只有放弃了在场的标准才能保障所有人的参与机会"[①]。大众传媒就是以此保障了公众交流在"空间上的广阔性和时间上的持久性"[②]。

在这一层面上,Marschall 对公共领域进行了更进一步的区分和分类。他将这个概念在 IT 部门和与之相关的交流数码业进行了进一步的发展,使得"将公共领域定义为一种独白式的交流空间成为不可能,将共同的社会交流引导在一起"[③]。由此公共领域划分为三个尺度,并全部涉及之前所提的三个层面:[④]

1. 多层次公共领域:现代国家的公共领域虽然被大众媒体所主导,然而公共领域还是同样在"偶遇"以及集会活动这两个层面上形成。尽管大众媒体的公共领域范畴占主导作用,其他两种形式也依然存在着。

2. 各个层面上的多渠道公共领域:这三个层面中,在每个层面上都分别有着多样的渠道和不同的格式。偶遇指的是在它偶然的特性里的内部差异性。而在集会活动这一层面上则有着许多不同的聚会形式。在大众媒介的交流中,它的外部形式是由技术手段的发展所确定的,以不同承载媒介的广泛传播为特点。印刷媒介、广播以及所谓的新媒介为公共领域的形成提供了多种渠道。

3. 主题化的部分公共领域:技术上的可能性是如此的广阔,以至于错误的和专业化的信息和交流兴趣能够得到满足。结果:公众的分裂不断扩大。

---

① 参见 Gerhards/Neidhardt,现代公共领域的结构和功能,第49页。
② Simone Dietz,公共领域的合法权力:媒介民主的公共意见;出自:Gerhard Göhler(出版人),公共领域的权力——权力的公共领域,Baden-Baden 1995,第129页。
③ Marschall,公共领域和人民代表,第53页。
④ 参见 Marschall,公共领域和人民代表,第53/54页。

根据这种结果，Marschall 认为，"对于公共领域的一种整体的理解以及相应的具有标准功能性的派生缺乏精神上的基础。"①考虑到这里感兴趣的通过公共领域进行政策传播的领域，Marschall 限制了这一结果，因为政策传播和政治公共领域在现代社会是单一地被大众媒体所主导的：

"通过大众传媒的帮助而形成的对于公共领域层面的主导，也同样承担了政治交流。大众传媒渠道成为政治交流的最重要论坛，它成为现代社会中社会交流以及政治交流的首要方式，"②并构建起政治世界的桥梁。"大众传媒从整体上来说被分派了政治传播的任务。其中，电视在政治交流中占据了中心地位。"③

这意味着，尽管在这里所关注的公共领域与政治体系之间的关联中，整体的公共领域构建并不占主导地位，公共领域却因为大众传媒的传播作用占极大优势地出现，因为前两个层面——由 Gerhard 和 Neidhardt 讲到过的（偶遇、主题性集中性的互动体系），在这里只扮演无关紧要的角色。Gerhard 进一步表述了这种观点：只有通过大众传媒才能使公共领域成为社会的部分体系：

"在系统理论的角度，公共领域只是凭借大众传媒的形成才获得了社会部分体系的有差异性的特点。也是以此公共领域的交流才有了持续性，它不仅仅停留在个别的情况，还在一些专业化的角色中有了结构上的保障。……这样，公共领域凭借大众传媒的区别化和机构化，成为社会的部分体系并具有了持久性。"④

Gerhard 对于"政治公共领域"这个概念比 Marschall 有着更清晰的解释。政治公共领域对于他来说是"政治行为的一部分，它在大众传媒的公共领域中，依据公共领域体系的规则进行筛选，对于政治体系来说是可以观察的"。⑤ 政治体系的活跃人物通过（政治）公共领域（这里指：通过对大众传媒的观察）观察自身和其他活跃政治的人物。这导致的结果是：通过使政治任务知道自己被观察着，而让他们"鉴于存在一个观察系统这个事实进行交流"⑥，并试图借助这种行为来构建公共领域。

大众，也就是说有选择能力的公民试图凭借尽可能少的财政和组织花销来

① 参见 Marschall，公共领域和人民代表，第 54 页。

② Frank Marcinkowski，通过电视进行政治传播；出自：Otfried Jarren/Heribert Schatz/Hartmut Weßler（出版人），媒体和政治过程。政治公共领域和转变中的大众传媒的政治传播，Opladen 1996，第 204 页。

③ Marschall，公共领域和人民代表，第 56 页。

④ Gerhards，政治公共领域，第 85，87 页。

⑤ 同上，第 97 页。

⑥ 同上，第 99 页。

获得政治公共领域的信息。通过大众媒体对政治的公共领域进行观察是一个战略,目的是使信息的成本(财政上的和组织上的)保持最低。[1] 作为一种反馈效应,为了获知公民的相关观点和关注焦点,政治体系则观察在媒体中形成的大众利益结合点和有组织的利益群体。

"政治公共领域作为一种间接替代物服务于政府和政党,用以统计公众的优先需求以及其他政党的供给。从这种程度上来讲,对于政府和政党来说去观察政治公共领域是理性的。"[2]

因为政治领域以此为出发点,政治公共领域被公民所观察着,并且"可能对于公民来说这是最重要的观察体系"[3],因此对于政府、政党和机构来说,通过政治公共领域来了解公民的主题、观点和活动是非常有意义的。最重要的这与其他交流方式相比在成本花销上来讲是最合算的。

这个由 Gerhard 提出的观点,不管在政治体系方面还是在大众传媒和公民方面,都是典型理想化了的并在现实中被极大的扭曲后接受,我们把它放在后面讨论。(见第三章和第四章)现在可以确定的是,系统理论首先在诊断领域发挥了功效。它没有提出任何标准的要求或是要求任何应实现的价值。它只是要求将公共领域导向投入的方面和国家机构的公共领域,而关于通过论据进行的推理式的论证和导向却没有任何要求。[4] 在政治权力方面最重要的是,在"镜子公共领域"所有的新闻和观点都是等值的,而不是受任何群体或观点的自我观察影响。[5] 系统理论的功绩描述和展现了现代社会的整体状况,因此之前的研究还是有价值的,因为它指出了功能的关联,并证明了深厚的理论性。这种功能说明实现了对一些问题的提出和凭借理论研究对与公共领域和大众传媒有关的社会政治体系的征兆描述,并对这些不同位置的征兆进行回顾。

3.4 诺尔勒-诺依曼:公共领域的社会心理意义——公共领域作为评判机构

3.4.1 导论

伊丽莎白·诺尔勒-诺依曼(Elisabeth Noelle-Neumann)对于公共领域的定

---

① Gerhards,政治公共领域,第85,87页。

② 同上。

③ 同上。

④ Imhof,公共领域理论,第202页。

⑤ Imhof,规范的自由观,第22页。

义与国家、集体或社会的体系无关,她选择了个人层面作为出发点,以此为基础阐释公共领域的范围和功能以及由此延伸出的"公共意见"。她强调人的社会属性,并从个人与环境的社会心理关系来构造公共领域:

"'公共领域'这个词除了法律学和政治学的含义以外还有个社会心理学的含义。每个个体除了拥有一个内部空间,在这个空间里可以进行思想和情感活动,还有一个外部的存在,它并不仅仅指向单个的特定的人,而是在更广阔的公众空间里面向其他人;在与集体相处的过程中不断建立一定的信任,又在不断延伸的公共领域里和不断扩大的文明社会中向社会展示出来。那么究竟是什么需要被展示出来、包围人类并且持续不断的要求他们注意社会事业呢?那就是人对于孤立、蔑视和不受欢迎的恐惧,是他通过环境来肯定自身的需求。"①

无论国家、集体或是社会都不处于这些观察的中心地位,这点就像在规范——质量的理论中的情况一样。诺尔勒-诺依曼强调,这种公共领域理论是以一种理性的(和优秀的,也参见3.4.4)人类及社会形象为基础:

"科学上我们仍然处于由大约18世纪末广泛传播的公众言论的看法处于主导地位的阶段。根据这一概念,公众言论带有理性的特征。在此可以这样理解理性:借助于理解这一工具对于事实和关联的有意识的认识以及由此认识进行的逻辑性的对于判断的引导。……理性思维的结果很清楚、理智,并且是跨主观理解的。"把公共领域和公众观点作为宣言功能的理论认为,②"就是公众观点与合理性是一致的……公众观点与政治有关,它支持统治者在政治问题上的观点形成和决策。"③

诺尔勒-诺依曼对启蒙运动所维护的公共领域和公共言论的形象表示怀疑。我们无法简单的确定,她是否拒绝这种关于公共领域的经典概念被当做是一种关于集体和政治体系的"一定程度的政治机构",还是认为该概念太短,因此需要用她的社会心理学的观点加以补充。她的怀疑和几乎是对"经典的"、合理的——规范的公共领域设想的失望使得她将理性标准的公共领域概念清晰

---

① Elisabeth Noelle-Neumann,公共意见。沉默的螺旋的发现,第4版,Frankfurt a. M. / Berlin 1996,89。

② 同上,第325页。Noelle-Neumann在这里引用了Robert Merton的定义,他把通告功能作为影响框架和客观结果,并有助于体制的管理和被参与者有意识和主动接受。潜在功能则相反,即不是主动和有意识的;出自:Robert Merton, Social Theory and Social Structure, 1957。

③ Noelle-Neumann,公共意见,第325页。

化,并发展了 E. Jordan 的观点:

"谁如果只理解了人的本性中的一小部分,就会看到,要他给出一个睿智的、理性的公共观点是不可能的。"①

3.4.2 公共领域和公共言论作为社会监督

诺尔勒 – 诺依曼的社会心理学理论的焦点——公共领域和公共言论作为社会控制——源于社会融合的设想(她在此说的是"融合概念"②)。相反,在传统的理性参与思想的公共言论模式,启蒙概念处于焦点。这种概念放下理智的理解陈述,让信息通畅的有判断力的市民参与到政治生活中。诺尔勒 – 诺依曼的理论正好实现所有市民能够参与讨论的潜力,实际上只占信息通畅的参与其中的市民中的小部分。

在公共领域和公共言论作为社会控制的概念中能够自己决定,是否参与到公共领域和公共言论中。公共领域不仅强迫个人还有政治领导阶层去关注并尊重:

"在公共言论作为控制的概念中,所有社会的成员是有影响的。人们说,有影响,是因为没有自愿参与到隔离威胁与隔离恐惧中,而是社会控制是有效的,他给个人施加压力,个体害怕隔离,同样给政府施加压力,在政府方面没有公共言论的支持是孤独的,任何时候都会被推翻。政府被权力机构威胁,个体是被孤独所威胁,从集体中派遣自己的孤独。在此,结果就如同一体化,团结加强了行为能力和决策能力。"③

因此,论据的质量和公共讨论的质量对于诺尔勒 – 诺依曼不起作用是合乎逻辑的。④ 重要的是隔离威胁和隔离恐惧在公共领域模式中起到中心作用。公共言论通过鉴于匿名的公共领域的个人的孤立恐惧并且通过隔离威胁来存在。隔离威胁以公共领域为出发点:

"隔离恐惧建立在每个人的社会本质的基础上,并且隔离恐惧作为本能很明显是固定的。"人感觉到隔离恐惧,害怕被公共嘲笑。如果违背没有成文的法规或者表达一种观点,这种观点在任何情况下都被少数人所代表,人们因此感到害羞,害怕受到别人的轻视。"隔离恐惧意味着对于窘迫情况的害怕,对于流

---

① E. Jordan,Theory of Legislation,Indianapolis 1930,第 339 页;出自:Noelle-Neumann,公共意见,第 328 页。

② 参见 Noelle-Neumann,公共意见,第 192/193 页。

③ Noelle-Neumann,公共意见,第 333/334、350 页。

④ 同上,第 336 页。

言蜚语的恐惧甚至害怕被整个社会排斥在外。"①

因此,依据这个概念,很明显需要产生社会一体化,如果只在相符的公共领域产生,那么公共领域产生的公共言论会传播得尽可能远。在传统、风俗以及最重要的规则方面,哪些思想和行为方式是公众言论,如果人们不想被隔离出来的话,必须表达或者占据这些公众言论。单个人的隔离恐惧,他的需求,一方面被接受,这种被公共领域当作判决机关提出的要求同已经建立的整体的言论和行为方式相一致,另一方面还建立了一个存在的秩序。

在此作为公共言论的特征被证明了丝毫没有主题限制和界限。这只是说在公共领域感知到的表态和行为方式中的赞同和不赞同,这些使单个人明白公共言论在这种理解中不是任命人的事情,是对有能力的人的批判(Habermas)。②在政治基础公共领域,所有人都参与其中。③

另外需要指出的是,诺尔勒－诺依曼的公共领域意义不必涉及一个普遍的或是一般的公共领域(很可能涉及),因为根据这种理论不必涉及整体,它可能指的是部分公共领域或者是(在普遍可通达的意义上)社会环境的公共领域。

3.4.3 公共领域对于公共意见作为社会监督概念的理解

这个标准合理的公共领域理论和公共意见作为社会控制的纲领很清楚地区别了关于公共领域的概念组成部分,即关于公共领域形象的方式。在以民主理论为方向的合理的公共意见的概念中,公共意见是在公共领域中不受统治的市民讨论的结果。在这里,公共的和公共领域总是指政治主题,即这些关于政体的主题。依据这种理论,时尚、服装秩序等属于非政治的主题或是特定的行为方式,不属于公共领域。在诺尔勒－诺依曼的社会心理学的理论中,它在权利概念中(每个人都有参与权)既不是法律的,在政治概念中(涉及政体主题内容)又不是可理解的。公共领域涉及每个社会成员,而没有对公共领域的产生或对行为方式及行动在公共领域的范围里提出内容或质量的要求:

从社会心理学来看,公共领域是,个体被所有人关注和评判的状态,对其名誉和受欢迎程度的评价处于竞争位置——公共领域作为匿名法院。

公共领域被理解为"公众的眼睛",或者"公众的耳朵";每个人都能看见,每个人都能听见。公共领域被理解为评判机构—政府以及社会的单个成员对它同样畏惧。公共领域作为评判机构的作用可以如此得到加强,"在它内部会

---

① Noelle-Neumann,公共意见,第349页。
② Habermas,公共领域的结构转变,第117页。
③ Noelle-Neumann,公共意见,第92、93页。

产生对于个体的具体危险并且威胁到公共领域自身。"①

公共领域作为评判机构的意思是,它不是通过在没有控制的范围内的讨论来处理和解决社会问题,并以此来行使国家领导权,更确切地讲是为领导国家提供解决问题的建议,而是公共领域在此成为一个法庭,来评价也可能是评判个体,但也包括政治领导具体的也是非政治性的行为方式。纵观前后,这意味着在这些情况下,非政治性的主要道德上的过错可能使政府和政治系统的个体失败。这也是根据普遍的行为方式和道德正直性来评价人的。尽管他们具备政治才能,但这也会阻挡公职的道路,因为他们在行为、着装或道德观念等方面都与普遍的公共观点不符。

"公共领域作为一个广泛的社会主管机关也是探究相关团体或是小群体的",以此加强对"道德"的评价。② 就在这些社会的部分团体和部分系统中,个体尤其经受公共领域社会心理上的压力。

因为根据公共领域的社会心理观点,在任何情况下都把个体与公共领域对比,不管是有意的还是无意的,都受"公共意见"的影响,所以,与理性的、标准的公共领域观点不同,在这种观念中,社会上的杰出人物有另一种不同的功能。根据这种观点,最终只有一小部分人群对公共领域的产生和公共意见的形成发挥作用。此处,公共意见是"政治消息灵通的,自主明智形成的,感到有公益义务的公民的意见。他们对此批判性地产生影响。此处,公共意见作为有价值的智力批判的根源"③。

公共领域的社会心理原理反对"没有评判内容的质量或是代表者的能力"④。这两种观点的区别在于公共领域/公共意见和个体的关系。根据明智的公共讨论的(杰出人物)观点,这取决于个体是否愿意参与。没有人有责任参加公民的推理思考。在社会心理的公共观念中,"不管个体是否愿意,都包括在这个过程,每个人都涉及,每个人都会因为不遵守而受到惩罚"⑤。

3.4.4 对诺尔勒－诺依曼的社会心理公共领域概念的批判

在参与社会的过程中,"公共意见作为社会监督"的理论观点是公共领域和公共意见的最重要的功能,或引用 Noelle-Neumann 的话:"与集体的价值和目

---

① Noelle-Neumann,公共意见,第 347 页。
② 同上,第 348 页。
③ 同上,第 354 页,Noelle-Neumann 在这里准确使用了 Habermas 和 Hennis 的观点。
④ 同上。
⑤ 同上,第 355 页。

标,在社会中保证意见足够程度的一致。"①在这个过程中,公共领域和公共意见有很大的影响潜能,政府和社会的单个成员都不能忽视它。② 从所具有的孤立潜能中,从孤立忧虑中,公共领域获取了它的权势。与个体或公共机关不同,公共领域具有孤立潜力,孤立忧虑则是个体固有的,是公共机关由于民主理论的原因内在具备的。

这个理论与前面所介绍的理论方向完全不同。③ 诺尔勒－诺依曼不仅探究政治的公共领域,即:实现和保证政治介绍的公共领域,而且还讨论非政治的"公共领域"。虽然这个观点对大众媒介作用的研究很有意思,但对在此处理的问题,即:大众媒介,尤其是电视的定位,对政治的介绍,对现代集体民主下的政治描述,只是起着从属的作用。此后,这种理论模式将会考虑到媒介而注意研究其影响(第三章,4.1):但这不能作为回答所提问题的基础。

3.5 公共领域的第二次结构转变

依据 Habermas 的观点,媒体科学以及社会科学的部分人如今要求一次"新的"以及"公共领域的第二次结构转变"。④ 从媒体科学的研究结果可以看到,自 20 世纪 60 年代以来、更明显的是自 80 年代以来的一系列的迹象表明,公共领域的政治传播发生了深刻的变化。首先可以看到一个清晰的"政治个人化"现象:"政治表演适合娱乐业的结构,政治论证通过在各自生活空间的特性显示及媒体有吸引力的冲突表演中得到补充。"⑤政治参与者的表现同杰出者的表现相似,这样就导致政治信息的个人中心化。结果媒体上演模式也作用于政治体系的个人选择。对注意力、话语权和社会声望的配置将在现代社会中完全新组。

1. 从 20 世纪 60 年代开始至 90 年代初可以观察到社会运动和反对党的产生以及以媒体为导向的非政府组织的制度化。这些连续出现的现象导致公共

---

① Noelle-Neumann,公共意见,第 335 页。

② 同上。

③ Noelle-Neumann 对于 Niklas Luhmann 的系统理论的评价非常尖锐和有趣。Noelle-Neumann,公共意见,第 219 页。

④ 参见 Imhof,公共领域的新的结构转变中的政治;Otfried Jarren,媒体之赢和机构之失? 有关媒介社会的媒介体制的转变。有观电子媒体在政治传播中的重要性增加的理论注释;出自:Otfried Jarren(出版人),广播和电视中的政治传播,Opladen 1994,第 23－24 页;慕尼黑,媒介事件制作:政治权力的结构转变,第 696－709 页。

⑤ Imhof,公共领域的新的结构转变中的政治,第 5 页;划分同上,第 5－9 页。

领域的结构变化。① 同时新的参与者紧跟其后：可以观察到具有媒体效应的事件管理和以人物为中心的事件明显增长。②（见第三章4.4）这些参与者成功地适应了媒体选择逻辑或者解释逻辑，也保证了参与者与非参与者在关注程度竞争中的均衡。

2. 在历史对比中，大规模的公共领域私人化及政治传播个人化得到证实。③ 人类利益历史（Human Interest Stories）领域及重大新闻事业及道德新闻明显增加，新的小道消息形式的新闻格式在广播和电视中成长起来（参见第四、第五章）。在电视里可以明显感觉到"政治的个人化"："政治节目从结构上对娱乐节目加以平衡，并且政治论据通过私人生活空间里的性格展示节目和有媒体吸引力的冲突策划节目得到补充。"④

对政治参与者的描述与对名人的描述相似，这样就导致政治信息的个人中心化。结果媒介策划的模式也对政治体系的人员选择产生了影响。

3. 对媒介主题和观点共鸣的明显推迟是结构转变的另一个晴雨表。19世纪到20世纪的新闻业作为为政党服务的媒介，以明显的相互之间的主题共鸣与观点共鸣为特征，因为通过世界观机构争取公共意见的斗争是有争议的，"这又展示了政党的精英高层，相互间互为政治上的对手，把议会的争论变成国家公民观众的争论。"⑤随着政党新闻产业的衰落和由此而产生的各政党机构间世界观和政党机构间公共领域冲突的结束，主题共鸣与观点共鸣缩减为只有主题共鸣，这就导致，这一政治体系的核心方面，即议会在媒体传播的政治交流中找到越来越少的共鸣。⑥

4. 这一发展的结果最终导致政治传播协调逻辑的翻转：媒介体系的选择规

---

① Imhof，公共领域的新的结构转变中的政治，第5页；划分同上，第6页。

② 参见 Rüdiger Schmitt-Beck/Barbara Pfetsch，政治参与者和大众传播的媒体。有关在选战中产生公共领域；出自：Neidhardt，公共领域，公共意见，社会运动，第106 – 138页；Kurt Imhof/Mark Eisenegger，策划政治：媒介中的事件的反响；出自：Peter Szysyka（出版人），公共领域。有关组织传播的核心概念的讨论，Opladen/Wiesbaden 1999，第195 – 218页。

③ Imhof，公共领域的新的结构转变中的政治，第7页。

④ 同上，也参见 Schmitt-Beck/Barbara Pfetsch，政治参与者和大众传播的媒体；Otfried Jarren，在进入"媒介社会"的路上？媒介作为参与者和机构化的行动关联。有关媒介体制转变的理论解释；出自：Kurt Imhof/Peter Schulz（出版人），信息社会的政治思考，苏黎世1996，第79 – 96页。

⑤ Imhof，公共领域的新的结构转变中的政治，第7页。

⑥ 同上，第8页。

则对于政治议事日程来说变得越来越重要。这一情况的发展使得象征性的、以产生共鸣为导向的政策的注意力规则影响到决策过程(见第三章,4.4)。结果:媒体对于政治体系的影响日益增加。①

从这些观察中可以发现公共领域的一个(新的)的结构变化,②"这一结构变化基本上改变了民主的决策过程、控制及现代社会的合法性。"③Jarren 随之提出这一问题,最初的政治公众产生的大众媒体还是不是领导者与被领导者之间的协调者,或者已经不是各自规则的连接体制的组成部分——也就是说,不同参与者或参与团体间的组成部分——这些连接体制只能表现出一种功能适当的,与政治公共领域传统概念的标准要求相适应,减小对于公共领域的需求。④

为了回答这一问题,人们必须首先想象出如何实现这一发展。部分因素已经在列举影响因子时提到,这也使得在这一领域把原因和作用相分离遭遇部分困难的趋势更明显。人们经常看到平行发展的过程,这些过程相互促进。新的结构变化的原因之一是社会经济的媒体机构的支持,这些媒体机构是常规的社会空间相连的载体(政党,社团,教堂和出版商联盟)。⑤ 只有很少肯定的结论存在于政治交流发展的准确关联上,这些政治交流来自规范的知识公民对于从政党新闻事业时代一直到当代不同媒体体制的理智判断。⑥ 明确的是一个从绅士到后来的中产阶级抑或工人阶级所承担的有思想的媒介是从悲叹的市民媒体发展而来的,通过这种媒介,所有的社会阶层在 19 世纪下半叶都已进入印刷媒体系统。⑦ 这种有意识的媒体在 20 世纪初越来越多地被政治和宗教为导向的新闻媒介并且被商业媒介及总体广告媒介所代替。随着广播业及电视的广泛传播,一个整体的、各自社会集团准义务越来越少的媒体体制随之发展。⑧ 政党及论坛新闻界事业抑或电子媒体事业的衰落是政党连接的大众媒体的最

---

① Imhof,公共领域的新的结构转变中的政治,第 8 页。

② 参见 Ulrich Sarcinelli,媒介的政治展示和政治的行动:有关一个必要的引人入胜的关系的分析注释;出自:Jarren,广播和电视中的政治传播,第 35 – 50 页。

③ Imhof,公共领域的新的结构转变中的政治,第 9 页。

④ Otfried Jarren,电子时代的政治传播。有关四渠道媒介体制的公共领域和政治过程的变化;出自:Hartwich/Wewer,联邦共和国的执政,Opladen 1991,第 224 页。

⑤ Imhof,公共领域的新的结构转变中的政治,第 9 页。

⑥ Imhof,"公共领域"作为历史的范畴和作为历史范畴,第 15 – 19 页。

⑦ Jarren,在进入媒介社会的路上? 第 83 页。

⑧ 同上,第 84 页。

重要的区别步骤:政党媒介的时代首先是由相互间的共鸣为标志的,这一共鸣在政党报刊中找到这种政治交流。对于公共意见的斗争在思想意识形态上被引领,并且被"世界观机构"新闻媒介所质疑,其编辑部建立了英明的政党和协会"参谋部"。[1] "这些在媒体中引领的政治交际塑造了虚拟的机会交流",因为编辑部在政治意见纷争中,[2] "在争论对其他机构的讨论中有所反应,并且寻找到占据结论解释和政治主题的机会。"这种大众公开的精英交际在更复杂水平上通过所支持党派和有思想新闻业的衰落中明显倒退。[3] 在历史步骤中媒体逐步通过外国媒体的压制影响因素,如从教堂和政治专制中解放出来,甚至审查并通过政党纽带的分离及意识形态上的相互利益而赢得自治。[4] 迄今虽没有改变规范框架,但这种发展实现了,因为根据部分社会科学或根据副刊的积极意见,所有媒体应该总是应该按标准涉及整个社会[5]——一个开端,随着这项工作的开展,还会越来越频繁地碰到。

3.5.1 媒体的经济化和自主化

但是如何消除媒体外部的影响因素及与政党的联系呢? 有思想的专题媒体(和马路小报)的回归一方面产生的结果是增加了媒体对政治剖析的可能性,另一方面,扩大了媒体对于市场成功的依赖性。[6] 在围绕影响范围和销售数量密集竞争的情况下,可以观察到一种明显的垄断趋势:一个面向世界的新闻媒体按照以有购买力的团体为导向的垄断趋势发展。[7]

媒体经济化的结果是至关重要的:它加速了媒体自治化,一定意义上社会团体的分离,其在政治系统中考虑一个媒介的作用。[8] 媒体现在越来越起到独立自主的作用,并且在内容方面保持中立——它越来越少地调动市民对于社会集团或同时对于政治体系的积极性,而是组织对经济发展有好处的购买力团体。通过这种方式,政治体系对于媒体的作用减少了,同时影响媒体的经济体系的作用减少了,因为供给间的竞争在形成的媒体市场上加强了对公众注意

---

[1] Imhof,"公共领域"作为历史的范畴和作为历史范畴,第15页。

[2] 同上,第16页。

[3] 同上。

[4] Jarren,在进入媒介社会的路上? 第84页。

[5] 同上。

[6] Imhof,"公共领域"作为历史的范畴和作为历史范畴,第16页。

[7] 同上。

[8] Jarren,转变中的媒体、媒介体制和政治公共领域,第77页。

力、公众联合及广告市场的占领。① 这就形成了高级的以竞争为导向的媒体体制，这种媒体体制很有特点，通过特殊利益媒体，在数量稳步增长的报刊售货亭中，使得公共交际逐步分裂，出现了媒体和电视如印刷媒体娱乐产业现象的增长以及一种以感知的公众注意力需求为导向的特有逻辑。②

这种新的媒体类型还没有和其他机构相关联，并基于经济目标寻找它的公众，也就是说媒体发展越来越根据经济合法性，以相对灵活的公众和广告市场为导向，③并且成为带有任意资本补给却是高额利润期待的服务机构。④ 通过经济竞争压力，它很快在科技转变中失败了，并在意识形态上变得更加公开、更加灵活。这样一来，媒体的信息选择和信息表现肯定会通过媒体外部标准变得越来越少。⑤ 媒体内部因素（如信息选择）明显具有重要性；选择逻辑和解释逻辑将以公众的注意力需求为目的⑥（详见第三章，4.3.2）。结果政治竞争的意义减少了，这些市场参与的竞争对于媒体内容有利。⑦ 公共政治交流虽然在传统的世界观争论中由于编辑部注意力结构的拖延被排除了，但却是以目标群体为导向。公众精英交际对于政治地位在政党新闻时代的核心报刊中被分割成纯粹的周刊杂志精英交流、附件及特别发送工具。⑧

这一发展导致媒体现在不再是"产品"，也不再首先是政治机构的媒介当局，其外部的政治文化阻碍影响越来越小。同时基于其历史发展及通过的合法版次并未完全被市场机构征服——它代表一种新的独立的机构类型。⑨ 对于传统的机构来说这种媒体的解放结果是：

"它们失去各自的'传声筒'并且失去参与到公共交流过程中的有特权的可能性。议会、教堂、工会以及政党必须——从他们的角度来看——对有媒介愿望调整的媒体体制长期改造。当它想要带到各自成员并达到整体公共原则时，他们必须为媒体服务并且优化公众工作。"⑩

---

① Jarren，转变中的媒体、媒介体制和政治公共领域，第77页。
② Imhof，"公共领域"作为历史的范畴和作为历史范畴，第17页。
③ Jarren，在进入媒介社会的路上？第84页。
④ Imhof，公共领域的新的结构转变中的政治，第9页。
⑤ Gerhards，政治的公共领域，第87页。
⑥ Imhof，公共领域的新的结构转变中的政治，第9页。
⑦ Imhof，"公共领域"作为历史的范畴和作为历史范畴，第17页。
⑧ 同上，第18页。
⑨ Jarren，在进入媒介社会的路上？第81，90页。
⑩ 同上，第88页。

涉及政治参与者和机构也意味着,关于公共关系的政治内容必须给媒体逻辑介绍适当的格式——这是变成政治执行力和社会机构的前提条件。[①]

随着20世纪80年代初电子媒体的双元化,并伴随着法定退出机制以反干预的形式(既在联邦州层面又在欧盟层面)在推进的经济体系新解放中逐渐加剧。[②] 由于私人商业的广播及电视提供商加速了媒体机构的发展,新的制度化了的私人商业媒体缺少对于传统制度、整体社会利益及整个健康角度为导向的回归。[③] 涉及整个公共领域的产生时,只存在少数规范的义务。[④] 与标准的启蒙公共领域思想相比,这种新的媒体类型忽视了社会任务,因为现在不再有深思熟虑的或是讨论的政治媒介因素,而是仅仅以购买力群体为导向。[⑤] 因此,政治交流媒体越来越少,"统治者与被统治者之间的协调者,上下级之间,或者是所有政府部门与全体市民之间,"[⑥]——他们与不同的政府机构和社会部分团体的临时关系逐渐结束。社会电子媒体的退出暂时达到其高潮。

3.5.2 公共领域结构转变的结果

公共领域的结构转变自身拥有一个日益加剧的关于关注程度的竞争,既是在社会和政治参与者和组织机构间的竞争,又是在媒体系统内部的竞争。因此为了成功地将对于各自意图的关注同问题联系起来,导致了更广范围的对于政治体制方面媒体形式的调整及政治团体的调整。成功的政策——一定意义上能引起共鸣的政策——适合现代媒体体制的基本结论以及所谓事件管理的坚实增长,就是仅仅在媒体传播逻辑的考虑之下,并且在媒体公众部分之下对于媒体结果的产物[⑦](详见第三章,4.3,4.4)。源于政党媒体和统一无线传播时代的政治和媒体的交织被相互的政治和媒体参与者的手段所代替。[⑧] 因此媒体

---

① Jarren,在进入媒介社会的路上? 第88/89页。

② Saxer,媒介社会—理解和误解,第60/61页;Imhof,"公共领域"作为历史的范畴和作为历史范畴,第17页。

③ 媒介推动者——尤其在电子媒介领域——不再是教会、工会、政党或者利益团体承担,而是资本公司。甚至传统的出版资本在这一领域失去了重要性——主要是银行、保险公司、能源康采恩或者甚至建筑企业折旧后的公司进行投资于(电子)媒体,参见Jarren,在进入媒介社会的路上? 第81,86页。

④ Jarren,在进入媒介社会的路上? 第82页。

⑤ 同上,第79,84,86页。

⑥ 同上,第90页。

⑦ Imhof,公共领域的新的结构转变中的政治,第14页。

⑧ 同上。

作为各自强大的公共领域政治交流过程的社会机构影响了"社会日程安排的确定,影响了政治问题和结构以及政治讨论过程的定义"①。这一过程的结果改变了在三角政治体系,媒体体系及社会不仅仅是三者之间还是部分系统之内的政治交流:②

- 政治信息包括基于所期待的公众要求及越来越少基于发出者新的要求;
- 退回到直接相互的交流形式和争论形式;
- 政治参与者的争论变得间接化;首先他们为媒体关注程度而争执;
- 得到亚政治团体(非政府组织,市民组织),当他们控制了媒体逻辑时,有打破媒体效应规则及打破禁忌的能力或者与媒体合作、对于媒体公共领域的考虑机会。

这种新的政治社会交流形式对有实质内容的媒体提供者产生作用,因为以广告市场利益和公共利益的导向对于"文化因素和社会组织机构与政治参与者的媒介利益"有所增加。③ 随着快速发展,这种担忧被作者们联系起来,关于在公民和政策间的媒体传播话语的质量"已经持续恶化并且将进一步恶化"。④ Marcinkowski 转向亲密伙伴和个人,这种亲密伙伴和个人通常被看成质量的损失,他看到,"一个可期待的在操作引领的二元的自我报道无线传播系统模式的革命性的改进。"⑤依据他的看法,就是说公共领域代码的运行方面的扩张:

"这种传统的(就是说政治的或是经济的)秘密和保密事业,它在六七十年代动荡的社会无疑建立了最初的'参与性'在非公共领域研究中的无线传播的出发点,现在对于从私人的、个人的、亲密伙伴的等价物的公共领域的出发点逐渐叠加。如果国家的政策是传统魅力无线电传播的公共领域,那么基于对知名度更广阔的容量,如今他的注意力越来越频繁地转向其他非公共领域的环境方面,首先是亲密伙伴的慎选方面。"⑥

根据 Marcinkowski 的观点,发展是必然的,并且未来还要进一步增长。所以工作的问题是,鉴于其在有效政治领域产生方面的贡献,质量损失的假说与

---

① Jarren,转变中的媒体、媒介体制和政治公共领域,第 92 页。
② 根据 Jarren,转变中的媒体、媒介体制和政治公共领域,在第 92 页进行划分。
③ Jarren,转变中的媒体、媒介体制和政治公共领域,第 80 页。
④ Max Kaase,民主体制和被剥夺权力的政治;出自:Sarcinelli,媒介社会的政治传播和民主,第 25 页。
⑤ Marcinkowski,新闻学作为自主体制,第 165 页。
⑥ 同上。

电视方面及公共合法的无线广播到底有多少相符(见第五、六章)。

Jarren 在发展的结论中判断出一种"媒体文化的变换",这种变换导致媒体空间和社会范畴同其他社会组织机构不同步逐渐增长,并且继续增长,媒体的独立性对着社会组织机构正如交际者对应公众导致大规模"各自意义"及媒体方面的自我相关性。① 在同日益增长的全球化关联中,Jarren 将这种情况恰恰看做是有问题的。它建立了世界范围内可支配的信息和娱乐产业供给的国际行动媒体集团。因此可以观察逐渐增长的企业集成和集中趋势。这种经济层面的界限在政治和法律层面是没有等价物的,因此在欧洲层面已经完全缺少了规章纲领、缺少组织机构、缺少媒体领导的手段。② 这种缺陷被媒体企业利用,这将导致更大对国家政治行动的损失及社会参与者扩大媒体秩序的损失。③

Imhof 还指出了对于新结构变化更多的问题。这种现代社会整体自身变化:这种传统规范有价值的,以及对从属的机构(如学校、宗教、政党、社会文化环境)实效区别及个体化过程中失去意义,并且被意义再生媒体覆盖。④

"这种以前基于世俗整体的集体必须因此代替媒体导向的弯路。这些媒体在这个角度两者兼顾:原因如现代社会统一问题的解决。"⑤

尽管社会统一问题在工作中会仔细研究,在此这个问题仍然处于中心位置,公共合法的电视到底能够为问题的解决作出多大贡献。(见第五章,2.)

3.5.3　公共领域概念的转变

通过对传媒经济化和独立性意识形态上的公共领域的第二次结构转变的讨论,通过媒体对社会运动和反对党派日益增长的反应的判断理解,通过观察传媒的影响作用以及传媒交流的加速变化,对公共领域的概念和研究在最近一段时间内再一次成为讨论的热点。⑥ 在讨论的范围内提出的问题是,目前的(政治)公共领域形态是否还符合今天的发展,或者是否必须适应理论结构。

公共领域的新结构转变带来的社会效应还需要进行研究⑦,政治系统、经济

---

① Jarren,转变中的媒体、媒介体制和政治公共领域,第92页。
② 同上,第81页。
③ 同上。
④ Imhof,公共领域的新的结构转变中的政治,第10页。
⑤ 同上。
⑥ Imhof,公共领域理论,第201页。
⑦ Imhof,公共领域的新的结构转变中的政治,第14页。

系统和传媒系统之间的关系发生了根本的变化的结论已经从科学上进行了论证。关于此现象的理论研究,传媒科学和社会科学的研究还没有开始,并且不会对在传媒范围发展中出现的新事物和快速发展产生惊讶。在现实的理论研究中,与历史上的理论研究相比,允许有下列的区别:①

1. 处于系统理论中心的观察哲学强烈影响了新的公共领域理论。公共领域当作了现代社会自我观察的手段。

2. 相对于历史上的理论,在现代文献中更加清楚的区分了公共领域的不同层次(相互交流,集会交流,传媒交流),并且在选择主题和参与的这个意义上讨论了所处的层次。(参见第5章)

3. 功能上的差别引起了普遍重视:理论萌芽成为科学研究关注的重点,统一地研究了现代社会内部的依赖性,尤其是传媒和政治之间以及相应影响的依赖性。

4. 清楚的辨别公共传媒中的演员和角色,尤其是在区分创建演员和没有创建演员的观点。

5. 与公共领域相关的内在价值和标准要比历史理论更加清楚明确。可以根据它们的标准要求进行研究理论,并且要考虑到公共领域政治合法性以及一体化的特征。

在传媒科学和社会科学的讨论,接下来将讨论几个现实的观点,从而进一步证明,讨论是有扩散性的,处于新理论的形成阶段,因此可以形成几个论断。

Vesting 先生证明,关于现实的传媒和交流科学的讨论对公共领域概念在传媒范围内的新发展起到了重要的作用,"它们相对于自由传统的关联性被显著性的弱化了"②。

尤其是通过部分公共领域增长的数字来暗示公共领域的多元论以及尚未完成的论断,并且必须放弃18世纪的启蒙思想"公共空间形成的统一性对社会一体化的理性作出了贡献"③。按照 Vesting 先生的观点,"相对于18世纪公共领域的要求,今天的公共领域成为完全不同的概念",公共领域的功能没有被统一整合,而是处在"社会功能系统的自我观察和自我表述"中。④ 他根据公共领域的新结构转变证明了系统理论。因为对于我们的计划缺乏标准的原理,理论

---

① 根据 Imhof,公共领域理论,在第202页进行划分。
② Thomas Vesting,信息社会中的差别的转变,出自:Imhof/Jarren/Blum,信息社会中的控制和调整问题,Lutzern 媒介论坛第5卷,第277页。
③ 同上。
④ 同上。

萌芽只是限制性的符合,对此已经解释过了(参见3.3.4)。

Marschall 的观点接近于从语言角度出发的公共领域的理论定位。他从不科学的语言使用方式出发,并且确定,观点语言一直接近于公共领域和大众的同义词,尤其在发送信息企业更加明显:

"如果可以举例引导公共领域,研究公共领域或者为公共领域带来什么,公共领域被大批人讨论,被一个圈子里的人们讨论,人们从感觉上不能掌握并且不能划清向外扩展界线。"[①]

不仅仅由政治上主动的一群人讨论,还有大众对传媒的被动接受。尽管相同的概念也在启蒙哲学中使用过,他认为确是另外一种情况。不仅仅涉及"从统治中解脱出来获得自由的公民们"。这里被谈论到的人们不能理智的进行讨论,尽管他们没有直接的联系。也不再关系到"公共领域参与人"政治的资格或者权限。只涉及大众传媒,首先按照传媒参与者的特征和按照购买力(在私人传媒企业里)评价大众传媒。因此,公共领域按照传媒提供的信息和对传媒的接受瞬间改变成全部无法确定的受众数量和全部分散的大众传媒。大众是和传媒功能上的杰出人物处在对立面的,在公共领域里作为部分统治和作为政治统治阶级之间会产生二分法。公共领域概念的区别将会更清楚的区分:只有政治阶层在政治上是积极的,而公共领域,或者在其中的人们(Kant:不仅公民)却不是积极的,或者当媒体提供信息时,公共领域最多作为"政治的参与者"。

Marschall 的公共领域概念通过相关的范畴接近于"文明社会"的"公共领域"概念。[②] 公共领域目前描述上的可利用性有下列不利之处:公共领域和(文明)社会的相同权利性是赞成对"公共领域"概念的科学探讨,因为已经认识到,只是从技术方面和主题方面产生了大众传媒作为交流过程这样一个结果。但是分散的大众传媒并不是持久的社会形成物,而是文明社会的结构显示出的这种特征。因此为了进一步研究政治—传媒—社会之间的关系,公共领域概念对于能提供可操作的框架几乎是不适合的。

Jarren 判断了公共领域的"相关稳定性"(在可预见的意义上)的损失,"因为社会组织的全部相关的信息和交流功能丧失了重要性,使用方式更加具有个

---

① Marschall,公共领域和人民代表,第38页,Marschall 在此引用了 Habermas 的表述,参见 Jürgen Habermas,事实和作用;民主国家和权力的讨论理论的贡献,第4版,Frankfurt a. M.,1994。

② 参见 Marschall,公共领域和人民代表,第38页。

性,并且传媒系统的政治信息功能以及可能的重要性对于公民来说不再是可以预见的。"①因此政治的公共性评定为很差,尤其是传媒的政治保管和政治信息的使用对公民来说成为可选择的问题。②

另外,按照 Jarren 的意见,政治公共领域并不是公共交流确定的领域,或者一直很难确定,因此除了公共领域之外,对于传媒来说还有很多符合大众兴趣的关于是否考虑的政治主题和政治角色的评判标准是随时变化的政治公共领域——同时基于全部的社会转变——成为"大市场上的一部分,在市场上一直重新取得并被定义,然后必须理解政治中的事情"。——通过这样的处理过程,媒体通过发展可能性从实质上参与了大众传媒。③

Jarren 也赞成,政治公共领域的结果必须是一致重新取得的。因此社会机构或者政治角色对交流和传媒的权限要求也普遍的提高,因为"在政治角色和传媒之间的合作关系和交流关系要比社会团体之间的合作关系和交流关系更为稳定和持久"④。具体的结果:为了在大众注意力上得到成果,政治系统和它的角色必须在专业的公共领域工作的传媒管理中投入大量资源。公共领域内合法的传播在传媒系统条件下的政治公共领域重新组合中扮演了什么角色,因为,从政治科学的观点出发,遵照公共合法的传媒系统的前途,此问题的回答取决于此项研究的成果。(第5章)

Imhof 以"舞台理论的模型"尝试研究现实中系统的理论萌芽的组合,他同意"社会科学中交流理论的转变",⑤这种转变看到"社会不仅仅作为系统的关联性而且作为交流的网络"。他赞成"现代社会中关于社会和系统整合的深入分析以及由此产生的借助传媒的公共交流的角色"⑥和新的社会理论,"此理论赞成现代社会出现的反常的现象,并且因此在批评反映现代理论的框架中推断,继续在分类的社会理论范畴内进行工作"⑦。

因此相对于系统理论的模型,Imhof 提出了关于公共领域概念"标准的正确的要求"。根据这个标准的出发点,"公共领域即不是鉴于传媒中的政治合法性

---

① Jarren,转变中的媒体、媒介体制和政治公共领域,第 92/93 页。
② 同上,第 93 页。
③ 同上。
④ 同上,第 94 页。
⑤ Imhof,公共领域理论,第 201 页。
⑥ Imhof,规范的自由观,第 20 页。
⑦ 同上,第 21 页。

和社会整合的"①,变得更加清楚。② 网络从划分等级的、分节的以及从功能上进行区分,尤其关键的是在划分等级分节的范围内,除了不同的交流层次(相互交流、集会交流以及传媒交流)外,首先考虑和研究不同的定义权力和不同的参与。因此,关于传媒交流权力和不同的参与的观点是必需的,"现代社会目前有哪些功能上的区别:相对于不同的大众传媒角色,参与到传媒交流的功能性有何区别的角色。"③在此情况下,Imhof 认为,尤其在特定情况下,"社会运动中形成的角色取得共鸣并且可以中断政治系统的路线"④。

因此考虑到公共的,首先是以传媒为凭借的交流,尤其在考虑到没有创立角色产生共鸣的机会时,"民主参与的权利"处在 Imhof 先生理论研究的中心。在涉及公共合法的电视的政治科学方面的重要性时,将研究使用此理论。然而对于我们的研究计划来说必须是缩短的,必须只限定一个观点,也就是为什么除了参与和定义权利的问题外,还必须提出公共领域的进一步的政治功能。(参见第 4 和第 5 章)

4 公共领域在现代宪法国家作为标准规定

接下来将讨论在公共领域方面的情况,首先在政治的公共领域方面的(立宪)合法的情况,因为从此基础上可以推导出公共领域合法的传媒以及它特殊的以公共任务为标准的立宪性(参见第 3 章)。因此将特别研究,就政治和公共性之间的关系方面在基本法中存在哪些指标,并且怎样向联邦宪法法院解释这些指标。最后应该澄清,在立宪合法的指标和介绍的基础上对公共领域有哪些理解,哪些功能在立宪和法律讨论中被分配到公共领域。

4.1 对公共领域的宪法层面的理解

哲学家 Otto Depenheuer 以联邦宪法法院的判决为依据,并且看到公共领域

---

① Imhof,公共领域理论,第 203 页。
② 同上,Imhof 这里依据的是 Habermas 的观点,参见 Habermas,事实和作用,第 435/436 页。
③ 同上,第 204 页。
④ 同上,这种没有创立的角色以"社会运动和反动党的形式"很难参加公共的讨论,因为公共领域的交流网在历史的民主的互相依赖的关系中,对政治传媒和经济的部分系统组成的宣传机构没有帮助,也就是为什么没有创立的角色只是不规律的得到共鸣的机会。参见 Imhof,公共领域理论,第 205 页。

的立宪合法的原则在国家和社会的相互交错的区别中被确定下来：

"公共领域的立宪合法的原则以国家和社会的区别为前提条件，也就是，公共领域和私人之间的划分。从这里，公共领域原则涉及它的特殊的有规则的想法以及标准的说服力：公共事务，但是只有公共事务处在公共讨论和透明度的规定中，公共领域原则才能在这里展开它的政治的合法作用。与此相反，私人的事物应该和必须要求保密和私人保护和数据保护的权利。私人事务牵扯到公共领域，因此违背了公共领域事务的观点，建议保持沉默并且形成决定：损害到自我决定这一基本权利，并且出现了民主对公共领域的要求。"①

人们第一眼就想到启蒙教育的思想。从立宪传统出发，就历史发展来说这也是有根据的，可以理解的，因为宪法制定者在基本法的第一部分(1－19条)保证了人类和公民的权利②，也就是相对于国家侵犯个体的防御权力。因此这也是前后一致的，当联邦宪法法院就公共领域与私人事务的划分定义成为最高级别的立宪和法律的事务之一时。

此外，考虑到民主的参与——"公共性"或者"公共领域"，宪法合法性提供了普遍的了解性或者法律完整性的需求：必须保证没有阻碍的了解(普遍)的信息源泉。它不仅仅发生在公共的/私人的划分上，同时立宪合法的判决也被分派到"公共的"也就是信息的功能。通过联邦法院导入了"民主的公共领域要求"③，进行了合法的主动的论证。它不仅仅涉及特殊的公共领域或者社会作为部分系统在系统理论观点中的公共领域，同时也涉及了对于事件的普遍了解性，以及对结果的报告和证人的提供的信息源泉的普遍了解性。

此外，在法律的和立宪合法的讨论中，公共领域——在启蒙思想的传统中——一直"作为统治合理化的工具，作为可实现的理解范围，作为有能力通过有理由的认识替代国家约束的大众传媒"④。因此这也是合乎逻辑的，基本法提出了关于国家上层建筑的普遍结构元素的公共领域原则。建立的国家权力在公共领域的所有方面扮演了立宪合法的作用：在联邦议会辩论的公共领域(基

---

① Otto Depenheuer，公共领域和机密，前言；出自：Otto Depenheuer(出版人)，公共领域和机密，政治传播的理论和实践，Wiesbaden 2001，第9页。

② 人类权利是立宪合法的权利，每个人应该得到的权利，并且包括在基本法中(比如基本法第1款或者第2款)。公民权利是只适用于德国公民的权利(基本法第116款第33句)(如基本法第8、9、11款)。

③ Depenheuer，公共领域和机密，第9页。

④ 同上，第8页。

本法42款第1条,52款第3条第3句)、国会倾听的公共领域、国家档案公开(基本法76、77款、82款第1条)以及包括国家约束中涉及的决定在法律上可执行的管理的公共领域。在此关联中人们必须强调言论自由的基本权利,(基本法第5款第1条),最终保证了民众决定过程的公共领域:国家的与民主相关的决定是议会中的公共讨论的事务,并且可以作为公共言论对国家的意愿形成过程产生影响(基本法第5款第1条)。因此,基本法——按照联邦法院的说法——是赞成自由民主的国家结构,"因为这一基本权利使持续的思想辩论和使生活中元素的言论自由的斗争成为可能"[1]。

我们的总结:对公共领域的立宪合法的理解取决于私人范围和公共领域范围的划分。"公共的"表示一般的可以了解的。但是联邦宪法法院假定"民主的公共领域要求",已经转到立法权过程合法的控制和行政权过程合法的控制中。由此论证,公共领域是权合理化的工具。它创建了一个空间,有能力提出合理的决定并让公民们接受。但有关宪法规章规则中关于公共领域与政治意志形成和民主参与的关系情况如何?在这个领域中宪法给予公共领域何种角色?

4.2　公共领域作为政治意志形成和参与民主的前提条件

根据宪法中表述的基本思想,国家与其行政机关必须得到为其辩解、认证,最终为其发挥效应所需的认可和支持。参与的前提是对有参与资格者的公开及国家行为的透明度。联邦宪法法院:

"议会民主建立在民众信任的基础之上。若不具备允许关注所发生政治事件的透明度,信任是不可能存在的。"[2]

为此,自由民主国家不仅要实现并保证可供普遍使用的公共领域,而且要保障个人创立一种评价基础,以便个人可以独自做出一些与国家有关的决定。对此,Jestaedt 的表述非常尖锐:

"这个自由民主的宪法国家——这种法治国家的民主——不像其他国家类型那样涉及公共领域并且依赖公共领域。简单点讲:自由的民主是一种公共的民主——或者它不是。"[3]

为保证(宪法所需的)通过公民参与的国家认证,公共领域必须在宪法方面

---

① 联邦宪法法院的判例7,第198页。

② 联邦宪法法院:联邦宪法法院的判例40,第327页。也参见 Jestaedt,公共领域和机密之间,第84页。

③ Jestaedt,公共领域和机密之间,第83页。

充当"意见形成、信息传播、政治和国家行为表现的专设机构"。参与的前提条件是透明和公开。在宪法语言表述上，这两个概念经常与公共领域相提并论，为此，联邦宪法法院称：

"民主的前提条件是所遇到的社会力量、利益和意见之间的持续的自由的辩论，其中也明晰和改变了政治目标，为此而预先形成了一种公共意见和政治意志。行使国家主权机构的决策进程以及所遵循的政治目标是普遍能见的、可理解的，这点也属于上述情况。"①

法律关于"公共领域"规范的规定中，议院起着尤为重要的作用。在第42条第1款第1句"议会公开商谈事宜"中，第一次在法律条文中提到了"公共的"这个概念。议会行为的公开性由此升格为法律原则，由此在德国宪法第20款规定的民主及法治国家原则中提出了进一步的要求，"对公民整个意志培养过程是可以认识的，并且在公共领域前给其结果提供意见"。联邦宪法法院认为，这项要求保证了"唯一有效的监督"。② 议会商讨的公开性是议会公开的重要制度化形式，因为只有议会的公开性才得以保证能见性以及所有政治决策的可监督性。

议会的任务不仅使它自身的统治行为透明化，更重要的是在行使监督功能的范围内能受公民的委托，有义务公开其他政治活动家的决策过程。③ 这点可以通过缜密行使的公共领域工作得以转化。但是，这种对参与公共领域工作的公民要求却很少。④ 在此已经表明：议会但也包括整个政治体系，必须走其他道路，使用其他准则，以便更好地实施宪法对政治公共领域提出的要求。这项工作中我们更常遇到的一个问题：

基本法中没有提及公共领域和大众传媒的关系。德国宪法第5条第1款中只提到："通过广播和电影的新闻自由和报道自由"。与此相反，联邦宪法法院明确地把大众传媒看作是公共领域的"共同制造者"。"对自由的、个人的和公共领域的意志形成，对公共领域权力的批评和监督以及对作为公民民主的基本行为的选举决策"⑤，报刊和广播作出了不容忽视的贡献。我们将看到，联邦宪法法院赋予公共广播一种特殊的角色(见第三章中的2和3)。

---

① 联邦宪法法院的判例97，第369页。
② 联邦宪法法院的判例40，第296，327页。
③ Marschall，公共领域和人民代表，第45—47页。
④ 同上。
⑤ 联邦宪法法院的判例91，第134页。

5 总结:公共领域在政治进程中的作用

我们已经了解了几种社会学和政治学的理论以及相关宪法的基础。首先,它们界定和描述了这个模糊的概念"公共领域",并在宪法层面上作出标准的规定。现在摘录并总结出公共领域的几个功能。如果不在所有提到的理论中出现,这些功能是作为对政治性公共领域的要求而提出的。对公共领域要求的重点在于上述理论及法律系统中的标准规定,其中一部分是有所区别的,另一部分则是相互联系的。

Habermas 的公共领域模式中,居核心地位的是公民参与思想,其次是在启蒙运动中的一种意见,即:公民自由的、不受国家影响和控制的讨论保证了一种合理的政治结果。对现代社会来讲,这样一种模式当然必须要求公民个人及公民群体参与到公共领域中来,尽可能不受国家和一些较大利益组织的阻碍来进行公共讨论。因为只有通过这种要求,才能保障公共领域交流的自由。

德国宪法和联邦宪法法院的论证相似:通过宪法第 5 条第 1 款规定①的公民的自由表达可能性以及使国家行为"公开性"(见 4),应该保障参与的透明度。因为只有了解政治重要内容的公民才能参与到政治过程中去,这是民主决策的条件。② 这种受法律影响的原则,即这种思想有助于确立国家的合法地位。一方面导致了公民乐意顺从国家,另一方面也实现了社会的融合。③

尽管方式不同,但这种参与思想在系统理论的公共领域模式和 Noelle-Neumann 的社会心理学部分中居于中心地位。在系统理论及社会心理学部分中必须有所限制,这两种理论设想都尝试显现和描述社会关系。与 Habermas 相反,它们不宣传要达到的规定状况,与宪法不同的则是没有提出标准的要求。卢曼总结道:一种社会的部分系统可以理解成"在公共领域媒介中可观察的"④。意

---

① 基本法第 5 条第 1 款:"每个公民都有权以语言、文字和图画的形式自由表达和传播他的观点并通过普遍可取的来源获取信息。这种新闻自由和通过广播电视和电影报道的自由得到了保障。不进行审查。"

② 联邦宪法法院的判例 25,第 256/265 页,Bodo Pieroth/Berhard Schlink,基本权利,国家法 II,Heidelberg 第 6 版,1990,第 32–47 页;也参见 Depenheuer Marschall,Jestaedt。

③ 参见联邦宪法法院的判例 7,第 198 页,Jestaedt,公共领域和机密之间,第 84 页;Depenheuer,公共领域和机密,第 8/9 页;Marschall,公共领域和人民代表,第 47 页。

④ Luhmann,大众传媒的现实,第 185 页。

思是:公共领域能有助于(整个)社会的参与,因为那些单独的社会系统要遵循可能从所有的部分体系中分开的公共领域。卢曼:"这可以,但不必按照可普及的(可代表公共的)观点。"①

Marschall 的观点更清楚,他把公共领域看成是处于"与部分系统结构交叉的第三重要地位"②的范围:

"它(公共领域)把这些(部分系统)之间以——系统——关系的形式联系起来,并消除了各种不同行为和角色领域的界限——当然也是在之间系统交流意义上。这样发挥作用的公共领域可以通过部分系统间的交流表现并以此产生整个社会的相互关系。在这种情况下,通过对社会的自我观察,更确切地说是通过对部分系统社会的自我观察,公共领域被允许参与进来。"③

"公共领域范围"的社会参与思想处于重要地位:通过部分系统的社会观察可以参与进来和更好的表达:这是独立部分系统的结合行为。

在 Noelle-Neumann 的"公共领域和作为社会监督的公共意见"的观念中,参与思想是十分重要的。与系统理论观点的区别在于:系统理论看到公共领域可以参与的可能,即使对社会根本没有必要的话,也是值得期望的。Noelle-Neumann 观点的出发点是,社会的参与是通过公共领域产生的"公共的意见"的合适压力而实际进行的。个体不能决定他是否参与公共领域和公共的意见。这种公共的范围既要求个体也要求政府来观察和尊重。

"在公共意见作为社会监督的观念中,涉及社会的所有成员。必须说'涉及',因为不是自愿地参与到这种孤立威胁和孤立忧虑的过程中,而是因为有效的社会监督,它对害怕孤立的个体施加压力,同样也对没有公共观点支持而孤立的、并在某时可能被推翻的政府施加压力。结果就像结合、统一的加强及行为和决策能力。"④根据这个观点,公共领域必须参与到社会中,如果产生一个相应的公共领域以及在公共的范围内产生的公共观点尽可能广泛地传播。

我们得出如下结论:公共领域应该保证公民参与政治意志形成决策过程,以最终行使政治监督,这应该通过透明性,最好通过国家进程的"可视性"来达到。但是,对事件以及相关的信息,公共领域也与公共的(指不确定的人群范围)表达相提并论。

---

① Luhmann,大众传媒的现实,第 185 页。
② Marschall,公共领域和人民代表,第 39 页。
③ 同上。
④ Noelle-Neumann,公共意见,第 334、350 页。

与此相关,公共领域在社会层面上有助于"参与"。通过社会关联的可视性,意见和信息(系统理论:仅通过观察的可能性,具有信息处理的可能性及通过其他部分系统),通过公共领域以及与此相关的"公共意见"产生了或多或少较大的适应压力。Neidhardt把这种对发挥作用的政治公共领域的社会和政治的要求总结成如下三个工作:

1. 透明性功能;

2. 可靠性功能;

3. 指向性功能。

具体来讲:①"公共领域只在大众范围行使其社会和政治功能,以此,(a)它对所有社会活动者都是公开的,其主题和意见也是公开的(透明性功能),(b)主题和观点的传播通过公共领域的活动者来保障(可靠性功能),(c)并说明原因,进行批判性考查,在这层意义上,有助于合理的共同理解,解决问题,确立目标。这在公共意见的形成上有对外阐明论据方面的压力(指向性功能)。"

根据观察方式和理论观点,对公共领域的单个功能来讲,各有不同重点。据调查,按照Neidhardt的划分,并稍加修改,下面分别介绍单个功能的优点:

1. 透明性功能。其一方面,公共领域及公共领域的产生必须使社会的、政治的事件和联系透明化且可以理解。为此,必须有足够大的公开范围,也就是说,政治事件和信息必须让大众普遍了解。另一方面,公共领域对社会和政治活动家的表述也必须可理解,人们必须能自由表达。

2. 可靠性或推理功能。"根据对公共领域讨论范围的准备,必须确保公共领域活动家领会主题和观点推理。"②公共领域尽量多揭示多种情况,这也属于这个功能。这是来自公共领域透明性功能的一个要求。

3. 公共观点功能或指向性功能。如果说前面两个功能是前提条件的话,第三个功能则是源自民主的本质:每个人都可以参与社会和政治的讨论。

意志形成过程的结果在"公共意见"形式上对政治进程和政治决策有巨大的影响,最明显的体现是在选举过程中当"公共意见"对政治活动家的行为提出标准要求时。在社会层面,发挥作用的公共领域有助于社会参与。最后,公共领域的"功能"这个概念联系起来也可以看成是实现前两个功能的直接后果,更确切地说,功能在此指的是发挥作用的公共领域对政治和社会的意志形成过程具有结果。

---

① Neidhardt,公共领域、公共意见和社会运动,Opladen 1994,第9页"导论"。

② 同上。

在政治科学方面,如果要谈"发挥作用的公共领域",必须实现这些前提条件。如同已经提到的(3.3.4)公共领域分成三个层面,在这些层面上产生了公共领域。这些是作为没有结构加固的最底层的遭遇,比如在陌生人偶然相遇的范围内。在第二层,公共活动是作为中心主题相互影响的系统来建立的。这种公共领域的形式通过题材范围和角色分配使其具体的具有某种结构。参与其中是不受限制的,但要以"主题兴趣"为前提,比如以罢工或游行形式集体抗议。第三层,通过结构加固,公共领域发展最远的阶段最终形成大众媒介。大众媒介的公共领域具有广泛的影响范围,从而形成了有利的现代社会的交流空间。现在,广泛的公共领域不再是不使用技术交流手段而产生的了。第一层和第二层的公共领域的形成对政治介绍还只是充当配角。大众传媒使公共的讨论持续进行,并让公民理解。① 只有通过讨论,才能使"公共交流"长久进行。②

在公共领域的产生和公共领域功能实施过程中,大众传媒具有决定性意义,至少是理论方面。大众传媒尤其是对政治介绍至关重要的媒体,如电视,它们能胜任现实中的这些要求吗? 在政治过程中,它们充当了所给予的角色了吗? 或作为自己形式的机构,他们早已远离此了吗?③ 这些问题将在下一章中研究(第三章)。下一章研究的重点是:在无线电广播系统中,国家电视台在公共领域产生和公共领域功能实现的过程中是否完成了赋予它的功能?

---

① 参见 Marschall,公共领域和人民代表,第49页。
② 同上,第48页。
③ Jarren,媒介之赢和机构之失? 第25页。

第 三 章

（电子）大众媒体在建立公众社会
和政治传播方面扮演的角色

1 引 言

虽然大众媒体在建立公众社会和政治传播方面并不是唯一要对此负责的角色，却起着一个非常重要的作用。"因为大众传媒在它的报道中提供了最基本的有关政治和社会的信息。"①公众，也就是普通市民，首先从大众媒体中吸收有关政治以及政治性议题的知识。因此，Marschall 把"有极大影响的大众传媒公众"称为"有统治地位的传播空间"。② 在现代的主权国家中所有的公民都能参加到公众社会中去，不需要科技传媒的投入。Marschall 把这种公众形式放置在亚里士多德学派的古希腊城邦形象的对立面。

"公众的存在，无论是作为附带的公众或主体公众，有可能在现代的主权国家中具有排他性。希腊城邦中所有的公民（即使不是所有的居民）聚集在一起，这种情况在一个具有简单劳动分工的条理分明的社会中仍然是有可能的。然而这也适用于今天的这种情况：只有放弃出席准则才能够确保所有人参与的机会。"③而现代的大众媒体刚好能够确保放弃出席准则。大众传媒"替代了这种出席的必要性，取消了现有的不可逾越的距离"④。

---

① Michael Schenk，作为社会进程的媒体使用和媒体影响；出自：Sarcinelli，媒体社会中的政治传播和民主，第 387 页。

② Marschall，公众和人民代表，第 49 页。Marschall 在最后一句中引用了 Gerhards 和 Neidhardt，参见 Gerhards/Neidhardt，现代公众的结构和功能，第 24 页。

③ Marschall，公众和人民代表，第 50 页。

④ 同上。

根据当今已有的发射科技的传播度(参见 3.2)大众媒体的信息可以为每个公民服务,可以被每个公民消费。当然这也带来一个结果,大众传媒在每个人的现实概念的形成中起了一个重要的作用。在这个问题上 Niklas Luhmann 是这么认为的:

"我们所了解的社会,我们所了解的这个我们生活其中的世界,都是通过大众媒体而知晓的。"①

在现实的构成这方面电视起了一个决定性的作用,因为电视在射程和使用期限方面是传播最广的,是被大多数人所接受的媒体,同时电视也被受众看成是最可信的媒体。② Marschall 承认,电视在现实构成方面起了一个决定性的作用,"因为在所有的媒体中电视最完美地掩盖了它的媒体性和建设性"。③ Meyn 让事实为这种真相负责,即电视给出了有关所有重要发展和重要事件的最全面的概况,为谈话提供了大部分的材料。④ 不管是因为什么,(电视)在政治传播方面,"全球处于首位,在节目扩张的数量和质量方面,在节目地区性和社会性的区分这方面,在每天的使用持续时间这方面,在全面的社会存在这方面,以及因此带来的长期的社会效应方面。"⑤网络早已成为很多使用者的媒体的固定组成部分,而电视突出的意义同样也适用于这个时代。在多媒体时代,电视作为"环绕媒体具有信息性,满足娱乐性需求,对社会有导向和融合的需求"。⑥ 因此在接下去的研究中电视处于一个中心的位置。

在现代工业社会中对信息和传媒的需求总是在不断增长。社会分化为越来越小的部分社会,这些部分社会形成了各自相应的内部和外部的传媒结构。这种区分的过程造成了社会不断增长的复杂性。新区分出来的子系统有着独有的逻辑,不断地发展新的解决问题机制和结构,以满足它额外的需求。⑦ 社会分化为部分社会以及交流空间也带来了这种现象,这个社会中越来越多的人生

---

① Luhmann,大众媒体的现实,第 9 页。

② Marschall,Marcinkowski,Meyn;参见第 3 章,3.2。

③ Marschall,公众和人民代表,第 56 页。

④ Meyn,德国大众媒体,第 345 页。

⑤ Marcinkowski,作为自激系统的新闻学,第 153 页。

⑥ Birgit van Eimeren/Chirsta Maria Ridder,1997 年至 2000 年媒体使用和评价中的潮流;出自:媒体前景展望,2001 年第 11 期,第 548 页。在这种关系中无线电通信被看成是补充性的媒体,因此在此书接下去的研究中只是选择性的提到(无线电通信的作用 Eimeren/Ridder,1997 年至 2000 年媒体使用和评价中的潮流,第 548 页)。

⑦ Saxer,媒体社会,第 53 页。

活在不同的意识世界内,缺乏交流造成的多愁善感,对群体以及个人的交流需求不断上升。Saxer 从这个结果出发,社会"除了拥有三个传统领域,农业、工业和服务业之外,还形成了第四领域——信息传媒领域,显示了社会的复杂多样性"①。在第四领域中,媒体交流占据了优势的位置。② Jarren 的想法还要深入:他从这个观点出发,"现在社会中信息的制造、传播和接受在经济、文化和政治方面越来越重要"③,媒体系统成为了现代社会的中心基础设施。Jarren 把现代社会称为"媒体社会",因为:"大众传播媒体在数量上和质量上不断扩展,通过媒体信息的传播效率快速提高,有新的媒体类型产生,媒体细密地渗透到整个社会中,根据媒体具有的高关注价值和使用价值,媒体获得了整个社会的注意力,并要求得到承认。最终发展成为公共机构。"④

是否已经是"媒体社会":公众层次在大众传媒帮助下构成的优势地位,转移到了政治传播方面。⑤ 所以 Marcinkowski 把大众传媒称为"在现代信息社会中社会和政治传播的根本模式"⑥。在现代社会中政治不太可能或者不再从"第一手"在个人和政治主体打交道的范围中或者更少地在政治活动中被人了解。因此传播政治这一任务就垄断性地落到了大众媒体上⑦:

"几乎一半的联邦公民完全地把大众媒体看成是'连接政治的桥梁',他们对'外面的世界'的社会协调性取决大众媒体。"⑧

没有大众媒体的对话,政治机构和公众——公民——之间的交流不可能发生。在现代民主中,政治的公众性在它的结构、内容和进程方面很大程度受媒体的影响。⑨

Jarren 还指出了另外一点:没有大众传媒,不仅在政治性和社会性的大型机

---

① Saxer,媒体社会,第 53 页。
② 同上。
③ Jarren,媒体、媒体系统和政治公众变迁,第 74 页。
④ 同上。
⑤ Jarren,Marschall 和其他人。
⑥ Marcinkowski,电视中的政治传播,第 204 页。
⑦ 迄今为止通过网络的政治传播还只起着一个第二位的作用,参见 Mattern/Künstner,电视体制的国际性比较,第 182 页,同时也参见 3.2 总之,在线传播对于政党和团队的内部组织起着一个较大的作用,参见 Ulrich Sarcinelli,党派和政治传播:从党派民主到么体民主?出自:Sarcinelli,媒体社会中的政治传播和民主,第 282 页。
⑧ Frank Brettschneider,公众观点和政治。有关 1949 年到 1990 年之间德国联邦议会的回应性的研究,奥普拉登,1995 年,第 286 页。
⑨ Jarren,媒体、媒体系统和政治公众变迁,第 75 页。

构和公民之间的交流不可能发生,并且不可能存在社会和政治组织机构之间的相互交流。[①] 教会、工会、利益组织、社会运动和政治党派在媒介系统中才能发挥作用。大众传媒负责研究和表达社会利益,给政治体系正名和被政治体系领导。它们扮演了一个重要的社会性和政治性的角色。在这种媒介系统中,大众媒体获得了一个内部的特殊位置。在媒介系统中大众传媒使信息和传媒关系具有一定的结构,到目前为止它清楚地展现在:工会、利益组织或者党派本身受传媒的指导,它们各自的成员以及所有的社会成员都受到媒体的指导。用自身的消耗使得这也有可能,可以用自己内部的频道来交流,但是这种广度有限。虽然在媒介组织中类似蜜蜂式交流领域上的在线交流得到了一定程度的改善,但是这种交流传播和大众传媒的信息传播相比还是处于劣势。Jarren 曾说:

"至少社会大型组织的最新快速和实惠的信息传播受大众传媒的指导,作为整个社会中的传统组织在广度和连接能力上受到损害。"[②]

我们总结一下:在公众社会的产生中,在个人对社会现实的构造中,在社会政治机构组织向公民介绍传播政治信息中,在组织和机构之间相互传播政治信息中,大众媒体,尤其是电视,起了一个决定性的作用。

根据这个阐述的观点,还需要研究的是,在一个不断分化的社会中,在快速分化的无线电广播系统的二元化中,一般的大众媒体和专业的公共电视台能否为一个正常运作的政治公众社会作出贡献。因为大众媒体尤其是电视在信息的传播中占据了一个重要的位置,而没有为信息传播的质量作证。但是我们看到了(参见第 2 章,5),为了实现透明度、辩论和导向的作用,正常运作的政治公众社会的一个前提条件是,必须在信息传播中具有数量上的基础。此外还需要提出这些问题,在公众(私人)电视台提供的节目中,社会和政治的主体是否以及在何种程度上具有发言权(透明度作用),在辩论功能中宗教道德的戒律在观点的多样性中能否被顾及到。

为了回答公共电视对正常运作的政治公众社会的贡献这个核心问题,以及回答由此而引发的一些问题,从公众社会的政治功能引出需要强调的公共电视的具体功能,还需要检测,公共电视在当今社会和媒体环境中是否能够实现这个功能。或者公共电视发展成为一个"具有自己方式的机构"[③],它不再以社会或者政治的目标行为作为导向,例如整体小康或者其他一些民主理论的要

---

① Jarren,媒体、媒体系统和政治公众变迁,第 85 页。
② 同上,第 86 页。
③ Jarren,媒体赢利和机构亏损? 第 25 页。

求，而是以顾客和销售市场为导向。

与此同时，根据最新的媒体科学数据，需要研究公共电视的传播效率，因为电视媒体在传播政治信息方面扮演了一个主要的角色。这并不意味着，在这个范围内公民的建议得到了关注。我们讨论这个趋势，媒体学和社会学都把社会总结在"非政治化"和"残缺化"这两个概念之中。还有这个问题也需要商讨，即在媒体领域之外，为了传播政治，其他的有关机构，比如家庭、职业社会环境以及个人的印象和经验，是否更加重要，是否可持续地影响了政治的态度和设想。

这些问题在接下去将要得到回答，因为它们对于解决那些最初提出的基本问题是具有重要作用的，那些基本问题是，从政治学的角度看公共电视得以保存维护是否是必需的。因为如果通过双元化和商业化，通过新媒体的介入，作为"政治媒体"的公共电视的功能失去了原有的地位，那么维护这样一个昂贵和可能无能的机构就成了问题。为了更加贴近这些问题的答案，要介绍一下电视系统在联邦德国政治体系中的标准合法的定位。这里一定要搞清楚一点，在这些符合宪法的框架之后存在着哪些民主和国家理论的方案。

接下去将提出符合宪法的"大众媒体的现实性"（Lehmann）方案，这种现实性在今天是怎么展现出来的，或者相对展现出来的。这里要介绍从媒体传播科学、社会学和政治学的角度出发的最新的经验性调查和理论方法。媒体效应研究领域的认知也起了一个重要的作用。对立观点应该明确，由于社会和媒体的情况还不够符合宪法对于公共电视的有意义的功能指示的目标，公共电视必须要以维护和确保一个正常运作的政治公众社会为内容。

在接下去的第四章中需要解释，根据电视系统的双元化，按照媒体的工作和介绍方式，结构变化是在何种程度上产生的，对通过电视的政治传播产生的影响是否要加以关注。在第五章中将研究，公共电视在现有的社会和媒体条件下能否达到对它提出的要求，实现它的功能。

2　宪法法律的标准基础

2.1　1945 年之后德国电视广播系统的历史/目标

1945 年德意志帝国瓦解之后，除了许多其他机构之外，广播电视系统也需要重建。尽管同盟国追求不同的目标，其中有一点得到了大家的一致赞同，就是德国的广播电视在将来不会再像纳粹德国一样，只是一个中央的国家机构

（帝国宣传部），而是被国家的和社会的不同团体所监督，并以这种多样化阻碍国家的介入以及国家行政权的合并。总之，产生了许多应该怎样来实现这个目标不同的意见。

接着就打算把广播电视系统分别委托给各个地区的占领国家。这个想法在这一点上失败了，因为美国的模式设置的是商业的广播电视系统，应该通过广告筹资播放节目，其中所需要的经济条件在当时被战争摧毁的德国并不存在。① 接近于中央国家广播电视系统的法国模式不被他们的盟友认可，因为在结构上这个模式和刚刚被分割的帝国广播电视很相似。最后英国的模式，也就是所谓的"BBC 模式"，成了最好的担保模式，达到让"最新的错误发展消失"。② 在"二战"结束之后的最初几年中确立了两个德国广播电视体系的特征，在将近四十年的时间中这两个特征影响了广播和电视的状态和正确的法律定位：地区性的结构和公共的组织。③ 在那时已经确立，广播电视应该保留它本身作为公共机构的组织形式。直到今天还存在于广播电视体制中的这个基本法律决定，内容包括，广播电视机构：

• 通过联邦州法律（发送能力）以及联邦法律（发送技术企业）或者国家合约获得它的基础。

• 免除有关当局的专业控制（当然不免除从国家法律这方面）。

• 获得自我管理的许可。

• 自筹资金——最开始独自筹资，现在有部分广告收入。④

1948 年和 1949 年通过国家广播电视法律成立了以下几个机构：巴伐利亚广播电台、黑森广播电台、不来梅广播电台和南德意志广播电台。法国占领区的西南广播电台虽然从 1948 年开始已经向三个联邦州（莱茵兰—法耳茨、巴登—符腾堡、符腾堡—霍亨佐伦）播放节目，但直到 1951 年通过和这些联邦州签订国家合约才确定了它的法律基础。⑤ 1950 年联邦民主德国的所有州广播电台决定成立联邦德国广播电视网（ARD 德国电视一台）。直到 1951 年广播电视机构还处于联盟的控制之下：他们必须要播放特定的节目，联邦政府和联

---

① Noelle Neumann/Schulz/Wilke,新闻学，第 483 页。

② 同上，第 484 页。

③ 同上，第 484 页；在地区性结构的先决条件下存在的想法是，通过 16 个州政府的表决过程妨碍了国家和它的利益组织施加直接影响。

④ Meyn,德国大众媒体，第 177、178 页。

⑤ Noelle Neumann/Schulz/Wilke,新闻学，第 485 页。

邦州在进行政治活动广播时需要获得盟国高级委员会的批准。[①]

这种法律结构已经在50年代末通过了首次考验。康拉德·阿登纳统治下的联邦政府打算通过联邦法律来调整广播和电视，除此之外还想建立一个私人经营组织的第二套节目，所谓的德国电视有限责任公司，其中联邦占有股份51%，联邦州占49%。为此社民党统治下的联邦州：汉堡、不来梅、下萨克森和黑森向联邦宪法法院起诉，法院在1961年的最高法院判决中（首次电视判决）提出，计划要成立的德国电视有限责任公司是违反宪法的。[②] 原因方面，法院提出了基本的两点，也是联邦宪法法院其他"电视判决"的核心：第一点，联邦完全拥有广播电视发送技术的运作能力（通讯技术）。[③] 广播电视系统只是作为文化财产，受联邦州的立法职能约束。第二点，德国电视有限责任公司违背了有效的国家遥控的基本原创，因为联邦政府可以对它起决定性的影响作用。[④] 国家遥控的信条在联邦宪法法院的其他电视判决中一再被提出。有意思的是联邦宪法法院已经在1961年的首次电视判决中确认，私人合法的广播电视机构组织形式从原则上来说没有被排除在外。

最终在1961年6月6日，通过联邦州的一个国家条约成立了德国电视二套（ZDF），坐落于梅因茨。某种程度上来说，作为公共电视台的ZDF的成立，是德国媒体系统中从支票和平衡的意义上的政治的对抗力量。[⑤]

2.2　德国广播电视的宪法法律框架

"广播电视"法律上的定义不仅仅从技术角度上指派了职责，而且也决定了，哪个政治机构来决定和调整有关广播电视的法律领域。按照1991年的"统一后德国的广播电视国家合约"中对广播电视的定义：

"没有连接线路或者沿着或者借助于导体，通过使用电磁波，用各种形式的文字、声音和图像，为大众特定举办和传播的节目。这个概念包含加密传播的节目和收取特殊费用收看的节目，以及电视节目。"[⑥]

---

① Noelle Neumann/Schulz/Wilke，新闻学，第485页。
② 同上，第487页。
③ 参见基本法第73条第7点。
④ Noelle Neumann/Schulz/Wilke，新闻学，第487页。
⑤ Mattern/Künstner，电视体制的国际性比较，第183页。
⑥ Noelle Neumann/Schulz/Wilke，新闻学，第475页。

在这个概念中包含了广播和电视。① 基本法第5条第1款第2句确保了广播电视中的报道自由性。通过1961至1994年联邦宪法法院的8起所谓的广播电视判决,决定了基本法中确保广播电视自由性法律上的理解。②③ 在这些判决中,基本的结构元素被打上了烙印。这些元素决定了公共广播电视的社会角色和政治功能,接下去将要介绍这几点。④

2.2.1 国家确保广播电视自由和发展

基本法第5条第1条款第2句中的正确合法的基本权利保护指出,国家要确保广播电视的自由和发展。联邦宪法法院在它的第三次广播电视判决中确定,在没有国家调节的情况下,广播电视中政治上必需的和期待的观点多样化没有出现。联邦宪法法院还担心,没有国家的保护,个人和团体会对广播电视产生一定的影响。广播电视不应该出售给国家或者一个社会组织,它必须能够实现让所有社会重要组织自由的表达意见。⑤

"原因在于立法者有责任实现体现自由民主的决定性观点多样化。必然要遇到这样的危险,即提出的观点会被公众观点排除在外。发送频道和金融中介作为意见载体在公众意见构成中占据了优势地位。至少应该存在一种充分的可能性,使得在法律指导的广播电视系统中存在均衡的多样性。"(出自1981年第三个电视判决)⑥

在之后对双元化广播电视制度的判决中,联邦宪法法院证实,考虑到不同

---

① 联邦宪法法院决定12,第246页。

② 1961(联邦宪法法院决定12,第205页);1971(联邦宪法法院决定31,第314页);1981(联邦宪法法院决定57,第295页);1986(联邦宪法法院决定73,第118页);1987(联邦宪法法院决定74,第297页);1991(联邦宪法法院决定83,第238页);1992(联邦宪法法院决定87,第181页);1994(联邦宪法法院决定94,第173页)。从数量上来说也可以说是10次广播电视判决(1995:"电视指导方针判决",1998:电视简短新闻判决),但是这只和程序法上的问题有关,所以在这里不加以关注。

③ 电视体制的控制是以司法决定为基础。在其他国家政府和议会有着更多的对广播电视体制的监控和调整的能力。在那议会表决进程帮助获得了一个社会性的共识。相反的是,联邦宪法法院的基本决策给出了更大的无需阐释的空间。参见 Mattern/Künstner,电视体制的国际性比较,第187页。

④ 有关广播电视体制的积极的法规存在于很多国家合约(所谓的广播电视国家合约)、调控发送技术领域的联邦法(例如电信法)、联邦州法律(例如媒体法),这也包括调控发送公司(例如建立内容上监控广播电视的州媒体组织)。

⑤ 联邦宪法法院决定12,第262页。

⑥ 联邦宪法法院决定57,第295页。

信息形式、意见和世界观的多样性以及不同文化流派(参见第四章,1.3),私人广播电视运营商不能够完全胜任这个过高的目标。① 因此,一个双元化广播电视制度中,这些目标的确立主要分配给了公共广播电视领域,并需要得到立法者的确保。联邦宪法法院 1991 年 2 月 5 日的第六次广播电视判决中,从立法上明确了公共广播电视的存在和发展的担保。②

2.2.2 基本供应

存在和发展担保由联邦宪法法院的一个最终议定提出。一方面根据法院对私人广播电视运营商的怀疑,法院只能通过公共广播电视系统来确保必需的意见多样性。因此,要实现广大民众能够收看到公共广播电视的节目,需要促进发射技术上的基本供应。同时还要求公共广播电视台的节目尽可能覆盖多个主题,尤其要考虑到教育、文化信息各方面。

另一方面正是基本供应这个信条,使得公共广播电视系统最终合法化,还带来了公共广播电视的所有其他权利。在电视发展最初时期,由于频道的稀缺,广播和电视还没有自由发挥作用的力量,也就不难理解,在那个时代几乎无限的频道数字值得商榷的(参见第四章、第五章)。最终也意味着,当时开展的主要是有关于广播电视的质量评价的问题。

联邦宪法法院在 1986 年的第四次广播电视判决中放弃了公共广播电视台发射技术的基本供应这个要求。总之,从质量这个角度来说还需要再次清楚强调公共广播电视台的基本供应功能:基本供应是公共电视台的事情,因为它们通过收费获得部分筹资,不像私营电视台只依赖于收视率。因为只有公共广播电视才有可能满足经典的节目要求(均衡的展示信息、教育、文化和娱乐)和相应的满足民众需要,所以有充分的理由来确保他们获得一个相应的位置,完成这个任务。

联邦宪法法院在这个判决中还往前迈进了一步,在确保公共广播电视的基本供应中联邦宪法法院还看到了对私营广播电视的一个有利条件:只要基本供应任务有效地落实到公共广播电视,也就是实现公共广播电视对联邦德国的民主秩序和文化生活的本质功能,这样就有理由降低对私人广播电视在观点和节

---

① 联邦宪法法院决定 73,第 118 页和第 155 页。

② 联邦宪法法院决定 83,第 2388 页;也参见 1991 年 8 月 31 日"统一后德国的广播电视国家合约",1992 年 1 月 1 日生效,期间多次改动。在前言中写道:"确保公共广播电视的存在和发展。制作中所有新科技的参与和新形式的创立都包括在内。维护它的财政基础包括财政平衡。"引自 hrrp://www. artikel5. de/gesetze/rstv. html.

目多样化上的要求。①

　　总的来说，基本供应作为地区范围内的传播，从内容上来说包括全面提供节目和实现传播民主和文化的功能，或者像联邦宪法法院说得那样：

　　"基本供应并不意味着最低供应，也不只局限于在节目中提供信息和使人受教这一部分。它更多的是提供符合传统的广播电视任务的、技术上能确保所有人能够收看到的节目供应。"②

　　当然，联邦宪法法院所要求的基本供应任务受制于某些批评意见。一方面在双元化广播电视系统中这一点还没有被认为是合乎时代要求的，即众多私营电台的出现，已经成立并继续发展的专业电台，提供了越来越专业的内容和传播节目，已经实现了足够的意见多样化。国家确保的、成本昂贵的基本供应就变得过时。③ 此外还剥夺了私人公司的发展机会，在创造新的脑力工作机会上制造了障碍。除此之外，基本供应任务的保留导致了这种后果——公共广播电视始终处于很大的压力之下，在发射技术和新节目元素以及设计元素方面都需要参与进去，最终导致经济上的崩溃。④

　　这些批评少许改变了公共广播电视台的具体构成和运作，却没有改变它们是否符合宪法的阐释。总之，公共电视的合法化压力增大了，由此而引发的结果将在接下去的部分作出解释。（参见本章3.2及第五、六章）

2.2.3　国家自由

　　传媒基本权利的履行——尤其是基本法第5条第1款第2句（出版和广播电视自由）——以对权力机构的怀疑为基础。⑤ 通过这一条款中提到的权利，公共广播电视台从符合宪法的角度来看，在同样的基本权利典型的危害局势中，处在国家和人民的对立面。只有通过这种保护公共广播电视才能够在公众意识形成中发挥它的作用，完全能发挥它的作用。⑥ 在符合宪法的构造中，公众（社会）意识形成作为政治意识形成的一部分占据了一个中心的位置。政治意

① 联邦宪法法院决定73，第118页。
② 联邦宪法法院决定87，第181页；从这个判决中得出，娱乐和体育也属于基本供应，参见 Meyn，德国大众媒体，第181页。
③ Peter Schiwy，双元化广播电视制度；出自：政治意见。时代问题每月笔记，44期，1999年，第52、53页。
④ 同上。
⑤ 参见联邦宪法法院决定20，第56页。
⑥ Herbert Bethge，媒体警察的基本权利保护；出自：NJW（新法律周报）1995年，第557和558页。

识形成的过程必须执行,因为国家机构是由此产生的①,国家不能够从"自身"产生②,公众意识形成必须要严格和国家意识形成区分开。③

这不仅排除了国家直接或者间接地统治广播电视,禁止了广播电视的政治工具化,④而且也排除了来自国家的每一个直接或者间接的影响,除此之外也排除了党派、社会团体、利益组织和私营经济施加的影响。⑤ 只有通过国家和广播电视的分离这个信条,才有可能实现公众的、社会的和政治的意识形成,如同在基本法中规定的那样——非常中肯。Sternberg 的宪法编纂者:

"对公共广播电视系统的扼杀肯定没有对这个国家政治文化的提升作出贡献。相反的,至少不存在从形式上不依赖于政治和经济力量的广播电视台团体,因此,必须加紧建立这个团体。没有这个系统,德意志共和国就不一样了,因为在过去的几十年中——除了许多印刷媒体领域的产品——政治已经民主化,经受了独裁结构的复辟考验。"⑥

但是国家自由的信条不仅仅是广播电视对国家的防御权利。在一个积极的广播电视制度中,国家必须确保广播电视不会出售给单个的社会团体。⑦

如同在基本法第 20 条第 2 款讲的那样,涉及公共广播电视的国家自由的信条也不遵循民主法治国家的基本规则。宪法把这个规则叫做"民主原则"。⑧根据联邦宪法法院对基本法第 20 条第 2 款⑨民主原则的解释,大众媒体的一个任务,尤其是公共广播电视的任务,是在意见构成和意识形成的过程范围中对国家机关的公共监督,这也有利于大众。⑩ 从作为国家机关的监督者这个功能出发,出现了国家自由这个信条。尽管作为"公共权力组织"的组织结构,公共广播电视台在组织法上不属于直接的国家管理机构,也不能够分配给直接的国

---

① 联邦宪法法院决定 20,第 56 页和第 99 页。

② 参见基本法第 20 条第 2 款第 2 点:"所有的权利机构来自于人民"。

③ 联邦宪法法院决定 20,第 56 页和第 98 页。

④ 参见联邦宪法法院决定 90,第 66 页和第 88 页。

⑤ 参见同上,第 89 页。

⑥ Wilhelm von Sternberg,启蒙运动终结或者媒体成为商品,ARD 每日话题——有关德国电视一套的争论,法兰克福,1995 年,第 12 页。

⑦ 联邦宪法法院决定 57,第 295 页和第 320 页。

⑧ Hans D. Jarass 和 Bodo Pieroth,德意志联邦共和国的基本法。评论,第 4 版,慕尼黑,1997 年,第 20 条,第 426—431 页。

⑨ 基本法第 20 条第 2 款:"所有的权利机构来自于人民。他们由人民来选择、表决,通过立法机构、执行机构和司法机构。"

⑩ 联邦宪法法院决定 20,第 60 页和第 89 页。

家管理机构。"公共权力组织"的精选结构应该不依赖于权利形式的可交换性，从而能够从组织结构上确保独立性和政治的中立性。① 国家的独立性和政治的中立性在实际中能否得到确保，或者公共广播电视在实践中是否表现的不一样，在这本书中将会继续研究。（参见第四章，1.2.2；第六章，3）

2.2.4 节目自由、多元化和均衡

按照联邦宪法法院的司法判决，国家远离公共广播电视的具体工作和节目构成，出现了以下三个基本原则：

国家不可以对节目构成施加人员上（选择能在节目中发言的嘉宾）或者内容上的影响。广播电视自由的其他结构原则是节目的多元化。②

公共广播电视的广播电视自由最本质的特征是在考虑到节目多元化的同时拥有节目自由。这个最后提到的多元论信条使国家立法者承担起义务，通过一个多元的传媒结构使广播电视自由生效，并以此使广播电视这个媒体向所有想使用它的人开放。③ 在双元化时代之前，确保意识形成和意见多样化仅仅是由多元结构的公共电视垄断了的：只有它们可以发送广播电视节目，它们的多元化控制团队（广播电视委员会）应该负责，所有重要的发言人在他们的节目中应该做恰当的发言。④ 联邦宪法法院在它的首次广播电视判决中有关公共广播电视台的总节目这个问题上，要求一种"最低限度的客观性，互相尊重和平衡"⑤。

对这个原则的部分修改出现在第三次和第四次的广播电视判决中。在第三次判决中，联邦宪法法院明确表示，广播电视自由是个人的权利。这样就使得国家作为立法者能够引入私营的广播电视（详细的参见第四章）。在这个判决中，联邦宪法法院针对这个案件限制了"均衡"这个要求，国家立法者决定建立外部多元化的广播电视系统。⑥ 每一个节目要平衡（内多元化方式），不仅这一点重要，所有电视台的节目总体也要平衡（外多元化方式⑦）。总之，首次广播电视判决的基本原则（"最低限度的客观性，互相尊重和平衡"）在本质上至

---

① 参见 Roman Herzog；出自：Theodor Maunz/Günter Dürig，基本法。评论（2000 年），第 5 条，Rn。213a。
② 联邦宪法法院决定 12，第 262 页，联邦宪法法院决定 31，第 325 页。
③ Noelle Neumann/Schulz/Wilke，新闻学，第 261 页。
④ 同上。
⑤ 联邦宪法法院决定 12，第 263 页。
⑥ 联邦宪法法院决定 57，第 323 页。
⑦ Noelle Neumann/Schulz/Wilke，新闻学，第 120 页。

少还一直适用于公共节目(私营广播电视台的节目构成在这次判决中还没有被清楚的提及)。

在 1984 年 1 月 1 日真正引入双元化广播电视制度的时候,情况发生了变化。在 1986 年 11 月的第四次广播电视判决中,联邦宪法法院向私营广播电视也提出了一个基本标准,就是以意见的多样化作为本质的前提条件。[①] 在公共广播电视方面,法院再次强调了它们承担的基本供应任务。它们也应该在双元化广播电视体制中为节目服务,在节目的制作中完成传统的节目任务(信息、教育、文化和娱乐)。[②] 因此要求公共广播电视能提供意见多样化的未缩短的解释和内容全面的节目。[③] 联邦宪法法院把这个任务的实施看成是广播电视对德意志联邦共和国的民主制度和文化生活的本质功能。只要这个任务真的通过公共广播电视实现了,联邦宪法法院就认为这是有根据的,相对于公共广播电视,只对私营广播电视提出意见和节目多元化这个较低的要求。[④] 第四次广播电视判决的基本原则以未经改变的形式适用至今。

在具体的节目构成这方面,与详细规定的组织和程序权利不一样,公共广播电视的标准原则比较模糊。首次广播电视判决的趋向导致具有约束力的总节目的指导方针是"最低限度的内容平衡、客观性和确保相互尊重"。[⑤] 国家的任务是,通过组织范围保障广播电视中观点的多样性。保障广播电视的客观内容这项工作不是国家的任务。[⑥]

在具体的广播电视工作中,电视台台长在他的调控节目这个职权范围中应该做到公正地、平衡地、适当地出现不同的观点。如上所述,平衡这个观念涉及总节目,而不是单个的节目。然后德国电视一台制定了合作的原则,不仅仅总节目,而且单个的节目部分也必须要做到平衡这一点。[⑦] 在这个原则基础上还指定了教育、信息和娱乐方面的重要节目目标。[⑧] 否则公共广播电视的工作和节目制作不听命于其他规则。根据联邦宪法法院法官的意见可以采取"确保电视广播自由的适用功能的措施",也就是说,立法者可以在广播电视法和国家条

① Noelle Neumann/Schulz/Wilke,新闻学,第 259 页。
② 同上。
③ 参见联邦宪法法院决定 73,第 118 页。
④ Noelle Neumann/Schulz/Wilke,新闻学,第 260 页。
⑤ 联邦宪法法院决定 12,第 263 页。
⑥ Meyn,德国大众媒体,第 169 页。
⑦ 同上,第 189 页;Noelle Neumann/Schulz/Wilke,新闻学,第 258 至 260 页。
⑧ Noelle Neumann/Schulz/Wilke,新闻学,第 258 至 260 页。

约中制定接受保证的或者得到保护的规定。① （参见 2.2.6 规则）

（公共广播电视台的）"总节目平衡"②这个基本条件并不是无可争议的。至少存在着这样的疑问，是否要制作一个平衡的总节目。Hermann Meyn 将这样的节目称为乌托邦：

"这在理论上是可以理解的，在实践中却落空了，因为两者在不同的群体中引起反响。这种平衡应该给观众带来好处，而观众却根本不了解这种为平衡付出的努力。从观众行为这个角度出发，只在节目内部进行比较——例如电视游戏、文化节目、谈话节目——这才更加理智。"③

实际上，参与到德国电视一台联盟的各个地方台都对平衡信条的解释达成一致意见。德国电视二台也已经在 1963 年的"指导方针"中补充：

"总节目的平衡并没有造成每一个节目中的超党派性。在有争议的问题中观点影响了个人还是大多数人，这样的节目需要达到相应的平衡。"④

2.2.5　资金保障

联邦宪法法院规定，为了完成公共广播电视任务所需的资金，出自基本法第 5 条第 1 款第 2 句的担保包括：

"确保持续和发展，同时也是确保融资。"⑤为了广播电视提出的独立性，这是绝对必要的。广播电视要有自己的收入，而且这些收入能够实现广播电视节目的基本供应。按照联邦宪法法院的观点，通过大多数的广告融资不可能完全完成这个任务。⑥这就需要广播电台自己筹措一部分经费，加上节目本身收取的费用和所有拥有接收器（收音机、电视机）的家庭必须要支付的费用（所谓的使用费）。⑦

"适合公共广播电视的融资方式是佣金融资。公共广播电视不依赖于收视

---

① Meyn，德国大众媒体，第 169 页。

② 联邦宪法法院决定 12，第 263 页。

③ Meyn，德国大众媒体，第 190 页。

④ 参见 1963 年 7 月 11 日的 ZDF 指导方针；出自：Meyn，德国大众媒体，第 190 页。

⑤ 联邦宪法法院决定 90，第 66 页；也参见 Matthias Knothe/Michael Schwalba，数字时代公共广播电视的定位；出自：媒体前景展望 3/99，第 113 页；Georg Schneider Freyermuth，公共广播电视台国家自由信条的影响的几方面；出自：ZUM，创世者和媒体法规杂志，44，2000 年，第 568 页。

⑥ Noelle Neumann/Schulz/Wilke，新闻学，第 264 页。

⑦ 联邦宪法法院决定 29，第 214 页。

率和广告任务提供符合宪法的要求节目。"①〔电视台把收取费用这个任务交给了广播电视收费取中心（GEZ）〕。

自从 1977 年以来，财政需求调查委员会（KEF）鉴定了广播电视台之后两年的财政需求。这个委员会成员是由总理委任的。1994 年 2 月联邦宪法法院把约定广播电视费用这个程序定位是有悖于宪法的，因为电视台长和费用的决定是"各联邦州的完全政治性的决定"。② 财政需求调查委员会（KEF）是由州总理办公厅和审计局的人员组成，其实这是一个总理府记者招待会的帮助性工具，各种费用由该委员会决定。尽管在形式上州议会拥有最后的决定权，因为他们还必须同意由政府首脑协商的广播电视费用国家条约。这样广播电视的国家远程调控不需要再得到确保。判决中的指导原则是：

"节目中立性的原则也适用于费用融资。商讨费用的过程是从广播电视台的节目意识形成出发的。费用融资不能用于操控节目或者媒体政策这个目的。财政需求的检查应该只和节目意识形成是否在法律限制的广播电视任务范围中，并且由此而引发的财政需求是否和经济性和节约性这些原则匹配或者一致。"③

1998 年广播电视收费

收取的费用	11134.9 百万马克
其中：	
州媒体机构	222.7 百万马克
德国电视 2 套	2470.4 百万马克
德意志广播电台	299.3 百万马克
ARD 的 arte 电视台	105.0 百万马克
ARD 的 ARD/ZDF 儿童频道	48.4 百万马克
ARD 的 Phoenix 信息频道	26.1 百万马克
数字无线电通信（DAB）	48.1 百万马克
养老金	190.9 百万马克
ARD 的 KEF 台	1.9 百万马克
其余 ARD 电视台的各种收入	7722.1 百万马克

出处:德国西部广播电台财政计划。

---

① 联邦宪法法院决定 90，第 60 和 90 页。
② Meyn，德国大众媒体，第 169 页。
③ 出自:ZUM，创世者和媒体法规杂志/电影和法规，1994 年，第 173 页。

通过这次判决增强了公共广播电视台相对财政需求调查委员会(KEF)和州政府首脑的独立性,因为 ARD 和 ZDF 台的节目意识形成对收费是绝对决定性的。公共广播电视台只在节目意识形成的基础上来考虑他们的财政需求。总之,KEF(和构成 KEF 委员会成员的联邦州政府)拥有对电视台申报需求时的检测权力,这样就应该阻止它们成为"自助商店"①。② 由 GEZ 收取的费用会分发到每一个电视台中去。这样 ARD 收到了将近 70% 的总收入,ZDF 收到了大概 22% 。剩下的部分分发给参与到 ARD 的会员节目中和其他的支出方面(大部分管理技术形式)。

公共电视台通过征收费用来融资的这种结构受到了欧盟反不当竞争法规定的威胁。欧盟中不同国家的私营广播电视台认为,广播电视收费是补助,补助是欧盟中不具备与商业和竞争条件达成一致的。③ 但是,1997 年在阿姆斯特丹一份欧盟条约的协定书备忘录中,政府首脑们在几轮会谈后宣布,"确保公共广播电视台的融资,规定他们的公共任务",主要取决于成员国家的能力。④ 但是从另一方面来说依靠费用融资的广播电视系统也陷入了压力之中,因为民众准备支付费用的积极性已经明显下降。⑤ (参见第一章)在广播电视政治讨论中,只收看私营广播电视台节目的人也需要缴费公共电视收视费,受到消费者、私营广播电视台、部分高层政客的批评。⑥ 而联邦宪法法院却一如既往地把收费融资看成是正确的,并在所谓的"收费判决"中提出论据:

"目前私营广播电视在具体的广度和主题的多样性方面的缺陷是可以被接受的,因为只要全体公共广播电视还具有运作的能力,就可以继续保证在不考虑到观众收视习惯的情况下将缴费义务和参与者状态联系在一起。"⑦

有关收费融资的讨论曾在 2003 年的春季再次开始。ARD 和 ZDF 从 2005

---

① Meyn,德国大众媒体,第 170 页。

② 根据广播电视融资国家合约第 3 条第 1 款,KEF 在考虑到节目自主权的同时必须要专业的检测由广播电视台申报的财政需求。根据这条规则的第 2 句除了保持经济性和节约性这两个基本原则之外,首先要检测的是,节目决策是否在法律限定的广播电视任务范围之内(广播电视任务由两点构成,第一点,确保观点多样性,第二点,确保提供节目的竞争力)。

③ 参见 Meyn,德国大众媒体,第 172 页。

④ 引自 Meyn,德国大众媒体,第 172 页。

⑤ Kliment/Brunner,德国的电视。双元化广播电视体制中的节目缩影和使用范例,第 308 至 313 页。

⑥ Meyn,德国大众媒体,第 171 页。

⑦ 联邦宪法法院决定 73,第 118 页;也参见联邦宪法法院决定 83,第 238 页。

年起把预算提高到 72.5 亿欧元,每年的收费从 1615 万欧元上涨到 1800 万欧元。政治家,其中也有社民党的高层政客,例如北莱茵威斯特法伦州的州长 Peer Steinbrück 批评这种行为:首先在一个经济形势不太好的环境中,这对民众提出了过高的要求,相对于私营广播电视经济,在营业额一直下降的情况下产生了有利于公共广播电视的"巨大的歪斜的环境"。①

其次,批评公共广播电视机构太庞大并且还想在即使是不适合公共广播电视特点的领域扩张。除此之外,公共广播电视大量的网上节目也受到报纸出版界和私营广播电视的批评,因为它们部分有偿的或者是通过广告融资的信息节目受到了来自于大量的、无偿的、公共融资的节目的冲击。Peer Steinbrück 还推测,计划的提高收费只能通过公共广播电视台转播德国足球甲级联赛收费来融资。②

由于这个原因,第一种看法的声音大了起来,即要考虑当前公共电视台的收费融资形式,并把它处于更严格的(政治)控制之下。因此在 1999 年政治家 Edmund Stoiber 和 Günther Öttinger 借慕尼黑媒体大会之际,提出了提高税收或者"公民税收"。③ 这个要求的目的在于,联邦州不仅能够收到这笔钱,而且也会同意收费。这个计划,被电视台以参考是否符合宪法情况被驳回了。④

2003 年秋,Stoiber(巴伐利亚州)、Steinbrück(北莱茵威斯特法伦州)以及 Milbradt(萨克森州)宣布,要阻止提高公共广播电视费用。因此他们要求减缩公共广播电视(合并 3sat 和 arte 台,精简儿童频道 kika),减少无线电频道(从 61 个减少到 45 个),节省人员开支(总计减少 5%),减少在线活动,取消 ARD 和 ZDF 的数字频道。⑤ 其中有些要求受到了其他州总理和 Simonis 的拒绝,而且也不具有现实性(取消数字频道,精简儿童频道 kika,合并 3sat 和 arte 台)。其他有关要求,在对公共广播电视的成本讨论时是极其恶意的,同时还需要联邦州首先要为减少人员开支作出努力。⑥

公共广播电视不仅仅通过广播电视费来融资,还通过有偿的分配经济广告的播放时间来融资。然而在公共广播电视台通过广播筹到的资金大大减少了。

---

① 参见 2003 年 6 月 6 日的巴顿州报。
② 同上。
③ 参见 www. medientage – muenchen. de。
④ 同上。
⑤ 参见 2003 年 11 月 12 日的巴顿州报;www. dpa. de。
⑥ 参见 2004 年 1 月 26 日的巴顿州报。

公共广播电视台的广告收入在 1990 年到 1995 年之间减少了一半,今天在整个电视广告市场中起了一个从属的位置。ARD 和 ZDF 台广告收入只占了融资的 7% 和 18%(在 70 年代到 80 年代占 40 到 50%)。[1]

相反的是私营广播电视台的广告收入在同样的时间段却上涨了好几倍。这个变化的原因在于私营广播电视台成功的市场运作,尤其是 RTL、SAT1 和 Prosieben 电视台。由于观众的覆盖面越来越窄,出售的广告时间也不断减少,ARD 和 ZDF 的广告时间段都没有被预约满。此外还有一个问题,由于法律上规定 ARD 和 ZDF 的广告时间总长度要明显比私营广播电视的广告时间短,晚间 20 点之后是播放广告的黄金时段,可这个时段在公共广播电视台是禁止播放广告的。他们尝试通过赞助,例如通过转播体育赛事,至少部分地绕开这个规则。[2] 除此之外,从公共广播电视这方面来说,他们想放宽晚间 20 点广告戒令,来提高广告的比重。公共广播电视台把广告首先看成是减轻收费融资压力的一个方法,同样因为通过广告收入,1985 年到 1995 年收视费收取的额度还是翻了两倍。

电视台融资结构——1995 年状况

(以百万马克为单位)

	收费	广告	商业收入*	订阅	总共
ARD	3859(79%)	358(7%)	656(14%)		4873
ZDF	1549(72%)	389(18%)	205(10%)		2143
RTL		2052(100%)			2052
SAT1		1624(100%)			1624
Prosieben		1466(100%)			1466
Premiere				415(100%)	415

括号中:占总融资的百分比; *出售节目。

买卖出处:Mattern/künstner,电视系统的国际比较,第 199 页。

收费戏剧性变化的另一个原因在于,ARD 和 ZDF 的开支在近几年中明显上升,这样在电视领域中开支的上升总体上来说要比通货膨胀率更快。故事片和体育赛事的版权费用也上涨得很快,具有创造性的关键工作人员的薪水由于

---

[1] Mattern/Künstner,电视体制的国际性比较,第 198 和 199 页。

[2] Noelle Neumann/Schulz/Wilke,新闻学,第 495 和 496 页。

竞争也上涨了。[1]

从这个背景出发，公共广播电视的混合融资方式陷入了讨论之中，也就不太令人吃惊。有意思的是，从私营广播电视这方面来说，双元化体制无需怀疑，只有融资的类型和方式值得探讨。对此私营广播电视电信协会（VPRT）这么说：

"VPRT从根本上拥护双元广播电视系统。当然它急需改革，因为目前所有的特权都偏向于公共广播电视，巨大的竞争变形已经成为私营广播电视的负担。ARD和ZDF承担不起不断增加自己选择的任务，还是继续扩张，越来越向自我商业化这个方向发展。这样公共广播电视的合法身份就消失了，公民的缴费义务也消失了。"[2]

VRPT提出了另一种选择：

"我们需要对通过公共资金融资的电视台的任务下一个具体的定义，不仅是数量上而且也是质量上。只有用这种方式——在国家、欧洲的层面上——才能给出定义公共承诺的界限在哪里，还有哪种方式适合完成这个任务。"[3]

按照私营广播电视商的设想，公共广播电视台应该发展成为"信息系统"，提供娱乐和体育之外的节目。他们设想公共广播电视台未来的角色，应该"限制到公共广播电视本来的公众任务中去，'通过维护和促进文化内聚力的促成一致的文化发展，促进国家和社会的融合'"[4]。按照这个观点，在传播信息和高质量文化节目的基础上，生产和提供这样的节目绰绰有余。

在这一点上要指出的是，公共广播电视的精简会带来某些问题：首先，公共电视能够成功作为"信息系统"，按照现在的标准维持其现有的文化、信息和教育节目，这一点还是有问题的。其次，在一个首先是财政上缩减的背景中很值得怀疑的是，公共广播电视必需的国家远程调控是否能够保留下去，或者是否会变异成为一个完全的"官方通告电视台"。

从经济方面来说也存在很好的理由继续保持混合融资，因为公共广播电视的广告阻止了"电视广告市场的短缺"。[5]

---

① Mattern/Künstner，电视体制的国际性比较，第198和199页。
② Dortz，公开的媒体规则需要那些框架？第21页。
③ 同上。
④ 同上。
⑤ Voss，为什么没有ARD也可以，第285页。

Mattern 和 Künstner 因此提出了另外一条思路,也就是在保留现有的广播电视任务的同时实施节约和外部采购。除此之外,他们还宣传开发其他的收入来源("借调"制作队伍,任务化制作),要求降低制作成本,因为公共广播电视台拥有每分钟绝对最高的总支出[1](参见第一章 1.)。

KEF 也做出了努力,以提高公共广播电视的效率,针对持续向公共广播电视台提出的合理化措施,鼓励激发其他措施。按照 KEF 的观点,公共广播电视台的人员开支和管理开支应该急剧下降。[2]

处于这个位置上才可能谈到这个问题,因为有关公共广播电视融资的讨论最后会植入到对整体的未来问题的讨论中去,在这本书的最后部分会有一个详细的评估和阐释。(第六章)

2.2.6 调整、限制、组织

公共广播电视台的内多元结构应由此表现出来,即(部分的)多元化组合的领导机构应该对节目内容施加加以平衡和控制的影响。[3] 领导机构是广播电视委员会(ZDF 是电视委员会)、管理委员会和广播电视台台长。广播电视委员会展示了一个在法律上自我调节的模式。在创建公共广播电视台的时候,盟国的目标是,通过一个内多元化控制监督机构的模式,建立一个分散的、不受国家影响的、社会控制的广播电视系统。[4] 广播电视委员会的首要任务是监督节目构成。除此之外广播电视委员会还选择管理委员会的成员,按照他们的意见选择广播电视台台长。反之,管理委员会首先监督广播电视台的经济事务,包括广播电视台台长的经营管理。[5]

广播电视台委员会应该按照联邦宪法法院的要求由社会上重要团体的成员组成。这在实际操作中遇到了问题,主要是社会重要性这个概念怎么来定义。首先有争议的是,国家机构和政党的参与形式如何,范围有多广(此处参见第四章 1.2.2,第六章 3.1)。Wolfgang Donsbach 和 Rainer Mathes 对此批评:

"在监督团队(广播电视委员会、管理委员会)的实践中这一点非常明显,广播电视委员会经常按照政党上的归属来分组。政党组成了所谓的'朋友

---

[1] Mattern/Künstner,电视体制的国际性比较,第 201 页。

[2] 同上。

[3] Reinhart Ricker,出自:Noelle Neumann/Schulz/Wilke,新闻学,第 261 页。

[4] Mattern/Künstner,电视体制的国际性比较,第 182 页。

[5] Ricker,出自:Noelle Neumann/Schulz/Wilke,新闻学,第 261 页。

圈',其中监管团队中由于政党而连接在一起的成员会为正式会议的表决做准备。"①

广播电视台的结构

以德国西部广播电台为例:

管理委员会

9 个成员(7 个成员选举产生,6 年选一次,2 个成员从人事委员会产生)

监督商业运作,给电台台长提供咨询,同意重要的人事决定

广播台台长(6 年选一次)

作为广播电视台的领导人对节目构成和电台的整体运作负责

学校广播电视委员会

监督学校广播电台节目

广播电视委员会(42 位成员,6 年选一次或被派遣)

13 位成员由州议会选出,20 位社会团体和机构的代表,9 位来自出版界、文化界、艺术界、科学界的成员

代表大众的利益,在节目问题上给广播电台台长提供咨询,批准财政预算,参与所有基本问题的决议

出处:联邦政治教育中心,http://www.bpb.de.

之前已经在公共广播电视融资这个问题中引用,八次广播电视审判为公共广播电视宽广的、基本的节目自由给出了界限。因此不是所有的节目限制和宪法是不一致的。在这一点上,广播电视台应该对完成传统的广播电视基本供应任务以外节目的制作没有什么诉求。② 总之,联邦宪法法院的这种限制只适用于对公共广播电视台节目供应质量的限制上。用质量的限制把节目数量控制在一定的范围内。③ 最终电视台要自己负起责任,在不断变化的广播电视市场中找到自己的定位。当然这不是指以此为结果,为公共广播电视台打开任意扩张节目数量的大门。解决这个显而易见问题的方法已经由联邦宪法法院提出

① Donsbach/Mathes,出自:Noelle Neumann/Schulz/Wilke,新闻学,第 492 页。
② 联邦宪法法院决定 90,第 60 页。
③ 这样也确保了公共广播电视参与到数字技术中去(产生新频道节目的可能性的保证),参见 Knothe/Schwalba,数字时代公共广播电视的定位,第 114 页。

来了:在法律上对公共广播电视台节目的数量限制是不可能的。另外,这也不适用于融资层面。这里甚至还宣布了对总预算的限制:收费最高的额度应该按照社会接受能力来测定。[①]

必须要对节目的(法律上可能的)质量限制提出哪些要求,联邦宪法法院没有明确的回答。[②] Knothe 和 Schwalba 建议,公共广播电视台的财政收入,必须要由 KEF 参与决定,要考虑到社会接受能力这个观点来使用这个费用:

"如果总节目不符合受赠人希望达到的质量要求,最高收费的门槛就该降低了。相应的,给电视台提供的总预算也就降低了。应该提高公民接受能力的计划当然就发生了变化。这应该给予特权来处理。"[③]

很明显,这个建议不是完全没有问题的。很成问题的是,由联邦宪法法院大力强调的国家远程监管(在 1994 年的第八次广播电视判决中出于这个原因限制了 KEF 的权力)是否会由于这个建议而失去意义。该建议还存在着这么一个问题,谁在做这些相应的概念规章制度,费用到哪个额度是被社会接受的?可能还要重要的问题是:什么是"受赠人希望达到的质量要求"? 人们怎么来确定? 究竟存在这么一个标准吗? 此书尝试着来回答那些与公共广播电视未来紧密联系在一起的问题,作一个阐释。

2.2.7　当前的节目供应/未来的节目/数字化

下列的频道目前由公共广播电视台播放:[④]

ARD 总频道(德国电视一套)

ZDF

德国电视三套:巴伐利亚广播电视台(BR),黑森广播电视台(HR),德国西部广播电台(WDR),德国北部广播电视台(NDR),德国西南广播电视台(SWR),德国中部广播电视台(MDR),柏林勃兰登堡广播电视台(RBB),萨尔广播电视台(和 SWR 合作),不来梅广播台

3sat〔和 SRG(瑞士)ÖRF(奥地利)总台〕

儿童频道

Arte

Phoenix

---

① Knothe/Schwalba,数字时代公共广播电视的定位,第 114 至 117 页。
② 同上,第 115 页。
③ 同上,第 117 页。
④ 2003 年秋季。只考虑了通过有线电视和卫星能在德国境内收看道德频道。

德国公共广播电视技术射程 2001 年

	百万	%	百万	%	百万	%	百万	%
电视家庭总共	33.56	100	3.49	100	18.92	100	11.15	100
其中可以收到								
ARD	33.50	100	3.48	100	18.91	100	11.11	100
ZDF	33.50	100	3.48	100	18.91	100	11.10	100
Arte	26.92	80	0.00	0	18.52	98	8.40	75
3sat	29.87	89	0.07	2	18.75	99	11.06	99
儿童频道	26.90	80	0.00	0	18.52	98	8.38	75
Phoenix	27.33	81	0.00	0	16.54	87	10.79	97

2001 年 1 月 1 日,在 AGF/GfK 电视讨论小组基础上制定,由于采用不用的方法不能和 SES/ASTRA 结果作比较。

出处:AGF/GfK 电视研究中心,ARD 广告/媒体前景。

按照联邦宪法法院在广播电视台的考虑中,有关未来频道发展这个问题的答案和对现有频道节目供应扩展问题的答案,尤其在于"对什么可以成为必需的内容和形式的决定,对频道节目数量和范围的决定"[1]。有意思的是,这些要求在完全转换到数字发射技术后可以得到维持,因为通过数字技术可转播的频道数字大大提高了(参见第六章,5.1)。和上面展示的一样(参见 2.2.6),广播电视台的(扩展)权利也有它的界限,因为缴费收视融资的可能性也被耗尽的时候,但是参与到数字电视市场会带来巨大的开支。[2] 和前面所说的那样(参见 2.2.6),这个矛盾将要继续激化。公共广播电视台通过广告的再融资只占了整体预算的一小部分,并不期待进入到数字电视这个领域中去。

2.3 总结:符合宪法的原则和针对国家的供给

我们总结一下:联邦宪法法院在它的首次和第八次广播电视判决之间(1961 年至 1994 年)的 33 年中,尽管司法判决发生了变化,并且对那些有争议的问题分类和看法不一致,还是给出了某些根本原则和从中导出的国家设立的指示,例如认识公共广播电视台的任务和功能。

公共广播电视系统按照宪法应遵守的三个基本原则:

---

① 联邦宪法法院决定 90,第 60 和 90 页。

② Mattern/Künstner,电视体制的国际性比较,第 182 页,第 202 年至 204 页。

联邦的结构(基本法第 70－75 条);

民主原则(基本法第 20 条第 2 款);

广播电视自由(基本法第 5 条第 1 款)。

广播电视的联邦结构是指,有关广播电视法律规则的立法能力必须要由各联邦州来确立。在公共广播电视系统的组织中必须体现出联邦的意识。联邦层面上来建立国家广播电视是不允许的。(参见德意志电视有限责任公司)

从民主原则衍生出两个对公共广播电视提出的任务和要求:一个是国家机构的公众监督,这不仅仅限于公共广播电视,其他的大众媒体也要实现这一点。[1] 另一个是实现公民在观点构成和意识形成过程中的协力合作。[2]

参与观点构成和意识形成这个任务直接出自广播电视自由这个原则。除此之外,这个原则还要求每个人都可以通过广播电视自由广泛地了解信息,公民、协会、组织和社会重要人士能够在公共广播电视中表达自我(在其他的广播电视中受到限制)。[3]

联邦宪法法院的出发点在于,民主原则、广播电视自由原则和与此相联系的任务只有当公共广播电视中存在着“均衡的观点多样化”时才能够这样实现。按照联邦宪法法院的观点,这种观点多样性只能通过国家的规定来实现,因此从这些基本原则中导出的任务通过其他的信条和规则来准确表达。[4]

广播电视系统尤其是公共广播电视系统的国家自由这个信条,必然服从于从民主原则和从广播电视自由原则出发的监督国家机构的任务,因为只有一个不受国家影响的自由做广告的广播电视才能够监督公共机构。因为宪法上禁止:

• 个人或者单个团体可以对广播电视产生一定的影响。所有社会重要组织必须具有在广播电视中自由表达意见的机会。[5]

• 国家在人事和内容方面都不应有发言权。

• 公共广播电视是公共管理的一部分,因此具有公共组织的法律形式。

公共广播电视的国家自由这个信条也体现在它参与公共观点构成和意识

---

① 联邦宪法法院决定 90,第 60 和 89 页。

② 联邦宪法法院决定 20,第 56 和 99 页。

③ 联邦宪法法院决定 12,第 262 页。

④ 联邦宪法法院决定 73,第 118 页。

⑤ 联邦宪法法院决定 12,第 262 页。

形成的功能上面。按照宪法的观点，公共广播电视台处于国家和公民的对立面，只有通过对国家自由的保护，公共广播电视才能够在公共意识形成中发挥它的作用。[①] 在符合宪法的结构中，公共（社会）意识形成作为政治意识形成的一部分占据了一个中心的位置。政治意识形成的过程必须是不受国家控制进行的，因为国家机构恰恰是从中产生的，国家不允许从"自我"产生。[②]

参与意见构成和意识形成这个作用不仅仅产生国家设定要求这个结果，还带来了公共广播电视的具体任务：第一个是基本供应任务，联邦宪法法院在它的第四次广播电视判决中提出这个要求（在第八次判决中又再次强调），以及大多数人所说的"传统的节目和广播电视任务"，这个任务其实展示了基本供应这个任务具体化的原因，并由联邦宪法法院在它的第七和第八次判决中提出的。[③] 基本供应任务，按照联邦宪法法院的话来说，表现了广播电视对民主秩序和文化生活的一个本质的功能，公共广播电视被要求未经删剪地展示观点多样性，用世界观的多样性来提供众多频道节目，在实践中要确保观众能够收看到节目。[④] 传统的广播电视任务要求公共广播电视台，制造和发送节目，节目必须以同等程度考虑到信息、教育、文化和娱乐各个方面。[⑤]

从广播电视自由原则而引发的发言和信息自由这个要求，强制性要求，国家在发言和信息方面要采取一个发展和确保广播电视自由的态度。这还包括，保证公共广播电视的长期存在。联邦宪法法院认为，私营广播电视台由于它们的结构（商业化导向）不能够充分保证发言和信息自由。[⑥] 因此在 1991 年联邦宪法法院的第六次广播电视判决中（同样也在 1991 年 8 月 31 日的关于统一后德国的广播电视的国家合约中）最终确定了公共广播电视的存在和发展担保。[⑦] 存在和发展担保不仅仅确保了在可预见的将来公共广播电视的存在，也给出了公共广播一种参与到新科技的广播电视体制中的可能性。

---

① Bethge，媒体警察的基本权利保护？第 557 和 558 页。

② 联邦宪法法院决定 20，第 56 和 99 页；参见基本法第 20 条第 2 款第 2 句："所有的权力机构来自于人民。"

③ 参见联邦宪法法院决定 73，第 118 页；联邦宪法法院决定 87，第 181 页；ZUM94，第 173 页。

④ 联邦宪法法院决定 73，第 118 页。

⑤ 联邦宪法法院决定 87，第 181 页。

⑥ 联邦宪法法院决定 73，第 118 页。

⑦ 联邦宪法法院决定 83，第 238 页；1991 年 8 月 31 日统一后德国的广播电视国家合约前言。

同时还有融资担保。① 按照联邦宪法法院的表述,通过大量的广告融资还不能完全完成公共广播电视的任务和发展,因此产生了"适合公共广播电视的融资形式"收费融资。

"这样就允许公共广播电视不依赖于收视率和广告任务,提供宪法所要求的有对立性和意见多样性的节目。"②

收取的费用不能够用于节目调控和媒体政策这个目的,因此公共广播电视台拥有在自主决定节目这个基础上计算他们的财政需求这个权利。检查只能在这样的情况下发生,广播电视台的节目决定是否在法律限制的广播电视任务这个范围之内,由此而引发的财政需求是否和"经济性和节省性原则"一致。③

民主原则 基本法第 20 条第 2 款		广播电视自由 第 5 条第 1 款第 2 句	
国家机关的公共监督	本身的参与和实现对观点构成和意识形成过程中的参与	公民、协会、机构等发言的可能性	
国家自由的信条 (出自于国家担保)	基本供应原则 (第四次和第八次广播电视判决),(广播电视对民主秩序和文化生活的本质作用)	传统的节目或者广播电视任务 (第七次和第八次广播电视判决)	国家担保的态度发展和确保广播电视自由和广播电视入门
人事和内容方面的国家自由公共权利,不是管理的一部分	观点多样性未经缩略的展示 用多种世界观全面提供节目 (确保各个世界观的平衡) 频道节目实际中可以被接收	信息 教育 文化 娱乐 公共福利义务	存在和发展的确保,融资的确保 (较大部分融资通过收费,因为只有这样能够确保其独立性)

---

① 联邦宪法法院决定 90,第 60 页。
② 联邦宪法法院决定 90,第 60 和 90 页。
③ 引自 ZUM 创世者和媒体法规杂志/电影和法规,1994 年,第 173 页。

3 政治学和社会科学的角度

从民主原则和广播电视自由引出的国家设立的信条和公共广播电视宪法规定的任务，我们已经看出，德意志联邦共和国的媒体系统在法律上是如何调整的，公共广播电视台是如何建立的。接下去将要研究，在媒体领域快速发展的背景条件下，通过法律上的规划对公共广播电视的分配是否已经足够，是否还必须要增加一些其他的任务和功能具体化，来保证和促进公共广播电视中政治上积极的、正常运作的公众。

有关媒体的角色这方面，宪法是以完整的目标为导向的，教育和文化任务处于中心位置，这一点非常引人注目。Thomas Vesting 对此发表意见说：

"直到今天，联邦宪法法院还是在和公众这个概念打交道，这个概念出自于典型的社会国家对团结、大众、统一和平等的设想。社会观念的多样性应该在电视中，在一个传媒公众的主要因素中，相应的展现出来，同时也是为了对社会的'融合'、团结和一致作出贡献。这里首先要看到和确定重要的一点，即在所有的多元化中，在联邦宪法法院所有的判决中多次提到的（节目）多样性，统一和'为了统一的融合'（统一的形成）一直是置于所有其他思想概念之上，并以此形成（公共电视台的）节目目标（多样性）和组织形式（团体多样化）。不断向统一'融合'的多元化这个设想代表了联邦宪法法院构造的核心思想。"[1]

联邦宪法法院按照坚持广播电视体制双元化的构造：

"在公共垄断结束之后，法权经过细微的修改转移到新的富有活力的由于公共和私营广播电视台的竞争而出现的竞争机制中。"[2]

相对于联邦宪法法院这个（完美）设想，应如何从社会学和政治学方面来看"大众媒体的现实性"呢？其实，这一点不是什么新的认识，即法律规章制度必须表述和现实不总是一致的一种状态，因为从一般的观点来看，对社会状态的描述不是最重要的，而是由立法者的目标来构建和规定的。但是如果在规章中所描述的客观的法律和实情特征，几乎不或者不再和社会的战略性的功能技术现实一致的话，这一点就存在问题。在这种情况下法律规章制度必须和新情况相符合。

---

① Thomas Vesting,在"信息社会中"规范主导差异的变迁,出自:Imhof/Jarren/Blum,信息社会中的控制和调整问题,卢赛恩媒体研讨会第5册,第276和277页。

② 同上,第276页。

在法院的判决中,经常缺少社会学知识和数据形式出现的下层建筑。[①] 这样在实践中就产生了很多问题。如果联邦宪法法院的司法判决不再和公共广播电视的实际情况相符合,如果媒体领域的现实已经超越了这些规则,那就存在这个问题,即公共广播电视起了一个什么样的社会和政治作用。

为了回答这些中心问题,首先要从媒体学、社会学和政治学的角度来进行解释,大众媒体在今天的社会是什么样的状况。其中还会讲到很多近几年社会的、媒体的和媒体技术的发展和特征,这只能通过一个跨专业跨学科的方法来研究。这样会提到媒体学和传媒学的研究知识,但首先是社会学和政治学的研究知识。

事先还要研究两个没有被联邦宪法法院和法律规章(和社会学研究)提出了的问题。有意识的还是无意识的,这个还不好解释。这里可以参考我们法律体制的社会学认识缺口,Manfred Rehbinder 在他相应的著作中已对此作了清晰的阐释。[②] 这两个问题是:媒体实际上对接收器产生影响了吗,媒体的内容对民众对社会和政治的观点发挥影响了吗? 如果是肯定回答,是怎么发挥影响的?

有几点显然取决于对这些问题的回答。因为如果媒体对民众只产生很小或者甚至没有影响的话,为首要任务是教育和融合任务的广播电视进行昂贵融资就显得很有问题了。这种情况下缩减公共广播电视的规模或者将它完全私有化将是一个可供讨论的选择方案。

3.1 大众媒体如何产生影响?

很多研究论文研究大众媒体、社会和政治之间的三角关系,但却没有研究实际上对个人的影响。这一点很有问题,如果学术上站不住脚,因为其他全部研究问题和由此带来的认识和结果都取决于影响的存在以及隐含的媒体影响的密集度。如果人们得出这个结论,媒体没有产生或者只产生了很少的影响,那就不需要再提出其他的问题了。如果人们得出这个结论,媒体拥有强大持久的影响力,还会可以提出许多新的研究问题。例如不仅需要研究媒体是如何对民众产生影响的这个问题,以及隐含的媒体影响对社会产生了什么影响,人们还必须更加仔细地研究媒体对政客的影响,那样对整个体系的评价也完全不一样了。如果媒体对政客有很深的影响,从社会学和政治学的角度来看广播电视的角色就完全不一样了。

---

① 参见 Manfred Rehbinder,法律社会学,第二版本,柏林,1989,第 1 – 37 页。
② 同上。

因此在接下去将会介绍最重要的理论和模式,当然也包括对这些问题的实际经验的研究,当然在这个领域的从不同学科(心理学、传播和媒体学、教育学、经济学、社会学、政治学等)出发研究的论文数字是无法估计的,没有对全面性的要求。

3.1.1　媒体效果的旧理论

在以前的媒体影响力研究中总是在尝试用自然科学的术语来描述,媒体对受众产生线性的和一定程度上自然规则的影响。刺激——反应模式(以下缩写为SRM)也是用这种思想。在这个模式中,用一个线性的诱惑——反应过程描述,特定的媒体是如何在受众身上产生不同的行为反应的。刺激反应理论是从这点出发,“小心拟定的刺激通过大众传媒以同样的方式到达社会的个体,每个社会成员以同样的方式接受刺激,在所有的个体中获得一个一致的反应作为结果。”[1]这就是说,政治的设想和个体的评价可以通过媒体内容的接受而得到改变。

通过美国社会学家 Harold D. Lasswell 研究的 SRM 模式,外部完整的传媒过程可以被限制在少量明显的因素中,这一点在著名的所谓的 Lasswell 公式中非常清楚:“谁在用什么频道和谁说什么,有什么影响?”[2]

但是这样一个线性的诱惑——反应过程太短了,这一点越来越明显。接收者是否真的对媒体内容有反应,或者他们是否真的产生了影响,这个问题总是越来越明显。结果是,出现了这样的理论,把越来越强的意义归结于个人。个人的经验,首先接收者的社会活动范围,逐渐成为了具有干涉力的参数。[3]

通过把接收者包含在内就不太容易引入新的影响因素,这样理论就明显的复杂化了。从刺激方这方面来说,总体概览还几乎不可能实现。用新的模式和方法可以继续尝试,运用新的有支撑能力和可以执行的理论。[4] 结果就是媒体影响力研究的大爆炸,而这些研究的结果之间完全互相矛盾。其中的说法包括从媒体的万能论到媒体的无能论。[5]

媒体影响力研究的不同模式也不能最终解释媒体内容、媒体表达和实际上

① Michael Schenk,媒体影响力研究,图宾根,1987 年,第 22 页。

② Harold D. Lasswell,社会中传播的结构和功能;出自:Lyman Bryson(编者),传播理念,纽约,1948 年,第 37 页。

③ 参见 Roland Burkart,传播学。基础和问题。跨学科社会学概要,科隆,1995 年,第157 页。

④ Schenk,媒体影响力研究,第 19 页。

⑤ Ronald Lübbecke。

的加工之间的关系。人们必须寻找新的渠道,来回答媒体影响力的问题。总之这一点是无可争议的,某些模式和方案是从传统的媒体影响力研究中发展产生的,在今天的研究中还起着很大的作用。所以从媒体这方面入手来研究媒体影响力更加具有意义,因为媒体影响力再也不能被认为是直接从刺激到反应这个过程,而是间接长期地来理解。

3.1.2 议程设置理论

一个这样的理论——最终刺激反应模式的衰减——是议程设置理论。这个理论被看成是媒体学中最重要和最没有争议的理论之一。在这个理论中确定:

"媒体的新闻报道必须不是让人们去信奉某些特定的观点,而是去影响他们对某些话题的态度的重要性,有些人会把它当成是一个问题来看,而别的人不会,这样就足够了。"[①]

议程设置这个概念描述了一种信息选择的结果:特定的主题会在(媒体)日程安排中当成重要的问题和事件,其他的被安排在次要的位置或者根本就没有出现。因为准确地描绘历史的、社会的和全球的事件的完整性和复杂性这是不可能的,这种复杂性必须要缩减和经过挑选,因此必须要产生(媒体)主题的议程。

Patrick Rössler 把议程称为"认为需要解决的问题的日程",这在现代民主中具有非常重要的意义,因为它的优先权的顺序在社会意志形成中以及在政治意识形成进程中体现出来。[②]

这个议程通过一个在政治行为主体、大众媒体和公民之间的关系网中的综合传媒和协商进程而出现。议程把公众的注意力集中到"认为是重要的问题上",通过它的普遍约束力创造了社会讨论的基础,[③]作为一个综合的元素在社会结构体中起着作用,至少理论是这么说的。除此之外它还为人与人之间的交流创造了一个共同的空间,给予每一个人"在信息时代无尽的事件洪流中"定向的可能性。[④] 让人担心的是,一个普遍的议程的损失可以伴随产生社会的碎片化(参见第 5 章,2.2)。聚集在平台上的经验研究可以证明媒体对媒体观众的

① Frank Brettschneider,议程设置。研究状况和政治后果;出自:Michael J'ckel/Peter Winterhoff Spurk(编者),政治和媒体,柏林,1994 年,第 211 页。

② Patrick Rössler,政治家:未来媒体议题的导演? 新媒体科技时代的议程进程;出自:Imhof/Jarren/Blum,信息社会中的控制和调整问题,第 150 页。

③ 同上。

④ 同上。

主题感觉的影响:在媒体中谈到话题的顺序和对有关个人重要话题的民意调查结果有着很大的相似性。[①] Elisabeth Noelle Neumann 说:

"在有关社会问题的媒体新闻报道的范围和民众对这些问题的紧迫性的态度之间有着非常紧密的联系,尽管媒体提供的是和事实发展有很大出入的一个画面。这意味着,最重要的媒体对这个问题报道得越频繁,这个问题对民众来说就越显得紧迫,而不依赖于这个问题事实上的紧迫性。"[②]

当然这不能说是通过个体直接接管媒体中的主题重点。这表明,个人对主题的评价不仅仅是从媒体信息的加工中产生的。一个主题对个人主观上的重要性,在间接生活环境中个人对主题的感受,以及关于这个主题人与人之间的交流(观众对自己的影响),这些因素起着非常重要的作用。Meyn 对此的看法:

"另外一个因素至少也同等重要:最初团体(家庭、朋友圈、邻居、同事)。在这些圈子中产生了个人的基本观点,在这个团体中人们受到影响、促进、控制和改变,相应的影响每个团体和每个成员的兴趣和价值观。在这样的团体中产生典型的思维方式、观点和规则,让每个人有意识的或者无意识的接受,或多或少地形成个人特有的观点,大多数时候决定了他们选择什么样的信息和怎么评判媒体报道。"[③]

同时要坚持的是,对于政治问题的题目化媒体议程发挥了一定的、不能准确确定的影响,当然对于观点的介绍就不是这样了。媒体新闻报道的内容对个人只产生了非常小的直接影响。对于政治观点和政治交流来说,个人的社会环境和在那里开展的相互作用是一个重要因素。[④] 通过社会环境的政治观点的影响力,个人感知能力和社会环境对媒体接受的意义将在下文详细介绍。

---

① Patrick Rössler,政治家:未来媒体议题的导演? 新媒体科技时代的议程进程;出自:Imhof/Jarren/Blum,信息社会中的控制和调整问题,第151页。

② Noelle Neumann/Schulz/Wilke,新闻学,第564页:Noelle Neumann 引用了美国的"媒体监视器"Jan 的一个例子来论证他的论点:"关于暴力犯罪上升的警报需要公众。认为暴力犯罪是国家最紧急的问题的美国人的比重,根据华盛顿 post/ABC 民意调查,在1993年7月至1994年1月上升了六倍(从百分之五上升到百分之三十一),而政府的报告却没有显示犯罪率和受害人数的上升,无论是普通犯罪或者暴力犯罪。"Noelle/Schulz/Wilke,第564页。

③ Meyn,德国大众媒体,第295页。

④ 参见 Michale Schenk/Patrick Rössler,被低估的观众。大众媒体和人际交流的日常生活中议题意识和政治意识构成是如何被影响的;出自:Neidhardt,公众、公众意见、社会运动,第261 – 295页。

3.1.3　易感性,"认知瓶颈",社会背景——受众处于中心位置

3.1.3.1　易感性

Michael Schenk 也首先从议程设置理论的影响力出发。他证实,通过"可支配的新闻的严格挑选和结构化"——观察不同的媒体——存在着公共传媒的统一的清楚的日程(议程)。[①] 由此而产生的议程较高程度地决定了公共讨论的话题——这也就是议程设置理论。Schenk 对此发表意见:

"人们可以由此推论出,通过大众媒体在政治传播中的重大意义……产生了一种没有什么事物能站在其对立面的支配权和力量。通过印刷媒体、广播电台和电视的政治传播清晰地记录了,公民对政治话题和问题产生了哪种设想、态度和意见。"[②]

但是 Schenk 并没有停留在议程设置理论,而是更加深入地研究了受众,从法律政治学上来说也就是公民,在媒体继受中实际上扮演了一个什么角色。他人为存在两种因素限制了媒体对公众的影响力并对"媒体和公众之间的权力平衡"负责:受众的选择性以及已经提到了的社会关系、网络和群体。[③]

Schenk 把选择性理解成为"选择转向、感受和回忆的过程"。[④] 受众只是有选择性的转向媒体和它们的内容,选择性地解释,最终选择性地回忆他们所感受的。[⑤] 通过媒体的政治传播不是单边走动的。从接受者这方面来说在感受时的选择性行为和媒介处于对立的位置。

Rüdiger Schmitt Beck 人为受众的"易感性"对这种选择性的行为负责。"易感性"理论和出自人际交流领域的一致的论点,也就是所谓的"同性恋理论"表明,"个体倾向于,筛选他们得到的信息,他们避免和不同政治倾向的人对话,偏好开展人际交流。"[⑥]易感性通过(大体来说以前)最初团体的影响(Schmitt Beck 把它称为最初关系)家庭、学校、朋友圈——总的来说在社会环境中。在这可以传播根本的价值观,对于接受和加工政治信息具有决定性的作用。按照社会学

---

① Michael Schenk,作为社会进程的媒体使用和媒体影响;出自:Sarcinelli,媒体社会中的政治传播和民主,第387页。

② 同上,第388页。

③ 同上。

④ 同上。

⑤ 同上。

⑥ Rüdiger Schmitt Beck,影响下的选民。大众传播、人际传播和党派偏好;出自:Sarcinelli,媒体社会中的政治传播和民主,第309页。

家 John R. Zaller 的观点,易感性绝不可以是"单一的固定的态度"。[①] 一个普通公民的思想世界包含了更多的或者不算太多的所谓的"考虑":认知的可估价的性格导向,在针对特定的政治事件和信息时虽然有一个参考,但是总体上来说相对于这些事件绝不可能形成一个固定不变的、封闭的、系统上融合了的导向系统。导向具有或多或少未连接的部分导向的特征,可能不同的个体和评判事务,都可能自相矛盾。[②]

从政治行为这方面来看易感性具有两个作用:第一,给出了一个可以不接受任何信息直接遵循的指导方针,作为一直存在的意识形成趋势直接影响了政治行为。第二,它作为减少复杂性的工具起了一个间接的作用,因为在这两个问题中,哪些政治信息会被接受,如何被加工,它产生了一定的影响。[③]

建立在控制接受易感性理论之上的选择性关注这个论点表明,公民不喜欢不确定,因此倾向于和他们的易感性一致,也就是说,证明了他们易感性的(政治)内容。[④] 自身的易感性避免了和对立方的信息和论据的交流,因此处在政治导向变化的对立面。这一点可以发生,如果人们只是使用媒体的特定的政治内容,只和他们信任的拥有相同的政治观点的人交流。[⑤] 按照传统媒体理论的观点,出于政治方向动机的有选择性的关注媒体内容是很有效的,以至于欲改变观点的媒体影响力完全被抵挡了。[⑥]

Schmitt Beck 指出,在一个现代媒体社会中,用这种激进而未分化的形式选择性关注媒体内容,这个论点已经站不住脚了。它是以这个作为前提条件,现有的节目必须具备多样性,并且是用以前的"思想媒体"这种形式,这意味着,媒体提供的节目具有一定的政治方向。在印刷媒体领域中这一点还是可以想象的,然而在广播电视领域中提供这样的节目还不是很明显。第二点非常清楚反对激进的选择论点。它把"政治人"放在了利益的中心。但是观察一下政治主流媒体、电视的节目,这一点就成问题了。[⑦]

回顾一下电视节目的发展可以清晰地看出,为大众公民娱乐的愿望是很重

---

① John R. Zaller 引自 Schmitt Beck,影响下的选民。第 301 页。
② 同上。
③ Schmitt Beck,影响下的选民。第 307 页。
④ 同上,第 309 页。
⑤ 同上。
⑥ 同上。
⑦ 同上。

要的动机,同时也致力于那些政治上不完全固守自己路线的媒体。从这一点来说至少可以表明,娱乐和政治经常叠加在一起("兼具教育及娱乐功能的电视节目"),受众根据分红需求(娱乐和信息)消费一个节目。重要的是,哪种分红需求占优势。如果娱乐的愿望占优势,和自身易感性相矛盾的政治内容也可以被接收。[①]

可以确定的是:源于政治易感性的选择性关注,在通过公民选择信息来源时起了一个重要的作用,主要是在原始关系和大众媒体中。[②] 总之,结构上的限制也限制了选择的机会。媒体受众的大部分是受制于那些通常根据他们的易感性不接受的信息。这就提出了一个问题,他们怎么处理这些——有意识的和无意识的接收的——信息。

首先要确定的是,通过视听媒体传播的信息——相对于印刷媒体或者收音机——制造了强烈的真实感。展示信息表现出来的特征,通过图像的运动,嵌入空间和时间结构,让它们更加接近事实:

"信息通过语言和图像传播。视听化似乎实现了内部的图片,形象的展示,这些显得很感性化,似乎是当面的交流,非常具有可信度。"[③]

通过电视特有接收的影响、通过它远距离的传播和日常的使用,电视在所有媒体中具有最大的可能性,影响受众,传播给受众信息和意义结构。

受众是如何处理电视信息的? 上面假定的猜想:个体显示出一种趋势,从收到的信息中接收和他们易感性一致的信息。Schmitt Beck 在他的研究中指出,高度政治化的公民受到那些信息的影响不是很大,还是遵循他们原有的易感性。[④] 这些人员的圈子已经对有关目标存储了很多评价标准,而来源于媒体的新接收的信息相对来说分量就要轻得多。作为通过媒体而产生的信息影响的结果,政治偏好和态度的转变程度很小或者几乎不影响政治敏感化了的公民。[⑤]

3.1.3.2 "认知瓶颈"

Siegfried J. Schmidt 研究了经由个体对媒体信息加工的另一方面。他选择

---

① 恰好在信息娱乐节目中很难清晰的区分,哪里"政治"停止了开始"娱乐"了。这个问题出于篇幅的原因不在此赘述。

② Schmitt Beck,影响下的选民。第 313 页。

③ Horst W. Opaschowski,媒体消费。B. A. T. 业余时间研究学院的分析和预测,汉堡,1995 年,第 17 页。

④ Schmitt Beck,影响下的选民。第 314 页。

⑤ 同上。

了一个系统理论性的理论,该理论认为"认知瓶颈"在接收媒体信息时有着重要的意义。按照这个理论,认知和易感性一样是一个信息过滤器,这个过滤器引向对媒体信息的有选择性的接收。Schmidt 把个人看成是一个观察它周围的环境(认知)系统。当然重要的是,这个环境不是在自己身边的这个环境,而是观察者观察到的环境。环境和现实的区分肯定要依赖于观察者,换句话说:和观察者及系统一样,存在着许多可以被观察的现实。其中"观察"从形式上完全可以认为是有区别的操纵和命名。① 这个系统完成了"区分"和"命名",但是既没有创造"现实"也没有创造"信息"。这只能通过认知效果在具有区分能力的系统中存在。因此这就是合乎逻辑的,Schmidt 证实,媒体提供的信息,例如文章、电影和图像等,并不包含信息,他们由受文化影响的构件组成,可以被相应的社会化了的认知系统当作信息生产的理论来源。②

对 Schmidt 来说,人类的意识(作为认知系统)是"信息进程的瓶颈",因此,人们考虑信息的时候,必须回忆起认识系统的运作方式。③

按照系统理论的基本原则,系统只能——在人类作为观察者这种情况下——被发现和认出,从这一点来说它们是脱离自身环境、封闭运转的系统,也就是说,在边界之外就不运作的系统,通过运作也不能把自身和环境连接在一起。因此发现、思考、感觉、处理和交流受到范例的影响,受到人作为异化、社会成员、母语的说话者和特殊文化的从属者所拥有的可能性的影响。④ 语言、社会结构和文化的"标志规则"给个人带来了典型行为必需的常规样本:在其他人的行为中个体认出了他的社会行动能力,并按此行动。⑤

这个理论的弱点在于,schmidt 在这个位置引入了一个循环论证:语言、社会结构和文化的"标志规则"和共同的知识引导了个人的行为,从个人的社会行为中产生同时又再次引导了社会行为。这就提出了下述问题(在系统理论中也经常出现):谁是先出现的呢? 因为按照这个理论,一个带出了另一个,两者必需依赖于对方而存在。

---

① Siegfried J. Schmidt,和"信息"打交道,或者:认知瓶颈,出自:Jörg Tauss/Johannes Kollbeck/Jan Mönikes(编者),信息社会中的德国之路。对经济、科学、法律和政治的挑战和前景展望,巴登,1996 年,第 184 页。

② 同上,第 185 页。

③ 同上。

④ 同上,第 187 页。

⑤ 同上。

如果人们把这个缺陷放在一边,只限于个人的"认知缺陷"这个基本论点上,还是可以得出一些有趣的结论。我们简单总结一下:

按照这个理论,人类的意识和认识以及认知的能力紧密联系在一起,有时候可以被看成是同义词。① 两者都被描述成为一个完整的系统(该系统此处指:人类个体)。② 这种能力是和系统联结在一起的(依赖于系统),前提条件是系统的(社会文化的)前提条件、规则、规范等,也就是共同的认识。作为个体的每一个人都和现实的社会结构联系在一起,但是这个结构最终是在"他的脑子"中存在。③ 在这个背景条件下,理论就很清晰了,"媒体并没有传输任何信息,而是从构造到信息这个过程的特有条件下被认知系统使用了"④。

哪些媒体节目实际上被使用了,取决于认知系统,也就是取决于人类的观察者。同时也取决于他们认知的运作,哪些信息会被构建、会被如何评价、感觉和相应地加工。这意味着,从(媒体)吸引力中做出什么也取决于受众的认知能力。另外一个证据是,直线的吸引反应模式,例如刺激反应模式,并不能够描述媒体接受的现实,而是大多数时候作为提出的研究问题的出发点才有其价值。

现在人们可以提出的反对意见:因为媒体影响力的总体特征根本不能再确定,所以依赖于主体的信息构造导致了完全专制的结果。Schmidt 提出反对意见,观察者的生物学可比性和社会文化条件(可以影响认知行为的"公共知识")尽管有着认知的自主性,但还是会导致单个个体的可比较的(但绝不是一致的)的认知行为。⑤ 在结果中可以确定:除了易感性之外,个体的系统内部的认知行为起着一个接受媒体内容(自我)构造的过滤器的作用。

哪些标准控制着对媒体节目的选择和信息的加工,从政治学的角度来看,知道这一点很有意思。但是 Schmidt 必须要同意,人们几乎不能够表达自己,因为认知系统在他们的需求和能力中显得非常发散。

"面临着众多赴任媒体供应商、丰富的节目的区分(从大量的节目到专门网上投标)以及利益和需求的多元化,选择的标准从非常的模糊转化到十分专业。

---

① Siegfried J. Schmidt,和"信息"打交道,或者:认知瓶颈,出自:Jörg Tauss/Johannes Kollbeck/Jan Mönikes(编者),信息社会中的德国之路。对经济、科学、法律和政治的挑战和前景展望,巴登 1996 年,第 184 – 188 页,第 192 和 193 页。

② 同上,第 193 页。

③ 同上。

④ 同上,第 199 页。

⑤ 同上。

期待、已有的经验、知识和需求构成了"认知配置",这控制着媒体使用者信息结构的挑选。"①

系统理论所支持的认知行为信息结构论点产生了一个显著的观点,那就是按照这个理论,经常被抱怨的"信息堵塞"或者"信息崩溃"、不断增长的信息加工②根本不成问题。因为如果人们考虑到信息的系统依赖性,严格说来根本就不会存在信息堵塞,"因为系统只能够制造信息的类型,只能够制造出在现有行动条件下能够和想要制造出的信息"。③

3.1.3.3 大众媒体接受影响力中社会环境的意义

在上述的议程设置理论讨论中我们已经提出,社会环境不仅仅对个人的影响(易感性,参见 3.1.4.1)在媒体内容的接受和加工中扮演着一个重要的角色。Rüdiger Schmitt Beck 和其他人的研究表明,人们从易感性可以看出,政治偏向和观点受到个人信息联系的影响要比受媒体内容接受的影响大得多。④ 出自媒体的政治内容会被受众在日常交际中以小组、网络或者在简单的互动体系中、在人际交流中得以讨论。有关政治主题、问题和人员的交流既为(其他)信息的出自于大众传媒的次级传播服务,通过意见的形式发展可接受的选择方案,也为阐释和评价服务。⑤ 个体之间的交流、公民之间的交流到底是如何准确发生的呢,是如何运作的呢? 这里应该先来了解 Michael Schenk 的定义。他把交流定义为:"社会性的过程,在这个过程中参与者为了获得共同的理解,发明了信息并互相分享。"⑥根据这个定义,传播政治不再是线性的单向交流,而是在一个循环的双向过程中发生,因为政治主题、法律形式、通过媒体传播的(政治)标志都在内部主观化了,也就是说,个体在日常生活中作为社会的行动者,积极地有目标引导地阐释和(再)建造大众媒体中政治传播的主题和标志。⑦ 这种

---

① Siegfried J. Schmidt,和"信息"打交道,或者:认知瓶颈,出自:Jörg Tauss/Johannes Kollbeck/Jan Mönikes(编者),信息社会中的德国之路。对经济、科学、法律和政治的挑战和前景展望,巴登 1996 年,第 201 页。

② 参见 P. M. Spangerberg,记忆力遗忘的媒体理论的观察;出自:H. U. Beck(编者),记忆的构造——短暂性扰乱。国际艺术论坛(杂志)第 127 期,1994 年,第 120 页。

③ Schmidt,和"信息"打交道,第 199 页。

④ Schmitt Beck,影响下的选民。参见 Meyn,德国大众媒体,第 295–317 页。

⑤ Schenk,作为社会进程的媒体使用和媒体影响,第 388 页。

⑥ 同上,第 390 页。

⑦ 同上,第 390 和 391 页。

（新）阐释在人际交流中发生。在这里主题和标志都分别获得了特有的含义。[1]
在社会网络和团体范围内相互交流的社会化过程是以 Everett M. Rogers 的传播
集中模式为基础的。[2] 从这种传播模式出发，讨论了日常生活中在团体和网络
中大众媒体政治传播的主题和对象，目标不仅仅是双方的理解（参见 Schenk 的
定义），首先是确保并判断这些主题和对象具有多大的重要性，具有什么意义。[3]

结合社会环境来回答这个问题：受众为什么关注特定的媒体内容？受众生
活在社会相互作用领域的结构之中，这个结构是使用媒体的一个参与决定的因
素，从影响家庭式的福利中心到影响社会的参考群体和社会网。[4] 根据社会的
环境，不同的动机也起着一个重要的作用，来使用特定的媒体内容，例如为社会
网中的谈话做准备，或者为了了解公众生活中重要的大家关心的事情。总的看
来，社会相互作用领域在受众接受大众媒体的政治内容时起着重要的作用。在
社会环境中，政治作为谈话主题而存在，或者甚至是作为公众喜好的谈话主题，
这样的社会环境就会导致媒体的另一种用途，因为娱乐导向在这个环境中占很
大的优势。

从议程设置理论的意义上来说，当然也不能够忽视的是，媒体，首先是电
视，总的来说成为了首个信息来源。对一个主题的熟悉程度本质上是由媒体
中这个话题的意义决定的。人与人之间的交流传播为中转传播服务（参见第
五章，2.2.2 和 2.2.3）。[5] 首先要明确区分的是：大众媒体为一个主题的熟悉
度做出了贡献，按照以上研究，媒体新闻报道对个体产生的主题重要性的影
响还是很小的。[6] 个体的主题意义首先是从这个主题和他自身易感性的一致
性中产生，还和以下因素有关：个体的（系统内部）认知信息加工和（再）构建
能力，以及这个事实，即相关人员或者系统在社会或者人际环境中认为这个
主题重要。

3.1.4　媒体议程对政治施为者以及政治系统的影响

从上面所说的话中可以得出这个结论，大众媒体对政治或者社会进程的影

---

[1]　Schenk，作为社会进程的媒体使用和媒体影响，第390和391页。

[2]　参见 Everett M. Rogers/Lawrence Kincaid，传播网络，纽约/伦敦，1981 年，第 31 – 78
页。

[3]　Schenk，作为社会进程的媒体使用和媒体影响，第391页。

[4]　同上，第392页。

[5]　同上，第398页。

[6]　参见 Schenk；Rössler；Schmitt Beck。

响被新闻学和经济界的大部分人高估了。公民在他们的观点和政治偏向这方面很少或者根本不受影响。人们可以确定——改变一下莎士比亚的句子:"很多噪音就好比没有噪音。"

但是存在着这样一个忽视了媒体影响力研究的部分领域,也就是政治系统自身和政治系统的施为者。在上面有关议程设置理论的讨论范围中已经表明,特定的主题通过媒体展示能够被提到公共日程中去,媒体拥有者潜在的权力。媒体所报导的内容会在社会上被讨论,最终也会成为政治系统的主题[1]:

"在民主国家中对当今政治讨论主题的影响被看成是巨大的潜藏权力,因为公共议程的范围确定了这些可能性,确定了公共意识形成的界限。报导的内容,会被讨论,报导的内容,会做决定。"[2]

没有出现在公共(媒体)议程中的主题就这样被边缘化了,结果很有可能被政治体制忽视。因为媒体根据它的描述逻辑,可以"提供一个偏离实际发展情况的图像"[3],这就会带来这样的后果,政治体系只深入研究那些和"问题实际上的急迫性"没什么关系的问题。[4] 如果人们考虑到公共效率这个问题的话,从媒体的角度来说,这对于那些涉及的人和事来说:给没有在媒体新闻报道中出现的问题带来大量负面的影响。[5]

我们确定:媒体对公民的政治态度的影响是微小的,因为公民"确定主题的能力"相对来说比较强。根据宪法和民主理论的观点,政治的意识形成要从人民出发。政党和其他媒介机关向政治系统"传输"重要社会问题,在政治系统中将会讨论这些问题并做出决定。如果人们明确了这些民主基本原则和媒体影

---

① "政治系统"在系统理论环境中理解,不是作为特定意识形态的一个说法。

② Rössler,政治家:未来媒体议题的导演? 第151页。

③ Noelle Neumann/Schulz/Wilke,新闻学,第563页。

④ 同上。

⑤ Rössler 强调了议程设置通过大众媒体产生的积极的影响:"公共日程安排实现了社会系统的本质的功能,如果他们的议题选择妨碍了这种现象的发生,系统被信息坍塌而瘫痪。"Rössler,政治家:未来媒体议题的导演? 第151页。政治系统并不能处理所有的议题和问题,这是显而易见的。Rössler 的观点显得太不具有批判性了,因为不仅仅通过媒体构成公共日程安排,也可以通过法制国家和议会的程序形成,参见基本法。除此之外,政治系统本身具有多种多样的程序法制上的可能性(决策的听证,部门的设定,查询委员会)来阻止这种负担。最终,这里不能再阐释的问题是:媒体制造的公共议程不会成为政治系统的负担吗?(参见第二章,2)。

响力研究的科学知识,从民主理论的角度来看就显得有点问题,为什么政治议程遵循媒体议程,这是怎么一回事?① 政治系统可以直接通过对公民团体、组织和协会的听证了解和解决问题。换而言之恰恰是这些群体,总是在尝试通过媒体获得注意力,以便给政治系统施加压力,而政治系统却总是跟随媒体中重要的主题。为什么? Otfried Jarren 说:

"对大众媒体信息传播效率显著的猜测导致了政治施为者把更多的注意力转向了媒体,首先是广播电视。"②

这个和其他说法有意思的地方是,人们主要关注于现象,而疏忽了原因。政治体系越来越关注于大众媒体的议程,这一点是无可争议的。但是原因是什么,究竟存不存在这种行为的原因,政治系统和它的施为者受困于错误的观念或者"强大媒体的传说"③吗? 这是很明显的,通过政治施为者的行为,媒体获得了巨大的潜在权力。但是:政治施为者必须要这么做吗?

Marschall 和 Marcinkowski 给出了一个有可能的解释:他们强调了"大众媒体对政治系统的内部传播本质上的意义"④。政治精英之间主要的信息交流通过大众媒体产生:

"大众媒体强化和增多了政治系统内部的传播过程,并且作为政治施为者之间最重要的相互交换信息的源泉。"⑤

总之,这就是通过大众媒体传播有问题的地方。和内部交换这种形式相比,这种交换是"公开"发生的,隐藏了风险。因为这涉及三角逻辑上的传播,是为了展开"具有证人的对话"。⑥ 在这样的关系中,Boettner 把它称为一种"反馈的残酷形式,因为媒体反馈是针对普通媒体观众,而不是,或者首先不应该是针对媒体所展示的内容"⑦。这样政治传播就会失真,得到恶化。从民主理论这个

---

① Noelle Neumann/Schulz/Wilke,新闻学,第 562 – 564 页:政治议程带有一定的时间延迟紧跟媒体议程。

② Otfried Jarren,电子时代的政治传播。在"四频道媒体系统"中的公共和政治进程的变化;出自:Hartwich/Wewer,在联邦德国内统治,第 III 册,第 220 页。

③ 参见 Stefan Reiser,选举战中的政治和大众媒体;出自:媒体前景展望 7/94,第 341 页。

④ Marschall,公众和人民代表,第 63 页。

⑤ Marcinkowiski,通过电视的政治传播,第 204 页。

⑥ Marschall,公众和人民代表,第 64 页。

⑦ Johannes Boettner,舞台中的舞台。城市的公共生活和城市公共工作的陷阱;出自:新闻学 41,第 403 页。

角度来看,会引起负面的效果,如果政治传播这种方式被当作是重要的方式得以实施,政治协调空间会逐渐消失。

Friedhelm Neidhardt 介绍的另外一个方面至少可以解释政治施为者的行动。他把这个问题放在中心位置,即政治家是依赖于选民的,必须要确定(尤其在大选时期)他可以做出成绩。政治施为者的出发点是,通过媒体议程了解公民的愿望、需求和问题。

"公众意见的直接效果是,通过媒体的公共传播部分表达和部分影响了选民的意见,也就是民意测验中的'民众意见'。因此政治家定期好奇地关注报纸和电视,他们也认为这么做是正确的。他们经常观察,他们在大众媒体比如'明镜周刊'中获得怎样的效果,怎样和用什么来战胜他们的对手,在其他发言人那里得到了什么样的共鸣,是否以及在何种程度上产生了以辅助形式出现的公众意见。"[1]

如同我们上面看到的那样,政治施为者的假设在民主理论上是成问题的,在具体事务中也是备受质疑的。民主理论上成问题是 Neidhardt 描述的用于评估自身或者外来媒体表演的标准这个现象:不是公民处在利益的中心位置,而是其他发言人的共鸣决定了原有话题的成就。政治施为者、评论员、专家、知识分子、特殊公众利益的代表人都属于这个发言人群体。[2] 在 Luhmann 的话中,从政治施为者这方面来看导致了"观察者的观察"。[3]

除此之外,政治施为者的行为实际上也是值得怀疑的,因为大众媒体的影响力也涉及了公民的政治态度。媒体议程对人民的主题议程产生了影响,这已经讲过了(参见3.1.2)。人们可以得出结论,这些是公民唯一感兴趣的话题。通过媒体议程的观察,政治系统基本上能够最快最简洁地被人了解熟悉,这至少部分上引起了公民的兴趣,政治体系也能相对比较快的研究和处理这些问题。[4] 如果人们回想起,媒体议程是如何产生的,这个论据就不是那么令人信服。媒体获得信息主要不是通过自身对政治信息的调查研究——调查研究是很贵的。媒体传播的政治信息至少有 60%,其他研究甚至有 80%,来自于政治系统本身,这些或多或少会被媒体直接接纳(信息主要是通过部门的公共工作

---

① Neidhardt,公众、公众意见、社会运动,第30页。

② Marschall,公众和人民代表,第64页。

③ 参见 Nikas Luhmann,政治系统中观察者的观察:公共观点理论;出自:Jürgen Wilke (编者),公共观点。理论、方法、发现,弗赖堡/慕尼黑,1992,第72-86页。

④ Kersin Andrae,90/绿党联盟的议员,有关她在议会中的工作:"人们被媒体喂饱了,但是不是人民的声音统一了。只是一个总结。"出自:SiF,2003年9月21日。

和政治施为者、机构、政党和协会的媒体咨询而得到传播的）。① 和信息的分配相对的是，政治施为者获得了媒体新闻报道中的信息给予者的位置，可以通过这些新闻报道获取公众的注意力（依赖于媒体的重要性、主题的重要性、当然还有政治施为者的知名度），来传播他们的政策的内容。对于媒体来说，这种取得信息的方式是最便宜也是最简单的。对于大众媒体来说，政治体系成为了"最重要的信息供应商"，"为确保大众传媒系统的运作做出了决定性的贡献"。② 这种看法，也就是所谓的相互依赖理念，从建立在两者力量平衡的基础上在政治体制和大众媒体之间的相互依赖和相互交换关系出发，继续在媒体学和政治学中在两件事情中间间隔得以实现。③ 从以上所说之中出现了一种有趣的现象，Rössler 是这么描述的：

"如果一个话题通过媒体变得比较热门，这就是（对政治施为者来说）人们所关注的事物的反映。因为媒体新闻报道还是建立在政治系统的新闻发布的基础上，媒体就较少地代表了公众的观点看法，而是反射精英们的主题的一面镜子。"④

---

① "大约 80% 的媒体的新闻，是由政府、管理部门、党派、企业和组织或者协会的新闻职业的媒体、公共部门和公关部门的人员撰写的。新闻管理几乎是完美的。媒体的功能仅限于这部分，传播受不同利益影响的现实。"Guha，通过媒体构建现实，第 80 页。

② Reiser，选举战中的政治和大众媒体，第 342 页。

③ 分别由"依赖方案"和"大众媒体的自主权丧失方案"来代表：所谓的依赖方案断言了政治系统对大众媒体的依赖性。媒体决定了有关社会争论问题的公共讨论，他们确定了公民和政党对提议的偏好，决定了政治性现实的阐释。参见 Reiser，选举战中的政治和大众媒体，第 341 页。"和依赖方案相反的是，大众媒体的自主权丧失方案暗示了通过政治系统对大众媒体的监督。大众媒体是如何以及用何种方式来报道最重要的有关当局，是政党（和政府机构）。所谓的虚拟事件的上演以及个人化和两极化的措施制造了必需的戏剧效果，为了获得媒体的注意力。这样就自主的充分利用了新闻价值和新闻因素的知识，为了确保进入大众媒体。"参见 Reiser，选举战中的政治和大众媒体，第 342 页。Sarcinelli 把这些理论扩展成为"权力分配典范"："权力分配典范以这个理论作为基础，在控制性公众的意义上来说大众媒体应该自我论证。这样媒体作为对手或者监督机关处在所有其他机构的对立面。从这方面来说强调了媒体系统的自主权，独立于政治，这对于民主进程来说是绝对必要的。有关媒体相对于政治所扮演的角色的预测的定位根据重要性预测（'强势'或者'弱势'媒体）各有不同，媒体应该是一方面在公民和政治施为者之间，另一方面在公民和机构之间的中立的传播者，它的主要的任务是监督和批评。"Ulrich Sarcinelli，媒体的政治展示和政治行为：对一种压力很大的关系的分析性说明；出自：Jarren，Otfried（编者），广播和电视中的政治传播，欧普拉登，1994 年，第 38040 页。

④ Rössler，政治家：未来媒体议题的导演？第 152 页。

这样大众媒体在政治进程中的原本意义和特殊地位就很明了了：一方面大众媒体作为政治体系之间的枢纽，另一方面大众媒体通过议程设置对政治体系造成非常大的影响，尽管这有点自相矛盾，政治体系的大部分政治信息来自其本身，甚至部分直接的通过媒体处理。我们还能看到，通过加上象征性的政治，大众媒体的特殊地位，尤其是电视的特殊地位在政治进程中大大增强了（参见3.4）。

政治体系的施为者在有关影响力和大众媒体意义这方面，是从部分错误的以及简缩了的假设出发，甚至出于荒谬的几乎不能解释的动机来处理事务，这一点在这里还要再次强调一下，但是在结果上还是改变不了什么。尽管具有从议程设置的可证明的结果和从受众在观点和偏爱领域的微弱影响出发的媒体影响力研究展示的结果，这个事实使得思考政治系统和大众媒体之间的关系和这种关系造成的影响很有必要。

3.1.5　附录：媒介效果研究的个人理论

接下去将会介绍两位著名的媒体学家——Christina Holtz Bacha 和 Elisabeth Noelle Neumann，她们的理论在业界引起了一些讨论。这些讨论模范地展示了，在媒体影响力研究中不存在确定的知识标准规范，而是完全存在着根据经验的以有力论据论证的理论和猜测。介绍的理论都是以相对强的媒体影响力为出发点，因此她们的理论非常具有争议，最终也是站不住脚的。尽管如此，出于科学完整性的原因还是应该简要地介绍一下。

3.1.5.1　视频困境，沉默螺旋

已经在第二章（第二章，3.4）讲到的，出自于 Elisabeth Noelle Neumann 的沉默螺旋理论的出发点是，民众的观点或多或少的受到了媒体议程的影响。这部分可以用经验来证明（参见3.1.2），深入的理论就不能用经验来证明了。这意味着，主导媒体的观点变化之后随之发生一个特定的主题，"民众接受的观点思潮中的变化（大部分人是怎么想的？）"。[1] 由此，Neumann 得出结论，"和沉默螺旋的趋势联系在一起的民众自身观点的变化"就会停止。[2] 这个观点被激烈的讨论，但是较新的媒体影响力研究却拒绝了这个观点。如上面讲的那样，Noelle Neumann 的对政治观点的影响理论得到了较低的评价。因此，"沉默螺旋"在经验上也不能被证明就不足为奇了。[3] Christina Holtz

---

[1]　Noelle Neumann/Schulz/Wilke，新闻学，第560页。

[2]　同上，第562页。

[3]　Meyn，德国大众媒体，第315和316页。

Bacha 选择了另外一种理论。她从其(已被美国社会学家接受)视频困境论点出发,负面的政治新闻报道①使媒体使用者反感,因此疏远异化政治。在 Holtz Bach 的研究过程中,她确定,尤其是那些密切注意电视上的政治新闻报道的人是不会被政治异化的,而正好是那些主要关注娱乐节目避开政治节目的人被政治异化。电视中政治节目的消费一般来说和政治异化很有关系。② 在这方面她继续修改她的论点:并不是电视消费决定了政治异化的程度,而是媒体使用的持续时间和方式。

"在媒体使用中以娱乐为导向的人,要比以信息为导向的人对于政治有更负面的态度。"③

最后这个理论还剩下常识,就是打上娱乐印记的人更关注娱乐节目,对政治节目不感兴趣,对政治感兴趣的用户就主要关注政治节目。④

3.1.5.2 智力参与

Holtz Bacha 还提出了和视频困境论点有关的一些其他考虑,其出发点是,媒体消费和政治参与的热情紧密得结合在一起:

"受众在电视机前度过的时间越多,政治参与就越少。这是可以理解的:谁在电视上度过了他的业余时间,政治参与的时间量就没了。"⑤

可是 Holtz Bacha 在后来的一篇论文中修改了她的理论,还引入了成为重要分类的媒体使用方式:

"娱乐媒体节目的使用导致了政治的异化,也减少了政治参与的热情。这种影响原因在于政治问题被非政治内容分散了注意力,这就导致了,政治让人感觉是不好理解的,是一个脱离了个人经验的领域。不同的是政治信息类的媒体节目使用中的变化过程,它们直接对抗政治异化,提高参与热情。原因在于,详细的政治信息给人以能够理解政治进程的感觉,除此之外政治活动的必要性

---

① 明镜周刊主编 Kaden:"好消息就是没有消息",引自:Noelle Neumann/Schulz/Wilke,新闻学,第 567 页。

② 参见 Marschall,公众和人民代表,第 57 页。

③ Christine Holtz Bacha,通过"电视政策"的政治疏远? ——视频困境的假说;出自:Jarren,广播和电视中的政治传播,第 127 页。

④ 参见 Marschall,公众和人民代表,第 56 – 60 页;Marcinkowski,新闻学作为自建的系统,第 11 – 20 页。

⑤ Marschall,公众和人民代表,第 57 页,Katrin Voltmer/Hans Dieter Kligemann,大众媒体作为通往政治世界的桥梁。新闻使用和政治参与热情,出自:Max Kaase/Winfried Schulz (编者),大众传媒。理论、方法、发现,欧普拉登,1989 年,第 229 页。

和影响力也很清楚明了。"①

　　从这个说法中人们看到,相对于"视频困境论点",首先在对受众的政治兴趣的影响力和参与热情的影响力方面,Holtz Bacha 现在把政治内容归入于媒体内容的消费。Elisabeth Noelle Neumann 的论文显示,可以参与到具体政治问题中的愿望以及大众的政治兴趣自从 20 世纪 50 年代以来显著地上升了。② 除了电视的传播之外,Garhard 还把这归功于公民教育程度的提高、经济增长和福利社会的发展。结果是,"公民认知能力的提高,对政治感兴趣,参与政治"。③ 从这种关系上来说,Marschall 认为,因为电视在一个相对便宜的价格平台上传播政治信息,尽管政治了解度上升了,但是这种了解度并没有投入到实际参与中去,这恰好和 Holtz Bacha 的论点相反。④ 具有高等教育水平的公民和不依赖于媒体消费的公民才会参与政治。Marschall 认为,过多的电视消费破坏了公民的政治参与热情:

　　"对大部分电视消费者的去政治化影响力的原因在于,智力参与的台阶是不可逾越的。误认为打开电视机能让受众成为重要政治讨论的参与者,事实上却没有把他们包含在内。真正的参与并不是强制使其加入的。"⑤

　　Sarcinelli 解释了这种现象,"通过大众媒体传播的、启发可信度的政治拓扑学成为了积极政治行为的功能性均衡。"⑥这就是说,通过传递感觉存在着一种"政治化"。按照 Marschall 的正确观点,从减少有效参与的意义上来说,这种通过电视的"政治化"的类型造成了"去政治化"这个后果。结果是产生了"观众民主",其中"观望政治化"(路透社)带来了以下的现象:

　　"尽管大部分人客观上对政治事件了解地较少,然后他们还是不断有参与的需求和涉及在内的感觉。"⑦或者用 Fritz Wolfs 的话说:"电视向我们浇灌了政

---

① Christina Holtz Bacha,政治的转移和中断,欧普拉登,第 157 页。

② Noelle Neumann/Schulz/Wilke,新闻学,第 549 页;Elisabeth Noelle Neumann/Renate Köcher(编者),1984 年至 1992 年阿伦斯巴赫民意测验年鉴,第 9 册,慕尼黑,1993 年,第 617 页。

③ Gerhards,政治公众,第 101 页。

④ Marschall,公众和人民代表,第 58 - 60 页。

⑤ 同上,第 59 页。

⑥ Ulrich Sarcinelli,象征性政治。德意志联邦共和国选举大战传播中的象征性行为的意义,欧普拉登:1987 年,第 243 页。

⑦ Winfried Schutz,通过大众媒体的政治传播;出自:Ulrich Sarcinelli(编者),政治传播。对政治传播文化的贡献。波恩 1987 年,第 143 页。

第三章 (电子)大众媒体在建立公众社会和政治传播方面扮演的角色

治,但是却没有让我们淋湿。"①

　　在这里不能也不必最后来解释公民缺乏政治参与热情这个论点。但是要指出两点:第一点,这个论点没有考虑到新兴的参与形式和参与机会(在线传播和在线网络、非政府组织的合作),第二点,至今还没有经验上的有力论据来论证这个论点。

3.2　大众媒体的覆盖范围,媒介消费

　　除了对受众的影响以及媒体实际使用这些问题之外,还必须要研究大众媒体电视政治上的重要性这个问题。其中家庭的技术设施、可接收性和电视消费者的节目使用类型都有着非常重要的意义。在联邦德国境内,电视是传播最广泛的媒体。2000 年,98%的家庭至少拥有一台电视机,人们可以这么说,"在传统电子媒体电视(和广播)中媒体使用必需的硬件是满员供应"。② 几乎 100%的家庭能够接收到公共电视频道。大型私营运营商(RTL、SAT1、Pro7)的技术覆盖面在 93%和 97%之间,小型私人运营商则是在 86%到 91%之间。③ 根据联邦政府新闻与信息署的研究结果,1995 年大概有 81%的公民每天至少看一次电视,ARD/ZDF 大众传媒长期研究表明,在 2005 年已经上升到了 85%(所谓的覆盖面测量,是指百分之多少的公民每天至少使用一次媒体)。④ 每天电视消费所花费的时间也持续上升。2000 年平均观看电视的时间是 190 分钟,停留时间(在电视机前渡过的总时间,小段的休息时间计算在内)是每天 259 分钟。⑤ 这也是和越来越多的业余时间这个潮流以及上涨的媒体使用预算事件有关系。⑥

---

　　①　Fritz Wolf,所有政治都是媒体传播的。政治和电视的不确定的关系;出自:Apuz,第 32 卷,第 27 页。

　　②　Eimeren/Chirista Maria Ridder,1997 年至 2000 年媒体使用和评价中的潮流,第 539 页;在线:http://www. ard - werbung. de/_mp/fach/? name =200111.

　　③　媒体基础数据(媒体前景展望每年特刊)2001,第 8 页,在线:http://www. ard. de/ard_intern/mediendaten/index. phtml.

　　④　Eimeren/Ridder,1997 年至 2000 年媒体使用和评价中的潮流,第 542 页。

　　⑤　Marie Luise Kiefer,广播和电视使用;出自:Jürgen Wilke(编者),媒体史,第 440 页。

　　⑥　一位联邦公民每天所拥有的业余时间大概是 470 分钟,参见 Eimeren/Ridder,1997 年至 2000 年媒体使用和评价中的潮流,第 551 页图示。

家庭人员拥有	1997 年	1998 年	1999 年	2000 年	2001 年	2002 年	2003 年
电视机	98.7	98.5	98.6	98.0	98.0	98.1	96.3
一台	72.3	71.6	70.3	60.7	61.4	60.8	65.0
两台或者更多	26.4	22.1	22.7	37.1	36.6	37.3	31.3
收费电视译码器	–	–	–	7.0	7.6	8.3	10.8
最常使用的电视类型							
彩电	无准确数字	无准确数字	无准确数字	97.5	97.8	97.8	无准确数字
遥控电视	97.0	96.6	97.4	96.4	96.9	97.0	无准确数字
闭路电视图文接收	66.4	70.7	75.6	79.0	82.1	83.6	无准确数字
迷你电视机	3.0	3.3	2.1	3.4	3.0	2.7	2.8
收音机	98.8	98.5	98.7	97.4	97.4	99.1	96.5
收音机类型数量2)							
一	8.9	8.9	8.6	6.9	7.0	7.0	8.1
二	17.0	17.7	17.1	19.2	20.3	20.0	21.4
三	26.1	26.6	27.5	25.3	25.5	26.1	26.1
四或更多	46.8	45.3	45,4	47,4	46.0	46.0	42.7
汽车收音机	77.2	78.2	78.2	83.3	82.8	82,6	80.1
留声机3)	49.5	44.1	41.3	37.9	35.5	33.0	31.8
录音机3)	71.5	72.5	73.8	68.7	68.5	68.3	66.4
CD 机3)	61.6	64.9	67.6	68.2	69.3	70.5	70.4
立体声装置	74.6	75.5	76,8	n.e.	n.e.	n.e.	n.e.
录像机	62.5	64.3	68.1	67.4	67.8	61.5	60.6
摄像机	14.7	14.8	15.8	22.3	23.5	21.1	19.6
个人电脑	21.0	23.7	28.2	40.2	43.4	48.6	52.0

家庭人员拥有	1997 年	1998 年	1999 年	2000 年	2001 年	2002 年	2003 年
手提电脑1)	4.6	4.6	4.7	5.6	6.4	8.5	11.9
电话	92.6	n.e.	n.e.	n.e.	n.e.	n.e.	n.e.
电话应答机1)	21.8	25.5	29.2	37.6	39.1	41.4	46.2
手机	–			42.1	64.4	72.8	73.3
调制解调器	–	–	–	14.2	20.7	无准确数字	无准确数字
ISDN 接口	–	–	–	9.8	14.0	21.1	23.6

注:

＊家中有相应设施的人。

1)从 MA97 升高;2)收音机类型数量是:收音机作为立体声装置的一个组件,固定的收音机作为单个仪器,手提收音机作为单个仪器,带录音机的收音机作为单个仪器,收音机闹钟作为单个仪器,汽车收音机;3)附加标准"作为立体声装置的一部分"。

出自:媒体研究 2004/I,媒体前景,SWR 媒体研究中心

http://www.ard.de/ard_intern/mediendaten/index.phtml.

1970 年到 2000 年当前媒体的覆盖面和每天使用的时间

	1970 年	1974 年	1980 年	1985 年	1990 年	1995 年	2000 年
覆盖面用%							
电视	72	78	77	72	81	83	85
广播	67	70	69	76	79	75	84
日报	70	73	76	73	71	65	54
平均消耗时间（用分钟）							
电视	113	125	125	121	135	158	185
广播	73	113	135	154	170	162	181
日报	35	38	38	33	28	30	30

电视和其他视听媒体的覆盖面和使用时间不断增长,恰恰相反的是日报的使用者在流失。从长期看来覆盖面和使用时间会减少。

1996 年至 2003 年视听媒体的时间预算

（每天用分钟计,5 点到 24 点,周一至周日）

	1996 年	1999 年	2000 年	2001 年	2002 年	2003 年
收音机	169	179	209	203	202	199
男性	161	171	217	209	207	206
女性	176	187	202	198	197	193
14 – 19 岁	121	125	144	127	127	124
20 – 29 岁	164	164	218	203	195	191
30 – 39 岁	191	195	241	239	234	225
40 – 49 岁	186	196	238	236	239	236
50 – 59 岁	173	193	227	220	224	223
60 – 69 岁	171	187	201	200	192	195
70 岁以上	143	160	145	145	149	151
电视	179	182	187	193	198	199
男性	177	176	179	185	190	190
女性	181	188	193	201	207	208
14 – 19 岁	146	142	162	166	172	176
20 – 29 岁	138	139	153	168	164	162
30 – 39 岁	156	158	160	167	171	172
40 – 49 岁	168	167	171	176	183	187
50 – 59 岁	191	193	192	199	204	205
60 – 69 岁	222	223	229	230	233	235
70 岁以上	231	245	239	241	253	248
声音存储介质1)	14	18	22	21	23	24
男性	15	19	23	21	24	25
女性	12	17	21	20	21	23
14 – 19 岁	41	46	50	51	53	55
20 – 29 岁	29	38	49	38	46	50
30 – 39 岁	14	20	25	25	28	31
40 – 49 岁	10	14	20	18	20	22

	1996 年	1999 年	2000 年	2001 年	2002 年	2003 年
50 - 59 岁	7	10	13	14	14	13
60 - 69 岁	4	8	9	9	10	9
70 岁以上	3	4	5	4	5	6
AV 媒体2)	363	382	425	427	439	442
男性	356	370	431	431	444	449
女性	370	393	420	423	434	435
14 - 19 岁	312	323	367	361	379	379
20 - 29 岁	337	346	438	428	433	435
30 - 39 岁	363	375	438	445	455	457
40 - 49 岁	365	378	437	443	467	470
50 - 59 岁	372	296	435	441	457	460
60 - 69 岁	396	418	437	439	437	443
70 岁以上	376	410	387	390	406	407

从 1992 年起包含了新的联邦州。1)光盘、磁带、CD(从 1993 开始)、录音带;2)从 2000 年开始也包括个人电脑和录像。媒体研究 2003/I

出处:媒体研究,媒体前景,SWR 媒体研究中心。

有意思的是,电视一致被认为是所有媒体中最具有可信度的(这也适用于和网络的比较①)。

Frank Marcinkowsi 把电子媒体的成就归因为它们"时间的"和"社会性"的覆盖面:

"电视和广播在联邦德国覆盖性传播之后,它们的特别的质量显而易见在它们唯一的'覆盖面'中。父母、教师和其他的培训者只能陪伴公民生活中一小段的路程,而电子媒体却是一个实用的常客,它几乎能'伴随'人的一生。这就可以称为媒体时间上的覆盖面。和广播相比,电视使很多人接触到了政治,也包括那些本来不可能接触到的人,这也就是它们的社会性覆盖面。在政党中只有少数是组织起来的,在政治性很重要的协会和社团中同样也是如此,政府和

---

① 参见 Achim Bühl,网络空间。信息社会的神秘和现实,科隆,1996 年,第 112 页。

议会提供的信息只会被犹豫不决地打听，政治家一直只能够和相当少的公民谈话，政治性教育提供的信息只能够被那些对政治感兴趣的人获得。尽管所有那些所谓的机构对传播政治作出了重要的贡献，只有电子媒体能够提供那些长期的演讲和大量政治谈话的内容。"①

伴随着不断增长的电视使用，居民对政治的兴趣也不断增长。从20世纪50年代开始，就采用居民问卷调查来研究政治了解度、政治兴趣和媒体使用之间的关系。有关联邦德国居民政治兴趣的持续开展的问卷调查结果展示，接近30%的被调查者对政治感兴趣，在70年代这个数字超过了40%。在80年代和90年代数据稳定在50%以上，有特殊事件发生时期对政治感兴趣的比例最高值达到了65%。② 在60年代和70年代，我们把它看成是电视媒体的使用和传播逐渐扩张的时期，但是从经验上来说也是居民对政治的兴趣跳跃式上升时期。这种发现首先表明了平行的时间上的发展，并不是原因性的关系证据。

Noelle Neumann的研究表明，对政治兴趣的增长并不是伴随着政治知识的增长同时进行。③ Marcinkowski解释了这种现象，人们主要出自于习惯使用电子媒体，为了获取信息，但并不是有目的地把特定的政治行为功能化（选择、选民行为）。④

Noelle Neumann尝试着以不同的方式来接近这个现象：建立在Hertha Sturm研究结果的基础上，她在对看、听、读做了一个比较研究之后确定，传播中理性和感性的部分可以分别很好的得到保留。为什么评价视觉媒体中出现的一个人是正面的还是负面的，这些论据都被遗忘了，而对这个人的正面或者负面印象却得到了保留。⑤ 电视的图像语言导致，造成情感上态度的原因消失了。⑥ 因此，在电视消费中只能在一个非常小的范围内以接收到的信息展开辩论，而在印刷媒体中写下来的语言就能引起深入讨论。

在感知和电视图像语言的关系中，媒体只传播了"二手现实"，因为，"通过大批量生产的图像世界，个人对世界的感知能力逐渐消失了，通过人工图像，世

---

① Marcinkowski，通过电视和广播的政治传播，第167页。
② 同上，第179页。
③ Noelle Neumann/Schulz/Wilke，新闻学，第549页；Marcinkowski，通过电视和广播的政治传播，第179和180页。
④ Marcinkowski，通过电视和广播的政治传播，第180页。
⑤ Noelle Neumann/Schulz/Wilke，新闻学，第550页。
⑥ 同上。

界—具体的世界图像受到了影响。"①从这里能够完全看出,对媒体的感知也是一种(高度)个人化感知,并不存在一条直接的、无需指示的通往现实的路径,而总是只存在着对认识世界的主体的指示。还要继续提出此处没有被解释的一个问题,即没有媒体传播的现实根本是不能想象的(存在的),因为媒体和媒体传播恰好也是必须是这个典型的理想现实的一部分。

总之,这一点是无可争议的,通过媒体的传播给予人不同生活领域的印象,私人的和人与人之间的政治经验的重要意义下降了,被媒体的信息所取代。除此之外要观察的是,通过视觉媒体对现实和政治的传播,重心由概念反射思维向感性思维转移:

"可视化成为了世界的特征和解释的主流媒体。"②

因为今天政治都是通过视频媒体电视来传播,电视就成为了"通向政治世界的桥梁",这一点将在接下去仔细研究和阐释,媒体(电视)的政治传播在实践中是以何种合法性并以何种观点进行的。

3.3 媒体如何工作? ——大众媒体的展示逻辑

媒体按照何种标准规范来工作? 用哪些观点来传播政治,用 Schmidt 的系统性理论(参见 3.1.3.2),媒体用哪些观点提供给受众有吸引力,这又再次加工成为信息的结构?

全面广泛完善地展示世界,这对媒体来说是不可能的:信息传播给个人也是受到限制的。③ 媒体必须要挑选,它们必须要制造一个过滤器,从信息洪流中筛选出所需要的信息,还必须降低复杂性。那么这种复杂性缩减是按照什么标准来进行的呢? 对于许多媒体批评家和科学家来说,这是一个非常重要的问题,因为简缩了的失真的表现总是受到批评。这个观点隐含的前提条件是,"客观的"描述世界是有可能的。而这是不可能的,批评观点的缺点也恰好是这个原因。这并不能得出这个结论,并不存在——恰好在质量方面——一般的媒体描述和特殊的政治传播之间的差别:

---

① Franz Josef Röll,空间和本体。媒体时代的意义寻找;出自:Dieter Baacke/Franz Josef Röll(编者),世界观、认知和现实。用美学组织的学习进程,欧普拉登,1995 年,第 142 页。

② Thomas Mayer,视觉文化的挑战和前景。第 54 页;出自:Baacke/Röll(编者),世界观、认知和现实。用美学组织的学习进程。

③ "想更贴近现实,这个尝试证明是一个错误,媒体提供了更多的新闻和信息。每天涌向个人的信息流,早就不能够再次加工。"Guha,通过媒体构建现实,第 76 页。

"如果和新闻学以及哲学的大部分理论都能够证明,'客观事实'的表达出于很多原因是不足以或者根本不能够实现的,因为每条信息、新闻和评论都是主观认知的一种行为,因此,现实的选择和现实的缩减表达了对媒体这种尝试的受欢迎度的疑问。"①

这一点并不是决定性的问题,但对公共电视的发展比较重要。因为在接下去将要讲述,媒体是如何"制造新闻"和电视作为视频媒体是如何选择信息的,政治和政治行为的哪些图片会被制造出来。

3.3.1 "守门员"理论

当今大量信息涌现,随之而来的是个人的社会关系的复杂性和深不可测。社会的次要系统越来越多,附加的服务业、科学、商品等也在社会中形成。因此克服上升的复杂性已经成为了现代大社会的主要问题之一,交流、符号和意义传播过程对它们的统一和运作就显得越来越重要。② 在信息数量不断增长和个人认知(加工)资源保持恒定的情况下,(媒体)传播可以通过缩减复杂性和信息挑选来获得保证。但是这种信息挑选是如何执行的? 信息是按照哪些标准被新闻社和媒体挑选出来并缩减其复杂性的?

为了回答这些问题,根据心理学家 Kurt Lewin 的建议,White 提出了"守门员"这个比喻。这个理论研究了记者在信息流中的角色。记者在这里被看成是一位"守门员",他可以决定,哪些信息可以穿过这个"门"成为新闻,哪些不可以。同时这种观点还猜测,记者的个人偏爱、倾向、兴趣和态度在他的新闻选择中能够体现出来。③ 但是 Hirsch 的研究(1977 年)却清楚地表明,相对于播放的新闻,记者的行为非常被动,只是准确地再生产了通讯社的新闻图像。④ 这在今天也是流行的实践,表明出现了一系列新的有关通过媒体对通讯社材料加工的研究:媒体不变地接受了通讯社的报导,在编审的时候,局限于对通讯社新闻材料的缩减。⑤

---

① "想更贴近现实,这个尝试证明是一个错误,媒体提供了更多的新闻和信息。每天涌向个人的信息流,早就不能够再次加工。"Guha,通过媒体构建现实,第 76 页。

② Ulrich Saxer,媒体社会:理解和误解;出自:Sarcinelli,媒体社会中的政治传播和民主,第 53 页。

③ Schulz,出自:Noelle Neumann/Schulz/Wilke,新闻学,第 329 页。

④ Paul M. Hirsch,大众媒体研究中的职业的、组织的和机构的模式:面向集成的框架;出自:Paul M. Hirsch(编者),传播研究战略,Beverly Hills,1977 年;摘自:Noelle Neumann/Schulz/Wilke,新闻学,第 329 页。

⑤ Noelle Neumann/Schulz/Wilke,新闻学,第 329 页。

据推测,在新闻选择中也部分表达了政治和意识形态的导向,以及由出版者决定了报纸的基本方向,在编辑部同事圈中形成的团队规则。[1] 但是在Hirsch 的研究中还解释了大部分人经常询问的参考手工业标准或者生产强制的记者的选择的问题(例如编辑部委员会职位太少)。[2] 很多其他的研究证实了这种结果,记者以任务为导向,首先是职业规范,但是机构的强制也决定了新闻的选择。[3]

3.3.2 选择标准

信息是否发生并成为媒体的新闻,一个决定性的职业要求是事件的新闻价值。这决定了信息是否值得报道,通过放置、篇幅和大字标题也决定了媒体制造出来的新闻有多震撼。事件的新闻价值由所谓的新闻因素来决定。这是有关于"行业内被证明的认识编码和醒目性编码,能够唤起好奇心,非常适合引起各种观众的反响"[4]。

例如时间和空间的邻近就要比远距离的更有关注价值,社会名流要比非社会名流更值得报道。对正常的扰乱和破坏被看成是有意思的,过程的个人化,就是复杂的国家政治进程对个人生活的影响,这也要比对根本的抽象集体事件的复述要显得更有吸引力。[5] Luhmann 把新闻因素看成是注意力规则,这和那些被看成是正确的规则不一样。[6] 我们还要看到,Luhmann 提到了大众媒体中政治传播的一个中心问题。他提出的注意力规则有[7]:

1. 特定价值的突出优先权;

2. 危机或者危机症状;

3. 传播发起者的状态;

4. 政治成就特征;

5. 事件的新颖性;

6. 痛苦或者文明痛苦代替品。

---

① Noelle Neumann/Schulz/Wilke,新闻学,第330页。

② Hirsch,出自:Noelle Neumann/Schulz/Wilke,新闻学,第330页。

③ 参见 Noelle Neumann/Schulz/Wilke,新闻学,第330页。

④ Saxer,媒体社会,第60和61页。

⑤ 同上。

⑥ Niklas Luhmann,公众意见;出自:Niklas Luhmann,政治计划。政治和管理的社会学文集,欧普拉登,第15页。

⑦ 同上,第16和17页。

在之后的论文中,Luhmann 修改扩展了这些名单[1]:

1. 信息的新颖性;

2. 冲突;

3. 数量;

4. 地方性;

5. 规则碰撞;

6. 道德上的评价[2];

7. 行动和行动者的分派[3];

8. 现实;

9. 观点的表达。

Galtung 和 Ruge 提出的关于新闻价值和新闻要素的全面介绍[4]:

1. 频率:事件的时间顺序越符合媒体中出现的频率,事件就越可能成为新闻。

2. 门槛因素(绝对的密集度、密集度的上升):注意力有着特定的门槛标准,一个事件只能越过这个门槛才能出现。

3. 明确性:一个事件越清楚明了可以回顾,那它就更可能成为新闻。

4. 重要性(文化接近、重要性):事件的承担范围越广,对个人的重要性越大,那它就更可能成为新闻。

5. 一致性(期待、愿望):一个事件和已有的态度和期待越一致,那它就更可能成为新闻。

6. 惊喜(不可预见性、罕见):惊喜的(无法预见、少见的)事件有着最大的

---

① Niklas Luhmann,大众媒体的现实性,第二版,欧普拉登,1996 年,第58－72 页。

② Luhmann:"就这一点来说大众媒体在维护和再生产道德方面起着一个重要的作用。当然不能这么理解,就好像大众媒体处于这么一个状态,修补道德的基本原则或者提高社会良好行为的道德标准。只能够向被抓到的犯人展示,需要这样的标准。只有道德的编码需要再生产,也就是好行为和坏行为的差别。法制系统负责标准的确立。大众媒体只实现了社会的自我愤怒,在个人以及传播层面上的道德敏感度的再生产。"同上,第64 页。

③ Luhmann:"激发行动者的复杂的背景,如果不是为情势所迫,做这个,他做了什么,不能够完全明了。"同上,第65 页。"在媒体和日常经验中以现实出现的那些事物之间,存在行动范例的互相复制,导致了不寻常行为的消失和再建。"同上,第66 页。

④ Johan Galtung/Mari Holmboe Ruge,外电新闻的结构。刚果、古巴和塞浦路斯危机在四份挪威报纸中的阐述;出自和平研究期刊 2（1965 年）;引自:Noelle Neumann/Schulz/Wilke,新闻学,第331 页。

成为新闻的可能性,当然只有它在期待的范围中是给人带来惊喜的。

7. 连续性:已经定义为新闻的事件,有着很高的机会,继续被媒体报道。

8. 变化:对事件的关注的门槛价值会降低,如果它对总新闻图像的平衡和变化作出了贡献的话。

9. 有关精英国家:和精英国家(经济或者军事上很强大的国家)有关的事件,有着超比例的新闻价值。

10. 有关精英人物:也同样适用于精英人物,也就是著名的或者强大影响力的人物。

11. 私人化:一个事件越私人化,和个人的命运有关,就越可能成为新闻。

12. 负面性:一个事件越"负面",和冲突、争端、攻击、破坏或者死亡有关,就更加能受到媒体的关注。

Winfred 指出,通过新闻因素选择信息变得越来越重要和有效,因为在一个变小的"媒体世界"中,信息要通过不同的"加工台阶"。一方面通过在国家和国际新闻系统中的区分和工作分工,另一方面通过作为世界范围内政治和经济联网结果的国际新闻报道的增长。报道的事件和报道的媒体离得越远,新闻链就越长,信息就要通过更多的挑选台阶,直到它成为新闻。[①]

对新闻要素的信息进行挑选和过滤对于政治传播来说起着一个重要的作用。Luhmann 的诊断完全在系统理论的意义中:政治体系和媒体体系在按照不同的标准来评价信息,似乎在说另外一种语言。[②] 在这点上他指出,媒体选择对政治系统来说在缩减完整性方面也有一个积极的作用:

"通过注意力规则在预先整理之后,出现了可理性化的决定,才会被人们带着注意力加以思考。"[③]

通过这种对信息的"预先整理"阻止了政治系统的拥塞。Luhmann 继续得出结论:"注意力规则决定着政治的主题。"[④]如果政治施为者在他们的表达和发言中不坚持这些标准,他们就不会被公众接受。[⑤] 其中通过媒体的信息挑选当然起了一个决定性的作用:如果政治传播进程的主题结构主要被大众媒体的信息选

---

① Noelle Neumann/Schulz/Wilke,新闻学,第 327 页。

② Luhmann,公众观点,第 15 页。

③ 同上。

④ 同上,第 16 页。

⑤ 参见 Marschall,公众和人民代表,第 60 - 68 页。

择来决定,如同 Luhmann 假定的那样,"统治执行和意见构成就不会被决定"。①

为了不对类似于议程设置理论的理论产生认识错误,Luhmann 的想法继续延伸:议程设置理论表明,政治体系只处理在"公共议程"之中的特别主题,而且,政治系统本质上自身也参与决定了议程(3.1.4)。但是,Luhmann 最后得出结论,政治体系必须要适应大众媒体的挑选规则,因为政治只能处理由大众媒体挑选并缩减(全面性)的主题。

不管人们对这种状态是否有偏见,就好像某些作家经常提出的那样,批评媒体的工作方式,②,对改变这种状态并不是很有帮助——它不会有所改变。重要的是,考虑到现代大众媒体的工作方式——尤其是电视,需要在处理媒体和政治体系的关系的时候记住这种工作方式。

在这种关系中,Marschall 还指出了其他的几点基本看法。如果在新闻和信息结构方面从"媒体逻辑"的强大影响力方面出发,必须要提出这个问题,即某些有关公众讨论空间的理论对于今天的媒体形势来说是否还适用。政治意识形成的空间的作用指向了公众的意识形成,它的成果应该影响政治的决定行动(参见第二章)。③ 但是如果从这一点出发,即大众媒体的传播是如此建造和如此运作的——如上所述——所有的研究都指出—— 公共的真正的传播在两方面都指出了结构上的不足,这对政治意识形成产生了影响,限制了在现代媒体系统条件下的"公共作为讨论空间"模式的意义:首先从输入这方面来说,意识形成有前提条件,所有可能的论据和观点都可以带入到了传播空间中。Habermas 相应得提出了以下这些要求:

"如果对于所有参与者来说可以选择机会、语言行为的对称的分配和执行,没有哪种强迫出自于传媒结构。"④

但是,在今天这个大众媒体系统中还能否确保所要求的公开,这尤其是成问题的。对这一点,Gerhards 和 Neidhardt 说:

"人们要求开放的和系统的公开,让尽可能多的公民能够自己发言,那大众媒体就要处理一个相对封闭的不敏感的系统。"⑤从当今对总体的研究状况来

① 参见 Marschall,公众和人民代表,第48、49和56页。
② 参见 Oberreuter,Landfried 和其他人。
③ Marschall,公众和人民代表,第62页。
④ Jürgen Habermas,传播行为的初步研究和补充,法兰克福,第120页。
⑤ Jürgen Gerhards/Friedhelm Neidhardt,现代公众的结构和功能。问题和理论。柏林社会研究科学中心讨论论文,柏林,1990年,第24页。

看，要确定的是，由于机构结合、规格和新闻标准的原因，在大众媒体的传播中还不能够保证讨论空间的公开性。①

Thomas Vesting 还看到了另一个方面。他以关键词"从字符到图像"研究通过现代媒体逻辑学产生并继续发展的作为信息载体的图像、声音或者手稿的意义。② 新兴的"图像文化""目的在于'思想'知识的传播、身体冲动的转移、情感、气氛"③。Vesting 也提出了一个问题，在这个背景下，公众作为讨论空间是否还拥有产生理智的潜力，"能否使大众媒体公众和理智以及事实保持平等"④。他确定，"18 世纪能够理解作为理性启蒙运动的媒体的公众观点，因为公民的未来意味着以智力优势的方法从传统中抽离出来。符号和书刊印刷实现了公民的理智，并借助于出色的知识去表现高深的成果思想。"⑤但究竟是否如此，还不能够最终澄清。但是 Vesting 正确地指出，尽管在启蒙运动中生根的公众理解力对电视这个媒体来说是没什么问题的，如果联邦宪法法院表示，电视必须"未经缩减地符合事实地来报道一些社会重要的主题"⑥。Vesting 完全正确的认识到，这是以"符合事实的以媒体形式的信息传播"为前提条件的，有问题的地方在于：

"电视是一种科技，用电视可以通过现场连线实时把事件传播出去，但是输送的绝不是事件本身，而是电视用它的图像语言观察和描述了事实，而不是塑造。电视实际上只能够使传播'显得可靠'，重要的是，在不同的电视事实的构造中不可避免地融入了期待模式，这也是挑选和过滤功能必须要处理的。"⑦

"典型大众媒体的态度、模式等"都通过这种表达方式传输。这样"在个体的自我意识中逐渐产生了动力，以保证维持需求这些产品所需要的条件"⑧。根据这种论断，Vesting 从对受众的长期影响力出发：

"从长期来看，其中包含的对需求的'反作用'对现代社会的文化知识和文化价值产生了负面影响。然而如果从中产生了一个单方面的、高度摇摆的潮

---

① Marschall，公众和人民代表，第 62 页。
② Vesting，在"信息社会中"规范主导差异的变迁，第 278 和 279 页。
③ 同上。
④ 同上。
⑤ 同上。
⑥ 联邦宪法法院决定 97，第 228 和 267 页。
⑦ Vesting，在"信息社会中"规范主导差异的变迁，第 278 页。
⑧ 同上，第 279 页。

Marschall 和 Vesting 的反对意见表明,对在当今的媒体条件下,"公众作为讨论空间"这个标准模式的实用性遭到了疑问。在潜在参与者的数量和注意力同时缺乏的条件下,不可能确保原则上的公开和公共传播的可接近(这曾经可能吗?)。从前后一致性来说,这意味着,组织一个挑选性的新闻系统是很有必要的。② 出发点在于,在今后潜在的说话人数量还会上升,媒体的挑选成效就更加重要。这当然也和传播的全球化趋势有关:

"我们处在一个巨大的世界性具有吸引力的传播网络中,不存在不让我们感同身受的事件或者灾难。"③

现在已经很明确,不需要继续研究 Marschall 和 Vesting 对"公众的公开标准的突出性"④的批评,因为媒体的专业挑选标准对于大众媒体的政治影响力和重要性考虑是非常重要的。根据媒体的新闻逻辑以及有关的挑选方式,挑选因此而变得困难,这一点非常明显,因为挑选是在"系统不公平性的基础上,不按照偶然原则进行"。⑤

我们总结一下:第一点,大众媒体的信息会按照特有的标准(新闻价值)进行挑选。第二点,必须被媒体系统加工的信息数量持续上升。媒体提供的信息数量也明显上升,然而受众的媒体加工能力几乎没有加强。后果:对一种特定媒介的注意力成为了一个一直短缺的商品,这又导致了对媒体的挑选更加明显地按照选择者来调整。对媒体信息的挑选和展示逐渐较少的被媒体外部的标准决定。⑥ 第三点要确定的是,通过媒体展示方式,分类发生了变化(从"字符到图像"、私人化、视频化)。第四点是悲叹的中产阶级图像,他们从能在一个只有到达的公众中讨论,转变成为在当今的媒体社会中受到了很大的限制。这很成问题,因为宪法的权利还是和以前一样以讨论模式为导向。

当然这些结论不应该免除大众媒体的责任。尽管对讨论模式存在诸多批评,公民应该了解政治,以便参加政治讨论和政治进程⑦,这一点对民主来说还

---

① Vesting,在"信息社会中"规范主导差异的变迁,第 279 页。
② 同上,第 62 和 63 页。
③ Richard Münch,传播社会的辩证,第二版,法兰克福,1992 年,第 88 页。
④ Marschall,公众和人民代表,第 63 页。
⑤ 同上。
⑥ Gerhards,政治公众,第 87 页。
⑦ 参见 Marschall 和 Vesting。

是具有本质的意义。因为对于单个公民来说,即使通过大众媒体参与政治意识形成进程的可能性受到了限制,有两点还是适用的:第一,只有比较了解情况的公民才能够参与到政治意识形成过程中去,第二,尽管大众媒体有着绝对优势,还是存在其他参与到政治意识形成过程的可能性,例如,在社会和政治团体及机构中、议题集中的互动体系(第二章,5)或者通过在线传播。

但是要坚持一点,大众媒体使用的传播形式,并不促进辩论(例如有表现力的形式、视频化、私人化新闻要素或者新闻价值)。我们还要看到,大众媒体传播的这种形式通过引入私营广播电视显著增强了(第四章和第五章)。这样就很明确,为什么研究公共广播电视的未来对于政治传播和政治体系有着决定性的影响。

3.4 公共领域第二次结构转变对于政治体制的后果

这种发展的结果——“信息第四因素”[1]的快速发展、社会的媒体化、印刷和广播电视媒体的自主化和经济化,腐蚀了政治环境——政治体系、经济体系和媒体系统之间的关系也发生了根本性的变化。公众的“第二次”结构变化(参见第二章,3.5)持续地影响了民主决策、对现代社会的控制和合法化[2]:对政治议程和政治体系来说,媒体系统的挑选规则逐渐变得更加重要,政治内容必须逐渐适应媒体逻辑。媒体成为了政治和社会施为者及组织的行动能力的前提条件。接下去将要讲述,政治系统采取了哪些措施来适应公众的第二次结构变化,这将对政治进程产生什么后果。下一步将会展示政治在媒体中(尤其是电视中)展示的社会影响力(4.5)。

3.4.1 政治体系的公共领域运作/个人化

政治体系依赖于自我表达传达它的决定,通过传播使自身合法化,而且在民主制度中只有通过传播才可能实现统治。在大众媒体制造的公众注意力方面,政治体系怎么才能使自己成为一件紧缺的商品,赢得大家的关注?答案是非常符合逻辑的,也是很陈腐的。它要学习控制大众传媒的选择标准,甚至说大众媒体的“语言”。总之通过媒体中政治传播的方式,传统的议会表达、政治结构行动的意义、委员会、民主机构和组织的意义都减少了,正好是因为它在迄今为止的行动中没有以“新闻逻辑”的要求作为导向。Niklas Luhmann 曾经称

---

① Saxer,媒体社会,第53页。

② Imhof,公众“新”结构变化的政治,第9页。

之为"通过程序合法化"，①这对媒体展示的政治来说失去了其重要性。相反，在现代民主系统中政治机构和施为者必须要推翻称之为"通过传播合法化"的事物。② 为了实现传播，政治体系越来越强烈地推翻公共工作、公关管理和象征性的政治。或者换句话说：媒体逻辑——带来的哪些是新的、有意思的、很有娱乐性的和具有新闻价值的？这也逐渐影响了政治行动和传播，甚至影响了政治决定的逻辑③（参见3.4.2）。

为了能够满足媒体的期待，提高他们的知名度，政治施为者的"公关"也职业化了，为了达到这个目的，有一大批特殊专家在处理这方面的事务，这些专家中不少人曾经就是记者。④ 政治体系和政治施为者的公关部门尝试着通过他们的行动来创造出"产品"，这些"产品"对于媒体来说很有意思，而且尽可能的做成媒体能够快捷简单的接受，然后继续传播。这些产品会以各种不同的方式生产出来：一方面所有的政治施为者都建立和扩建他们在社会名流和权威人士方面的资本，也就是说，发生了强烈的私人化、对单个政治施为者描述的集中化。在这一点上恰好是大众传媒信息系统中的功能要求，循环的（政治）论断、解释、评价和结论的质量受到绝大多数非专业公众的评判有限。因为"公众传播越公开，也就是说，公众越广泛，非专业人士也就是非专家在有关议题方面的优势就越明显。因此，所有的公共施为者为了成功，必须要按照公众的有限理解力来进行调整"⑤。这又带来这样的结果：对政治施为者和传播者的能力和可信度的信任，是接受他们公开发表言论的一个本质条件。

为了在媒体前尽可能好的展示自己，获得名气和威望，一个（其他）方法就是公共雄辩术。当然不是指以前的古老传统意义中的雄辩术，而是能够适应当今媒体传播合法性的能力——合法性，肯定是"通过偶然性、异质性和公众的非专业状态、大众媒体本身的合法性和多多少少的参与者的为了得到注意力和肯定的竞争性的贡献"⑥。Neidhardt 提出了两种策略，对于政治施为者来说具有特殊的意义⑦：

---

① Niklas Luhmann, 通过程序合法化, 法兰克福, 1983 年。
② Sarcinelli, 旧媒体——新媒体, 第 21 页。
③ 同上, 第 23 页。
④ Neidhardt, 公众和公众观点、社会运动, 第 15 页。
⑤ 同上, 第 13 页。
⑥ 同上, 第 17 页。
⑦ 同上, 第 18 至 19 页。

1. 议题化策略：在传播环境中，为了获得公众的注意力会展开竞争，因为这同时具有短缺和有价值这两个特点。传播给公众的是完全不具体的吸引力，在这样一种情况中，需要重要性建议和激烈的差异论断的传播，以便被公众认知。

2. 说服策略：在这样的条件下，公共传播的论据遵循雄辩术法则要比遵循逻辑学法则来得多。他们不需要经受住"同行评审"的标准考验，而是经受住公众的"常识"考验。

遵循这些策略可以引起公众方面的注意力和赞同。如果公众觉得议题是有意思和正确的，注意力就产生了；如果对这些议题的官司被评价是内行的和可信的，赞同就产生了。Neidhardt 尤其让人们注意在民主理论方面很成问题的这个效果：通过政治施为者在媒体中（自我）展示的方式，"公众施为者在媒体传播竞技场中建立起来的代表和辩护者形象被过度展示了"——成为了没有建立起来的挑战者的负担。① 这虽然对"已有的统治秩序的稳定化起了贡献作用，但是却限制了公众的公开性"。② 在"公开准则"这方面要继续坚持的是，"有利于政治体制现状展现的公众透明度功能在系统上有点变形了"。③ Neidhardt 的论点需要从经验上以有力论据来论证（参见第四章，4.1）。Sarcinelli 也强调了政治施为者进入媒体的意义，对政治施为者提出了有关"传统"能力丧失的忠告：

"当今的政治家如托尼·布莱尔或者格哈德·施罗德拥有的成就，实质上是和公众能力的决定性意义有着很大的关系。传统的政治能力、事务和专业能力，例如团队组织能力，这些能力中如果缺乏媒体能力在现代的媒体社会中就意味着能力减半。这也意味着民主政治在结构和文化上发生了显著的变化。在这样的结果中，原为第一名的组织能力失去了它的重要性：媒体的直接合法化变得越来越重要，如果需要的话可以直接越过各种委员会。新党派类型的支持者'最喜欢直接走向人民'，他们原有的权利基础是公众。"④

政治施为者获得注意力的另一种可能性是所谓的发明"虚拟事件"。这是政治公关部门越来越常用的一种方法。政治施为者使用"媒体化了的事件"来控制媒体新闻报道，以确保媒体的表达、赢得注意力、影响社会对政治议题和问

① Neidhardt，公众和公众观点、社会运动，第16页。
② 同上。
③ 同上。
④ Sarcinelli，旧媒体——新媒体，第23页。

题话题的日程安排以及对使用自我图像和敌对图像造成影响。① 虚拟事件是偶然发生的事件，原本是为了新闻报道的目的而发生的。如果没有参与报道的大众媒体这根本就不会发生。这包括日常策划（例如新闻发布会），引人注目的策划（例如示威活动、游行）以及不寻常的事件（例如花样跳伞或者横游莱茵河的顶级政客）。② 虚拟事件对于大众媒体来说尤其有意思，因为由于新闻编辑部在人员、材料和时间上的资源紧缺，他们可以或者想要以有限的成本购买高的精品。这样日常的新闻报道很大程度上都指派给了政治或者其他施为者的（公关）活动。研究显示，在现实压力下工作和依赖于图像的政治新闻报道，实际上在很高程度上与政治传播、震撼公众施为者的"半成品"有关系。③ 这也显示出了大众媒体对政治施为者、机构和公关部的"原材料供应商"工作的依赖性不断增强。当然这也和大众媒体系统中不断增长的经济压力有关（参见第四章和第五章）。

这个发现带来了什么后果？ 首先能在这里看到一个线索，媒体作为"第四种权力"和作为政治体系的批评家和控制者的论点站不住脚。最确切的是——这一点已经说过了——政治和大众媒体之间的关系普遍被认为，政治和电视之间的关系尤其被认为是"长时间建立的互相依赖的共生的关系"④。"信息的永久交换"是其核心内容。⑤ 其次，可以确定的是，在损害政治事务能力的情况下在征募和培训阶段，适合电视的展现和传播能力变得十分重要，政治施为者的表现和传播能力在未来肯定会越来越重要。⑥ 第三点也是决定性的一点：通过这种阐释政治的方式和通过政治公关部门向大众媒体系统"供应"虚拟事件，"象征性政治"在数量和意义方面都增长了。

3.4.2　象征性政治

按照 Max Kaase 的一个定义近似值，象征性政治首先是指在维护政治统治

---

① Jens Tenscher，为了电视的政治——电视中的政治。理论、趋势和前景；出自：Sarcinelli，媒体社会中的政治传播和民主，第 189 页。

② 同上。

③ 参见 Barbara Baerns，新闻学或者公共工作？对媒体系统的影响，波鸿，1985 年；Martin Löffelholz，新闻学或和公共工作的结构结合的范围。对自我指示系统的理论和典型性研究结果的考虑；出自：Günter Bentele/Michael Haller，公众的当前产生。施为者——结构——变化，康斯坦茨，1997 年，第 188–208 页。

④ Jens Tenscher 为了电视的政治——电视中的政治。第 203 页。

⑤ 同上。

⑥ 同上，第 205 页；参见 Sarcinelli，旧媒体——新媒体。

位置的斗争中的政治公共交际。这指的是"政治施为者通过大众媒体传播对选民的影响,其目标是,在一次不可避免什么时候又会再次发生的大选中,给特定的候选人和党派投票"①。这种不断的公共交际只在大众媒体上进行,根据它们的表现形式去获得注意力和在政治方面相应的影响公民。这里主要从获得名声和威望这方面的意义去理解"政治",因为这并不是在解释政治问题,而是有关虚拟事件的执行(当然然后是表现)、象征性的行动(握手、剪彩等)或者甚至是象征性的立法。"象征性政治"也会被称作"表演政治",这和"工具"政治处在对立面。② 按照规范来说,工具政治的定义是,以法律秩序、具体措施、遵守法律和具体的操控为目标的政治。"象征性政治"并(绝对)不是以这些作为目标:它具有其他功能。

Ulrich Sarcinelli 在象征性政治领域提出了他的最牢固也是最具有说明性的研究。他的出发点是,"只有政治公众是一个完整系统的部分,才能在其中建立起政治现实;它是一个总进程,其中制造和展示政治、实施和解释政治决定。"③ Sarcinelli 把政治行动从本质上看成是传播行动,政治进程本质上来说是传播进程。这种传播对政治体系的合法化起着决定性的作用("通过传播合法化"),以至于政治决定需要可持续地公开得来表明自己是正确的。④ 这种传播——象征性政治的传播,几乎都是通过大众媒体,尤其是通过电视进行的。

基于这种考虑,Sarcinelli 提出了这个论点,"在决定进程变为从政策的制造和传播进程中,政策的展示之间存在着一条越来越深的鸿沟",并打开了一个裂口,"对于民主系统来说展示了一种'合法化事件'的形式"。⑤ 按照这个论点,民主首先处于压力之下,因为"一幅不正确的政治画面传播给了公众,在这个基础之上唤起了政治不能够解决的期待"⑥。为了检测这个论点,Sarcinelli 用五种不同的规模研究了"决定政治"和"展示政治"之间的差异。他区分了结构、施

① Max Kaase,民主体系和政治的媒体化;出自:Sarcinelli,媒体社会中的政治传播和民主,第36页。

② 参见 Ulrich Sarcinelli,媒体的政治展示和政治行为:对一种压力很大的关系的分析性说明;出自:Otfried Jarren/Uwe Hasebrink(编者),广播和电视中的政治传播,第35-48页,Rainer Hegenbarth,现代法律的象征性和工具性功能;出自:法律政治杂志,第9册,1981年9月,第201-204页。

③ Sarcinelli,媒体的政治展示和政治行为,第35页。

④ 同上。

⑤ 同上,第36页。

⑥ 同上。

为者、能力、时间和重要性范围。在结构范围中他研究究竟政治的哪一部分被展示了，还得出正确的结论，让"可见的"政治事件被展示和传播：

"机密的行动和协商进程、程序运作、政治决定进程中的机构和组织因素很难让人描绘。如果在可识别的和重要的政治施为者或者机构之间的冲突在程序上需要公开，或者通过有目的的泄密、表演或者虚假政治而变得'可视'，那么他们会觉得这些利害关系都使调查研究过于密集、浪费时间和财力，或者不能引起轰动的。"①

在媒体展示象征性政治中，机构还是继续被忽视。虚拟政治的策划和计划的事件主要把单个的政治施为者置于舆论的中心。在这一点上，Sarcinelli 认为（象征性）政治的施为者范围十分重要，它创造了"外部"也就是公众方面的氛围和合法化。恰好从施为者的方面来看，政治不仅仅需要"内部"的合法化，不仅仅需要组织内部和精英内部的保卫。

象征性政治的施为者中心化完成了基本信任和缩减复杂性。因为这对于个人来说，始终能够了解所有最新的政治重要事件，并形成自己的观点（基本来说他也不愿意这么做），是不可能的，必须要信任一个被认可具备能力的政治施为者会关注和解决问题：

"以人为中心的公开从社会心理学上来说是缩减复杂性的一个必须要素，从民主理论上来说对于政治责任分配是不可以通过协议变更或废除的。"②

对此，Sarcinelli 提出了更加标准的和夸张的批评理论③，"不是本身的个人化，而是大众媒体的个人化的政治传播'质量'需要批判性的关注。"④政治公关部门促进的通过大众媒体展示的个人化就会带来很多问题，"如果政治主要私人化，也就是说，在个人性格特征模式中或多或少出现了政治明星的非政治好感度竞赛，而必需的政治辩论却转移到了'战争边上的舞台'。"⑤这意味着，通过这种极端的个人化，最终会导致抛弃原要解决的政治问题。

个人化另外一个问题是，政治的展示成为了领袖魅力的现象，"政治施为者要经受公众的长期反应测试"，以人为中心的行动主权暗示，"由于多种多样的

① Sarcinelli，媒体的政治展示和政治行为，第 42 页。
② 同上，第 43 页。
③ 参见 Oberreuter，媒体和民主；Habermas，公众的结构变化。
④ Sarcinelli，媒体的政治展示和政治行为，第 43 页。
⑤ 同上。

机构和程序间的关系,只有少数人才能胜任。"①结果是,因为政治施为者不能够满足通过个人化产生的希望和愿望,在公众中就会存在失望,导致政治问题被遗弃。这引出了象征性政治的能力职权范围问题。Sarcinelli 一方面研究了政治施为者的培训和职业能力的关系,另一方面研究了象征性政治的需求:

"通过一生从事政治工作,政治施为者的职业社会地位把专业、组织和传播能力等能力要素带入到一种压力关系中去,引起了政治家主观臆想上的'精神分裂症',导致在政治的决定领域和在传播领域表现不同。从某种程度上来说精神分裂症是无法避免的,因为政治的实施能力,'向内'只能用专业和组织能力、合法化,但是'向外'很大程度上是和展示传播能力结合在一起的。问题在于,实务、组织和传播能力这三种能力领如何分离,政治作为了一种公开展览在这三个不同的有着许多不同剧目上演的舞台上是如何堕落的。"②如果以夸张的程度实施,就会导致政治的公众性发生偏离。

从政治施为者方面来说,不仅仅希望象征性政治能够更好地在大众媒体公众中展示,它部分程度上也受电视的发送技术和发送可能性的限制。在世界范围内可能实现,既真实的又富有启发性的同步报导所有的事件。这种大众媒体展示的"时间特点"③,"通过显现政治发展或者错误发展,为政治活动性做出贡献,一方面可以产生民主化甚至巩固政治体制的作用",④但是另一方面限制了政治施为者在决策进程中的时间自主权,"把他们置于无所不在的辩护压力之下,有利于在日常生活中证明的行动和反应能力意义中的'政治作为仪式'⑤。"⑥这在民主体系中是一个问题,因为这需要协商和谈判时间,而没有被大众媒体的展示考虑到。通过媒体方面越来越大的现实压力,民主协商竞争也处于压力之下。为了适应这种压力,只能增加更多的象征性政治行动。

Sarcinelli 提出的象征性政治的最后一个特点是所谓的重要性特点。我们已经看到,媒体只报道那些具有新闻价值的新闻。政治上什么是重要的,什么根本不会成为政治议题,"根本上来说受到媒体专门的展示标准和生产条件以

---

① Sarcinelli,媒体的政治展示和政治行为,第43页。

② 同上,第44页。

③ 同上,第45页。

④ 同上。

⑤ 参见 Murray Edelman,政治成为仪式。国家机构和政治行为的象征性功能,法兰克福,1976年。

⑥ Sarcinelli,媒体的政治展示和政治行为,第45页。

及对媒体受众的重要性猜测的猜想的影响。"①和时间特点联系起来，这导致了，"集中于当今和政治事件的开头部分以及所有到场政党施为者的可观察的行为"，而政治重点的行动空间、政治施为者受到了很大的限制。② 因为只有那些拥有新闻价值的，可以视频化和个人化的内容才会被了解。政治施为者在很小程度上还拥有一种可能性，即在议程之外研究一个议题。Oberreuter 正确地指出，可以从一个媒体集中的"气氛民主"中跑出去，在这个民主中只对那些媒体创造的"虚拟的日常公民投票"加以关注。③ Sarcinelli 甚至把这称作"恶意的党派民主中重要事件的逆转进程"。肯定存在这种在现有观察基础之上不可能马上加以指导的担忧。Gerhards 把象征性政治的不断增强的意义归结到公众变化了的角色中去：

"不断增加的空间、文化和社会灵活性导致了均质社会环境的结构松散。这种环境构成了公民和政治集体施为者之间固定忠诚教育的基础，这似乎也代表了这种环境在政治系统中的利益。社会灵活性和个体化的上升，软化了环境，弱化了公民和集体施为者的连接关系。这可以由文化为条件的公众角色的转变来补充。在非宗教化的现代社会中，文化发展的自身活力带来一个结果，即公民的具有理性目的的、权衡收支和花费的态度占了统治地位。在和集体施为者的减轻了的连接力量的共同游戏中，公众不再和集体施为者连接在一起，而是计算政治系统的效能者角色的决定带给自己的好处。但是政治系统的效能者角色意味着，存在着不断上升的对说服传播、统一计划和决定的需求，也就是对象征性政治的需求上升。"④

用其他话来说：通过不断上升的灵活性和个体化，已有的连接关系和政治上的跟随也不断减少。政治体系和它的施为者在当今必须要不断谋求同意和信任——这已经不能作为天生的前提条件。政治必须不断制造"大众忠诚和对体制的信任"⑤，并且是通过这种方式，唤醒"主动的来自国家的照料和供养"的印象。这成为一种"代价"，因为象征性政治除了达成解决具体问题这个同等目标，还以"对公共意识造成影响"的功能出现。⑥

---

① Sarcinelli，媒体的政治展示和政治行为，第 46 页。
② 同上。
③ 同上。
④ Gerhards，政治公众，第 101 页。
⑤ Hagenbath，现代法律的象征性和工具性功能，第 201 页。
⑥ 同上。

当然也不能过高评价象征性政治在总体的政治进程中的作用。Kaase 正确地指出，象征性政治"在路线政治的广阔领域中"实际上没起什么作用，"因为那里要解决大量的问题，面临着大众媒体短缺的注意力资源，那些问题就它们的新闻价值而言处于认知门槛之下，即使这些问题对于政治进程来说具有重要的意义。"[①]这说明，大众媒体以特殊的方式接受了象征性政治的公众议题，并且选择性的进行编辑。[②] 对于政治体系来说的结果是：

"生活领域陷入政治公众越深，有关的规则意图以现实说明的方式展示出来的可能性就越大。"[③]

还需要解释的是，这种补偿有什么后果，从民主理论角度来看，不断强调象征性行动，给政治体系和政治控制带来什么结果。

3.4.3 象征性政治和媒体展示的结果

3.4.3.1 给政治施为者带来的结果

关键的问题是，象征性政治不断增长的意义是否触及到了政治系统的内部因素。通过象征性政治和大众媒体的展示，在政治意识形成进程中产生了"宪法的、机构的和符合程序的改变了吗"?[④] 这首先和政治公众展示的预料和想要的效果有关，也就是说，"对展示背景和内容有意识的选择，这对于政治施为者来说似乎实现了他们的目标。"[⑤]换句话说：一个政治问题的事务特点不再重要了吗？那些在媒体上可展现的政治问题期待得到媒体的反馈，以适应象征性政治，不需要加强（或者唯一的）对这些问题的研究吗？某些研究者，例如 Wilfried Scharf，是这么看的：

"这样就不感到奇怪了，长久以来政治不是政治的展示，政治必须马上被计划成为象征性政治。"[⑥]或者 Rüdiger Schmitt Beck："在政治实践的内部，政治的制造和展示似乎符合发展趋势的融合了。"[⑦]

---

① Kaase,民主体系和政治的媒体化,第 36 页。
② 同上。
③ Hagenbath,现代法律的象征性和工具性功能,第 201 页。
④ Kaase,民主体系和政治的媒体化,第 49 页。
⑤ 同上。
⑥ Wilfrie Scharf,政治意识构成中的新波拿巴主义;出自:Heribert Schatz(编者),多媒体社会的权力集中:对政治权力和媒体权力之间关系新定义的贡献,欧普拉登,1997 年,第 108 页。
⑦ Rüdiger Schmitt Beck/Barbara Pfetsch,政治施为者和大众传播的媒体。选举大战中公众的产生,出自:Neidhardt,公众、公众观点和社会运动,第 107 页。

Kaase 提出了这个问题，为了保持和获得重要统治地位，"政治施为者对象征性政治的根本意义的了解到了什么程度"，程序和决策政治的内容是如何确定的。[1] 他指出，特殊的问题状况在政治上不能被加工，因为它包含了太少或者不包含公众影响力。Kaase 又提出了这个问题，"决策政治的久经考验的程序，是否通过转移到象征性政治这个领域贬值了或者无效了?"[2]

Christine Landfried 也着手研究这个问题。她的出发点是，"政治中通过公众行使权力的理性化的标准指导原则，绝不是陈旧的和启蒙运动这个传统相结合，不是 Luhmann 在对这个传统的歪曲描述中想让人相信的那样。"[3]大众媒体的指导原则，可以在基本法第五条的确保言论自由、出版自由和广播电视自由中，也可以在联邦宪法法院的判决和广播电视法中看到它的失败。因此媒体现实分析的结果可以以这种形式来衡量。[4] Landfried 的出发点是，政治表演和象征性政治已经影响了观众和政治家的政治评判力，对于真正的政治起了一个反作用。[5]

按照她的观点，政治施为者被迫使用会影响他们行动和要求他们具有新的能力的结构。旧的能力，例如洞察性思考和行动、思考和展示方式、妥协和讨论的能力，都会流失。在一个持续 60 秒到 90 秒的稿件中几乎不能传播严肃的信息。节目的结构已经是对讨论不利的：

"新闻，不能引发思考，因为在最多 90 秒之后出现了一个新的话题。"[6]

因此政治施为者不需要熟悉程序，而是要熟悉"化妆"领域，"如果他想在新闻中使人信服的话"。[7] 这样辩论的方式也改变了：逻辑、理智、结果正确性、相关性和矛盾都消失了，"取而代之的是变化、新奇、间断性、行动、运动、对介质的限制、放弃细微差别和取代思想的视觉的刺激"。[8] 谁在媒体辩论中成功登台，实际上就成功了。其中论据和公平的讨论行为不起什么作用，因为时间很短，

---

[1]　Kaase，民主体系和政治的媒体化，第 49 页。

[2]　同上。

[3]　Christine Landfried，电视的力量：政治的表演代替监督；出自：Hartwich/Wewer，联邦共和国的统治 III，第 193 页。

[4]　同上。

[5]　同上，第 194 和 195 页。

[6]　同上，第 201 页。Landfried 参考了 Neal Postmans 的论文，参见 Neal Postmans，我们娱乐至死。娱乐工业时代的判决，法兰克福，1985 年。

[7]　Landfried，电视的力量，第 201 页。

[8]　同上。

这些几乎不会被观众感受到。① 存在着这样的印象,谁在"象征性的短暂辩论中获胜",②在现实政治中也是合适的施为者。

"政治家用这种方式出现在媒体中,越来越多获得了的政治行动的替代功能,这是政治行动。"③

通过媒体对政治施为者的要求,他们的判决能力也在发生改变,因为"出现在电视上、新闻报道的虚拟事件以及认识解决问题都需要花费大量的时间和金钱"④。这种政治的策划能够导致政治家的自我失望和理性替代,因为如果行动的表演进入到前面部分,就存在着这样的危险,政治施为者更关注于政治的可展示性,忽视了政治的内容。⑤ 这里 Landfried 又回到了她思考的出发点,电视并没有对政治行动的理性化作出贡献,而是"导致了政治的策划,成为了理性政治判断和行动的替代品"。⑥ 除此之外,Landfried 还担心,适合媒体展示方式的意义,阻碍了政治精英感知问题的能力:

"那些看电视很多的政治家,通过电视获得信息,那么他们如何推荐选举管理人,这种二手信息对于他们来说要比直接和公民打交道以及处理真正的问题显得要重要得多。"⑦

失去现实、被诊断是政治策划对公民的后果,"这对政治精英也不例外"。⑧ Kaase、Lanfried 和其他人所提出的问题至今为止还无法回答,就这一点在大多数情况会被谈到。有关象征性政治的机构和民主理论的影响力现状,显而易见还是很脆弱。⑨ 人们究竟是否可以用系统经验的方法来研究,这一点也很有问题,因为这主要和政治施为者的行动和态度有关。然后存在着这种猜测的动机,"在传媒时代,政治的媒体化在内部民主政治进程中的变化这方面恰恰损害了它的结构,体系公开性和创造力的机构化使得民主政治秩序被证明为迄今为

---

① Landfried,电视的力量,第 205 页。

② 同上。

③ Klaus Merten,Django 和耶稣。1987 年联邦议会选举之战中总理候选人科尔和劳的言语交际和非言语交际;出自:Opp de Hipt/Erich Latniak(编者),语言代替政治,欧普拉登,1991 年,第 204 页。

④ Landfried,电视的力量,第 207 页。

⑤ 同上,第 207 和 208 页。

⑥ 同上,第 207 页。

⑦ 同上,第 208 页。

⑧ 同上。

⑨ 参见 Kaase,民主体系和政治的媒体化,第 49 页。

止最有效率的形式。"①

3.4.3.2 给政党带来的结果

媒体展示和象征性政治带来的结果不仅影响了政治施为者,也影响了机构和政治组织。因此 Josef Wehner 提出了这个问题,政党是否有义务"不是在传播,而是在起草目标和决定阶段考虑到大众传媒的标准"。② 他阐述,委托以公众工作和代表的施为者对于党派的信息和知识获得这方面越来越重要:

"由于实施对节目指导方针进行分配,他们(公众工作的施为者)的结果对于政党内部方向的确立起着越来越重要的作用,以至于,通过大众媒体的监控成绩这种边界位置给人留下深刻的印象,党派的远离公众核心领域及和节目有关的决定方面,也考虑到了媒体的影响力。"③

在单个政治施为者方面来说出现了同样的一个问题:在研究特殊政治问题和起草政策方面,都要考虑到媒体的可展示性和政治领域来适应象征性政治这一点。Wehner 把这归结到两个互为对方条件的原因中:第一,已经谈到的"日常生活形式的向前推进的分离"④导致了传统关系的移除。这意味着,确定支持某个党派的选民的潜力显著缩小了——选举的灵活性增加了。这样为了赢得选票,个体的媒体大战就显得非常有意义。这可以引起选举的波动,波动能够影响甚至决定选民的选择。⑤ 出现了"可动员的选民",这种选民不一定要根据信念、信息或者理性的计算做出他们的决定。根据这种趋势,政党估算坚定的选民数量越来越少。因此他们被迫通过加强公共工作,来获得他们的支持者,为了特定的目标和行动动员选民。恰好是党派的这种和尽可能多的选民群体对话的努力,反过来增强了分离进程:

"由于社会文化的差异原则和其他特征失去了它们的关联性和延续性,社会冲突态势在向前推进。通过相互的、节目和影像自我控制的进程,需要关注一方面在党派内部、在官员和党员之间,另一方面在党派和选民之间,怎么发生演变。"⑥

---

① 参见 Kaase,民主体系和政治的媒体化,第49页。

② Josef Wehner,"边界行动"——政党和电子媒体之间的关系;出自:Imhof/Jarren/Blum,信息社会中的控制和调整问题,卢赛恩媒体研讨会第5册,第85页。

③ 同上,第85、86页。

④ 同上,第87页。

⑤ 同上。

⑥ 同上。

通过这种螺旋,党派陷入了困境:通过公民和政党之间关系的推动和个人化,对党派来说,"为了发展合适的目标、策略和从公民的行为中获得所需的信息越来越艰难"。① 通过"依赖于选举和决定的生活方式"的增多,所有党派都预见这个问题将要激化,"因为提到在社会中已经存在的时间稳定的具有专有利益的团体,社会政治性草案和计划不能够被起草出来",②但是现在螺旋仿佛再次向另外一边盘旋而上:

"在公共传播中能够和政治对手和公民一起回撤到特权化的立场上,能够看到未来,从中得出行动的结论,这种可能性越小,对陌生的和本身状态估计的平衡就显得越重要…以便从中获得对目标和策略的美好前景的指示。"③

党派认为可以在媒体中找到这种"状态预测的平衡"。这里他们看到了"监控总社会趋势和心理状态"④的可能性,并且认为,可以拥有影响社会发展的可能性。我们已经看到,至少第一种假设是值得怀疑的,即使没有对什么发生改变,Wehner 也同意,在党派中就是这么认为和被操纵的。从民主理论的角度他提出了两个从叙述中会产生的后果:第一,"在领导核心尽可能适合媒体的自我展示的压力下,对于政党来说,个人化、激发情感和意识分歧的策划这些策略越来越重要。伴随'屏幕空间'的消失,社会的重要性也失去了,这个风险太大了⑤"。第二,通过越来越小的世界观差异的意义,不可能存在较大的意识上的争论。党派的争论点不是在"媒体策划的平面上展开,在这个平面上,不触及到未来的可选的社会模式的抽象草案不在处于中心地位,党派的争论点在于每天现实事件以及具体的、受众信任的党派代表和他们的行动"⑥。

Stefan Reiser 提出了其他"政治意见和意识形成进程的严肃结论"。⑦ 他确信,在和大众媒体打交道这方面,党派拥有的不同机会也有着广泛深远的结果。

"对于那些小的、在议会中没有议席的党派来说,有可能存在着媒体障碍,并和选举活动中作为'意识的自由市场场地'的介绍背道而驰。有特权的和没

---

① Josef Wehner,"边界行动"——政党和电子媒体之间的关系;出自:Imhof/Jarren/Blum,信息社会中的控制和调整问题,卢赛恩媒体研讨会第 5 册,第 88 页。

② 同上。

③ 同上,第 89 页。

④ 同上。

⑤ 同上,第 92 页。

⑥ 同上,第 89 页。

⑦ Stefan Reiser,选举战中的政治和大众媒体;出自:媒体前景展望 7/94,第 343 页。

有特权的党派构成的两种等级党派制度产生了。"①

Reiser 也提出批评,通过几乎全部在大众传媒进行的政治传播——在选举战中更加强烈——政治家和公民之间的直接接触更少了。

"在政党、大众媒体和选民的传播三角中,越来越多的人陷入了被动的消费者这个角色之中,而政党和媒体却在积极的构建传播进程,并最终控制这个进程。"②

Sarcinelli 敢于展望政党的未来,她假定,在这种背景下政党"同意给予传统的成员维系这方面微弱的优先权,奉献出了新的开放的传播形式"③。集中于媒体的党派外部传播的职业化将会马上大步前进,作为政治性世界观思想团体的政党内部的腐蚀也同时进行。④ 传统联结关系的淡薄,使在和公民关系方面将会增强出现服务型党派的趋势,在政治体系的环境中则会增强出现议会党团的趋势。内部组织中,在集中于媒体个人化方面,单个的政治施为者将处于中心位置(参见 3.4.3.1)。这会引起政党的"总统化"。这样党派委员会的优先权将不再重要,因为顶级政客通过媒体的直接合法化很重要。

"总之呈现出了这样一种趋势,即偏离长期的深入的非媒体的内部交流的信任工作,转向职业的、集中于媒体的注意力和接受力管理的外部交流。"⑤

观察媒体社会条件下的政党发展,是非常有意思的。期待它们在可预见的未来虽然还是统治的政治施为者,但是失去了其专制性。从政治施为者这方面来看,象征性政治和媒体展示普遍也给其他机构以及政治进程带来了非常多的后效。

3.4.3.3 给政治结构和政治进程带来的结果

从民主理论这方面来看,媒体的展示方式对政治进程和政治体系产生的影响是非常巨大的,这涉及政治施为者、政党或者机构。民主的特征是对统治的监督和对行使权力的核实。民主要求可控制性和透明度。因此从所有的国家形式来看,"民主是面向于公众的"这点是不可避免的。在民主中权力总是沟通着分配和剥夺。⑥ 因此宪法和联邦宪法法院把传播自由看成为自由的民主,这

---

① Stefan Reiser,选举战中的政治和大众媒体;出自:媒体前景展望 7/94,第 343 页。
② 同上。
③ Ulrich Sarcinelli,党派和政治传播,第 294 页。
④ 同上。
⑤ 同上,第 295 页。
⑥ Oberreuter,媒体和民主,第 14 页。

是合乎逻辑的。如果民主很牢固地建立在传播自由这个基础之上,并且只有通过传播来定义,那就绝对有必要"注意观察传播系统和传播结构的状态和它们的运行方式"①。如果人们只研究大众媒体系统的话,这是不全面的,因为"国家传播系统"的变化和国家决策系统的变化也非常重要。

在大众媒体和政治进程的关系中——Heinrich Oberreuter 担心——大众媒体的角色在反方向转移,即使存在监督它们也不再为政治进程服务,而是开始把政治进程挤到一边,在国家制度中占领了一个支配地位。Oberreuter 用在电视影响下政治结构的腐蚀来解释他的观点:

"对政治意识形成产生影响的对话,越来越少在符合宪法构建的活动场所中进行。对话的发生是在电视传播影响之下进行的。最近的发展一点也不精彩,因为在实际上发展远离了政治体系的合法化和传播——合法化和传播被理解为现代社会中议会的任务。虽然议会还决定事务,它们自然还和公众交流,然而突出的政治交流和以前相比已经发生了改变。没有在电视上出现的,几乎不能成为政治现实的一部分。因此针对公共意见构成这个目标,议会的公众性越来越不重要。政治的辩论宁可在电视传播中进行。按照这种趋势,媒体成为了国家的论坛,从施为者的角度出发媒体被政治占据了,节目也是这样。"②

Oberreuter 的正确论断在民主理论上引人深思,因为大众媒体过滤和挑选政治信息,但是——这是最重要的——在民主上并没有合法化。尽管如此,大众媒体由于具有"选择权力"在国家传播和意识形成中占据了一个重要的位置。

Oberreuter 还扩展了他的"政治媒体化"观点,他认为,政治传播和协商进程以及政治都听命于媒体,尤其是电视本身的合法性。③ 这样不仅"政治的巨大完整性被缩减了","原始政治位置对于公众判断的重要性也下降了"。④ 按照他的观点,政治的媒体化在三个层面上展开。第一层面是政治的严肃性会部分降低:

"政治会渐渐地成为娱乐表演,它会在媒体中当然也在整体娱乐需求中被人接受。"⑤

---

① Oberreuter,媒体和民主,第 14 页。
② 同上,第 17 页。
③ 同上,第 18 页。
④ 同上。
⑤ 同上。

德国公共广播电视:基础—分析—展望

这样政治概念就远离了"公共事务的强制性的秩序"。① 有意思的是,Ober-teuer 并没有尝试着去解释,"强制性的秩序"是什么,这种"公众事务的秩序"在没有媒体的展示形式及没有"政治的媒体化"情况下是如何产生的? 这就提出了这样一个问题:政治在后人际的民主社会中不是一直都媒体化了吗?

Oberteuer 继续指出,在第二个层面,"电视决定的政治传播不符合政治意识形成进程的实际完整性"②。电视展示的戏剧性的必要性——紧张、缩减、视频化和个人化——让"连续性和合理性停滞不前"。③ 电视"造成了过度的以公众为导向,改变了政治家的行动方式,真伪象征性政治的趋势不断加强"。④ 他也承认,象征性政治增强的趋势是非常明显的(参见3.4.2)。

在第三个层面上展现了媒体化对政治机构的影响。由于视频化、个人化和仪式化,"背景原因和联系总是越来越少,因为这些很难被传播"⑤。政治意识形成真正的过程,在一个分工组织的、用正式和非正式的程序方式的协商民主中,很难被视频化,因为也无法展示出来。⑥ 这样就形成了对政治进程、参与到政治进程中的机构、他们的工作能力和解决问题的能力的错误观点。结果是:民主决策程序的合理性没有或者没有充分的传递给公众,议会民主的决策结构"被吸引到了电视传播的漩涡中去"⑦。最终产生了政治体系的非合法化:因为公众不能充分获得政治结构和决策程序的信息,就不可能赞同他们的程序和进程以及他们的存在。但是恰恰是这点创造了合法性:

"……赞同,合法性必须不仅要了解当时的政策,而是首先要了解政治体系和程序。"⑧

但是,Oberteuter 认为这种批评太尖锐了。他认识到,和上面讲的那样,政治家和党派早就已经开始为达成目的而使用媒体,而且恰恰是通过虚拟事件的上演和象征性政治的形成。在这里,政治施为者和政治体系并不像在(媒体)蛇面前的小兔子一样,他们非常清楚,已经选择了自我展示和政治内容传播的新道路,部分还很成功。这种展示与传播和以前不同,某些方面在今天还起着更

---

① Oberreuter,媒体和民主,第18页。
② 同上,第19页。
③ 同上。
④ 同上。
⑤ 同上,第20页。
⑥ 同上。
⑦ 同上。
⑧ 同上,Oberteuer 在这里研究了 Luhmann 的想法:通过程序合法化。

大的作用——当然其他方面作用就小了——这是显而易见的。但在电视节目的总供应中政治传播方面"质量"是否显著恶化了,这个问题似乎值得讨论。一方面来说,政治问题的报道要比以前快捷简单,然而电视上有关政治议题的绝对播送时间上升了。① 没有太大的预期,公共电视频道在这里已经展示了它的重要性:存在着公共播送格式,例如"Phoenix"或者"3sat",他们以不为人知的规模的融资,做政治议题的节目(参见第四章,4)。Oberteuer 频繁引用的对大众媒体电视的批评显得没有差别:这肯定与存在着"质量上"有价值的、传播政治的媒体节目有关,但重要的是,受众在何种程度上关注这些节目。随着对这篇论文的研究,我们在这里要提出这样一个问题:什么是"有质量的"通过(电视)媒体的政治传播,怎样能够达到受众,也就是公民和政治问题如何打交道? 重要的一个问题:公共电视在这里起着一个什么样的作用(第四章,4;第五章)?

Oberreuter 的理论从其他角度来看也是进入了错误的方向。政治传播的方式有可能具有某些优点,"电视责备"不会引起纯粹学术上的争论吗? 今天的电视是政治传播最重要的媒体,因此电视的展示方式在政治传播中继续得以实施。问题不在于,把时间的轮子再转回来,这也是不可能的,问题也不在于,陈旧的受书面影响的展示格式转移到视频媒体例如电视中去,问题在于,在这种主流媒体中政治和政治问题可以怎样被传播,才会使政治问题或者议题的范围容易让人理解,让公民都能注意到这些问题。

Oberteuer 自己给出了一个论点,即在公民参与和参与热情这方面,今天的大众媒体和政治的展示和传播方式也具有优点:

"用自己导演的虚拟事件,不仅仅使社会运动成为了谈论的话题,政治也成为了话题。"②

现在,作为处理政治事务的组织有可能通过良好的经营管理受到公众的倾听,并在政治议程上占有一席之地,也就是参与到政治进程中去。"绿色和平组织"最近的例子就很典型。在所有民主理论问题中,那些"一个问题"小组、组织和非政府组织的成就,以及在单个政治问题处理中都和近二十年来媒体的发展联系在一起。这些组织把"双元时代"和网络的新媒体展示机会用于自身,并以很强的媒体能力和很好的媒体经营见长。因此,今天对于这些组织来说在政治

---

① 参见 Frank Marcinkowski,通过电视和广播的政治传播,第 171 和 172 页:"如果把 1989 年最重要的公共和私营电视节目的数值算是 100,那么 1994 年新闻和政治信息节目的指数值就是 195,几乎翻倍。"

② Oberreuter,媒体和民主,第 21 页。

德国公共广播电视:基础—分析—展望

進程中获得一席之地肯定更加简单,而在以前的事实却是停留在通往政治机构的道路上。这里不需要讨论这些组织在民主合法性上的缺陷,但是要确定的是,这些组织的成就肯定没有减少人民的政治参与热情。

在 Noelle Neumann 和其他人的论文中[1]提到的,人民对政治的兴趣提高了,很明显这是伴随着电子媒体电视的兴盛而发生的。这肯定不是电视成为了"媒体民主化"或者"媒体政治化"的证据,但是这表明,通过新媒体的展示方式,公民对政治的兴趣在减弱根本就是不可能的。在政治知识和政治转播中这个结果如何,这将在之后解释(参见第五章,2)。

Otfried Jarren 有关这些观点做了不同的预测。他不觉得常规的机构会衰败,他把大众媒体看成是"本身风格的机构","对社会传播程序和对在社会中传播的类型和方式起了一个特殊的影响,并参与了社会传播规则的确立。"[2]按照 Jarren 的正确推断,媒体在今天表现出了它的机构特征,"因为它作为我们社会中稳定的装置而存在,因为它具备本身的身份——至少赋予给它的身份。"[3]基于这种观点,因为它"和许多机构、和许多社会组织有着多种多样的交换关系",大众媒体具有对社会的监控和导向的功能作用。[4] Jarren 也是这种观点,大众媒体对"机构内部组织和政治进程的多元化"作出了贡献。基于可以快速简单的使用媒体的这种可能性,大众媒体以特殊的方式实现了临时性的、社会性的组织方式的产生,"为更多的公众描绘了这个网络",产生了社会的、文化的和政治组织的新的形式。[5]

Jarren 把这种变化较少的归纳到标准观点之下,例如和 Oberteuer 不一样,Jarren 把它归入到描述性的观点中。他确信,大众媒体受"建立的制度,尤其是已有的组织模式"影响,大众媒体也通过这种发展方式对"机构革新作出了贡献"。[6] 大众媒体通过它的展示形式,政治体制通过对这种展示形式的逐渐地适应,共同对"政治程序规则、传播形式和传播规则产生了更长期和更间接的影响"。[7] 这也带来了这样的结果,政治组织和机构必须执行结构的变革:"需求

---

[1] 参见 Noelle Neumann/Schulz/Wilke,新闻学,第549页。

[2] Jarren,电子时代的政治传播,第215页。

[3] 同上。

[4] 同上,第216页。

[5] 同上。

[6] 同上。

[7] 同上,第217页。

第三章 (电子)大众媒体在建立公众社会和政治传播方面扮演的角色

方"——人民,逐渐自我分化,要求特殊的成绩,对政治机构和组织起了反作用。Jarren 对这种发展趋势提出了三个经验证据[1]:

- "常客消失了":一直参与工会或者党派,或者和教会或其他机构保持联系的热情下降了。

- 意识形态的定义被避免并消失,摇摆不定的选民的数量上升,以及不同组织之间的动摇也加剧了。

- 人们期待社会大机构给予较少的规范导向,而是更多的服务。

Jarren 没有把这种发展看成是证明了 Oberteuer 和其他人[2]在"不可统治性论点"的环境中提出的看法,这意味着,媒体对政治行动体系的负担保持(民主上非合法化)自主,因此本质上妨碍了控制成绩。这种发展导致了这种结果,迄今为止的有印刷媒体和它们特有的传播形式影响的政治传播发生了变化。

由社会和政治机构创建的自身的传播系统,尤其是那些高度倾向于某些意识形态的传播系统("意向媒体"),将会在组织的内部和外部的信息政治和传播政治中失去其原有的重要性。[3] 政治和社会机构会通过公众能接触到的媒体系统,来加强传播组织内部的意见和意志形成进程。[4]

如上所述,Jarren 得出了政治行政系统"越来越依赖于系统的快速的胜利以及媒体中有关社会进程的信息的评估"的结论。[5] 政治行政系统失去了信息优势地位,也失去了"决定性影响信息挑选"这种可能性。[6] 信息管理和公众工作在公众受电子媒体影响的条件下越来越昂贵,也越来越重要。

4 公共广播电视的任务和功能

媒体领域的今日现状和大众媒体展示对受众和政治进程造成的影响表现出了两点:首先,为了确保政治上正常运作的公众,电视节目在政治内容的传播中较少的听命于媒体逻辑学显得十分有必要。因为媒体的发展和展示形式给

---

[1] 按照 Jarren 的划分,电子时代的政治传播,第 217 页。

[2] 参见 Oberreuter,媒体和民主,Oberreuter/Hans Mathias Kepplinger;出自:贝塔斯曼书信集 129/1993。

[3] Jarren,电子时代的政治传播,第 224 页。

[4] 同上。

[5] 同上,第 226 页。

[6] 同上。

出了让人担忧的缘由,政治重要信息和内容缩减了完整性,听命于象征性政治条件和考虑性因素。在今天飞速增多的电视节目中,有意义的政治传播节目相对来说越来越少,并且受到新的节目形式例如"信息娱乐片"的排挤。在这种新的节目形式中,政治被当作娱乐元素来展示,政治信息会根据媒体内部的注意力因素被严格筛选。可以预料到的是,通过媒体尤其是电视(参见第四章)的私人化和经济化,这种发展趋势还会加快脚步,并得到增强。

公共广播电视系统可以提供相对应的节目。这就给我们带来了第二个结果:在描述发展趋势的背景下符合宪法的规则和功能分配"的基本供应任务"显得不够了。必须要更加准确的来理解,公共广播电视今天必须要接受那些社会性和政治性的任务。在一个分化严重、听命于市场逻辑学的媒体系统中,必须至少要大体上决定哪些政治、社会和文化信息必须以哪种形式传送。简而言之:必须要解释清楚,公共广播电视在何种程度上完成对正常运作的政治性公众的建立作出其社会性和政治性的贡献。

为了做出这样一个任务分配,结合政治学和社会学知识,在大众媒体的运作方式和他们对政治进程造成影响力这两方面,要强调公众的功能(第二章,5)和广播电视领域的符合宪法的规则(2)以及公共广播电视的具体功能和任务,然后就能够验证,公共电视以何等规模对政治传播和公共政治讨论产生影响(第五章)。

我们来回忆一下:用符合宪法的角度来看,公共广播电视的主要任务是完成基本供应任务和与此紧密联系在一起的所谓"传统的节目或者广播电视任务"。① 基本供应任务要求公共广播电视未经缩减的展示观点多样性,在世界观的多样性不受限制的情况下提供全面的节目,确保节目的可接收性。② 除此之外,传统的广播电视任务还要求制作和发送这样的节目,对公共福利具有义务的、均衡地兼顾到信息、教育、文化和娱乐。③

这些提出的要求显示了普遍的基本原则,并没有被联邦宪法法院广泛转播。因此总是一再地引起对基本供应任务和它的解释和具体化的激烈的媒体

---

① 从文学上来看这并没有区别,只会提到基本供应任务,这是根据 1961 年的首次广播电视判决,传统的广播电视任务的因素应该包含在其中,但是基本供应问题还没有被主题化,是不完全正确的,参见联邦宪法法院决定 12,第 205 页。

② 参见联邦宪法法院决定 73,第 118 页。

③ 参见联邦宪法法院决定 87,第 181 页,和已经提到的那样,联邦宪法法院的出发点是,只有公共广播电视能够保证完成基本供应和节目任务,因为他们的节目是通过部分融资,而不像私营广播电视台以收视率为导向。只有实现这两个任务的时候,才可以保证,维护公共广播电视的特权化地位,才能对私营电视台的节目多元化不再提出这么高的要求。

政治性辩论(参见 2.2.2)。从公共广播电视台这方面来说,脱离于现状的具体化被普遍拒绝了。[1] 这是可实行的,然而任何一个具体化都意味着对节目自由的限制:如果存在具体的节目指导原则,就能够更加准确的估计,哪些节目内容分配可以给基本供应任务,哪些不是。对公共广播电视节目的决定(和预算决定)就可被检测,和现在相比这将更加严格的受到控制。

从另一方面来说,公共电视的工作按照基本供应任务的符合宪法的结构这些基本原则来衡量,这是不可行的。实践表明,通过这种方式实际上并没有执行对公共广播电视尤其它的预算决定的监控。第一眼这看上去没什么问题,但从一开始介绍的公共广播电视状况(参见第一章,1)来看,这种印象显得很具有欺骗性:公共广播电视在公共讨论之中。而且,合法化压力通过私人运营商的成绩也没有变小。相反的是:由于期待对数字科技的大量投资,这种压力反而上升了(参见第四章,5)。

出于这个原因,在今天分化严重、受媒体影响的社会中的正常运行的政治公众方面,把从社会学研究中得出的认识和符合宪法的指导路线结合在一起,以开辟相应的功能,是必须的。通过完成这样的功能任务并通过传播,公共广播电视体制的社会性和政治性意义会变得更加透明,这样合法化压力就下降了。简而言之:公共广播电视可以通过功能任务(更好)展示他们的任务,在(今后的)媒体领域清楚得给自己定位(详情参见第六章,4)。

Ingrid Hamm,Klaus Mattern 和 Thomas Künstner 进行了这种尝试,根据媒体学和社会学的知识,对符合宪法的基本供应任务作了补充和具体化,并以此制订出公共广播电视的功能性任务。他们提出了公共广播电视的四个社会性和政治性的功能。笔者也在此书中有关公众的功能(透明度、讨论和导向功能,第二章,5)和令人感兴趣的研究问题(电视)作了补充和修改。Hamm、Mattern 和 Künstner 划分出了公共广播电视的融合、论坛、榜样以及互补功能[2]:

• 融合功能:通过一个共同的"信息基础",公共广播电视应该确保社会的团结。[3] 为了社会融合的达成,也应该通过提供相应信息的节目来促进社会对公共讨论的参与。

• 公共广播电视应该通过论坛功能来确保政治上的平衡,并兼顾少数人的利益。除此之外,公共广播电视应该是一个公开的交流观点的平台(社会性和

---

[1] 参见 Voss,为什么没有 ARD 也可以。

[2] Hamm,双元化制度的未来,第9页,第15页;Kliment/Brunner,德国的电视,第239页。

[3] 同上;参见 Noelle Neumann/Schulz/Wilke,新闻学,第261页。

政治性讨论节目的制作和播放）。然后还提出"全球信息需求"，也就是说，国际事件必须充分得到描述。

　　● 通过互补功能确保提供社会希望的节目，这在纯经济角度来看是不可融资的，尤其是文化和科学节目的费用。

　　● Hamm、Mattern 和 Künstner 正确的强调了公共广播电视的榜样功能。公共广播电视应该在"实施普遍的质量标准"和实现"创新的节目构成"方面发挥重要的作用。[①] 他们的节目应该表现出最高程度的专业性和可靠性。

　　对公共广播电视的基本供应任务的具体化和功能性任务确立的理论，从政治学的角度——也从上述公共广播电视体制的"合法化状态"背景来看——提供了可实践的唯一一个方案，即从公共广播电视对正常运作的政治性公众作出的贡献角度出发来研究公共广播电视提供的节目。因此在之后的讨论中，这对于评价公共广播电视是一个重要的标准。

出处	功能	功能描述
"基本供应任务"1 内容上保证全面的节目标准 确保平衡的观点多样性	融合功能	通过保证一个共同的信息基础来确保社会的团结 传播共同的文化内容
"传统的广播电视任务"2 公共福利义务 总节目的宽度：信息、教育、文化和娱乐 针对全体公民的节目	论坛功能	促进社会的参与 确保政治平衡和观点的多样性 创建公开交流观点的平台 全球信息需求（国际事件展示）
在政治进程中的公众性功能 透明度功能： 　政治事件和关系的透明化，普遍能获得 　信息，清晰发音的可能性 讨论功能：	榜样功能	新闻质量标准 确保最高程度专业性和可靠性
最大限度的多元性，提供公共讨论空间 导向功能： 　为社会融合作贡献	互补功能	非必要的完成市场融资的节目（尤其是文化和科学节目的费用）

　　注：

　　1 联邦宪法法院，第四次广播电视判决；2 联邦宪法法院，第七和第八次广播电视判决。

　　出自：Hamm，第 186 页。

---

① 　Mattern/Künstner，电视体制的国际性比较，第 185 页。

在接下去的第四章将要讲述,由于广播电视体制的双元化,结构的改变对媒体的工作和展示方式产生了什么样的后果。同时也讲述了公共和私营电视台在节目上的发展情况,尤其研究了公共和私营电视台之间的"集中趋势"。接着根据这些分析检测,公共电视是否完成了上述的任务。

第 四 章

广播体系的双元化

　　在上一章中我们就已指出，广播体系的双元化已经对德国的传媒产生了持续性的影响。不论在电视领域还是广播领域，都不断涌现出大量的新供应商。他们中的一些在经历了最初的动荡期之后，已经取得了巨大的成绩，并在市场上站稳了脚跟。电视传媒领域的工作方式和表现方式也由此产生了一些改变：传媒逻辑方面的导向不断加强，全新的播放格式浮出水面，原有的播放格式也产生了深刻的变化。全新的表达方式和内容形式也对政治信息的传递产生了影响。象征性政治的成分不断增加，在政治信息传递方面也不断呈现出拟人化、戏剧化和全面编辑的趋势。

　　本章将对德国广播体系的双元化在政治、法制以及技术方面的前提进行阐述。其中将着重阐述（政治）信息和新闻领域的播放格式和播放内容。我们还将讨论在传媒学科和出版学科领域的热门话题——趋同理论。这一理论主要体现在公共法律节目不管在形式还是在内容方面都向私营节目的明显靠拢上。

　　与本章紧密相连的第五章将从政治信息如何利用电视节目的角度来阐述广播双元化的结果。接下来我们还将在第五章中探讨，公共广播电视在多大程度上实现了我们在第三章中提到的功能。

1　前　提

　　德国在政策方面对广播体系的双元化——确切地说，也就是与公共广播并列的私营广播产生的推动，主要源自于 20 世纪 70 年代以及 80 年代初同时出现的、并且在一定程度上相互制约的三方面的发展。随之而来的便是新的传播方式的产生。但与此同时，利用公共广播电视进行报道的保守党也对此表示出不满。不过这没有影响到德国联邦宪法法院根据它的判断为广播体系的双元化铺平道路的行为。

1.1 新出现的技术带来的可能性

早在 20 世纪 50 年代人们就开始对宽带网路技术进行试验,与传统的电波传输方式不同,这一新兴技术能够允许更多的节目进入家庭。而传统的电波传输方式仅能实现很少的(2 至 3 个)节目传送。

在 50 年代,随着太空技术的兴起,人们也开始研究和开发广播卫星。和宽带网路技术一样,这一技术应该也能够显著提高传输量。除此之外,卫星技术也使得在全世界范围内接收广播节目成为可能。

基于 60 年代以及 70 年代初期技术领域的飞速发展,德国联邦政府于 1973 年成立了"传媒体系技术建设委员会"。该委员会在它的研究报告中提出,要实施采用宽带网路系统的开创性项目[①]。同时,人们也很快发现,如果技术条件允许同时传播和接收多个广播供应商的节目,那么将广播节目限制在公共法律供应商的结构体系之内便失去了意义,而且从法律上讲,这也是不合理的。随着技术的不断发展,要求向平面媒体靠近的呼声越来越强烈,而后者在经历了短暂的新闻审查时期(1945 年至 1949 年)之后,便完全脱离了国家的监管[②]。随着人们对公共广播的不满越来越强烈,要求广播体系摆脱国家监管的要求也就越迫切。

1.2 对公共广播的指责

1.2.1 来自政治人物和党派的指责

早在 50 年代,公共广播的垄断地位,实际上主要是保守党派对广播的垄断控制,便开始受到质疑。打破这一垄断体制的尝试开始于 1960 年由阿登纳政府成立的德国电视有限责任公司,不过这一机构在 1961 便被德国联邦法院宣布为违宪(参见第三章,2.1)[③④]。

---

① Wolfgang Donsbach/Rainer Mathes,选自:Noelle-Neumann/Wilke/Schulz,新闻学,第500 页。

② Udo Branahl 有关调节和控制传媒体系的报告,选自:Imhof/Jarren/Blum,信息社会中的问题调节和控制问题,第 321/322 页。

③ Kepplinger,选自:Noelle-Neumann/Wilke/Schulz,新闻学,第 123/124 页。

④ 我们必须说明,就连报纸发行商也遭受了来自电视的破坏性竞争。因此联邦政府在1964 年成立了"报刊、广播/电视及电影竞争公平性调查委员会",该委员会在其 1967 年颁布的调查报告中否认了破坏性竞争的存在,并预言了双元化时代的来临。Kepplinger,选自:Noelle-Neumann/Wilke/Schulz,新闻学,第 124 页。

公共广播在 70 年代也依然是对立的政治党派争论的对象。政界也常常会"提出仅仅有利于自己党派的一些不公正的项目"①。尤其是 1976 年广播对联邦议会选举进行的报道受到了 CDU/CSU 的强烈谴责。他们指责广播电台将公众的态度引向了有利于 SPD 和 FDP 的一端。而之后持续到 80 年代的调查也证明,至少 SPD 的确从 ARD 的两家大型广播台 WDR 和 NDR 那里得到了支持。②党派以及政治人物都曾经尝试(并且依然在尝试),对公共广播施以影响,并引导其发展方向。其中的一个典型例子便是当时不来梅市的市长 Lenz(SPD)所进行的尝试——他同时担任了不来梅广播电台管理委员会主席的职务——试图以此来对广播报道施加影响。他在 1982 年写给电台的领导人的一封信中提到:

"不来梅的市政府已经不能再期望,这里的市民将来为了错误的信息或者这个城市有意的不诚信支付更高额的费用,所以市政府决定在能力所及的范围内禁止不来梅市的广播电台提高收费,并要求市政府派驻在不来梅电台监视会的代表,拒绝电台提出的经济计划,直至电台以及电视台的负责人保证,播出的节目能够符合不来梅广播法规定需要满足的要求。"③

这样直接的、公开的对广播进行的干预无疑是个别情况。不过随着双元化的推广以及广播节目内容的扩展,政府一方对于公共广播的批评之声仍然不绝于耳。1993 年 CDU 主席,也就是当时的联邦总理科尔就严肃指出,消费者和广播费用交纳者对公共广播的影响"几乎为零",而且他们通过监视会对公共广播实施的控制也"不断降低"。当时 CDU/CSU 联盟的主席 Wolfgang Schaeuble 甚至还采取了更进一步的措施,对电台的资金来源主要依靠消费者缴费的做法提出了质疑。这种状况发生的背景主要是北部和西部地区的 ARD 广播台对左翼党派造成的压力。④ 1995 年,巴伐利亚州和萨克森州的州长 Stoiber 和 Biedenkopf 要求停播 ARD 的第一套节目,不过在政界和公众当中引起的反响不大。⑤

1.2.2 对政治系统的依赖性提出的批评

依靠经验我们无法判定,政治人物和党派过去以及现在对公共广播台产生

---

① Kepplinger,选自:Noelle-Neumann/Wilke/Schulz,新闻学,第 124 页。

② Donsbach/Mathes,选自:Noelle-Neumann/Wilke/Schulz,新闻学,第 499 页。

③ 新闻第 7 册 1982,第 36 页。

④ Meyn,德国的大众传媒,第 202/203 页;Donsbach/Mathes,选自:Noelle-Neumann/Wilke/Schulz,新闻学,第 499 页。

⑤ Meyn,德国的大众传媒,第 203 页。

了多大影响。不过社会团体和科学界一方却不断把这种影响强加给广播台，从而也引发了指责之声。指责的内容涵盖广泛，包括取消或者改革公共广播以及设立独立于国家政府之外的私营广播。

在这一过程中一再遭到质疑的是，监视会（电台委员会，电视委员会）的控制权没有遵守宪法规定的独立于国家的要求。① 依照宪法规定，监视会应该由"重要社会团体"的代表来管理（参见第三章 2.2.6），而在现实当中，各政治党派早就组建起自己的"朋友圈"，分别在监视会中代表各自的利益。因此，联邦州里的各党派间的关系都相当充分地体现在监视会中，或者体现在公共法律台的编辑部中。② 电台以及电视委员会原本应该代表大众，现在却发展成为"帮助党派向公共广播发挥影响的中介"，在这一过程中人事政策起到了关键作用。③ CSU 于 1973 年制订的计划便是电台委员会产生影响的一种公开形式，根据计划，巴伐利亚电台的电台委员会的成员由 41 名增加至 59 名，委员会还被赋予了对主要部门人事任免的表决权。电台委员会的成员由州议会任命。因而——在巴伐利亚州议会中占有优势的情况下——CSU 能够通过电台委员会对巴伐利亚电台产生重大影响。由于公众的强烈抗议，尤其是来自社民党（SPD）、自民党（FDP）以及工会的抗议，电台委员会的规模在 1973 年被限制在 50 名成员，不过它在主要部门人事任命方面的表决权却并未改变。④

Frank Marcinkowski 暗示说，公共广播台的监视会——不管以直接方式，还是间接通过"朋友圈"——起作用，都是"利用电视的潜在能量来影响受众的观念以及行为方式，从而帮助党派或者政府实现某一目的，例如动员群众、减轻公众批评，建立信誉，或者帮助政治领导人物建立正面或负面形象以及宣传某一话题等"。⑤

电台政策机制除了如上所述，通过监视会对制度政策、人事政策以及财政政策产生影响之外，也越来越多地影响基础建设政策以及与传媒相关的技术政策。这种"广播对政治行政机构的隐形渗透"⑥，使得公共广播"最终成为政治

---

① 参见 Branahl，有关调节和控制传媒体系的报告，第 318－322 页。

② Donsbach/Mathes，选自：Noelle-Neumann/Wilke/Schulz，新闻学，第 499 页。

③ Kepplinger，选自：Noelle-Neumann/Wilke/Schulz，新闻学，第 123 页。

④ 同上。

⑤ Marcinkowski，将出版看作诗化体系，第 155/156 页。

⑥ 同上。

体制的工具,而并非传媒体系中的一个独立主体"。①

因此,科学家、出版商以及政治家都一再提出,应该严肃对待法律规定,广播委员会应该完全由没有党派关系的重要社会团体或者"具备独立性的重要人物"来管理。② 只有当监视会的任命制度有所改变,州议会的影响也由此减退时,由广播委员会实施的监控才有意义。也有人提议,应该通过随机抽样的原则从电台工作人员中选举监视会成员,或者由广大民众来选举监视会成员。③ 不过这两个提议都似乎不太实际,实现的可能性也不大(就所谓的"双座椅模式"请参见第四章,3.1)。相反,Hermann Meyn 却不认为政治人物和党派对监视会产生影响有任何不妥之处:

"将政界人物以及党派逐出监视会的愿望,既违背现有体制,也是不现实的。之所以违背体制,是因为德国是一个党派制民主国家,在这样的民主中不能没有党派存在,在广播委员会这样代表公众利益的组织中也不能没有党派。党派是社会的重要组成部分,他们有权力表明,他们代表的是各个重要社会阶层的利益。

将党派排除在公共广播之外,之所以不现实,是因为党派通过议会里的联盟来决定,哪些社会团体可以加入广播委员会。"④

显然这种看法与 ZDF 的广播委员会与电视委员会的现状是不相符的,而且必须明确,这样的做法与广播国家合同以及联邦宪法的法规都是相违背的。不过要是由此得出结论,认为过去或是现在公共广播在推行双元制之前完全被党派控制,也是与事实不符的。因为在电台或者电视台经理那里还存在一定阻力,"要克服这种阻力对于党派来说也不是一件容易的事情"。⑤ 一方面关于这一职务资格以及任命的公开讨论可以在一定程度上限制来自政界的影响,另一方面,按照法律规定,这一职务也享有较大的权力(在任期内——这一职位通常4 年至 6 年由管理委员会选举一次——这一职位只有在广播委员会以及管理委员会四分之三的成员表示同意时,才能被罢免⑥,参见附件 1)。这种现状赋予

---

① Heribert Schatz,选自:Marcinkowski,将出版看做诗化体系,第 156 页。

② Meyn,第 183 页。

③ 同上。

④ 同上,第 183/184 页。

⑤ 同上,第 188 页。

⑥ Donsbach/Mathes,选自:Noelle-Neumann/Wilke/Schulz,新闻学,第 492 页,26 章有关西南广播电台的国家合约,参见附件 1。

了电台或电视台经理一定的独立性和一定的行动空间，使得他可以形成独立的判断，并且抵制政界一方对节目内容施加的影响。

尽管如此，还是必须承认，政治人物以及党派对公共广播有可能造成的影响仍然是受抨击的对象。因此，科研工作者和出版者都一再呼吁应该建立私营广播。不过这一指责并不是来自社会和科学界的唯一不满。

1.2.3　对高成本提出的指责

另外一个指责针对的是公共广播的财政费用。例如根据检查委员会提供的数据，公共广播雇员的工资以及养老金数额都超出其他行业从事相当工作量的雇员收入的平均水平，这也成为受指责的目标。[①] Karl Hans Hartwig 和 Guido Schroeder 通过研究得出，公共广播耗费了巨大的财政成本，但是展现出的却是极低的创新能力。[②] 他们还为此提出了科学依据：

"所有权和领导权的分离使得经理人的收入和企业的赢利脱钩，所以降低成本、提高品质以及实现创新只能为他们带来很少的利益，而且由于他们获取的信息有限，他们也很难实现这一小部分利益。

当广播电台的所有权为公有时，便没有强制机制能抵制低效节目的产生，而且即使是制作成本已经远远超出节目为公众带来的益处时，也没有办法阻止节目的传播。与此同时，节目传播范围的扩大以及制作成本的增加却满足了管理者以及电台员工的私人利益，让他们的个人财富不断增加。"[③]

而那些属于基本供应类型的节目也制作荒谬，它们根本不能保证基本的节目质量，但却保证了电台员工的特权：

"事实上，公共广播中现行的基本供应类型的节目订单所遵循的自由原则、收费原则以及自身发展保障原则已经演变成广播台员工最重要的养老保障，尽管最高领导层的本意并非如此。"[④]

我们可以先不讨论上述指责是否恰当，因为之后我们还会就这一点进行探讨（参见第六章），不过我们可以断定的是以下两点内容：

降低成本曾是双元制支持者的有力论据。他们认为，竞争的压力会促使公

---

① Donsbach/Mathes，选自：Noelle-Neumann/Wilke/Schulz，新闻学，第 499 页。

② Karl-Hans Hartwig/Guido Schroeder，市场与政策夹缝中的德国传媒体系——走向合理传媒政策的道路，选自：Erhard Kantzenbach/Bruno Molitor/Otto G. Mayer，汉堡经济与社会政策年鉴，44 期，1999 年，第 278 页。

③ 同上，第 278/279 页。

④ 同上，第 280 页。

共广播电台降低成本并提高节目质量,这一观点之后被事实证明并不正确。不过在引入双元制之前的政治讨论中,人们却一再提到这一观点。

此外,在引入双元制后,有关降低成本的讨论依然没有停止。相反,在之后的几年中,这一讨论愈演愈烈,反而成为公共广播台应该存在的依据。

1.3 联邦宪法法院的判决

对私营广播的引入起到决定性作用的除了对公共广播的指责外,还包括联邦宪法法院的判决权,它从法律层面上保证了私营广播产生的可能性。

联邦宪法法院在其 1961、1971 以及 1981 年颁布的所谓最初广播电视判决中已经明确指出,公共广播以及私营广播从根本上讲都是符合宪法规定的。其中起决定性作用的不是它们各自的组织形式,而是"这两种形式保障了自由、全面、真实的新闻报道"[1]。单一的公共广播的存在是由于客观技术条件的限制造成的,当时的技术(频率不足)只允许少量的电台播出(参见第三章,3.2)[2]。一旦技术条件允许播出更多的频道,这种局限于公共广播的限制就应该解除。不过法院在其 1981 年颁布的第三次广播判决中也明确指出,出于其政治上的重要性,国家不能将广播完全放开:

"立法者必须保证,广播的控制权不能落入某一个社会团体手中,成为其代言人,而且必须保证,节目播出的自由性不受侵犯。

……同时必须采取措施应对有可能出现的危险,即应该被传播的言论被排除在公共言论渠道之外,而那些掌握了频道和资金的人在言论传播中起到主导作用。这种危险发生的可能性当然很小,但是起码应该保证一点,那就是在受法律约束的广播体系内存在平等的多样性。"[3]

在经历了"试验型项目阶段(参见 2.1)"之后,联邦法院在于 1986 年颁布的第四次广播判决中终于涉及了有关在公共广播之外批准私营广播的事宜,并第一次书面提及了在传输技术方面情况发生的改变。[4] 这一判决从法律上对与公共广播并列的私营广播的双元制给予了认可。不过这一判决也同时指出,基本节目供应应属于公共广播,因为从技术角度上讲,公共广播的节目能被全体公众接收,而不像私营广播那样,受波段的限制。基于私营广播在经济收益上

---

① 参见联邦宪法法院的判决 57,第 295 页。
② 参见 Meyn,德国的大众传媒,第 167 页。
③ 联邦宪法法院的判决 57,第 295 页。
④ 同上,第 118 页。

面临的压力,判决指出,可以降低对其内容质量的要求。相反,却要求公共广播必须满足内容和言论方面的多样性。①

此后没有再强调基本节目供应的技术因素,因为私营广播电台也基本上能够覆盖所有区域。不过在质量方面,对公共广播基本节目供应的要求却始终没有降低。联邦法院指出,这样的做法为私营广播提供了更大的操作空间。②

尽管享有更大操作空间,私营广播也必须保证"言论多样性的基本水平"③:所有言论导向——包括少数派的言论导向——也要能在私营广播中得以释放。

此外,第四次广播判决还指出,必须将单独的广播台的片面的、不公正的影响排除在公共言论之外。这一判决还首次提到,立法者也有责任通过制定法规,来限制那些试图通过联合来控制公众言论的势力集团的产生。这一点也在广播国家条约中的 21 款中得以体现(参见 3)。④

根据第四次判决中的要求,立法者除了制定法规以外还应采取措施,"以保证私营广播在内容多样性方面尽可能达到与公共广播相同的程度"⑤。要实现私营广播内容的多样性和平等性所需要的前提条件,必须通过法规加以明确。而监督这些条件的遵守以及对播出节目做出的重大决定必须由一个外部的、并且独立于国家的、受全社会监督的机构来执行。

于 1987 年颁布的第四次广播判决强调指出,应保障广播相对于国家的独立性。这一规定从根本上禁止立法者阻止某些广播节目的播出,"也禁止他们采取其他途径来削弱广播在言论中所起到的作用"⑥。此外,该判决还规定,立法者不得将广播节目的播放权仅提供给私营广播机构或者仅提供给公共广播。

在 1994 年颁布的第 8 次广播判决中,联邦法院再次强调了双元制中与公共广播签订的基本节目供应合约,明确提出以下三点内容:实际可接收性、不受限制的内容多样性以及涉及领域的多样化。⑦ 相反,私营广播的任务却仅仅局限于实现基本的节目质量。有趣的是,联邦法院规定,在涉及领域多样化方

---

① 联邦宪法法院的判决 57,第 118 页。
② 同上。
③ Ricker,选自:Noelle-Neumann/Wilke/Schulz,新闻学,第 259 页;参见联邦宪法法院的判决 73,第 118 页。
④ 参见 Reinhart Ricker,选自:Noelle-Neumann/Wilke/Schulz,新闻学,第 259 页。
⑤ 联邦宪法法院的判决 73,第 118 页。
⑥ BverfGE 74,第 294 页。
⑦ 参见出版权和传媒权杂志 1994,第 173 页。

面——恰恰是私营广播的强项所在(参见 4)——私营广播不必满足与公共广播同样高的要求。只要私营广播在基本节目供应方面达不到与公共广播同样高的要求,公共广播就有权受到宪法的保护。正如我们之前所述,这一判决引起了强烈的争论,因为它让私营广播机构在竞争中的地位更加不利。此外,这一判决的颁布也不合时宜(参见第三章,2.2.2 以及 2.2.6)。

2 德国广播体系的双元化

2.1 有线实验项目

随着技术的发展以及传输可能性的提升,联邦政府于 1976 年组织成立了"通信技术体系建设委员会",该委员会于 1976 年建议为广播节目实施提高传输带宽的实验性项目。1978 年 5 月,各联邦州长在与总理施密特进行协商之后决定,在柏林、路德维希港、慕尼黑以及多特蒙德这几个已经允许开设私营广播的地区实施这一实验性项目。[①] 这一决议可以被看做是"联邦德国广播历史上打破公共广播独霸天下的突破性进展"。[②]

在这一实验性项目的进一步发展中,莱茵兰 - 普法耳茨州发挥了开路先锋的作用。这里的州议会通过了一项允许进行宽带电缆和卫星广播的决议,首次在德国实现了纯粹的私营广播播放。[③] 这项由基民盟党团通过的决议也体现出70 年代末 80 年代初德国国内在传媒政策方面存在的严重分歧。出于对公共广播的强烈不满,基民盟积极支持引入宽带电缆和私营广播,社民党却对此持反对意见。因此,施密特领导下的联邦政府始终试图阻止宽带电视的推行。他们利用各联邦州的技术框架权限来抵制私营广播。而在 1982 年政府换届之后,基民盟政府也同样通过利用这一框架权限来加速私营商业广播的发展。80 年代初期,基民盟领导的联邦州占据明显优势,于是也真正开始了双元制体系的突破。[④]

1982 年 7 月,在路德维希港成立了"网路通信公共机构"。该机构的职责在于协调通过网路传输的所有节目。一般来讲,路德维希港的网路机构于 1984年 1 月 1 日实施的实验性项目便被看做是德国广播体系双元制的开端。与此

---

① Donsbach/Mathes,选自:Noelle-Neumann/Wilke/Schulz,新闻学,第 500 页。
② Marcinkowski,将出版看做诗化体系,第 157 页。
③ Donsbach/Mathes,选自:Noelle-Neumann/Wilke/Schulz,新闻学,第 501 页。
④ Marcinkowski,将出版看做诗化体系,第 157 页。

同时,网路通信公共机构也把网路的使用权授予了一个工作委员会,该委员会由十名独立成员组成,他们分别来自报刊、杂志出版社以及为电台和电视台制作节目的公司。1985 年 1 月 1 日,该工作委员会启动了他们共同组建的电视台 SAT1,1985 年 8 月又新增了一个名叫 RTL 的全私营电视台,这一电视台可以在路德维希港的网路范围内接收到。①

联邦宪法法院在 1981 年颁布的广播判决中指出,各联邦州有权决定在公共广播之外是否开设私营广播。不过它也同时强调了广播这一媒体形式的特殊状况,指出广播不能允许像报刊那样的结构体系。②

在实施网路试验性项目之后,联盟党(CDU/CSU)与社民党(SPD)在传媒政策方面的分歧依然存在。当私营广播在 CDU/CSU 执政的联邦州已经获得通行证时,由 SPD 执政的联邦州还在犹豫不决。例如在黑森和不来梅,政府没有出台任何限制私营广播的条例,有关方面的运作完全依靠国家颁布的"卫星节目推广法"。③ 因此,在各个不同的联邦州执行着各不相同的条例,这使得曾经单一的广播体制产生了变化。

很快人们便意识到需要在各联邦州之间达成一致,并进行合作。因为如果让私营广播的许可遵循十一种不同的条例,是不现实的。不过要达成一致,前提条件必须是由不同党派执政的各联邦州有相同的意愿。当联邦法院于 1986 年 11 月颁布了第四次广播决议之后,各联邦州终于在 1987 年 3 月达成了一致。④ 之后,联邦政府又在 1987 年颁布的广播国家合约中制定了判决基本原则。1991 年两德统一时,政府对这一原则进行了轻微改动,该原则的效力一直延续至今:

"公共广播的存在及发展应该得到保障。这包括它有权获取制作和传播节目的所有最新技术,以及最新的广播形式。它的财政基础也应得到保障。

私营广播电台有权建设和发展私营广播体系,尤其是在技术和节目制作方面。为此,该为他们提供足够的传播能力以及相应的融资渠道。"⑤

---

① Donsbach/Mathes,选自:Noelle-Neumann/Wilke/Schulz,新闻学,第 501 页。
② 参见 BverfGE 57,第 295 页。
③ Donsbach/Mathes,选自:Noelle-Neumann/Wilke/Schulz,新闻学,第 502 页。
④ 同上。
⑤ 统一后的德国的有关广播电视的国家合约。http://www. lfk. de/gesetzeundrichtlinien/rundfunkstattsvertrag/download/RStV6. pdf.

2.2 发展私营电视——电视市场的新生力量

私营电视运营商在 80 年代以及 90 年代初的发展主要可分为三个阶段:第一个显著特征是 SAT1 以及 RTL 这两家私营电视台的成立。[1] 随着 80 年代中期全国性范围网络的建立和卫星技术以及接收设备的推广,私营广播于 1989年开始了扩张,其标志便是两个全新的私营频道:ProSieben 和 Tele5。

从 1992/1993 年起,开始了第二轮扩张,在这一轮扩张中,又有 6 家电视台开始运营。这次扩张的另一个显著特征是,电视台的节目内容开始出现了分化:n - TV(新闻)和 VOX(以新闻为主),Kabel1(娱乐),VIVA(音乐节目)以及德国体育电视(体育)。另外,还出现了 RTL2 以及以收费电视为主的 Premiere 这两家电视台。[2] 这一阶段发展迅速的另一原因在于,联邦政府允许私营广播使用无线电波。[3]

从此以后,私营电视市场没有发生过大的变化,尽管不断有新的电视台产生,但是这些新生电视台并没能占据大的市场份额。其中一些也出于各种原因,中途夭折,但也有一些在市场中站稳了脚跟。最具实力的私营电视台当数 SAT1、RTL 以及 ProSieben。下面将对它们进行简要介绍:

SAT1 曾是覆盖面最大的私营电视台,它隶属于 ProSieben-SAT1 股份有限公司。不过它至今还处于亏损阶段(1997 年:亏损达 1.65 亿马克)。[4]

现在 RTL 已经超越了 SAT1,是占有市场份额最大私营电视台。早在 1993年 RTL 就已经扭转了运营初期 2.6 亿马克的亏损。它凭借 35 亿的巨额收入(1997 年赢利 1.7 亿马克)成为欧洲最大的广告运营商。[5] RTL 百分之十一的股份属于西德意志汇报,百分之八十九的股份属于 CLT/UFA,后者是欧洲最大的广播公司。它于 1996 年由贝塔斯曼的子公司 UFA 和卢森堡的 CLT 公司合并而成。RTL 在早期就已经实现了辉煌的业绩:它凭借体育类节目,娱乐节目(午后脱口秀,八卦杂志等栏目)以及自产电视连续剧,而并非引进的美国连续剧,获得了大量的市场份额。RTL 的前掌门人 Helmut Thomas 这样描述这家公司的成功之道:

---

① Donsbach/Mathes,选自:Noelle-Neumann/Wilke/Schulz,新闻学,第 507 页。
② 同上。
③ Meyn,德国的大众传媒,第 207 – 211 页。
④ 同上,第 208 页。
⑤ 同上。

"观众有权选举自己的政府,当然也有权选择电视节目。……而很多公共广播却误以为,适合他们口味的节目也一定能适合观众的口味。迄今他们花费了40年的时间,在观众中去培养这种口味,可惜未能如愿。"①

过去几年中电视领域的最大赢家还包括 ProSieben,它最初是隶属于 Kirch 集团的一个电视台,之后于1997年上市。它是除了 RTL 之外,唯一一家始终赢利的电视台。②

通过卫星和电缆 12 德国全境内都能接收到电视节目,而这些电视节目的制作费用则来源于广告收入。其中包括综合性电视台 RTL、SAT1、ProSieben、RTL2、Kabel1 和 VOX 以及专业电视台 Super RTL、n - TV(新闻)、Eurosport(体育)、VIVA(音乐电视)、Neun Live 和 DSF(德国体育电视)。此外,还包括收费电视 Premiere(只有通过专门的接收器才能接收),以及国外电视台(例如 MTV,CNN)。地区性的电视台达 50 多家,其中半数左右面向全国播放节目。③

私营电视频道

频道	开始运营日期	覆盖面积(%)
综合性频道		
RTL	1984 年 1 月 2 日	97
SAT1	1985 年 1 月 1 日	97
ProSieben	1989 年 1 月 1 日	93
Kabel 1	1992 年 2 月 29 日	89
RTL 2	1993 年 3 月 6 日	91
VOX	1993 年 1 月 25 日	93
专业频道		
Super RTL(家庭/儿童)	1995 年 4 月 28 日	86
Neun Live	n. e.	81
DSF(德国体育电视)	1993 年 1 月 1 日	89
Eurosport	n. e.	89
n - TV(资讯)	1992 年 11 月 30 日	88
VIVA(音乐)	1993 年 12 月 1 日	86

---

① 明镜周刊 42 期,1990 年,第 165 页。

② Meyn,德国的大众传媒,第 209/211 页。

③ Donsbach/Mathes,选自:Noelle-Neumann/Wilke/Schulz,新闻学,第 516/517 页。

频道	开始运营日期	覆盖面积(%)
VIVA plus(以前的 VIVA II;音乐)	1995 年 3 月 18 日	86
Premiere(付费电视)	1991 年 2 月 28 日	80

覆盖面指的是覆盖家庭的百分比,数据采集于 2001 年。数据来源于 AGF/GfK 电视仪表统计,由于统计方法不同,所以与 SES/ASTRA 卫星显示器统计的数据有所不同。私营频道 Tele5 和 N24 没有被统计其中,因为它们 2001 年的覆盖面远远低于百分之八十。

资料来源:AGF/Gfk 电视研究,ARD—广告/传媒视野。

http://www. ard. de/ard – intern/mediendaten/index. phtml.

Noelle-Neumann/Schutz/Wilke,Publizistik,509 页。

2.3 开放的通道

双元制不仅仅使得一批以商业为导向的频道得以产生,还产生了一批所谓的"开放通道"。这些开放通道产生于实行了网路试验性项目的路德维席港、多特蒙德以及柏林。现在,除了巴府州、巴伐利亚州、勃兰登堡州以及萨克森州以外,其他各联邦州都建立了开放通道。[①] 就像它的名称所宣扬的一样,开放的通道被免费提供给那些不赢利的节目供应商来播放节目。成立这样的通道是为了使每个人都有机会为电视策划和制作节目。

反对派则认为,由于收视率低下,开放的通道根本不可能有让民众参与电视节目制作的可能性,也不可能由此让更广大的公众了解到迄今无话语权的那部分民众的利益。传媒学者 Hermman Meyn 不同意这样的看法:

"开放的通道关心的并不是收视率。它们的收视率低到不被计算入市场份额中。但那些可以随意在三十多个电视频道以及数十个广播台中进行选择的观众或者听众,当然也完全有可能看到或者听到由业余者制作的节目。"[②]

尽管有不同声音的存在,开放的通道还是在一些地区站稳了脚跟。例如在柏林,开放通道的使用登记版上就已经登记了四千多名用户。每天大约有百分之一的观众会收看开放通道的节目。[③] 这当然只占了观众的很小一部分,但是值得关注的是,这些开放的通道将来能获取哪些传输方面的先进技术,以及他们自身随着成本的降低将如何进一步发展。

---

① Meyn,德国的大众传媒,第 232 页。
② 同上,第 233 页。
③ 同上,第 234 页。

3　私营广播的结构

3.1　监管/州立传媒机构

州立法者为新的私营供应商颁发了许可证,并为本州的传媒机构制定了监管法规。各州几乎所有的传媒机构都接受监管委员会的监督,这一委员会的成员都是来自社会上重要团体的代表。[1] 州传媒机构的主要任务是建设和促进广播事业。除此之外,它还负责批准新的电台或者电视台、规范节目的推广以及对节目内容进行监管。州传媒机构可以批准综合性频道,也可以批准专业频道。它们同时也关注经济问题,所以是否批准一个新的运营商,关键还在于这个运营商能否为该地区创造新的就业机会。[2]

这些机构及其委员会的名称、它们选举成员遵循的程序以及它们的主要职责在各州都大致相同。[3] 1987 年,随着州传媒机构主席例会的召开,这种法律上的一致性得到了进一步加强。主席例会的主要职责包括对私营运营商的审批和监管,健全共同的、在广告和青少年保护方面的程序原则。[4] 这些原则主要是由各州自行颁布。[5] 但是这种监管在私营运营商看来仍存在诸多不足,因为审批程序耗时太长。[6] 所以有人提出,需要在全国范围内建立一个统一的监管机构。[7]

州传媒机构的职责局限于对运营商遵守法规情况的监管,而无权侵犯运营商独立制作节目的权力。这种监管是通过判例法得以实现的:州传媒机构只能制定导向,并调查它们收到的投诉。[8] 在这一过程中,它们有大量的监管手段和

---

[1]　Donsbach/Mathes,选自:Noelle-Neumann/Wilke/Schulz,新闻学,第 504 页。

[2]　Meyn,德国的大众传媒,第 219 页。

[3]　Donsbach/Mathes,选自:Noelle-Neumann/Wilke/Schulz,新闻学,第 504 页。

[4]　同上,第 506 页:DLM 这篇论文的结果属于州传媒机构实施广告规范和保障青少年保护法的指导原则。

[5]　Meyn,德国的大众传媒,第 220 页。根据联邦法院的规定,为了获得批准,私营电视台必须向全部 15 加州传媒机构提交正式申请,参见 Mattern/Kuenstner,国际对比中的电视体系,第 194 页。

[6]　参见贝塔斯曼基金会委托 Booz Allen 以及 Hamilton 进行的调研:德国传媒监管面临的挑战。对广播电视和电信通讯进行监管的构建可能性。

[7]　Allen 以及 Hamilton 进行的调研指出,应该让德国卡塔尔反垄断局起到调节机构的作用。参见 Allen 以及 Hamilton 进行的调研。

[8]　Donsbach/Mathes,选自:Noelle-Neumann/Wilke/Schulz,新闻学,第 506 页。

制裁手段可以使用。最中庸的手段就是,对某运营商违反法规的做法加以认定,责令其弥补造成的危害,并要求其今后必须避免出现类似情况。最严重的制裁手段则是吊销运营商的许可证,当然只有在运营商有严重违法行为时,州传媒机构才会采取这样的手段。有些州的州传媒机构还有权在一定时期内对节目的细节部分加以限制。不过迄今还没有人使用这种制裁手段。[①] 除此之外,州传媒机构还负责监管广告方面的法规。(参见3.2)

私营运营商还建立了自我监控机制,不过这一机制在电台或者电视台内部并未起到作用。运营机构内部的青少年保护受委托者也将履行他们为保护青少年而执行的监管权力。1994年,私营运营商和一批自愿者一起成立了自我监管委员会,该委员会也享有广泛的监管权。它们也对私营运营商播放性和暴力的节目内容这一指责做出了回应。[②] 自我监管委员会可以根据电视台的青少年保护受委托者的申请进行检查,或者通过州媒体机构进行检查。不过这种自我监督机构所发挥的功效在公众当中的认可度却也毁誉参半。[③]

州传媒机构最重要的职责之一就是保证言论的多样性。早在90年代初期,贝塔斯曼集团、Springer出版社以及Kirch集团就已经成功占领了德国私营电台和电视台的大部分市场份额。而事实上渐渐也形成了两大阵营——占有CLT/UFA股份的贝塔斯曼集团以及Kirch/Springer集团(这两家集团也同时都是付费频道Premiere的股东)。[④] 州传媒机构以及各联邦州的州政府也达成一致意见:不管是1987年颁布的广播国家合约还是宪法中1991年颁布的合约,都在实践中被保持下来,这两个合约的作用都在于防止在私营电视中出现单方面的言论导向。由于法律不允许任何一家公司占有某一家综合性电视台的股份超过49.9%,所以这些公司都通过自己的子公司参股多个电视台。公众也对这种发展趋势提出了异议,因为这种趋势导致广播国家合约发生了新的变化。因此,州政府的领导颁布了新的广播国家合约,新合约于1997年1月1日起开始生效。[⑤] 根据新的法规,私营电视台最多只能占有30%的观众(这就是所谓的市场份额模式,参见附件2)。如果超过了这一界限,就不再允许播放新的节目。

---

① Donsbach/Mathes,选自:Noeue-Neumann/Wike/Schulz,新闻学,第506页。
② Mattern/Kuenstler,国际对比中的电视体系,第195页。
③ 同上,第196页。
④ Meyn,德国的大众传媒,第222页。
⑤ 同上,第228/229页。

对这一法规的实施进行监督的是由 6 名专家组成的集中度调查委员会（KEK），其成员由各州的州长任命（广播国家合约第三章，第 35 款，参见附件 3）。其中至关重要的一点是，是否有单方面的言论导向存在。判断的主要依据就是观众占有率是否达到了 30%。[1] 如果一旦超过这一界限，集中度调查委员会就会责令电视台将观众占有率降低到 30% 以下，或者采取各种其他的措施，例如采用独立供应商的电视节目。[2]

电视频道和市场份额
周一至周日，三岁以上的观众

	观众收看时间（分）		市场份额（%）	
	2001 年	2002 年[1]	2001 年	2002 年[1]
全德国				
Das Erste	26	29	13.8	14.4
ZDF	25	28	13.1	13.9
Dritte	25	26	13.0	13.1
SAT 1	19	20	10.2	10.0
RTL	28	29	14.8	14.7
ProSieben	15	14	8.1	7.0
RTL 2	8	8	4.0	3.9
VOX	6	6	3.1	3.3
Kabel 1	10	9	5.1	4.5
Super RTL	5	5	2.8	2.4

注:1) 2002 年的数据:1 月至 11 月

资料来源:AGF/GfK 电视研究;传媒视野。

---

① 市场份额是通过如下方式统计得出的:面向全德国电视观众的统计采用的是机械仪器每天进行统计,某个节目每天被收看的时长。这也就是收视率。这种统计并不能说明节目的确被收看,或者仅仅作为伴随媒体。当然也可能出现一家人或多个人坐在电视机前观看的情况。所以这一数据并不能说明实际收看电视的人数。参见 Meyn,德国的大众传媒,第 174/175 页。

② 参见 Branahl 有关调节和控制传媒体系的报告,第 323 页。人们曾试图废除针对广播电视的集中性准则,而采用卡塔尔反垄断法。背景则是欧洲通用的条款,即将广播电视完全看作是商品。参见经济政策杂志,80。2000 年,第 7 - 10 页,第 18 - 21 页,同时参见第六章。

1997 年颁布的广播国家合约在第二章第 31 款指出,一家电视台的市场份额一旦达到 10%,就必须每周将 260 分钟的播放时间转给第三方供应商(参见附件 4)。例如当 RTL 或者 SAT1 占有的市场份额超过规定值,他们就必须在自己的频道中允许播出 Spiegel 或者 Stern 等频道的节目①。

随着私营电视的发展,电视节目的言论多样性的法规要求方面也产生了一些变化。广播国家合约首先规定,"德国境内至少要有三家私营电视的节目应由不同的覆盖全国的电视台播放,每个电视台要至少能被全国一半的观众接收到。"②对于私营电视的迅速扩张,1991 年颁布的新广播国家合约做出了应对。它规定,州传媒机构必须监管私营节目是否在整体上满足了言论多样性的标准③。如果州传媒机构以四分之三票数表决某私营电视的节目未在整体上满足言论多样性,便会责令该私营电视必须使其每个节目都满足言论多样性的要求。④ 而且不管节目占有的市场份额的多少,都必须遵守这一规定。不过州传媒机构至今还没有采取过这样的干涉。私营电视节目也没有出现不满足言论多样性的情况。

对于针对特定观众群体的电视节目则没有对其内容作出特殊要求,因为这些节目在内容上都没有太大差别。不过那些对于政治思想有所影响的节目,则一定要满足言论多样性和平衡性。所以有可能出现,带有新概念的专题类节目比综合性节目更受欢迎的情况。⑤

不过对于私营电视在言论多样性方面的监管和控制,依然被学术界指责做得不够。Hans. J. Kleinsteuber 和 Barbara Thomas 就指出,用于打击私营电视节目单一性的手段还需要加以强化,否则有可能不能真正保证媒体的公正和自由。⑥ 这

---

① 对于 SAT1 的重复性参股应以中间控股的方式进行。美国媒体机构 Saban 有意购买其股份。参见 2003 年 6 月 16 日巴登日报。

② 选自:Noelle-Neumann/Wilke/Schulz,新闻学,第 504 页。

③ 参见 Mattern/Kuenstler,国际对比中的电视体系,第 195 页。就卫星领域而言,并不涉及全德国范围的许可。网路许可以卫星许可为基础。

④ Donsbach/Mathes,选自:Noelle-Neumann/Wilke/Schulz,新闻学,第 505/506 页。

⑤ 在区域性电视台的许可证检查方面存在一些特点。就这些电视台的内容多样性以及经济状况进行的检查都与网路、卫星领域的检查类似。不过在节目多样性方面对其提出了更高的要求。参见 Donsbach/Mathes,选自:Noelle-Neumann/Wilke/Schulz,新闻学,第 505 页。

⑥ Hans. J. Kleinsteuber/Babara Thomass,全球化以及媒体科技革命时代的政治传播;选自:Sarcinelli,传媒社会的政治传播与民主,第 218 – 221 页。

样的指责与私营电视领域存在两大家族的现状当然是分不开的。不过除了Kirch 集团以及 CLT/UFA 两大家族以外,在这一领域还有不少其他公司参与,[①]另外,通过卫星观众也还可以收看到来自其他国家的德语节目。而且不能忽视的一点是,在德国始终存在一个非常强大的公共广播,它占据了大约百分之四十的市场份额。这一言论也对公共广播未来的发展产生一定影响。(参见第六章)

Christine Landfried 也提出了类似的指责。她指出,私营广播内容的覆盖面在不断缩小,"这是因为州传媒机构没有采取有效的措施来保证私营广播内容的多样性"[②]。在依照市场经济模式运营的广播电视体系中,不会自动地产生内容多样性。在这种体系中,广播电视节目也被看做商品,所以只有那些高收视率的节目对于运营商而言才是有吸引力的。因此,立法者应该通过法律手段来要求运营商不能只追求高收视率,而忽视了某些节目。

她建议设立一个法规,"私营广播电视的各部分节目内容必须在时间和比例上满足该法规规定的最低标准"[③]。但同时她也指出,事实上,这样的法规是不可能得以真正实施的。因为联邦宪法已经明确规定,不能要求私营广播电视运营商在有限的播出时间内使节目满足某一特定形式。所以对私营广播电视的内容作出要求的法规是与宪法不相符的(参见 1.3)。

Jarren 在谈论私营广播电视的建立时,从这个产业的产生发展谈到了"传媒社会"。[④] 随着私营广播电视一步步站稳脚跟,传媒体系将会产生巨大的变革。"因为广播电视与社会团体间的紧密联系将会不复存在,众多的供应商和节目将推动多元化的形成,在这种多元化体系中各个参与者都处于平等地位。在激烈的竞争体系中,单个参与者无法占据强势地位。"[⑤]

与报刊媒体和公共电视广播不同,私营广播电视与社会团体之间不再存在密切关联。直接来自国家的控制以及通过媒体来实现的社会监管在私营广播电视方面都大大减小,并逐渐失去影响。"因此,这一新生的传媒模式能够以全

---

① 尽管有 kirch 集团的介入,其他相关电视台仍然以与之前相同的规模和范围在运作。而且预计它们将来也会保持这种势头。

② Landfried,电视的权力,第 199 页。

③ 同上。

④ Jarren,变革中的媒体、传媒体系和政治公众,第 75 页。

⑤ 同上,第 77 页。

新的姿态亮相"①。Jarren 描述的这幅画面却似乎有些夸张,因为州传媒机构以及法律条款中都对私营广播与社会团体间的联系做出了明确规定。只不过这一联系与公共广播电视和社会团体间的联系相比已经被淡化了不少。同时我们也有必要探求,私营广播电视与社会团体间弱化的联系将产生怎样的后果,以及公共广播电视能在多大程度上弥补由此产生的差距。(参见第五章)

3.2 私营广播的融资

私营广播电视运营商必须通过广告收入、出售节目或者向接收者收取费用来筹集资金。私营广播电视不允许从广播费用中获取资金。但这并不意味着国家财政不支持私营广播电视。州传媒机构将按照规定,拿出与广播费百分之二相当的经费资助私营广播电视。因此私营广播电视对于听众或者观众而言是不可能免费的。② 此外,主要由各州来为私营电视提供传输设备和网路系统。Marlene Woeste 对此说道:

"网路为私营广播电视开辟了广阔的道路,而网路建设的费用主要来自广播费用,如果把这笔费用考虑进去,不难得出,私营广播电视也并非完全依靠自筹资金。"③

私营广播台或者电视台的主要经费来源是广告。在所有收入中,节目出售收入约占百分之六,收费电视约占百分之三,这一点与欧洲其他国家有很大差别,很多国家的私营广播电视主要依靠电视节目收费(例如 1998 年法国收费节目的份额占总收入的百分之二十四)。④ 在广告播放方面,私营广播电视必须遵守相关的条例规定。1987 颁布的广播国家合约就对此做出了规定,其中对私营广播电视的主要要求如下,广告播放时间不能超过全天节目播出时间的百分之二十,体育广告不能超出全天节目播出时间的百分之十五。运动广告占每小时节目播映的比例最多只能为百分之二十。⑤ 对于总播映时间不超过 45 分钟的节目,中途只允许插播一次广告。连续剧例外,可以每 20 分钟插播一次广告。⑥不过对于特别受欢迎的节目,私营广播电视台可以在一定程度上打破这些限制

---

① Jarren,变革中的媒体、传媒体系和政治公众,第 75 页。
② Meyn,德国的大众传媒,第 220 页。
③ Marlene Woeste,选自:Meyn,德国的大众传媒,第 221 页。
④ Mattern/Kuenstler,国际对比中的电视体系,第 58/59 页。
⑤ Donsbach/Mathes,选自:Noelle-Neumann/Wilke/Schulz,新闻学,第 511 页。
⑥ Meyn,德国的大众传媒,第 221 页。

规定,因为从这些节目中获取的广告收益远远超出州传媒机构发放的遵守规定奖励金。私营电视台也早就提出,应该放松在广告播映方面的限制。同时他们还指责公共广播电视使用混合收入法,呼吁依照英国模式采用分离式的收入模式,也就是说,公共广播电视台的收入完全依靠广播费,而私营广播电视台的收入则完全依靠广告。他们认为,如此一来,他们可以从公共广播电视台那里赢得更多的广告机会,从而增强自己的发行地位和社会地位①(参照第三章,2.2.5)。

自从获得播映许可以来,私营广播电视台的广告收入一直发展良好。总体而言,电视广告市场发展迅猛。电视广告的营业额在 1984 年至 1999 年间,从 18 亿马克增长到了将近 145 亿马克。而公共广播电视台的广告收入则恰恰与之相反,1984 年其广告收入约为 18 亿马克,到 1998 年则下降至刚过 10 亿马克。所以在整体广告市场上,公共广播电视台已不再扮演重要角色。1998 年,它们仅占广告市场份额的百分之七,其余份额全在私营广播电视手中。Donsbach 和 Mathes 将这一现象称之为"辐射范围——收益——螺旋":

"较大的辐射范围是获取高额广告收入的前提条件,而高额的广告收入又是进行节目投入的前提条件(例如获取体育节目转播权等),巨大的节目投入则是节目成功并赢得更大辐射范围的前提条件。"②

因此,他们预言,私营广播电视台在今后还会取得更大的成功,③而公共广播电视台则会失去更多的广告市场份额(参见第五章)。

3.3　播出体系的国际比较

因为今后在广播电视领域有可能实行在欧洲范围内有效的、统一的法律条款,所以有必要简单了解一下其他西方发达国家在广播电视领域的现状。

德国境内有 3400 万户家庭拥有电视,电视广告年收入近 80 亿欧元,是欧洲最大的电视市场。不过德国的双元制只是多种模式中的一种,下面将简要列举一下欧洲发达国家所采用的模式④:

---

① Udo Michael Krueger,双元化时代的电视节目供应商和电视节目;选自:Jarren,广播与电视中的政治传播。第 98 页。

② Donsbach/Mathes,选自:Noelle-Neumann/Wilke/Schulz,新闻学,第 515/516 页。

③ 参见 Mattern/Kuenstler,国际对比中的电视体系,第 15 - 38 页。

④ 该引述遵照的是 Klaus Mattern 和 Thomas Kuenstner 进行的调研,参见参见 Mattern/Kuenstler,国际对比中的电视体系,第 13 - 78 页。

- 德国:"经典的"以公共广播电视为支柱的双元制;
- 英国和法国:带有巨大的商业化、免费电视市场的双元制;
- 美国:最大的自由竞争市场,其中包含以税收和捐赠为资金来源的公共广播电视;
- 澳大利亚:带有双元制基本结构的体系,公共广播电视以税收为经济来源。

在谈及对广播电视的规范和许可的同时,必须要考虑各个国家在技术方面具备的前提条件。

与美国和德国不同,英国、法国和澳大利亚的电视市场主要采取的都是地面转播方式,百分之八十以上的家庭是通过家庭天线来接收电视节目。由于网路和卫星转播方面的条件有限,非地面转播的电视节目在这些国家有较大的局限性。因为对于转播体系而言,网路和卫星无疑具有更大的传输能力,因此转播许可最初是免费或者以非常低廉的价格就可以获取的。另外,法国和英国也未对卫星节目的内容作出任何限制。[①]

而在地面转播方面,频率则相对有限,因此对许可证的发放有所限制。全国范围内只能颁发二至三个许可证。在英国、法国和澳大利亚都存在垄断性的市场份额,也就是说,只有那些可以通过地面转播接收到的电视台才能拥有较大的市场份额。而频率则发放给公共电视台和私营电视台。[②] 在这些国家,能够通过地面转播被接收到的电视台,必须在节目内容上满足一定的规定,这些规定在德国和美国是不存在的。这些规定包括:

- 不同类型的节目有最长和最短的播出时间限制(例如新闻节目和儿童节目);
- 本国的节目制作商要遵守相关的规定;
- 必须播出一定的关于本国的节目(法国和澳大利亚)。[③]

正如德国 80 年代初期刚开始双元制时一样,人们不断呼吁应该对德国的私营电视台实施类似的要求(参见 3.1)。不过不应忽略的是,德国以及美国的绝大部分观众都有条件接收到数量众多的私营电视台(以及公共广播电视台)的节目,所以是观众自己选择了这种外向型双元制(关于各种电视节目的不同观点)。英国、法国以及澳大利亚对私营电视台的节目内容加以限制管理有着

---

① Mattern/Kuenstler,国际对比中的电视体系 20,第 47 页。
② 同上,第 47/48 页。
③ 同上。

不同的前提条件,由于地面转播的方式使得观众能接收到的私营电视台有限,所以在这些地区有理由推行一种内向型双元制(在同一节目内的不同观点),并且对私营电视台的电视节目内容加以限制管理。同时我们也怀着浓厚的兴趣观望着,随着可预见的电视节目的增多(预计,如果网路和卫星技术不断发展下去,每个家庭可以接收到的电视台将达到上百个,参见第六章,5),这些国家还现行的这些限制性法规是否会发生改变。

美国对私营电视台采取的监管最少。只有基本法律中对私营电视的内容作出了一些规定。[①] 私营电视台在技术条件允许的情况下即可获得许可证。与私营广播电视并存的是依靠税收和捐款存在的公共广播电视,不过他们仅仅被看做是私营广播电视的补充和社区性的广播电视。[②] 因此,电视系统可以分为以下三种结构模式:

1. 强大的公共广播电视,私营免费电视得通过严格审核才能获取许可证,私营电视也提供较为丰富的电视内容(英国,法国,澳大利亚);

2. 强大的公共广播电视,获得许可证的私营广播电视数量众多,他们必须遵守各州制定的相关规定(德国);

3. 以市场导向为主的私营广播电视为主体,较少对其加以限制管理,依靠公共资金的公共广播电视提供的节目非常有限,仅能起到填补市场空缺的作用(美国)。

所有国家的私营电视都依靠广告收入。德国与英国、法国、澳大利亚不同,由于这里私营广播电视台数量众多,广告市场竞争非常激烈,所以只有部分私营广播电视台处于盈利区域。[③]

公共广播电视台的经费来源则各不相同。英国禁止公共广播电视(BBC)获取广告收入。BBC 的收入是依靠向观众收费(远远高出德国的收费)以及出售节目。此外,也有完全依靠广告收入的公共广播电视台(4 频道)。法国则允许公共广播电视获取广告收入,而且广告收入在总收入中甚至达到很高比例。[④] 在这两个国家中,付费电视的影响都远远超出德国(法国付费电视占 25% 的市

[①] 参见 Mattern/Kuenstler,国际对比中的电视体系,第 51 页:每周至少应该播放 3 小时的高质量的儿童节目。

[②] Mattern/Kuenstler,国际对比中的电视体系,第 33 页。

[③] Meyn,德国的大众传媒 211 页,Mattern/Kuenstler,国际对比中的电视体系,第 67 – 69 页。

[④] Mattern/Kuenstler,国际对比中的电视体系,第 58 – 65 页。

场份额,英国约18%,德国最多6%)。① 这主要是因为德国私营电视台的覆盖面太广。

在澳大利亚,公共广播电视台的资金来源由从前的观众收费转变为现在的税收,公共广播电视台几乎没有广告收入。美国的公共广播电视台主要依靠税收和捐款,不过由于公共广播电视在美国地位并不重要,②所以需要的资金也较少。

4   电视市场的变化

4.1   播放格式和内容的变化

伴随着双元制也产生了新的播放形式和内容,在此之前这些内容和形式都仅仅出现在公共广播电视节目中或者从未与观众见过面。这一过程中值得一提的是私营广播电视的几个发展阶段。从内容上讲,大的私营电视台(RTL、SAT1、ProSieben)首先是从美国引进了连续剧和电影,之后出现了较多针对德国本土观众口味的自产节目,尤其是在 RTL 和 SAT1 这两家电视台。RTL2 以及 Super RTL 则始终用所谓的"引进节目"来填充播放时间。③

伴随私营电视台出现的最引人注目的新生力量就是脱口秀。这一节目类型发展非常迅猛,1998 年 SAT1、RTL 以及 ProSieben 还为此遭到了州传媒机构的警告。在他们每天播出的诸如"Arabella"、"Vera am Mittag"等脱口秀中,主持人与情绪激动的嘉宾大谈社会上的贫困问题和阴暗面、人们的各种欲望和性话题,还有男性和女性的恐惧和幻想。④ 出现在脱口秀的如"我只站立撒尿"以及"我被孩子揍了"等话题,最终被州传媒机构警告没有遵守广播国家合约中的青少年保护条款。有的机构还对电视台采取了罚款处理。不过在州传媒机构要把"下流的脱口秀"彻底赶出下午档节目之前,私营电视台抢先采取了行动。这场争端通过"支持日间脱口秀自发请愿书"得以平息。⑤

此外也还产生了一些全新的电视节目形式,例如电视购物以及广告和电视节目的合二为一(有奖竞猜)。形式的新颖非常重要,节目形式应该轻松有趣而

---

① Mattern/Kuenstler,国际对比中的电视体系,第60页。

② 同上,第63页。

③ Meyn,德国的大众传媒,第211页。

④ 同上,第214页。

⑤ 同上,第214/215页。

又动感,那些经常在电视中露面的知名节目主持人当然是节目的中心,节目在很大程度上要靠他们来赢得收视率。[1] 同时,制作质量也在不断提高,画面效果也越来越佳。

总体看来毫无疑问的是,引入双元制之后,电视节目的内容变得更加丰富,其中科幻片、儿童以及青少年节目、动画片和广告的比例增长最为迅速,因为面向青少年和儿童的节目大多数也由科幻节目组成。[2] 另外,娱乐类节目在私营电视节目中所占的比例远远高于其在公共广播电视中占的比例。

另外一个研究的重点则是新出现的节目形式。例如在"热板凳"这类节目中,根本看不到观点的交流,吸引观众眼球的纯粹是快速的应答和毫无礼节可言的粗鲁行为,一个参与者总是被另一个参与者无礼地打断(所谓的"喧闹新闻")。[3] 另外一类新型电视节目是以"真实电视"为代表。这类节目通常对警察或者急救车进行跟踪,从而拍摄刑事追捕或者车祸的真实场景,并对其进行后期制作。这类节目往往以美国节目为样板或者干脆直接从美国引进。不过从90年代起,这类节目在私营电视台中所占的比例便非常之小,或者只出现在规模较小的私营电视台节目中。[4]

1998年Tibor Kliment 和 Wolfram Brunner 在一次涉及面很广的调研中,以新闻类节目为重点,比较了私营电视台和公共广播电视台的节目种类。而且把比较重点放在了主打新闻节目上。他们得出的结论是,私营广播电视台和公共广播电视台在这方面存在着显著差别,不过同时也可以发现存在他们相互靠拢的趋势。[5] 从节目形式上看,RTL 是实力较强的私营电视台,而 ARD 和 ZDF 则在一些节目上体现出类似之处。

就节目内容而言,可以得出以下结论:不管是私营电视台还是公共广播电视台,占据黄金时段(收视率最高时段18:00点至23:00点)的主要节目内容都是娱乐类节目和科幻节目。不过90年代末以前,两大公共电视台都做出了明显的调整:它们都显著提高了新闻所占的比例,同时大大削减了信息类节目(杂志,纪录片等)。因此,1998年,新闻和信息类节目内容在 ARD 和 ZDF 主要时

---

① Megn,德国的大众传媒,第212页。

② Udo Michael Krueger,双元化时代的电视节目供应商和电视节目;选自:Jarren,广播与电视中的政治传播,第98页。

③ 同上。

④ 同上,第213页。

⑤ Kliment-Brunner,双元化时代的节目范围和使用模式,第233/234页。

段所占的比例仅为约三分之一,科幻类节目的比例则上升到 11% 。与之相反,Kliment 和 Brunner 同时也发现,同样是在 90 年代,RTL 却将新闻类节目在主要时段所占的比例几乎翻了一番,这当然对娱乐类节目造成了负担。因此 1998 年 RTL 当年的商业广告收入也大幅滑落。[①] SAT1 和 ProSieben 不久也开始追随这一潮流。我们可以发现,私营电视台把最主要的新闻内容都集中在黄金时段(18:00 至 20:00)播出。新闻类节目在私营电视台所占比例还是远远低于其在公共电视台中占的比例。

主题分配　新闻/教育/咨询 Prime-Time 1998 年

主题	ARD 分钟	%	ZDF 分钟	%	RTL 分钟	%	SAT 1 分钟	%	Pro 7 分钟	%
政治/经济										
内政	52	8	61	9	30	4	15	4	12	4
德国外交	24	4	9	1	2	0	0	0	2	1
国际政治	113	17	61	9	6	1	15	4	31	11
经济	103	16	91	13	24	3	79	18	12	4
总量	192	44	222	31	62	9	109	25	57	20
社会/文化/环境										
社会/法律	23	4	18	3	23	3	8	2	7	2
传媒	0	0	2	0	0	0	0	0	2	1
体育	27	4	59	8	70	10	40	9	8	3
文化/科技	47	7	66	9	19	3	16	4	5	2
历史/当代史	17	3	47	6	2	0	1	0	0	0
环境/自然	58	9	63	9	10	1	13	3	13	5
日常生活	3	1	23	3	50	7	23	5	58	20
总量	210	32	293	41	317	47	119	27	104	43
软新闻										
犯罪	53	8	101	14	37	5	99	23	7	2
灾难/车祸/事故	46	7	49	7	84	12	47	11	62	21

---

① Kliment-Brunner,双文化时代的节目范围和使用模式,同上,第 245 页。

主题	ARD		ZDF		RTL		SAT 1		Pro 7	
	分钟	%	分钟	%	分钟	%	分钟	%	分钟	%
八卦	9	1	33	5	158	22	44	10	19	6
总量	108	16	183	26	279	39	190	43	88	30
其他	48	7	21	3	40	6	23	5	22	7
合计总量	658	100	719	100	721	100	441	100	293	100

资料来源：Kliment/Brunner，双元制广播体系中的主题分类，第256页，绝对播出时间以及所占比例。

　　另外，非常关键的一点是，各个电视台通过新闻类节目传达的是哪一类信息：私营电视台把重点放在娱乐新闻上，而 ARD 和 ZDF 则侧重于政治类新闻。[1]这一点在 RTL 电视台体现得尤为明显，在这家电视台八卦杂志类新闻在信息类节目中占有明显统治地位，相反，ARD 和 ZDF 则侧重于政治和经济新闻。[2] 根据 Kliment 和 Brunner 的统计，1998 年政治和经济类题材在上述两家公共电视台所占节目比例高达 30%—40%，而在私营电视台仅占 9%，或者最多在黄金时段达到 20%。[3] 所谓的"软新闻"，也就是关于犯罪、灾难或者事故的报道，则主要出现在私营电视台中。他们对这部分信息的重视程度远远高于公共广播电视。在社会、文化以及环境类节目中，私营电视台的做法也与公共广播电视台不尽相同，私营广播电视在这些节目中有着明显的日常生活导向，常常将公民个体作为主角展现在节目中。软新闻在公共广播电视中所占比例也并不算小。与私营电视台不同的是，公共广播电视往往强调的是"尖锐的"政治、经济以及社会话题，着眼点不同于私营电视台。[4] 私营电视台的非政治特征还体现在，节目的嘉宾所做的非政治性的分析评论。而 ARD 以及 ZDF 对政府、议会以及参议院进行的报道都远远多于私营电视台。私营电视台报道的几乎全是低一级的政府机构，例如贴近民生的部门或者地方性部门等。在经济和社会类节目方面也同样如此：与私营电视台相比，ARD 和 ZDF 对各大组织、协会以及企业的报道的频率都明显更高。[5]

---

① 参见 Kliment/Brunner 的调研结果，第 250 – 261 页。
② 同上，第 254 – 257 页。
③ 同上，第 256 页。
④ 同上，第 257 页。
⑤ 同上，第 257/258 页。

"在私营电视台的信息类节目中,出场的人物多没有特殊的身份或地位,这也体现了他们试图将电视节目拉近观众日常生活的尝试,不过这并不是一种严肃意义上的贴近,而是带有一定的娱乐色彩。"①

这一调查报道还显示出信息类节目在形式上体现出的差别。ARD 和 ZDF 的信息类节目主要采用的依然是播报员朗读的形式,几乎有三分之一的信息类节目都采用这种方式。而私营电视台(RTL、SAT1、ProSieben)的信息类节目则主要采用纪录片或者主持人自由讲述的形式,在 RTL,传统的新闻播报只占信息类节目的 11% 。②

这一结论在内容分析方面也再一次得以证实:在公共广播电视台的新闻节目中,政治、经济类新闻所占比例高达百分之四十到五十,远远高于私营电视台。而私营电视台对社会、文化以及环境进行的报道又远远高于 ARD 和 ZDF。此外,软新闻在私营电视台节目中所占比例也远远高于公共广播电视台。③

在对其他新闻进行的对比中还发现了另外一个不同点。RTL、SAT1 以及 ProSieben 对政治家、政府和政党的关注程度远远低于 ARD 和 ZDF。相反,这些私营电视台都更加重视对社会知名人士、体育明星或者普通公民进行的报道。在 SAT1 的节目中,体育明星的出镜频率与德国政府和政党的总出镜率相当。④

通过上述对比,Kliment 和 Brunner 得出了私营电视台和公共广播电视台之间在新闻报道方面存在的根本性差异。公共广播电视台主要依托传统的播报形式来尽可能传达"纯粹的",未经任何修饰的新闻,⑤并且主要以政治内容为导向。与之不同,私营电视台则强调与日常生活贴近的、热门的新闻,而把政治、经济新闻放在了次要地位。在形式上,私营电视台的节目也明显区别于公共广播电视台的节目,前者添加了很多娱乐成分来丰富新闻内容。这种形式被传媒界和学术界称之为"Infotaiment"(即信息和娱乐的合二为一)。⑥

这些数据(见第 183 页表)说明,1998 年,ARD、ZDF 以及 RTL 在信息、咨询以及教育方面制作了颇为丰富的节目(所占份额超过 30%)。另外,公共广播电视台采用了大量各不相同的形式来展现这些丰富的内容。在 SAT1 和 ProSieben,信息节目的

---

① 参见 Kliment/Brunner 的调研结果,第 257 页。
② 同上,第 258/259 页。
③ 同上,第 262 页。
④ 同上 264/265 页。
⑤ 同上 265 页。
⑥ Sarcinelli,传媒社会的政治传播与民主,第 434 页。

份额仅占 14%—20%,远远低于前者,而娱乐类节目也在 RTL 明显占有主要地位。①

主要新闻时段的主题分布 18:00-23:00,1998 年

主题	ARD		ZDF		RTL		SAT 1		Pro 7	
	分钟	%	分钟	%	分钟	%	分钟	%	分钟	%
政治/经济										
内政	13	12	8	6	5	3	11	8	5	5
德国外交	7	7	7	5	3	2	0	0	2	2
国际政治	12	12	18	12	5	4	15	10	14	14
经济	20	19	24	17	11	7	18	12	11	12
总量	52	49	57	39	24	16	44	29	32	33
社会/文化/环境										
社会/法律	6	6	5	36	6	3	8	5	6	7
传媒	0	0	1	1	0	0	0	0	2	2
体育	7	7	20	14	38	25	35	23	7	7
文化/科技	7	6	9	7	9	6	8	5	5	5
历史/当代史	5	5	2	2	0	0	1	0	0	0
环境/自然	6	5	4	3	6	4	4	3	6	7
日常生活	0	0	0	0	7	5	12	8	7	8
总量	36	34	70	32	66	44	69	46	15	37
软新闻										
犯罪	2	2	7	5	4	3	10	7	6	6
灾难/车祸/事故	13	12	25	17	40	26	23	15	18	18
八卦	0	0	0	0	10	6	0	0	4	4
总量	14	15	32	22	54	35	33	22	28	28
其他	2	2	9	6	8	5	5	3	2	2
合计总量	105	100	143	100	152	100	151	100	97	100

来源:Klimnet/Brunner,Angebotsprofile und Nutzungsmuster im dualen Rundfunksystem,第 263 页。

各类节目在 ARD、ZDF、RTL、SAT 1、ProSieben 所占份额(2001 年),0:00— 24:00,以 % 为统计单位的播放时间。

---

① Kliment-Brunner,双元化时代的节目范围和使用模式,第 251 页。

	ARD	ZDF	RTL	SAT1	Pro7
信息	40.4	45.5	19.8	17.1	14.9
新闻	9.6	9.9	4.6	3.2	1.3
杂志(包括娱乐)	20.0	24.4	13.7	12.8	12.8
纪录片	7.2	7.6	0.6	0.7	0.8
咨询	0.8	1.0	–	–	–
讨论/对话	1.5	1.4	0.0	0.1	1
现象分析	0.3	0.5	0.1	–	0.0
题材真实的纪录片	–	0.2	0.8	–	–
天气预报/其他	0.7	0.6	–	0.2	0.0
影视	28.8	27.9	32.2	28.6	47.2
娱乐片	19.0	14.4	6.4	8.5	23.6
电视剧	9.8	13.5	25.8	20.1	23.6
娱乐节目	9.0	9.3	18.6	25.9	15.4
杂志	–	–	–	0.9	–
报道	–	–	0.6	0.2	–
咨询	0.2	–	–	–	–
题材真实的纪录片	–	3.8	1.2	3.0	–
脱口秀	5.3	1.5	8.9	13.1	13.2
竞猜	1.8	2.3	4.9	5.0	0.2
喜剧片	1.6	1.7	2.6	3.7	1.7
其他	–	–	0.6	0.0	0.3
音乐	3.7	1.5	0.9	0.2	0.0
体育	6.8	6.0	2.8	2.0	–
儿童/青少年	8.0	6.4	4.8	3.3	4.9
其他	1.9	1.8	4.0	4.6	4.2
广告	1.4	1.6	16.9	18.1	13.4
总计	100.0	100.0	100.0	100.0	100.0
每天播出总时间/分钟	1418	1418	1440	1440	1440

以上关于 2001 年的数据分析是基于对各电视台的节目播放进行分析得出的。

资料来源：Krueger/Zapf-Schramm，节目分析 2001/1。

http://www.ard.de/ard_intern/mediendaten/index.phtml.

政治方面的信息以及观念的宣传、对实事进行的报道以及背景分析,一直以来都主要依靠公共广播电视台。私营电视台的节目在这方面仅仅起到"补充性作用"。① 这一调研结果还表明,联邦宪法对基本节目供应提出的要求,主要是由公共广播电视台来实现的,尤其是在政治、经济以及文化类节目方面。公共广播电视台在这些方面有着更为丰富的节目类型。

Udo MichaelKrueger 和 Thomas Zapf-Schramm 在 2001 年对公共广播电视和私营电视进行的调研也得出的类似的结果。② 他们在调研中对 ARD、ZDF、RTL、SAT 1 以及 ProSieben 的电视节目进行了比较分析。结果表明,信息类节目(新闻、杂志以及纪录片)在 ARD 和 ZDF 两大公共电视台的总播出时间中所占比例最高(40.4% 以及 45.5%)。而信息类节目在 RTL 的总播出时间中所占比例仅为 19.8%。不过这一比例在私营电视台中已经算最高了(SAT 17.1%,ProSieben14.9%)。在所有被调研的电视台中,信息类节目的增加占用的都是影视节目的播出时间(2.5%—4.7%)。③ 在非影视类节目中,公共电视台和私营电视台的节目重点体现得更加一目了然。

早在 1998 年和 1999 年,Krueger 就对 ARD、ZDF、RTL、SAT1 以及 ProSieben 几家电视台主要时段(19:00—23:00)的节目结构进行过研究。他们的调研也得出了基本相似的结果:1999 年,占据公共广播电视台主要时段的仍然是新闻类节目(ARD39.3%,ZDF45.4%)。有意思的是私营电视台的状况:RTL 的新闻类节目所占比例较高,达到 24.7%,ProSieben 和 SAT1 增加了主要时段的新闻类节目量(SAT1 增加了 11.6%,达到 20.8%)。ProSieben 的新闻类节目达到了 24.0%。SAT1 进行的这种调整和其进行的节目结构调整有关,这一调整对主要时段进行了重新分配,影视剧的分量下降了 16%。④

Krueger 的调研证实了 Kliment 和 Brunner 的研究结果:与初期不同,私营电视台开始越来越重视"信息"这块市场,并把这类节目主要集中到主要时段。因此,从信息类节目的数量来看,私营电视台和公共电视台在主要时段的节目内容有着趋于一致的发展势头。不过,Krueger 的调研还表明,公共电视台和私营电视台在对信息的理解上存在差异:从节目供应种类上讲,公共广播电视台在

---

① Kliment-Brunner,双元化时代的节目范围和使用模式,第 255 页。

② Udo Miachael Krueger-Thomas zapfßSchramm:节目分析 2001/I:公共广播电视和私营电视:区别依然存在;选自:传媒视野 4/2002。参见 http://www.ard.de/ard – intern – medien-daten/inde.phtml.

③ 同上。

④ Kueger:公共广播电视与私营电视之间的区别,选自:传媒视野 7/2000,第 281 页。

新闻领域和政治信息方面明显占有优势。这两类节目占 ARD 节目总量的
10.7%，ZDF 的 9.0%，而只占 RTL 的 7.0%，另外两家私营电视台 SAT1
(2.7%)和 ProSieben(1.4%)则更逊一筹。[1] 在政治类信息方面也呈现出类似
的情况：ARD 和 ZDF 这方面的节目量占总节目量的 6.2% 和 5.4%——与之相
对的是 RTL0.9%、SAT1 0.2% 以及 ProSieben 的 0.1%。独立的经济类节目则
仅出现在 ARD 和 ZDF 两家公共电视台。[2]

1998 年和 1999 年 ARD，ZDF，RTL，SAT1 和 ProSieben
19：00—23：00 间的节目结构（%）

	ARD		ZDF		RTL		SAT1		Pro7	
	1998 年	1999 年	1998 年	1999 年	1998 年	1999 年	1998 年	1999 年	1998 年	1999 年
信息/教育	37.0	39.3	46.4	45.4	25.5	24.7	9.2	20.8	21.6	24.0
新闻	16.2	16.3	17.4	17.0	3.0	3.1	–	0.2	5.2	6.1
政治类信息	12.4	15.5	12.5	10.2	4.7	2.3	2.2	–	0.9	0.7
经济节目	0.8	1.6	1.4	2.5	–	–	–	–	–	–
历史节目	–	0.6	0.9	1.6	–	–	–	–	–	1.0
文化节目	1.8	1.0	1.9	2.3	–	–	–	–	–	–
科学/科技	1.6	0.4	3.8	1.2	–	–	0.4	0.5	3.2	8.5
日常生活/咨询	–	0.4	3.9	2.9	0.2	–	–	0.3	–	–
自然与动物	1.3	1.3	1.7	3.1	–	–	–	–	–	–
社会节目	1.3	0.6	0.9	1.6	–	–	–	–	2.0	1.4
八卦节目	–	0.4	–	–	10.5	11.0	5.0	6.9	9.8	4.2
文娱节目	0.6	–	0.7	1.2	4.9	4.7	1.5	5.7	–	1.5
真实素材类节目	–	–	1.0	1.0	2.1	3.5	–	7.2	–	–
影视	28.6	35.7	26.6	31.2	39.7	45.3	50.5	39.9	49.9	47.6
文娱片	1.8	3.0	1.4	1.4	5.5	13.4	7.3	11.7	31.2	28.9
电视片	10.7	8.4	12.9	10.8	4.8	4.1	8.5	12.5	6.0	6.0
电视连续剧	15.4	24.3	12.3	19.0	29.4	27.9	34.7	15.8	12.7	12.7
舞台剧	0.6	–	–	–	–	–	–	–	–	–

① Kueger：公共广播电视与私营电视之间的区别，选自：媒体视野 7/2000，第 282 页。
② 同上。

	ARD		ZDF		RTL		SAT1		Pro7	
	1998 年	1999 年	1998 年	1999 年	1998 年	1999 年	1998 年	1999 年	1998 年	1999 年
非影视类的娱乐节目	10.1	10.5	7.7	10.8	7.8	5.6	4.0	10.8	4.9	4.4
脱口秀	1.9	–	2.7	0.6	–	–	0.7	–	1.8	0.7
游戏/秀/其他	8.2	10.5	5.0	10.1	7.8	5.6	3.4	10.8	3.1	3.7
音乐	6.6	6.4	3.2	3.3	0.7	–	–	–	–	–
体育	11.0	1.2	10.3	3.6	4.0	0.6	9.7	4.2	–	0.2
其他	3.0	2.9	2.2	1.6	4.0	3.8	3.2	3.0	3.9	3.4
广告	3.8	4.0	3.7	4.1	18.3	20.0	23.4	21.2	19.7	20.4
合计	100.0	100.0	100.0	100.0	100.0	100.0	100.0	100.0	100.0	100.0

资料来源:Krueger 传媒视野 7/2000,表格 5,第 286 页。

而在对节目内容进行分析时,Krueger 和 Kliment 以及 Brunner 也得出了相似的结果。[1] 在政治、经济、社会、法制、文化以及科学这些领域,公共广播电视台明显占据优势,而私营电视台的重点则体现在八卦、生活、灾难以及犯罪等方面。[2] ARD(26.6%)和 ZDF(28.8%)播出的信息类节目有四分之一以上都是关于政治或者经济话题。而这一比例在 RTL、SAT1 和 ProSieben 则分别为 4.2%,6.6% 和 5.1%。[3] 八卦、灾难以及犯罪类信息在 ARD(4.0%)和 ZDF(3.9%)占有的比例也不大,而在 RTL(14.2%)和 SAT1(13.2%)占有的比例则是前者的三倍之多。[4] 通过总结分析,Krueger 得出了下述三种节目类型[5]:

1. 以政治为主的节目:这类节目以政治/经济以及社会/法制信息为重心。除了"明镜 TV 杂志"和"明镜 TV 报道"以外,这类节目全都来自 ARD 和 ZDF。

2. 由非政治类节目综合而成的节目:这里主要涉及的话题是日常生活/教育冲突、两性、业余生活/体育、犯罪、事故、动物/自然等。公共电视台以及私营电视台,甚至地区性电视台的杂志类节目均涉及这一类型的节目。

3. 以娱乐内容为主的节目:这里涉及的主要话题是八卦/生活/人物。他们

---

[1] 有关分析的方法论,同上,第 278 页。

[2] 同上,第 283 – 285 页。

[3] 同上,第 289 页。

[4] 同上。

[5] 同上,第 290/291 页。

是政治类节目的对立面,主要出现在私营电视台中。

通过分析,Krueger 得出结论,在信息类节目方面,"公共广播电视台和私营电视台的内容存在着巨大的差距。在话题选取以及节目范围上,他们都显示出对信息的不同理解以及处理信息的不同方式。公共广播电视台力图实现一种广泛涉及政治、经济以及社会的信息平台,而这些方面却是私营电视台所忽略的"[1]。

公共广播电视台涉及的话题都具有与社会密切相关的特征,并且密切关注公众生活。相反,私营电视台关注的重点则是八卦/生活/名人、犯罪、灾难等,这些话题在 ARD 和 ZDF 所占比例都非常之小。大多数这类节目的共性在于,贴近个人的日常生活,不符合常规,并且带有作秀的成分。[2]

非实事类信息节目的内容结构 1999

	ARD		ZDF		RTL		SAT1		Pro7	
	分钟※	%	分钟	%	分钟	%	分钟	%	分钟	%
政治/经济	95	26.6	119	28.8	9	4.2	10	6.6	9	5.1
社会/法制	16	4.5	48	11.6	2	1.0	7	5.0	3	1.8
文化/科学	29	8.1	64	15.6	10	4.7	14	9.6	29	16.9[3]
福利/健康	32	9.0	32	7.7	25	11.9	10	7.1	16	9.4
动物/自然	41	11.5	33	8.0	6	3.0	9	6.0	8	5.0
业余生活/体育	41	11.5	19	4.6	12	5.6	12	8.5	5	3.1
日常生活/教育冲突	3	1.0	9	2.1	5	2.2	3	1.9	5	3.0
八卦/名人	24	6.7	36	8.8	70	32.8	47	32.0	53	30.8
爱情/两性	0	0.1	0	0	4	2.1	1	1.0	2	1.4
灾难/事故	5	1.5	6	1.5	12	5.7	6	4.4	8	4.4
犯罪	9	2.5	10	2.4	18	8.5	13	8.8	19	11.2
其他	4	1.2	2	0.5	3	1.5	4	2.4	3	1.7
综合类	57	15.8	35	8.5	36	16.8	10	6.6	10	6.0
合计	358	100.0	412	100.0	213	100.0	146	100.0	171	100.0

※每天

资料来源:Krueger 传媒视野 7/2000,图表 6,第 288 页。

---

① Kueger,公共广播电视与私营电视之间的区别,第 295 页。
② 同上。
③ ProSieben 在文化和科技领域增加的节目量非常引人注目(16.9%)。对此,"Galileo"这一节目也作出了显著贡献。

4.2 趋同论点

随着私营电视台的不断壮大发展,以及对电视节目内容和形式的不断深入研究,人们也开始谈论起趋同论点。[①] 这一论点指出,在德国的双元制广播电视体系中,存在着让公共广播电视与私营电视越走越近的结构性因素。[②] 并且这一论断也随着时间不断地被细化:随着公共广播电视和私营电视台之间的竞争日益激烈,两类电视台在主要时段播出的节目有可能在结构、内容以及形式上会趋于一致。这种趋同不应导致公共广播电视台的节目水准下降,而私营广播电视台则可能在形式和内容上向公共广播电视台靠拢。这一趋同过程绝不是强制产生的结果。[③]

Heribert Schatz 认为,"娱乐成分较重的混合型节目"对观众的影响力是最大的。[④] Schatz 还认为,"如果相互竞争的两大类电视台(私营电视台和公共广播电视台)想要提高收视率,那么就需要让他们的节目向着以娱乐为主的混合类型节目发展。"[⑤]这意味着,公共广播电视台将会给主要时段的节目赋予更多的娱乐元素,否则他们将可能会失去相当一部分观众。另一方面,之前极端重视节目娱乐性的私营电视台,也应该考虑如何为节目适当添加更多的信息容量,这样才能赢得更多的观众。[⑥] 正如 Kliment 和 Brunner 以及 Krueger 的研究结果表明的一样,这种趋势已经出现了:公共广播电视台为他们的节目增加了娱乐性元素,并使节目形式变得更加"现代化"[⑦],另一方面,私营电视台与早期的"狂野年代"(Schatz)相比,也增加了信息类节目的比例。[⑧] 对此,Krueger 早

---

① 参见,Heribert Schatz,有关统一理论的进一步发展;选自:传媒 Nr. 1/1992,第 49 – 52 页。

② 参见 Hamm,双元体系的未来。

③ Heribert Schatz,双元体系中的广电发展:统一理论;选自:Jarren,广播与电视中的政治沟通。

④ 同上,第 69 页。

⑤ 同上,第 70 页。

⑥ 同上。

⑦ 近期的实例就是 ARD 傍晚节目的统一化处理,其目的在于创造更好的节目环境。参见 Schatz,双元化体系中的广播发展,第 75/76 页。

⑧ 参见 Kliment-Brunner,双元化时代的节目范围和使用模式;Krueger,公共与私营电视中的不同的信息理解;Thomas Bruns/Frank Marcinkowski,电视中的政治信息。关于新闻以及政治节目中政治传播的改变的长期调查,Opladen,1997。Merten 认为,私营电视在这方面不会有所改变,发生改变的只会是公共广播电视,不过这推测是在 1980 年至 1993 年间做的调查中提出的。参见 Klaus Merten,德国电视节目的趋同化,Muenster,1994 年,第 4 页。

在 1993 年就说过:

"多样性原则,也就是公共广播电视台一贯采用的将信息、影视、非影视娱乐、音乐、体育和儿童节目以适当比例混合的做法,现在已经成为所有节目的结构性指导原则。"①

Schatz 认为,只有当两大类电视台达到稳定的平衡后,这种趋同趋势才会终止。② 他还指出,趋同过程是两大类电视台相互竞争进程中难以避免的,在这一过程中,电视台不得不朝着观众所喜欢的方向来改进节目内容,而原本离观众口味越远的电视台,进行这种改进的压力就越大。③ 只要私营电视台的节目还没有以最合理的方式来迎合观众,他们也同样面临着这样的压力。④

当然,Schatz 的观点并不代表着,所有的节目内容和节目形式都会变得毫无差别。这种观点只是表明,混合了娱乐、影视、体育和信息的节目将会最大范围地赢得观众。

私营电视台在主要时段涉及了全面的信息内容,这一点是与趋同论点一致的,不过在传统的新闻传递(硬新闻:与政治、经济、社会相关的新闻)方面,不同电视台间不论在形式,还是内容上都存在差异。⑤ 这时,趋同表现得最不明显。⑥

1991 年至 2000 年信息和教育类在各电视台所占比例

(单位:%)

	1991 年	1992 年	1993 年	1994 年	1995 年	1996 年	1997 年	1998 年	1999 年	2000 年
ARD	36.9	38.2	39.4	38.4	39.5	42.1	43.3	41.8	44.6	38.3
ZDF	40.1	39.9	44.7	45.0	43.6	40.5	44.9	42.3	45.7	47.2
RTL	15.1	17.1	18.1	20.0	13.6	17.3	16.7	20.2	23.2	21.4
SAT1	20.0	21.1	17.7	16.6	13.9	12.6	16.1	16.7	19.2	18.5
ProSieben	4.6	5.6	5.4	5.0	9.6	11.6	9.3	8.6	13.3	13.4

资料来源:Krueger/Zapf-Schramm,德国电视中的差异研究。节目分析 2000;传媒视野 7/2001。

---

① Udo Michael,Krueger,电视节目的连续性和改变;选自:传媒视野,6/1993,第 265 页。
② Schatz,双元化体系中的广播发展:趋同化理论,第 70 页。
③ 同上。
④ 同上。
⑤ 参见 Kliment-Brunner,双元化时代的节目范围和使用模式;Krueger,公共与私营电视中的不同的信息理解。
⑥ 参见 Scharf,政治观点中的新分裂主义,第 108 页。

Schatz 认为,公共广播电视台之所以能保持相对的稳定性——尤其是信息类节目方面——主要是因为,"如果他们在节目内容上与私营电视台过分靠近,那么他们向观众收取广播费的特权就有可能会动摇"①。由于宪法中明确规定,公共广播电视台的节目质量不可能发生明显下降。"如果公共广播电视台想降低他们主要节目的质量,就会违反宪法的规定。"②当然,这样的看法并不完全符合事实,因为只有在接收到起诉的情况下,联邦法院才能采取干预手段,而这中间有着很大的回旋余地。不过,私营电视台和公共电视台之间的节目依然有可能在一定程度上朝着趋同的方向发展。(参见第三章,2.2.2、2.2.2.4 和 2.2.6)双元化对电视市场产生了持续性的影响。市场上出现了提供新节目的新供应商。其中一些节目和节目形式被保留了下来,而另外一些则已经销声匿迹了。问题是,人们在多大程度上利用了这些新节目?公共电视台的节目,尤其是新闻类节目有没有被这些新节目所替代?这些新节目对电视中的政治信息传播产生了哪些影响?人们对于电视公众的讨论是否过多?这种讨论又会引起哪些后果?我们将在下一章继续讨论这些问题。

---

① Schatz,双元化体系中的广播发展,第 76 页。
② 同上。

第 五 章

双元化导致的结果
——讨论中的公共广播电视

1 从政治信息类节目看电视节目的实际作用

我们已经看到,随着电视体系双元化的产生,电视节目变得日益丰富,电视节目内容的构架也随之发生了改变。影视类节目、少儿节目、动画片以及广告大幅度增加,信息类和体育类节目则有所减少。与双元化之前的时期相比,现在电视节目的总趋势走向了影视和广告。①

电视节目内容的扩展还远没有看到尽头,仅 1990 年到 2000 年之间电视节目内容就翻了五倍。② 随着新供应商的加入以及传输技术的数字化,这一趋势还将继续持续下去,当然扩展的速度不可能再像 20 世纪 80 年代末、90 年代初那么迅猛。而在特定观众群与专业内容领域,这种节目内容的扩展也是不可避免,甚至可以说是被热切期待的。

尽管如此,信息/娱乐信息/政治依然是最重要,并且所占比例最大的节目领域。如今,电视中出现的政治节目比双元化之前以及双元化之初明显要多。1989 年到 1994 年,新闻和信息类节目的数量甚至翻了一番③,原因之一当然是私营电视台也发现了这块市场。在双元化的过程中,私营电视台虽然在一定程度上改变了政治类节目,但是并没有使其发生根本性的改变,更谈不上"政治节目的完全娱乐化"④。目前,仍然有大量的政治类节目保持了严肃的特征,娱乐

---

① Krueger,双元体系中的电视供应和电视节目,第 104 页。
② Van Eimeren/Ridder,1970 年至 2000 年媒体使用和评估中的趋势,第 544 页。
③ Kiefer,大众传播 1995,第 247 页。
④ Marcinkowski,借助电视和广播来实现的政治传播,第 172 页。

元素在这些节目中并不常见。

不过,这里要回答的关键问题不是电视节目的发展,而是电视节目对公众产生的作用,尤其是政治信息类节目。下面我们就将探讨一下"双元化时代"电视的作用,并且将重点探讨一般信息类节目以及政治信息类节目的作用。

1.1 从双元化开始直到 90 年代末之间电视作用的发展

随着电视节目的爆炸性增长,电视消费也越来越多,当然跟供应方相比观众数量少很多。1990 年,平均每个观众对应 8 个电视节目,到 2000 年已经增加到 38 个节目。[1] 而这期间的电视消费"仅仅"增长了 37%(每天收看电视时间从 135 分钟增长到 185 分钟,示意图参看第三章,4.2)

电视消费之所以增长,原因很多。一方面是由于工作时间的缩短让人们有了更多的业余时间,另一方面也是由于老年人的快速增多,并且成为电视消费的主要群体。[2] 不过起关键作用的还是电视节目的新结构。从一开始,私营电视台就把节目重点放在影视节目和娱乐节目上,为的是更好的迎合 14 岁至 49 岁之间的这一目标群体[3]。这些节目显然为私营电视台赢得了不少观众。尤其新兴的节目类型,例如脱口秀、肥皂剧以及八卦杂志等,至今都享有很高的收视率。还有一个重要因素就是,电视已经逐渐从一种信息媒介转变为娱乐媒介。

观众在收视行为方面也产生了两大显著变化:一方面电视成为"熨斗电视"[4]:新的电视形式非常适合同时与其他行为一起进行。电视发展成为一种陪伴性的媒体,并且成为广播的直接竞争对手。原来那些多在下午专为儿童播放的广播剧在收听率方面损失惨重。

另一方面,新产生一大批以娱乐为导向的电视观众,而以信息为导向的观众数目却基本保持不变。Harald Berens、Marie-Luise Kiefer 和 Arne Meder 在他们的长期调研中得出,专门收看娱乐节目的观众群体增长明显,而观众群体在其他方面的变化则是"缓慢而不明显的"。[5] 在调研期间,他们确定,观众中已

---

① Van Eimeren/Ridder,1970 年至 2000 年媒体使用和评估中的趋势,第 544 页。

② 同上。

③ 同上。

④ 同上,第 545 页。

⑤ Berens/Kierfer/Meder,双元化时代媒体使用的定向化,第 80 页。

经形成了娱乐收视群体、信息收视群体和混合收视群体,不过这些群体之间并不存在绝对的界限。①

以娱乐为导向的观众群体在 1985 年还仅占全体观众的 31%,而到 1995 年,这部分人群已经增加到 39%。在此期间,将电视主要看作新闻媒介的观众群所占比例则从 41% 下降到 32%。位于两者之间的混合型观众群体所占比例则基本保持不变(1985 年 24%,1995 年 27%)。调研机构还发现,消耗在电视方面的时间的增长主要源于那部分以娱乐为导向的观众群体。Berens、Kiefer 和 Meder 还发现了一个新的观众群体,这一群体主要以年龄层低(30 岁以下)和接受正规教育程度较低为特征。② 不过调研还显示,在接受过高等教育,并对政治有着一定兴趣的电视观众群体中,对娱乐节目的兴趣也在不断提高,而对资讯的兴趣则有所下降。③

不过上述调研得出的最值得关注的一个结果是,以资讯为导向的观众大多数都主要收看公共电视台,而以娱乐为导向的观众则主要收看私营电视台。④ Berens、Kiefer 和 Meder 发现,在 1985 年到 1995 年间迅速增长起来的这部分观众基本上是既选择公共电视台,也选择私营电视台。不过私营电视台的"独家观众"则主要是以娱乐为导向的群体,相反,公共电视台的"独家观众"则主要是以资讯为导向的群体。⑤ 而两类电视台都收看的观众群中也开始出现娱乐占主导的趋势。⑥ 在公共电视台的"独家观众"中,有 80% 都以了解资讯为目的,而私营电视台的"独家观众"中只有 50% 的人以了解资讯为目的。另外一半的观众则关注节目中的娱乐内容。⑦

Berens、Kiefer 和 Meder 对上述两类独家观众进行了进一步的调研,结果得出,他们不仅在社会方面存在差异,而且在使用媒体方面又有所不同。公共电视台的核心观众群收看新闻节目的时间是私营电视台核心观众的两倍之多,而

---

① 信息导向观众指的是其收看的 60% 或者以上的节目为信息类节目的观众,娱乐导向的观众指的是其收看的 60% 或者以上的节目为娱乐节目的观众,混合类观众指的是收看其他类节目超过 60% 的观众。Berens/Kierfer/Meder,双元化时代媒体使用的定向化,第 82 页。

② Berens/Kierfer/Meder,双元化时代媒体使用的定向化,第 85 页。

③ 同上,第 86 页。

④ 同上,第 87 页。

⑤ 同上。

⑥ 同上,第 85 页。

⑦ 同上,第 87 页。

他们收看政治报道以及杂志节目的时间甚至是私营电视台核心观众群的四倍之多。"而两类观众群在使用信息类节目方面之所以在总体上没有太大差别，是因为与公共电视台的核心观众群相比，私营电视台的核心观众更经常关注短新闻。"①对于娱乐类节目的使用则显示出全然不同的结果，私营电视台的波及面是公共电视台的两倍之多。

独家观众的收视情况 1996 年(每天用%来体现的波及面"※)

	公共电视台拥有的 以资讯为导向的独家观众	私营电视台拥有的 以娱乐为导向的独家观众
政治信息　总体	83	50
短新闻	19	28
详细新闻报道	76	31
政治报道/杂志	17	4
信息　总体	87	54
地方信息	16	4
专门信息	28	14
娱乐　总体	48	88
影视类娱乐	40	81
非影视类娱乐	6	24
音乐类娱乐	7	11
体育	13	15
广告	5	22

※观众每天至少收看一次相关的电视节目。

资料来源：Harald Berens, Marie-Luise Kiefer, Arne Meder, 双元制体系中的传媒使用分类, 选自: 传媒视野 2/1997, 第 87 页。

---

① Berens/kierfer/Meder, 双元化时代媒体使用的定向化, 第 87 页。

这两类观众群在对其他媒体的选择上也体现出类似的差异。1995年,公共电视的独家观众中有79%会定期看报纸(其中64%会关注政治内容),而私营电视台的独家观众中只有52%有阅读报纸的习惯(其中只有29%关注政治内容)。①

通过这一观察,Berens、Kiefer 和 Meder 得出了以下两个结论:一方面,在双元体系中新产生的电视节目并没有唤起观众新的兴趣,新的节目依然满足的是在观众中早就存在的收视兴趣和要求,这些兴趣在双元化实施以前并没有受到公共电视台的足够重视,现在每个节目都非常关注这一点。

另一方面,也渐渐出现了节目类型集中化的趋势,这导致观众对电视的使用越来越单一化。② 由于这一趋势与一些特定的社会结构特征相关,因此在电视使用方面,尤其是在政治节目收看方面也产生了一道社会鸿沟,这一鸿沟有可能会对"民主国家体制产生负面影响"。③

1995年进行的"大众传媒"调查也在很大程度上证实了 Berens、Kiefer 和 Meder 的结论:1995年,政治类节目的覆盖率仅为59%(这些观众每天用于收看 ARD、ZDF 等公共电视台的时间为28分钟,用于收看 RTL、SAT1 等私营电视台的时间则为10分钟)。④ 这样的覆盖面已经远远低于70年代初期的水平。1980年公共电视台的覆盖率高达68%,1990年依然保持在65%(所谓的覆盖率是指:百分之几的观众每天至少收看一分钟电视节目)。⑤

政治类节目覆盖率的下降不仅仅涉及电视领域:与1990年相比,几乎所有日常媒体(电视、报纸、广播)政治内容的覆盖率都大幅下降。1990年,每天至少有90%的人会接触上述三种主要媒体中的至少一种提供的政治信息,到1995年,这一数据下降到了82%。⑥

在这一背景下,单个的政治类节目在不同程度上经历着观众的流失。ARD的每日新闻和 ZDF 的"今日"栏目在新闻类节目中的收视率始终领先于私营电视台的节目——尤其是每日新闻一直保持了最高的收视率,它的八点档栏目甚

---

① Berens/kierfer/Meder,双元化时代媒体使用的定向化,第87页。

② 同上,第90页。

③ 同上。

④ 参见 Wolfgang Darschin/Bernward Frank,1995年收视行为,收视习惯以及节目评价中的趋势,选自:传媒视野4/1996,第174–185页。

⑤ 传媒视野基本数据。德国传媒状况的相关数据1996年,第71页。

⑥ Berg/Kiefer,大众传播,第187页。

至在 1995 年评选的覆盖率 50 强节目中,至少 24 次榜上有名。1996 年,平均每天有 844 万观众收看"每日新闻",533 万收看"今日",425 万收看"RTL 实事",179 万收看"SAT1 新闻"和 106 万收看"ProSieben 新闻"。[1] 电视观众对新闻体现出的兴趣也体现在广泛的民意调查中:在最感兴趣的节目方面,新闻类节目通常都名列前茅。[2]

不过新闻类节目一直以来享有的欢迎程度却并没有波及其他的政治类节目:以分析新闻背景为主的政治电视杂志在 1985 年至 1995 年之间流失了一半的观众。而 ARD 和 ZDF 的外国杂志栏目也经历同样惨重的观众流失。[3] 相反,采用了新形式,并添加了八卦内容的"政治秀"等栏目却在 90 年代初期赢得了不少观众:1995 年有将近四百万观众收看 ZDF 的"前沿",而 RTL 的 Spiegel TV 和 Stern TV 也收获了同样多的观众。[4]

不过这一趋势没有能够保持下来:进入 90 年代之后,它们要么销声匿迹,要么朝着八卦方向发展。不过依然有个别节目保持了良好的收视率,这也使得公共电视台的节目形式得到了新鲜血液的充实,它们主要以政治人物的冲突为重心(例如政客脱口秀、柏林中心等)。这些节目主要赢得了 30 岁至 49 岁这个年龄段的观众。[5] 而早先的公共电视台的政治杂志类节目所经历的惨重的收视率下滑,在 Tenscher 看来,也是由于双元化时代的竞争造成的:

"与新闻类节目相比,ARD 和 ZDF 的政治杂志类节目受到的来自私营电视台的挑战要严峻得多。所以,公共电视台的新闻节目能够凭借其很强的实事性、简短特征以及长期保持的黄金档播出时间保持居高不下的收视率。但是杂志类的政治节目并不具备这些优势,所以在面对竞争时,难免会遭遇观众的流失。"[6]

Kliment 和 Brunner 在 1998 年[7]进行的调研也证实了上述论断。同时,他们二人还调研了在信息领域各个电视频道在多大程度上被得以利用,并且得出,ARD 和 ZDF 这两家公共电视台每天都有三分之一的时间用于播放新闻和资

---

[1]　Darschin/Frank,1995,收视行为,收视习惯以及节目评价中的趋势,第 181 页。

[2]　Uwe Hasebrink,个性化传媒时代的政治传播;选自:Sarcinelli,传媒社会的政治传播与民主,第 352 页。

[3]　Marcinkowski,借助电视和广播来实现的政治传播,第 176 页。

[4]　同上。

[5]　同上,第 174 – 178 页。

[6]　Tenscher,电视政策,第 198 页。

[7]　Kliment-Brunner,双元化时代的节目范围和使用模式。

讯。而 SAT1 和 ProSieben 则只有百分之十的时间用于新闻和资讯,RTL 在这方面花费的时间居中。① Kliment 和 Brunner 认为出现这样的差异是因为"观众也参与到各个电视台的重心的构成中,不同的频道有不同的主要观众群,所以节目供应上也会出现一些差异"。②

这个报告还证实了公共电视台在新闻信息领域的强势地位。Kliment 认为这种强势地位是源于"模范式的专业性"以及几十年以来的不可比拟的优良品质。③ 另一方面,他们也指出,公共电视台必须在非实事性的资讯类节目方面(例如杂志、报道)有所突破。在这方面他们还有很大的提升空间。在这方面,私营电视台的节目供应和需求基本保持平衡。④

在对观众的统计方面,Kliment 和 Brunner 也得出了与上述调研类似的结论:ARD 吸引的主要是年纪较大、有着较高文化程度而且关心政治的观众。这部分观众的需求主要在于资讯方面。ZDF 的主体观众群也有着类似的特点。Kliment 和 Brunner 由此得出,公共电视台主要吸引的是同一类观众群体。⑤

与之相反,私营电视台吸引的主要是以电视消费为主、政治兴趣不高的观众群。这些观众的受教育程度也较低,主要通过电视追求娱乐,这部分观众年龄也相对年轻。ProSieben 就是他们最突出的最爱。⑥

此外,Kliment 和 Brunner 还通过调研得出,不管公共电视台还是私营电视台都已经培养了一批自己的专属观众(调查结果显示,超过三分之一的观众收看公共电视台与私营电视台的频率相同,四分之一的观众只喜欢收看公共电视台,而还有三分之一的观众则几乎只收看私营电视台⑦)。而公共电视台之间则非常接近:喜欢收看 ARD 的观众也经常收看 ZDF,反之亦然。这种"接近度"也在一定程度上适用于第三套节目。私营电视台之间也体现出这种接近性,尤其是在 RTL 和 SAT1 之间。Kliment 和 Brunner 认为:

"观众对一个电视体系的偏爱几乎就意味着对另一个电视体系的反感。私

---

① Kliment-Brunner,双元化时代的节目范围和使用模式,第 266 页。
② 同上,第 267 页。
③ 同上。
④ 同上。
⑤ 同上,第 274 页。
⑥ 同上,第 274/275 页。
⑦ 同上。

营与公共电视台仿佛成为了对立的体系。观众即便换台,也是在同一体系内更换频道,因为只有在同一体系内他才能最快找到他期望的节目内容。"①

通过对电视用途(私营电视台的观众主要追求娱乐,公共电视台的观众则主要追求信息)以及对观众群体的分析,Kliment 和 Brunner 得出:

"公共电视台主要吸引的还是较为年长的观众群,他们文化程度较高,对政治感兴趣,看电视主要是为了获取资讯,而并非为了娱乐。"②

此外,他们还得出,电视观众的基本需求,一如既往的还是主要通过公共电视台的节目来满足的。③ 而在观众中进行的调查也证实了他们的观点:在 1997 年进行的民意调查中,ARD 在资讯领域的节目依然遥遥领先,有一半的观众认为 ARD 的新闻节目是最好的。还有三分之一的观众认为,ARD 拥有最好的政治和经济类杂志。ZDF 则选择了资讯与娱乐的折中,在观众拥有度方面它也在多个节目领域处于领先之列,不过没有在哪一方面夺得第一。还有四分之一的观众认为,第三套节目提供了最优秀的文化类节目,而私营电视台则主要起到了消遣娱乐的作用。④

而对于一个频道而言,它的新闻节目有着至关重要的意义。新闻对于政治以及社会信息起着举足轻重的作用,并在很大程度上决定了,公共电视台作为帮助公众观念形成的媒介,能在多大程度上发挥作用。因此 KLiment 和 Brunner 认为,观众对这类节目的认可度便是检验这些节目是否实现它们的基本功能的最好指标。⑤

调查表明,"每日新闻"凭借其90%的观众熟知度几乎为全体观众所知;大约四分之三(76%)的观众知道 ZDF 的"今日"节目;"RTL 实事"和 STA1 的新闻节目(18:30)的观众熟知度则相对较低,"ProSieben 新闻"名列末位。不过在 14 岁至 29 岁,以及对政治不太感兴趣的观众群中,调查结果则有所不同:1997 年,在这一群体当中,"今日"位于"每日新闻"和"TRL 实事"之后,名列第三。而那些收看公共电视和私营电视台频率相同的观众,对"每日新闻"和"今日"的熟知度也远远超出对私营电视台的新闻节目。⑥

---

① Kliment-Brunner,双元化时代的节目范围和使用模式,第 276 页。
② 同上,第 279 页。
③ 同上,第 283 页。
④ 同上,第 284 页。
⑤ 同上,第 289 页。
⑥ 同上,第 289 – 291 页。

各电视台对比"……带来了……领域最好的节目"（1997 年调查）

新闻		政治/经济		文化		资讯		区域性节目	
ARD	47	ARD	38	Dritte	27	ARD	33	Dritte	72
ZDF	16	ZDF	26	ARD	16	ZDF	20	ARD	7
RTL	13	RTL	6	ZDF	14	Dritte	18	ZDF	4
N－TV	7	SAT 1	4	Arte	9	Sat 1	4	RTL	2
PRO 7	5	Dritte	4	3sat	6	RTL	4	Sat 1	1
SAT 1	4	n－TV	2	Vox	3	Pro 7	1	Pro7	1
DRITTE	2	PRO－7	2	RTL	2	—	—	—	—
—	—	—	—	Sat 1	2	—	—	—	—
—	—	—	—	Pro 7	1	—	—	—	—
其他	2	其他	3	其他	2	其他	2	其他	3
未知	5	未知	15	未知	20	未知	17	未知	11

脱口秀/讨论		八卦		体育		竞猜		电影	
Sat 1	22	RTL	34	SAT 1	18	RTL	28	Pro 7	30
RTL	20	ARD	9	EU. sp	17	ZDF	21	ZDF	14
Dritte	13	SAT	18	DSF	15	SAT1	16	RTL	13
ARD	11	ZDF	6	ARD	10	ARD	9	SAT 1	10
ZDF	11	Pro 7	4	RTL	9	Pro 7	1	ARD	9
Pro 7	3	Dritte	4	ZDF	9	Dritte	0	Prem.	3
—	—	—	—	Prem.	2	—	—	Kab. 1	13
—	—	—	—	Dritte	1	—	—	Dritte	3
—	—	—	—	—	—	—	—	RTL 2	2
其他	2	其他	4	其他	3	其他	2	其他	2
未知	19	未知	31	未知	17	未知	22	未知	12

资料来源：Tibor Kliment/Wolfram Brunner，二元体系中的节目分类和使用模式；选自：Ingrid Hamm（出版人），二元体系的未来，Guetersloh 1998，第 285/286 页。

通过观众对五大主要频道进行的质量上的评价也可以得出清晰的结论：在五个被问的特性中有四个（"可信"，"平衡"，"报道清晰完整"，"新闻和评论相分离"）都被"每日新闻"获得最佳，"今日"紧随其后。有 37% 至 61% 的被调查者都对公共电视台表示支持，而只有一半的被调查者对私营电视台表示支持

（RTL、SAT1 和 ProSieben 获得的评价非常相近）。[①] 这一结果表明,在新闻报道方面,公共电视台处于领先地位。另外,不同年龄段以及不同文化程度的观众群在对公共电视台新闻节目的积极评价方面也体现出了一致性。[②]

在普遍的调查中,ARD 被观众认为是 1997 年在资讯方面做得最好的电视台,也是最经常关注社会问题和话题的电视台。[③] 有趣的是,调查结果还反映出,第三套节目在观众心中是对公民个体以及公众事务关注最多的电视台,并且是一家为弱势群体提供最多发言权的电视台。[④] ZDF 获得的评价与 ARD 相似,不过有小小的差距。[⑤] 而基本供应类节目所要求体现的特性大部分是由 ARD 和第三套节目来完成的。[⑥] 不过 RTL 在这方面也改进了不少:在 1997 年的调查中,RTL 被认为是揭露不良现象最多(27%),内容最丰富(20%)的电视台。值得一提的是,在基本供应类节目所要求的全部特征中(信息量大、揭露问题、多样性、为弱势群体提供发言权等),RTL 的排名始终名列前三。[⑦] 不过我们同时也必须注意,对一个电视台的评价,由于观众群体的差异,并不具有完全的可比性。不过观众对公共电视台以及私营电视台在评价上的巨大差异已经说明,尽管公共电视台在 90 年代初期收视率有了很大下降,但是他们在观众心目中的地位依然远远高于私营电视台,而且被认为是发挥着标榜作用的电视台。

Kliment 和 Brunner 还指出,在私营电视台出现以前成长起来的观众还是比较忠实于公共电视台,或者只把私营电视台作为补充来收看,而那些从一开始就已经接触私营电视台的观众,则比较亲近后者。也就是说,电视消费始终更是一个年龄代的问题。[⑧] Kliment 和 Brunner 认为,双元化出现之后,尤其是年轻一代观众对电视的使用行为已经发生了改变,他们的需求似乎更多地由私营电视台来满足。[⑨] 这种观点也被 Marlene Woeste 对电视使用进行的调查加以证实。她发现,公共电视台在 12 岁至 19 岁观众群所占的市场份额在 1992 年至

① Kliment-Brunner,双元化时代的节目范围和使用模式,第 291 页。
② 同上。
③ 同上,第 297 页。
④ 同上。
⑤ 同上。
⑥ 同上。
⑦ 同上,第 298 页。
⑧ 同上,第 277 页。
⑨ 同上,第 278 页。

1998 年之间已经下降了一半,降低到 19%。① 在青少年观众群中,市场份额领先的是 ProSieben 和 RTL,他们把 SAT1 和 ARD 远远甩在身后。1998 年,12 岁至 19 岁年龄段观众每天观看电视的时间中用于收看新闻的时间仅占 17%,比平均水平低 12%(年龄较长的观众用于收看信息节目的时间在不断增长,65 岁以上的观众最关注信息节目)。② 尽管公共电视台的新闻节目受到了观众的最大认可,不过对 12 岁至 19 岁观众的调查却得出了完全不同的结果(1998 年数据):这个年龄段的观众每天用于收看信息类节目的时间有 23.8% 是用于 ProSieben,领先于 RTL(18.8%)和第三套节目(16.3%)和 ARD(12.6%)(ProSieben 是唯一一家把脱口秀节目算作信息类节目的电视台)。③ 在新闻节目方面,公共电视台的局面则好了不少。在这方面,12 岁至 19 岁的观众群的收看时间中有 56.1% 的时间用于 ARD、ZDF 和第三套节目。在私营电视台中 RTL 处于领先地位。④

我们并不想在这里具体地来讨论导致这种发展趋势的原因(青少年的话题导向和形式方面的原因:新闻和信息类节目被认为是"无聊"⑤)。但是毫无疑问的是,ARD 以及 ZDF 在青少年群体中遭遇的观众流失相当惨重。1992 年,ARD 在青少年的信息收看方面还遥遥领先于 ZDF,私营电视台则完全无法与他们相提并论。可是之后,公共电视台流失了一半以上的青少年观众。

这种趋势是否会最终导致公共电视台完全丧失观众,或者青少年是否会随着年龄的增长回归到公共电视台,这都是我们无法回答的问题。90 年代,公共电视台的观众的确呈现出持续减少的局面。长期调查"大众消费 1995"也表明,1990 年至 1995 年,私营电视台的收视在所有年龄段的观众群中都有所上升⑥。其他的调查也显示出这种年龄段现象,那些在双元化开始以后成长起来的年轻观众,从一开始就明显比较倾向于私营电视台。⑦ 由此可以得出,"这种趋势预示着公共电视台在未来收视方面将持续低迷的走势"⑧,而公共电视台的传统地位也可能受到影

---

① Marlene Woeste,公共电视:对于青少年而言永远都不会太年轻? 选自:传媒视野 11/1999,第 583 页。

② 同上,第 584 页。

③ 同上。

④ 同上,第 584/585 页。

⑤ 同上,第 585 页。

⑥ Darschin/Frank,1995,收视行为、收视习惯以及节目评价中的趋势,第 174 - 185 页。

⑦ 参见 Kliment-Brunner,双元化时代的节目范围和使用模式,第 278 - 280 页。

⑧ 同上,第 280 页。

响。基于这种局面,社会上出现了支持和促进公共电视台的传统地位的声音。

1.2 转折点:发展的加强——使用行为中的新趋势

20 世纪 90 年代末以及 21 世纪初的发展表明,Kliment 和 Brunner 关于公共电视的收视会持续下降的预言并未成为事实。公共电视台保持住了重新夺回了他们在 90 年代中期所享有的市场份额:

各频道每天的收视情况(用%来表示的电视消费)

	1997 年	1998 年	1999 年	2000 年	2001 年	2002 年 *
ARD	14.7	15.4	14.2	14.3	13.8	14.4
ZDF	13.4	13.6	13.2	13.3	13.1	13.9
Dritte	11.6	12.3	12.5	12.7	13.0	13.1
公共电视台	39.7	41.3	39.9	40.3	39.9	41.4
Sat 1	12.8	11.8	10.8	10.2	10.2	10.0
RTL	16.1	15.1	14.8	14.3	14.8	14.7
ProSieben	9.4	8.7	8.4	8.2	8.1	7.0
RTL 2	4.0	3.8	4.0	4.8	4.0	3.9
VOX	3.0	2.8	2.8	2.8	3.1	3.3
Kabel 1	3.8	4.4	5.4	5.5	5.1	4.5
Super RTL	2.3	2.9	2.8	2.8	2.8	2.4
私营电视台	51.4	49.5	49.0	48.6	48.1	45.8
总共	91.1	90.8	88.9	88.9	88.0	87.2

*2002 年:1 月至 11 月。

资料来源:AGF/GfK 电视研究;传媒视野。

这些数据也说明,领先的私营电视台在经历了 90 年代中期的高峰之后也经历了衰退期,与之相反,公共电视台却保持了比较稳固的地位,原因主要有:

一个原因是不断增加的专业频道(私营专业频道 2002 年占市场份额约为 5%,公共电视台的专业频道约占市场份额的 4.5%)[1]。另外一个原因在于付费电视台所占市场份额的轻微增加。

不过此时也出现了一个与所预测的青少年电视使用发展相矛盾的地方:如果

---

[1] Wolfgang Darschin/Heinz Gerhard,2002 年收视行为,收视习惯以及节目覆盖面方面的趋势;选自:传媒视野 4/2003,第 160 页。

德国公共广播电视:基础—分析—展望

之前提到的 Woest、Kliment 以及 Brunner 的预言正确,公共电视台的市场份额就应该下降,因为当今成长起来这一代观众都主要收看私营电视台。不过事实却并非如此,由于没有确切的数据以及长期的调研,所以我们只能就这一现象做一些推测性的分析。原因之一在于人口年龄群的分布发展趋势:老年人群不断增加——这是一个关注公共电视台提供的资讯的群体。另外一个原因——与 Kliment 和 Brunner 的观点相反——也许在于,随着年龄的增长,至少有一部分青少年会慢慢转向公共电视台。不过值得注意的是,得出这一结论我们并没有长期性的数据做支撑,因为在双元制时代成长起来的这一代最早应该是 1983 年至 1985 年出生的人群。这个群体会在将来如何选择电视台,是很值得关注的。

Christa-Maria Ridder 和 Bernhard Engel 等人近期进行的调研基本上证实了 90 年代调研得出的结果,并得出一些稳定的发展趋势。[①] 这一调研表明,观众使用电视的基本目的仍然是获取信息和娱乐,这一趋势也将一直持续下去。

通过对公共电视和私营电视的比较,这一调研还指出,观众普遍认为,公共电视比私营电视更客观、可信、全面、信息量更大。但在与观众的情感接触方面,私营电视则占有优势,它们更具有娱乐性、轻松感和多样性。[②]

为了获取信息,即便是偏爱私营电视台的观众也会选择公共电视台。Ridder 和 Engel 发现,这部分观众对于公共电视台所发挥的政治作用也几乎给予了同样高的评价。也就是说:

"即便对于那些私营电视台的拥护者而言,公共电视台所扮演的信息传递者和观念形成推动者的作用也是毋庸置疑的。"[③]

因此,我们对以下事实感到惊讶,当他们想了解政治以及公众生活方面的实事时,68% 的观众会选择 ARD 和 ZDF。[④]

我们是否能因此将公共电视台称为"民主讨论的论坛和文化要素",称为"德国文化不可或缺的组成部分",[⑤]并不是现在要谈论的问题。但是不可否认的是,在电视领域,90 年代初期,人们主要是通过公共电视台来获取社会和政治方面的信息。在这一方面,私营电视台可谓是望尘莫及。

---

① Christa-Matia Ridder/Bernhard Engel,大众传媒 2000:比较中的大众传媒的形象和功能,选自:传媒视野 3/2001,第 102 – 125 页。
② 同上,第 113 页。
③ 同上,第 117 页。
④ 同上。
⑤ 同上,第 116 页。

Maria Gerhards、Andreas Grajczyk 以及 Walter Klingler 也进行了一次与"大众传媒2000"相关的调研,在这次调研中,他们调查了2000年和2001年所播放的电视节目的种类以及这些节目的收视状况。调查发现,与信息内容相关的节目供应超出了需求,而与之相反,娱乐和影视节目方面,需求则大于供应。[1]

就每天的覆盖率来看,新闻类节目在日常生活中的重要性最为突出:66%的德国人在2000年平均每天会收看一次新闻节目(至少持续一分钟)。63%的人选择收看影视类节目。其次是广告,覆盖率为57%,再次是覆盖率为47%的娱乐节目,由于2000年体育盛事众多,也使得这一年体育节目的覆盖率高达30%。[2]

2001年,新闻类节目的覆盖率下降到62%,影视类节目的覆盖率也下降到61%。与2000年相比,"其他"类电视节目的覆盖率显著上升,这主要归功于出现频率颇高的节目片花(例如节目简介等),它们通常被穿插在其他节目之间播出。[3]

对公共电视台和私营电视台的节目供应和收视进行比较,可以看出他们在电视市场上起着明显不同的作用。在新闻节目方面,公共电视台2001年的供应量占全部新闻节目的86%,私营电视台的供应量仅占14%。[4] 在新闻节目收视方面,公共电视台和私营电视台的份额各占68%和32%,也就是说,私营电视台的收视比例要高于其节目供应比例。[5]

在影视节目方面,私营电视台和公共电视台的节目供应量都和收视量相当,在娱乐和体育节目方面,公共电视台和私营电视台的状况则不尽相同(公共电视台的收视比例超过了供应比例,而私营电视台则相反)。

Gerhards 和 Klingler 对新闻节目的供应和收视进行了更进一步的比较,得出了令人吃惊的结果:凭借收视率份额占总收视率27%的成绩,第三套节目名列第一,紧随其后的是 ARD(所占比例20%)、ZDF(18%)、RTL(12%)、ProSieben(7%)、SAT1(16%)。[6]

而在2000年,第三套节目和 ARD 也是新闻节目覆盖率最高的两家电视台。超过两千两百万的观众平均每天都会收看 ARD 的节目,而收看第三套节

---

① Maria Gerhards/Andreas Grajczyk/Walter Klingler,2000年电视中的节目供应和分类;选自:传媒视野5/2001 Maria Gerhards/Walter Klingler,2001年电视中的节目供应和分类;选自:传媒视野11/2002,第544–556页。

② Gerhards/Grajczyk/Klingler,2000年电视中的节目供应和分类,第248页。

③ Gerhards/Klingler,2001年电视中的节目供应和分类,第545页。

④ 同上,第552页。

⑤ 同上。

⑥ Gerhards/Grajczyk/Klingler,2000年电视中的节目供应和分类,第255页。

目的观众则达到两千三百二十万,紧随其后的是 ZDF 和 RTL。

与其他调研的结果相同,Gerhards、Grajczyk 以及 Walter Klingler 进行的调查也得出了公共电视台在 2000 年和 2001 年在新闻节目方面占统治地位,这方面的优势远远超出其他信息类节目的优势。名列榜首的是 ARD,以微小差距紧随其后的是 ZDF,RTL、SAT 1 和 ProSieben 则以较大差距名列其后。[1]

在 1998 年、1999 年、2000 年以及 2001 年进行的中期调查中,各电视台在节目供应和收视方面没有显著变化。信息类节目在这几年中略微有所下降(2000年与 1998 和 1999 年相比下降了两个百分点)。影视,娱乐和体育类节目的供应量基本保持不变,而广告的供应比例则从 1998 年的 7% 上升至 2000 年的 9%。[2]

2001 年公共以及私营电视台在节目供应和收视方面的状况

(周一至周日,凌晨 3 点到次日凌晨 3 点,全德国三岁以上的观众,以%为统计单位)

	节目供应量		在总供应量中所占比例		节目收视		在总收视率中所占比例	
	公共电视台	私营电视台	公共电视台	私营电视台	公共电视台	私营电视台	公共电视台	私营电视台
总量	100	100	56	44	100	100	45	55
信息	61	13	86	14	45	17	68	32
体育	3	14	23	77	8	7	48	52
娱乐	12	9	64	36	14	15	44	56
影视	17	40	35	65	30	44	36	64
广告	0	18	2	98	2	14	8	92
其他	6	6	55	45	2	4	27	73

1)基础:19 套节目:ARD,ZDF,8 组第三套节目。

2)基础:20 套节目:ARD,ZDF,8 组第三套节目,RTL,SAT 1,ProSieben,Kabel 1,Super RTL,DSE Eorosport。

来源:Maria Gerhards 和 Walter Klingler 进行的 2001 年电视节目供应和收视调查,选自:传媒视野 11/2002,第 552 页。

---

① Gerhards/Grajczyk/Klingler,2000 年电视中的节目供应和分类,第 254 页;2001:第 551 页。

② Gerhards/Grajczyk/Klingler,2000 年电视中的节目供应和分类,第 257 页。

尽管有小幅下降,2001 年新闻类节目的收视率还是与上一年一样,基本保持了 30% 的水平。[①] 收视率明显下降的是影视类节目,1998 年的收视率为 42%,2000 年则下降到 37%(2001 年依然是 37%)。娱乐类节目的收视率有了小幅上升(从 12% 上升至 14%)。体育类节目和广告的收视率保持不变。

　　统计显示,只有三类电视节目的收视量所占比例超过了供应量——而且其中一些仅以微小优势——这三类节目是:影视节目,娱乐和广告。

1998 年至 2001 年电视节目的收视与供应
（三岁以上的观众,以%为统计单位）

年份	信息				体育				娱乐			
	1998	1999	2000	2001	1998	1999	2000	2001	1998	1999	2000	2001
供应量	42	42	40	40	10	9	9	8	10	11	11	11
收视量	28	30	30	30	10	8	9	7	12	13	14	14

年份	影视				广告			
	1998	1999	2000	2001	1998	1999	2000	2001
供应量	31	30	30	27	7	8	9	8
收视量	42	40	37	37	9	10	10	9

统计基础:21 个不收费电视节目。

资料来源:Maria Gerhards、Andreas Grajczyk 以及 Walter Klingler 撰写的 2000 年电视节目的供应与收视:选自:传媒视野 5/2001,第 257 页;Maria Gerhards 以及 Walter Klingler 撰写的 2001 年电视节目的供应与收视:选自:传媒视野 11/2002,第 551 页。

　　统计得出的收视量与观众对两大电视节目体系的态度基本相符。根据 Gerhards、Grajczyk 以及 Klingler 三人进行的问卷调查,2000 年至 2001 年公共电视台的节目供应仍然主要集中在新闻、政治杂志和报道、咨询、经济杂志和报道、纪录片、文化杂志和报道等方面。[②]

　　而私营电视台的优势则体现在八卦杂志、有奖竞猜、脱口秀、美国影视片、真

　　① Gerhards/Klingler,2001 年电视中的节目供应和分类,第 551 页。

　　② Gerhards/Klingler,2000 年电视中的节目供应和分类,第 253－256 页;2001 年,第 551/552 页。

人秀以及戏剧节目等方面——观众的收看选择与电视台的节目优势相吻合。[1]

1.3 电视收视的现状

通过上述调查我们可以得出以下结论,从电视收视时间上来看,观众时间消耗最多的是影视类节目,其次是信息类节目,再次是娱乐类节目。而从节目覆盖面上看,名列榜首的则是信息类节目,尽管领先于影视类节目的优势不大。两者结合,我们不难得出电视这一媒体形式主要起到提供资讯和娱乐大众的功能。[2]

如果对 1996 年至 2001 年的电视发展进行回顾,则会更加清晰地看到上述特征,尽管在这期间电视节目的构成产生了一些变化,但是收视方面的变化则不大。1996 年信息类节目的供应量占总供应量的 34%,2001 年达到 40%。影视类节目的供应量则从 33% 下降至 27%。娱乐类节目的供应量从 10% 略微上升至 11%,体育节目从 7% 上升至 8%,广告从 6% 上升至 8%。[3]

而不同的电视台又有着不同的发展变化:公共电视台的信息类节目所占比例有了显著上升(从 51% 上升至 61%),而影视、体育和其他类节目所占比例则有所下降,私营电视台的信息类节目所占比例从 12% 上升到 13%,影视类节目从 52% 下降到 40%,但是体育和广告所占比例有所增加。所有公共电视台的信息类节目供应量都超出平均水平,而私营电视台中只有 VOX 一家如此。但所有私营电视台的影视类节目供应量均超出平均水平。[4]

关于节目供应和收视的中期比较

(周一至周日,凌晨 3 点到次日凌晨 3 点,全德国三岁以上的观众,统计单位为%)

	供应部分 1996[1]			2001[2]			收视部分 1996[1]			2001[2]		
	共计	公共	私营	共计	公共	私营	共计	公共	私营	共计	公共	私营
信息	34	51	12	40	61	13	23	37	13	30	45	12
体育	7	5	10	8	3	14	9	12	6	7	8	7

[1] Gerhards/Klingler,2000 年电视中的节目供应和分类,第 253 – 256 页;2001 年,第 551/552 页。

[2] Gerhards/Grajczyk/Klingler,2000 年电视中的节目供应和分类,第 257 页。

[3] Gerhards/Klingler,2001 年电视中的节目供应和分类,第 551 页。

[4] 同上,第 552 页。

	供应部分 1996[1]			2001[2]			收视部分 1996[1]			2001[2]		
	共计	公共	私营	共计	公共	私营	共计	公共	私营	共计	公共	私营
娱乐	10	12	9	11	12	9	12	14	11	14	14	15
影视	33	19	52	27	17	40	44	33	53	37	30	44
广告	6	0	13	8	0	18	10	2	15	9	2	14
其他	9	13	4	6	6	6	2	2	2	3	2	4

1)基础:ARD,ZDF,第三套节目,RTL,SAT 1,ProSieben,Kabel 1,Super RTL,DSE。

2)基础:ARD,ZDF,第三套节目,RTL,SAT 1,ProSieben,Kabel 1,Super RTL,DSE Eorosport。

来源:Maria Gerhards 和 Walter Klingler 进行的 2001 年电视节目供应和收视调查,选自:传媒视野 11/2002,第 552 页。

从这一中期调查可以看出——与双元制初期出现的担忧恰恰相反——1996 年到 2001 年期间信息类节目的收视率不断上升(1996 年信息类的收视占整体收视的 23%,2001 年增加到 30%),而且观众主要是通过公共电视台来获取信息。[1]

关于 2002 年的最新调查是由 Wolfgang Darschin 和 Heinz Gerhard 进行的。他们得出结论,公共电视台主要被用于获取信息(ARD 和 ZDF 分别达到 37.2% 和 36.6%,而第三套节目的信息类节目收视份额占总收视的 59.8%)。私营电视台的信息类节目收视明显减弱,在 13.4% 至 22.9% 之间徘徊。[2]

在主要新闻节目方面,ARD 和 ZDF 在 2002 年还取得了不小的进展。与 2001 年相比,"每日新闻"和"今日"分别新增了 36 万和 56 万名观众,其他新闻节目的观众数量基本保持不变。[3] 每天 20 点播出的今日新闻在 2002 年平均有 962 万观众,其中 600 万通过 ARD 收看,另外 362 万通过第三套节目收看。第二大受欢迎的节目是 19 点播出的今日栏目,它的观众达到 517 万——其中 498 万通过 ZDF 收看,另外 19 万通过 3sat 收看。RTL 的新闻节目拥有 389 万名观众。ProSieben 以及 SAT 1 的新闻节目拥有 130 万和 173

① Gerhards/Klingler,2000 年电视中的节目供应和分类,第 552 页。
② Darschin/Gerhard,2002 年收视习惯以及节目覆盖面,第 161 页。
③ 同上,第 163 页。

万名观众。[1]

    Darschin 和 Gerhard 还调查了背景杂志类节目的收视趋势。背景分析类节目"焦点"以及"ZDF 专栏"的观众较少,其他如"报道/慕尼黑"以及"Stern-TV"等栏目的收视率也有所下降。受欢迎的则是政治讨论类节目以及政治脱口秀,例如"Sabine Christiansen"以及"柏林中心"等,这些节目占有的市场份额都在不断增加。[2]

电视节目收视统计　2001/2002 年(全德国,三岁以上观众,以%为单位)

	2001 Das Erste	ZDF	Dritte 1)	RTL	SAT1	Pro Sieben	2002 Das Erste	ZDF	Dritte 1)	RTL	SAT1	Pro Sieben
信息	39.1	35.3	59.3	21.1	18.9	22.3	37.2	36.6	59.8	21.5	13.4	22.9
娱乐	15.6	13.9	14.3	21.4	23.2	7.0	13.9	10.6	13.6	21.9	31.3	8.2
影视	31.3	35.9	22.4	31.7	33.3	54.8	30.1	33.4	22.5	31.0	29.4	52.4
体育	10.6	10.2	2.4	8.4	5.4	–	15.7	15.1	2.4	7.7	6.1	0.0
广告	1.8	2.9	–	14.2	15.0	12.2	1.7	2.3	–	14.5	15.6	12.5
其他	1.5	1.9	1.6	3.2	4.1	3.8	1.4	1.9	1.7	3.4	4.1	3.6
收视总时间	100.0	100.0	100.0	100.0	100.0	100.0	100.0	100.0	100.0	100.0	100.0	100.0
收视总分钟数	27	25	25	28	19	16	29	28	27	29	20	14

1)8 个频道

    选自:Wolfgang Darschin/Heiny Gerhard,2002 年的收视习惯以及电视覆盖率调查。观众行为趋势。传媒视野 4/2003,第 162 页。

    通过整体数据,Darschin 和 Gerhard 能够证明一种小幅的上升。从 2001 年到 2002 年,公共电视台每天的平均收视增加了 3 分钟,上升至 41 分钟。私营电视台的收视也有小幅上升,每天的收视时间从 17 分钟增加到 18 分钟。

---

[1] Darschin/Gerhard,2002 年收视习惯以及节目覆盖面,第 163 页。

[2] 同上,第 164 – 166 页。

德国电视观众用于收看信息类节目的时间(每天,14 岁以上的观众)

	收视分钟数		占信息类节目收视的百分比	
	2001 年	2002 年	2001 年	2002 年
公共频道	38	41	69	70
私营频道	17	18	31	30
信息类节目收视合计	56	59	100	100

选自:Wolfgang Darschin/Heiny Gerhard,2002 年的收视习惯以及电视覆盖率调查。观众行为趋势。传媒视野 4/2003,第 162 页。

　　根据上述信息我们可以得出:从节目供应方来看,双元化根本没有导致电视节目被非政治化。现如今,有那么多的电视频道以各种形式播出信息和政治内容的节目,这在德国的历史上还从未出现过。当然我们也必须看到,与仅存在公共电视的单元化时期相比,带有政治内容的节目占全部节目的百分比明显有所下降,而且还在广播和电视中诞生了"完全与政治内容无关的频道"。[1] 尽管含有政治内容的节目减少了,但是绝不能认为电视台在政治传播方面的作用有所减弱。每个公民都可以和以往一样——并且甚至以超出过去的规模和范围——通过电视全面地获取政治信息。

　　对双元化时代的电视收视进行的调研还清晰地表明,电视已经从"单元化"时期的信息传递媒介演变成"以信息和娱乐功能为主的多功能媒介"。[2] 现在人们更多地是通过电视寻求娱乐和放松,而并非寻求政治信息。从媒介使用研究的角度来看,这种发展是非常正常的一个过程。现在,公众的兴趣最大限度地得到了满足,因为他们随时可以找到适合自己的节目。这也使得电视市场与早已自由化的新闻市场变得相似。对此,Marcinkowski 表示:

　　"这一切都不能说明,双元化体系用大量的娱乐性节目对观众进行'腐蚀',使他们的注意力从'信息'转移开。在单元化时期,公共电视台在不存在竞争的情况下,完全通过'供应政策'来决定观众能够收看到哪些节目,现在发生的变化实际上是改变了这种不正常的局面。观众终于可以根据自己的兴趣来选择收看的电视节目。这种情况在新闻市场上也是同样存在的,例如《图片报》的读者就远远多于《时代》的读者。因此电视体系的双元化并没有带来全新的收视

----

① Marcinkowski,借助电视和广播来实现的政治传播,第 172 和 181 页。
② Gerhards/Grajczyk/Klingler,2000 年电视中的节目供应和分类,第 257 页。

习惯,而仅仅只是进一步加强了现有的收视兴趣……"①

与单元化时期不同,这种新的节目供应结构实现了"通过娱乐节目来有意识地避免信息类节目"。② 在部分观众当中,产生了要么只选择公共电视,要么只选择私营电视的单一倾向。究竟这部分观众达到多少,目前只能得出一个接近的数据。Kliment 和 Brunner 通过他们在 1998 年进行的调研得出,超过三分之一(38%)的观众收看公共电视台和私营电视台的频率相同,四分之一(26%)的被调查者只选择公共电视台,三分之一(36%)的被调查者只选择私营电视台。③

如上述研究显示,私营电视台的专有观众几乎仅仅看重电视的娱乐功能,而公共电视台的专有观众则主要收看信息类的电视节目。如果再考虑到收视意图、观众的社会结构(私营电视台的专有观众接受正规教育较少、年龄偏小)以及收视方式(私营电视台的观众喜欢频繁换台,公共电视台的观众则更关注节目内容),我们可以得出,公共电视台已经逐渐成为对政治感兴趣的、受过高等教育的观众的首选,④而私营电视台的专有观众则对公共电视台的信息类节目产生了抵触情绪。⑤ 当然这些统计有点超出实际的真实状况,不过数据背后隐藏的发展趋势则是显而易见的。观众在电视节目的选择上的确出现了明显的分化。而且对于部分观众而言,并不排除"会进一步很大程度地增加娱乐节目的收视,而进一步减少信息类节目的收看"⑥。

2 公共电视台是否发挥了作用?

在这样的背景条件下,我们还能谈论公共电视台所具备的对于电视节目的基本供应应起到的作用吗? 对于这个重要问题的探讨,着手对供应方以及需求方的各个功能的构成进行研究似乎显得很有必要。

2.1 论坛、补充以及榜样作用

公共电视台提供了大量满足大众在信息、教育、文化以及娱乐方面需求的

---

① Marcinkowski,借助电视和广播来实现的政治传播,第 182 页。
② Hasebrink,个性化媒体使用中的政治传播,第 351 页。
③ Kliment/Brunner,双元化时代的节目范围和使用模式,第 276 页。
④ 同上,第 279 页。
⑤ Marcinkowski,借助电视和广播来实现的政治传播,第 181 页。
⑥ Tenscher,电视政策,第 206 页。

节目。尽管有不少批评家指责 ARD 和 ZDF 的全频道太注重娱乐形式和体育，不过通过之前的分析，我们应该知道这种批评并不完全与事实相符。总的来说，ADR 和 ZDF 的全频道播放的的确是与基本供应要求相符的节目，只不过黄金时段的节目的确有重娱乐的倾向，这也是批评家掌握的把柄所在。如果我们对公共电视台的节目整体进行分析，便不难看到，这些节目在很大程度上满足了基本节目供应要求中的各个方面。而 Phoenix、Arte、3sat 以及第三频道等，也在黄金时段播出了大量与政治、文化和科技内容相关的节目。信息类节目占 3sat 节目总量的 69%，占第三套节目的节目总量的 65%，Phoenix 则几乎专注于政治类信息和纪录片。[①] 德国联邦法院对电视节目在信息、教育、文化以及娱乐方面的基本要求，总的来说公共电视台都已经满足，不过它们是否按照要求做到了"真实地反映各种声音"以及"通过全面的节目来反映各种世界观"，还有待商榷。因为这一要求阐述的是一个非常空泛的概念，若要对其进行检验，必须先将这一要求具体化。由 Hamm、Mattern 和 Kuenster 提出，并在之后得以补充的具体化要求如下：论坛作用、榜样作用、补充作用和融合作用[②]。

论坛作用要求公共电视台保证政治的平衡性，并关注弱势群体的声音。因为在联邦法院看来，私营电视台还不具备发挥这一作用的能力。[③] 不过在具体事件中总有争议：到底哪些弱势群体的声音应该被关注，哪些不应该。从公共电视台的整体节目来看，尤其是第三套的节目，基本上做到了政治观点上的多样性以及关注弱势群体的声音。但同时也必须指出，他们在兼顾平衡的同时，也把注意力主要放在政治人物、政府官员以及政府机构身上，这在新闻节目中体现得尤为明显。与之相反，私营电视台则明显给予了非政治人物更多的空间，从而在实现言论多样性方面发挥了巨大的作用（参见第四章，4.1）。这里值得一提的还包括地方性私营电视台，他们也是公共电视台的重要补充。

论坛作用还要求公共电视台能提供"全球化信息"[④]，即对国际上的事件和政治局势进行报道。这一要求主要针对的是公共电视台：ARD 拥有全欧洲电视台中最庞大的记者网络，它和 ZDF 都对国际时事进行大量的报道。此外，3sat 还与 SRG、OERF 以及 TF！（法国）开展紧密合作。私营电视台由于资金上的原因，还不具备自己制作国外节目的能力，这使得他们比较少涉及国外话题的节

① Gerhards/Klingler，2001 年电视中的节目供应和分类，第 553 页。
② Hamm，双元体系的未来，第 9 页；Kliment/Brunner，德国的电视，第 239 页。
③ 联邦宪法法院的判决 73，第 118 页，参见第三章，3.2。
④ Mattern/Kuenstner，国际对比中的电视体系，第 186 页。

目,或者得向别的制作公司购买这方面的现成节目。这也使得节目的真实性和内容不能得到保障,正如我们在过去几年中看到的那些电视丑闻一样。①

总而言之,就报道国际政治而言,公共电视台的节目实现了它的论坛作用。就实现言论多样性、创造言论平台而言,公共电视台的新闻节目则显得过于注重政治人物,当然这是和公共电视台对信息的认识和理解有关的:电视应主要传播来自政治界和经济界的"hard news",这必然关系到政治人物——而第三套节目则给予了非政治人物更多的空间(例如关于地方政治问题的讨论)。总的来说,私营电视台和地方性电视台在实现言论多样性方面成为了公共电视重要的补充。

补充功能则要求电视台为观众提供那些他们想看,但从经济角度来看却很难赢利的节目,这主要包括文化和科技类节目。公共电视台在这方面制作了大量的节目,甚至创办了专门的频道(arte、phoenix)。尽管还没有做到满足观众的每一个愿望,但节目种类可谓丰富多彩。私营电视台在这方面提供的电视节目不多,尽管他们从90年代末起也开始制作科技(Galileo、ProSieben)和政治类节目("n—TV":以简短报道、经济新闻和政治脱口秀为主)。在这一领域还值得关注数字付费电视台今后如何发展。

联邦法院还对公共电视台提出了实现榜样作用的要求。这就要求公共电视台制作的节目在质量上应该起到表率性作用,并且保证"相当高的专业性和严肃性"。② 这种榜样作用主要体现在对于节目基本供应有着重要意义、而私营电视台又播放较少的那些节目上。公共电视台这种作用的发挥——尤其在信息、政治和新闻节目等方面——得到了包括私营电视台在内的广泛认可。由贝塔斯曼基金会组织的"双元体系的未来"的调研表明,"公共电视台稳定的节目质量"以及"无可比拟的专业性"得到了专家的一致肯定。③ 此外,在新闻报道方面,公共电视台更是成为了言论导向的领导者。④

在广大观众看来,公共电视台也很好地发挥了榜样作用:在观众中进行的民意调查表明,公共电视台的新闻报道体现了一流水准。而且这一评价得到了各个年龄段和各个文化层次的观众的认可。⑤ 在此基础上,Kliment 和 Brunner

---

① 例如"明镜电视"中播出的由制作公司制作的、错误的、不真实的节目。
② Mattern/Kuenstner,国际对比中的电视体系,第185页。
③ 同上,第179页。
④ Kliment/Brunner,双元化时代的节目范围和使用模式,第265、289 – 291页。
⑤ 同上,第289 – 291页。

得出，"基本供应类节目的质量主要是与 ARD、ZDF 和第三套节目的新闻和信息类节目密切相关的"①。

在我们开始讨论在传媒学界和政治学界看来最为重要的融合功能以前，先从节目收视的方面来看看之前谈到的几个功能。我们已经指出，与单元化时期相比，信息类和政治类节目的收视有所下降。公共电视台提供的信息类节目只是部分地被观众消费，而私营电视台由于提供的信息类节目相对较少，因此基本做到了供应与收视平衡。② 尤其是严格遵循节目基本供应要求的电视台，如 Arte、3sat 或者 Phoenix 几乎不被观众消费（收视率通常低于 1%③）。

不过我们需要考虑的是，收视率对于满足基本供应要求到底有多重要，尤其是在论坛作用、榜样作用以及补充作用这几方面。例如对于公共电视台的榜样作用而言，到底是有多少观众收看了电视节目更重要呢，还是这些节目最终得以制作并播出，并对其他电视台和电视节目从质量和水平上起到一个标杆作用更为重要呢？对于论坛作用也是同样如此，非常关键的一点是，为大众提供这样一个发表言论的平台——至于平台在多大程度上被接受，相对于前者而言是次要问题。重要的是，让尽可能多的群体能够有机会公开表明他们的想法和立场。因为在今天这样一个传媒化了的时代，我们不能否认，电视播放的立场和观点，是具有一定的影响力和重要性的。而且我们还应该看到，百分之一的收视率已经意味着，有远远超过 70 万的观众收看了这些报道，这一数字是那些大型的、跨区域性的报纸也很难实现的。

而公共电视台的补充作用也并非要求，这些其补充作用的节目被大范围的观众收看——如果依照这种必须被大众接受的观点，那么很多城市剧院和文化场所都应该关门，那样，无疑会导致公众生活失去多样性。

当然我们也不能允许公共电视台的节目完全被观众忽视，或者被认为不重要。如果我们花很高的成本为大众制作出的节目却不被他们接受，这显然是不可取的。只是公共电视台应该起到的这几个基本作用的主要目的不在于，制作出能被尽可能多的观众接受的节目，而在于尽量实现言论和文化的多样性，从

---

① Kliment-Brunner，双元化时代的节目范围和使用模式，第 235 页。有意思的是，公共电视的观众与图片传媒之间的距离要比私营电视的观众更大。只有百分之四十的公共电视观众将电视作为唯一的媒体，而在私营电视台的观众中，这一比例达到百分之七十二。Berens/Kiefer/Meder，双元体系中媒体使用的专门化，第 88 页。

② Kliment/Brunner，双元化时代的节目范围和使用模式，第 267 页。

③ Darschin/Gerhard，2002 年收视习惯以及节目覆盖面，第 160 页。

而使公共电视台能够发挥"对我们的民主制度和文化生活应尽的基本职能"。

此外，一些现象也表明，公共电视台的收视率问题也并不像之前预期的那么糟糕：公共电视电台的节目，尤其是信息类节目并没有像有的人预言那样沦为无足轻重的角色。相反，我们可以看到，公共电视台的收视率在过去几年中保持了稳定。2002 年，公共电视台的总收视率为 41.4%（1997：39.7%，参见本章，1.1）。就信息类节目而言，收视率在 1996 年至 2001 年之间从 23% 上升至30%，而其中 68% 的收视来自于公共电视台。和以往一样，每天仍然有大约62%（2002）的观众收看信息类节目，也就是每天大约有 42% 的公民（大约三千两百万[①]）至少收看了公共电视台的一个节目——从时间上看，每天有 28 分钟被用于收看信息类节目（参见本章，1.3）。就算单看 3sat、Arte 和 Phoenix 这几个文化、资讯和政治频道，它们的收视率也达到每天 2% 的水平，意味着将近一百五十万的观众。

这些数据都清晰地表明，始终都有很大一部分观众在收看公共电视台的节目。至于一部分节目没有被大部分观众收看或者收视率较低，并不影响这些节目在基本供应方面的重要性。即使像 Phoenix 这样的、专注政治信息、讨论以及纪录片的频道，每天都有大约 40 万观众。其他哪个专门提供政治信息的媒体能够实现这一数字？

2.2 融合作用

尽管公共电视台的实际收视与它的论坛作用、榜样作用以及补充作用关系并不密切，但对于融合作用却有着重要意义。Mattern 和 Kuenstner 以联邦法院颁布的基本供应要求为基础，对这一要求的内容进行了具体阐述，即公共电视台应该"通过构建共同的信息基础来为社会的团结作出贡献"，并且"帮助实现共同的文化信息的传递"，简言之，它应该对政治公共体系起到保障作用。公共电视台应该传播社会、政治、文化方面的重要事件，为公众谈论或者讨论这些事件创造前提。乍一看，收视率应该对这一作用起着决定性的意义：不被广大公众接受的节目如何能够引起大面积的讨论，如何能够促进社会的融合？我们所希望的融合作用能够通过四分五裂的电视市场来实现吗？公共电视台对此又起到了怎样的作用呢？

为了回答这个问题，必须先对"融合"这一概念作进一步的解释（本章，2.2.

---

① 3 岁以上的人群。

1),因为不论在法学还是政治科学中都没有统一的融合概念,我们不能在没有明确这一概念的情况下来探讨公共电视的融合作用,那样的讨论将会毫无意义而且空洞。

在明确定义了"融合"这个概念之后,我们才开始探讨公共电视台在发挥融合作用时具体起到了哪些作用。首先我们将要讨论的是在传媒科学和政治科学中被激烈讨论的"碎片论"(本章,2.2.2),接下来将介绍用于分析融合功能的各种结构模式,并在此基础上讨论公共电视的融合作用(本章,2.2.3)。最后将讨论公共电视在节目基本供应方面所起到的作用。

2.2.1 融合的概念解析

与大众传媒,尤其是公共电视的融合作用密切相关的一个概念就是融合。而社会融合以及大众传媒的融合作用无疑都是社会科学和传媒科学要解决的"重大问题"。

联邦法院在其 1971 年颁布的决议中指出,公共电视担负着"面向全国的融合作用",但是在这个决议中也并没有明确指出,"融合"意味着什么以及公共电视该通过哪些手段来实现这一作用。尽管如此,我们仍然一再提及这样的想法,即大众传媒,尤其是电视能够促进"社会的团结",甚至对此担负着责任。[1]

为了更好地探讨大众传媒的融合作用,我们必须首先明确,应该如何理解融合以及社会的团结,因为这对于讨论融合作用有着重大意义。

2.2.1.1 理论体系

为了阐述融合以及融合作用这两个概念,必须先明确一些理论基础。我们的出发点便是 Talcott Parsons 提出的结构—功能分析。Parsons 指出,基于公民个体间的差异以及他们之间产生的非人为的关系,有必要建立一种确保社会团结的形式。按照 Parsons 的说法,融合的中心作用是通过社会共同体体系以及共同体中包含的价值和行为体系来实现的。[2] 这一想法也对现实的社会观念产生影响,并且体现在广播电视的融合作用当中,"这种融合作用应该为共同的价值观的讨论、推广以及实施起到信息基础设施的作用"。[3]

这种把价值观和规范看做"社会的黏合剂",把传媒看做"刮刀"的观点遭到了来自各方的指责:Luhmann 认为,这种对规范和价值体系的结构功能分析

---

① Andreas Vlasic/Hans-Bernd Brosius,融合大众传媒? 大众传媒的融合作用:对一规范现象的经验性描述;选自:Imhof/Jarren/Blum,传媒与融合 Luzern 传媒研讨会,第七卷,第 93 页。

② 参见,Talcott Parsons,现代社会的体系,慕尼黑,2000 年。

③ Vlasic/Brosius,"你猜……",第 96 页。

论早已不再适合于现代社会的现实状况。[①] 按照 Luhmann 的系统理论,社会是一个由多个部分组成的机体,它的运转完全依靠各部分的正常工作(参见第二章,3.2.3)。而社会的组成部分系统"大众传媒"也不可能穿越系统界限,因为在当今这个现代这会,没有一个体系能"打破自身的界限,去改变现存的功能体系的分工"。[②] 不过这并不意味着有任何不妥,因为从系统理论的观点来看,复杂的现代社会已经不再需要有控制作用的、跨界的主体了。

指责就到此为止。但从系统理论角度出发,到底什么是"融合",什么是融合的任务? Luhmann 专注于"对传媒的中心过程的研究而完全不考虑有关评估的问题"。[③] 他将融合理解为是"对结构体系自由度的削弱,这种削弱来自于社会体系的外部界限以及这种体系的内部环境。……它的存在不在于部分与整体之间的关系,而在于各体系间的灵活的判决关系。……在这种制约的产生过程中,各种关联相互磨合,这些关联包括运转与运转之间的关联,运转与结构之间的关联"[④]。

因为社会体系间的运转也是一种传播,所以我们可以将 Luhmann 的表述准确表达为,在发生跨越结构体系的传播过程中产生了连接,这种连接又依照结构体系运转,在这一过程中,引起社会不满的现象又被得以起诉,这又会引起其他结构体系的不满,并引发社会资源来处理这些不满,从而不断促使融合和解体的发生。[⑤] 不过从系统理论的观点来看,理解融合这一概念的前提是,这里涉及的不是部分和整体之间的联系,而是体系之间的联系——它将"整体与部分的关系转移为了系统与环境之间的差异"。[⑥]

于是,当社会体系在传播与交流的过程中具备复合性时,也就产生了融合。在基本层面上,融合是在不断发生的,因为相同的传播过程会在不同的结构体系中发生:

"议会的财政预算草案可以是政治体系中的现象,也可以是法制体系、大众

---

① Vlasic/Brosius,"你猜……",第 96 页。

② Hartmut Wessler,多种相异性和传媒融合,象征性社会和传媒,选自:Imhof/Jarren/Blum,融合与传媒,第 57 页。

③ Jan D. Reinhardt/Michael Jaeckel,估算模式和话题范围,有关大众传媒功效的思考,选自:Imhof/Jarren/Blum,融合与传媒,第 81 页。

④ Luhmann,社会中的社会,第 603/604 页。

⑤ Reinhardt/Jaeckel,估算模式和话题范围,第 82 页。

⑥ Tilmann Sutter,通过媒体实现的融合,选自:Imhof/Jarren/Blum,融合与传媒,第 126 页。

传媒体系或者经济体系中的现象。"①

这种跨越结构体系的传播与结构体系的封闭型并不矛盾。对此 Luhmann 表示：

"社会体系只能将传播作为体系内部的运转来应用，即不能与体系外部的环境产生沟通。但这对于以差异性为特征的社会关系并不适用。也就是说，还存在着超越体系内部的体系界限的传播。"②

这并不意味着，结构体系突然应用了社会环境中的传播符号，从而避免了它们的结构体系特征，并打破了界限。这里更多的指的是社会结构体系之间的相互关联（参见第二章，3.2.3），而这些社会结构体系经常会促成一些组织结构的形成（例如传媒企业，公共关系部门等，它们都起到了连接经济和传媒体系之间的连接体作用）。如上所述，因为从体系理论的观点来看社会体系只能从传播中产生，所以不管是在愤怒中，还是在由愤怒引起的连接运转中都必须涉及传播。所以社会结构体系的结构连接恰恰意味着，"结构体系中的交流传播被其他的结构体系关注着，理解着，并通过自己的代码继续处理着"。③ 所以，体系理论背景下的融合也就意味着社会体系间的结构连接，尽管有一定封闭性，这些连接之间依然存在着相互关联。④

因为按照系统理论的理解，社会结构体系和心理体系（个体）都依照相同的模式运转（参见第二章，3.2.3），所以融合既可以发生在结构体系的层面（宏观层面）上，也可以发生在个体的层面（微观层面）上。前一种情况涉及的是体系融合，第二种情况涉及的是社会融合。

之前我们已经提到过系统理论使用中的基本问题（参见第二章，3.2.4）。这些使用方法的结果主要用于鉴定领域。它的功效主要体现在描述现代社会的综合状况方面，使用这种方法可以避免评估式的、名义上的结论。

按照系统理论的分析，社会的融合是通过传播而自行产生的，⑤并且能够在不需要外力的情况下自我产生出辅助动力。⑥ Wessler、Vlasic 和 Brosius 的观点

---

① Luhmann，社会中的社会，第 605 页。
② 同上，第 607 页。
③ Reinhardt/Jaeckel，估算模式和话题范围，第 83 页。
④ Sutter，通过媒体实现的融合，第 128 页。
⑤ Vlasic/Brosius，"你猜……"，第 96 页。
⑥ Luhmann："这有可能，但不一定会导致以普遍观点为导向"，大众传媒的现实，第 185 和 187 页。

是值得认同的,即考虑到现代社会的实际问题,这种理论并不能真正使人信服,① 所以接下来我们将进一步阐述其他研究社会融合的理论方法和模式。

2.2.1.2 作为价值共识的社会融合

Hasebrink 一直从事"关于福利制度解体的担忧"和"关于国家解体的恐慌"的研究,这也是就融合问题进行学术讨论的重要特征。② 他认为,在这些学术讨论中,融合是一个主导性的概念,而这种融合被理解为是"实现社会统一的必要性"。③ 他既不赞成这种对融合的定义,也不同意这种观点对大众传媒提出的要求:一方面是政治学的观点,按照这种观点,媒体应该融合,另一方面是对大众传媒接受效果的研究,这一研究主要探求的是媒体对于个体或者受众群体究竟在多大程度上起到了融合的作用。这两种观点在他看来,"根本没有清晰地阐述融合对于个体而言是怎样一种值得追求的状态,究竟是一个经过一段期限可以实现的目标呢,还是一个没有终点的、不断延续的自我融合的过程"。④ Hasebrink 认为,个体与融合之间的矛盾是无法调节的。他认为,"前面提到的二者是人际交流中相互关联的两部分,并且在不断地吸收新的元素和成分。"⑤ 但是 Hasebrink 的指责仅仅局限在这一层面上,没有进一步提出建设性的观点,为融合和大众传媒的融合作用提出明确的定义。

到底什么是社会融合的关键因素呢?融合这一概念毕竟是一个规范性的概念,因为它描述的是社会个体应该在怎样的一个基础上共处。Vlasic 和 Brosius认为,这里涉及的不仅仅是"社会中现已存在的融合,还涉及我们所追求的要实现的社会融合"⑥。因此,我们必须先明确阐述,哪些是我们所追求的社会秩序,社会内部的相互互动和融合应该进行到哪种程度。同时我们还必须考虑到,社会以及社会中占主导地位的规范和价值观都在不断地发生变化。这使得我们很难提出一个适用于所有时期的融合概念。因为规范和价值观的变化是一个长期的过程,所以我们无法为融合提出一个短期的标准,只能提出一个中期有效的融合概念。

---

① 参见 Vlasic/Brosius,"你猜……",Wessler,多种相异性和传媒融合。

② Uwe Hasebrink,如何在传媒接收中识别个性化和融合? 选自:Uwe Hasebrink/Patrick Roessler,公众连接。个性化与融合之间的传媒接收,第 59 页。

③ 同上。

④ 同上。

⑤ 同上。

⑥ Vlasic/Brosius,"你猜……",第 94,99 页。

Vlasic 和 Brosius 还指出了体系融合与社会融合之间的差别(参见 2.2.1. 1)。他们认为,这两种形式的融合是相互独立的,即体系融合的存在并不依靠社会融合,不过现代社会的体系融合在进行过程中,却会在社会融合层面上引起一些问题。[1] 在他们看来,社会融合可以被看做是个体与社会的规范和价值观形成的共识。因此他们提出:"应该从大众传媒的融合作用方面去探讨,媒体能在多大程度上加强或者削弱这种共识的形成。"[2]

从上述言论可以得出,"社会融合"或者"所谓的融合模式"是不存在的。对此我们已经接触到了两种观点:一种是系统理论观点,这种观点从整体社会的融合出发,探讨的是社会体系与个人体系相互发生关联时的融合。在这种模式中,沟通概念是中心,不过该模式没有提出,什么是社会融合的标准以及融合的目的。我们已经认识到,这种观点不能完全适用于现代社会,也不适传媒界的现状。因为如果按照这样的看法,即便没有质量和数量上的严格要求,大众传媒的简单内容就能为社会的融合发挥作用,也就是说单凭公共广播电视的存在就能够实现融合作用,这显然是与事实不符的。因为体系理论已经论证,公共电视完全是没有必要的,因为还有很多其他的传媒方式,能够提供沟通。依照这种观点,即使大众传媒的内容完全与社会无关,它也能促进社会的融合。最终得出的结论就是对大众传媒的评价根本是不重要的,重要的仅仅是,有一个传媒体系存在,这个传媒体系能够观察社会,并传播观察到的结果,从而对其他体系和个体产生刺激,最终使大众传媒与其他传媒发生联系。从根本上讲,这一通过联系沟通来促进社会融合的模式显然没有错误,但是在当代社会的背景下,以及面对传媒市场的现状,这种模式显得很不全面。它对传媒的内容完全没有要求,也不关心传媒以何种方式进行,是一种完全随意的模式。

接下来看看第二种观点,这种观点认为融合是个体与占主导地位的规范和价值观之间达成的共识。根据这一观点,在探讨我们之前提出的所有问题时,都必须将体系理论与行为规范要求联系起来。从而形成一种新的融合模式,这种模式以个体和规范以及价值观之间的共识为内容,并且这种共识主要依靠社会内部的讨论来实现。因此,对政治以及社会方面的重要话题进行的讨论就显得尤为重要。因为只有通过这种有争论的意见交流,才能对规范和价值观的认可以及遵从[3],而规范和价值观也能在讨论中不断发展,不断与

---

[1]　Vlasic/Brosius,"你猜……"第 94 和 99 页。

[2]　同上,第 102 页。

[3]　参见 Imhof,作为社会变革标记的丑闻,1999 年。

新的社会环境相适应。

根据这一模式,对于大众传媒尤为重要的一点是,大众传媒必须通过它的节目内容来促进社会讨论,并且阐述现存的规范和价值观。因此,我们似乎有必要去检验,公共广播电视在多大程度上提供了满足这一要求的节目内容,这些节目是否被观众所接受并且在关联传播中得以应用。

2.2.2 分裂取代融合?

在我们正式讨论公共电视的融合功能以前,需要提出在传媒科学以及政治科学中被广泛讨论的分裂理论。这一理论的出发点是,大众传媒尤其是电视,根本不能促进社会的融合,相反,还通过各种各样的节目内容加大了融合的难度,使社会最终分裂为相互独立的许多部分。如果这一理论成立的话,那么讨论公共电视的融合功能根本就是徒劳,而且我们提出的问题也必须彻底改变:此时我们应该关心的是,到底有没有不会起到分裂作用的电视节目内容和节目形式存在,或者我们应该如何改进节目内容,来阻止这种分裂作用的产生。因为要回答这个问题还涉及其他一些方面,所以我们有必要先对分裂理论作一介绍。

2.2.2.1 分裂理论

分裂理论认为,现代社会的传媒领域已经被拆分为许多各不相同的部分(尤其是电视),所以很难在受众中引起对同一话题的相互关联的交流,反而形成了相互分裂的信息圈和交流圈,使得融合成为不可能:

"当大众传媒的受众被分裂成相互独立的部分,并且拥有各不相同的、与传媒接触的经验时,社会中便会产生于大众共同的传媒经验相关的谈论话题。随着不同种类的传媒节目日益增多,大众的共同经验逐渐减少,社会的融合也将受到负面影响,而社会问题的前提条件,即社会内形成的共识,也将被削弱。这样也使得电视丧失了它的一种重要作用。"[1]

分裂理论的拥护者认为,越来越多的电视节目使得观众群体被分裂为越来越小的团体。事实上,1960 年至 1990 年期间,仅仅由报纸、电视、广播、杂志等传媒体提供的信息就增长了 40 倍,而根据医学和心理学的研究,人们处理这些信息的能力在此期间只增长了 4%。[2] 总的来说,传媒信息的急剧增加主要源

---

① Christina Holtz-Bacha/Wolfram Peiser,传媒丧失了它的融合功能吗? 对观众分裂现象的经验性分析;选自:Hasebrink/Roessler,公众连接,第 42 页。

② Klaus Merten,信息社会的机遇与挑战;选自:Tauss/Kollbeck/Moenikes,德国进入信息社会的道路,第 86 页。

于日益增长的社会分工,系统地说:社会已经从劳动分工上形成了许多不同的体系,这些体系都分别承担着不同的功能和责任。① 基于这种现状,社会对信息以及交流的需求就不是呈线性增长,而是爆炸性的增长,因为每一个社会体系不仅仅需要在体系内部,还必须与外部体系进行沟通。② 这也使得越来越多的人生活在不同的意识形态中,他们因而也更加追求与群体以及与个体更加相符的沟通内容。③

Saxer 认为,导致传媒信息爆炸的原因除了社会的劳动分工以外,还包括"在文化全球化过程中产生的生活方式的个性化"以及"生活态度的享乐化发展方向"和"与担负责任的价值观相背离的追求安逸的趋势"。媒体希望通过市场观察机制来尽可能提供与市场需求相符的节目,在这一过程中,传统的以外交、内政以及经济为导向的节目制作方针渐渐转变为面向生活方式各个层面以及面向消费。④ Merten 还把这种现象与"接受者行为松散化"联系在一起:家庭联系的松散,职业选择的自由化以及个体自身具备的更大的灵活性都会促进生活方式的个性化,从而引起信息行为的改变:对个人有利用价值的信息的接受明显增加,这主要体现在,人们被用于接收信息的所需时间不断增加。⑤

尽管这种看法在一定程度显得有些极端和形式化,不过不容否认的是,在收视方面,德国的电视市场的确是欧洲分裂最明显的市场:没有一个电视节目能在德国占有起码五分之一的市场份额,在欧洲其他国家,没有一个媒体领头羊占有的市场份额如此之低。⑥ 17 个至 19 个节目能够占有百分之一的份额,另外,还有大量收视率不可低估的地方性私营电视台。⑦

收视方面的其他特征也出现了分裂加剧的情况:收视开始发生"散射",即非黄金时段的时段的收视不断增加,这也和单身家庭的增加以及家庭中多部电视机的出现相关:

"根据对观众个体的观察,我们发现,随着收视选择自由度的增加,电视的收看日益呈现出个性化、不断与个人需求、兴趣以及嗜好靠拢的趋势,在这一过

---

① 参见 Saxer,信息社会:理解与误解;Merten,信息社会的机遇与挑战。
② Saxer,信息社会:理解与误解,第 53 页。
③ 同上。
④ 同上,第 69 页。
⑤ Merten,信息社会的机遇与挑战,第 89 页。
⑥ Hasebrink,个性化媒体使用中的政治传播,第 360 页。
⑦ Darschin/Gerhard,收视行为中的趋势,第 160 页。

程中,大众传媒渐渐失去了大面积地向观众灌输信息的作用。"①

Hans. J. Kleinsteuber 和 Barbara Thomas 估计,这将会使观众对电视节目的接受,尤其是对与政治信息有关的节目的接受产生"马赛克式"的特征,而且这种特征会不断增强,因为尽管观众用于收看电视的时间在不断增加,但还是无法与节目内容增加的速度相比。所以这会导致观众用于某一个电视节目或者某一篇报刊报道的时间客观上有所减少。

根据上述发展趋势,必然会出现分裂理论所预测的结果:即收看相同电视节目的观众数量一定会减少。因为新兴的传媒内容越来越朝着面向个体喜好,面向小范围受众的趋势发展,从而使得观众中也渐渐形成相互分裂的小团体,这些小团体之间也无法进行关于相同节目内容的交流沟通。这种现象在政治节目方面表现尤为明显:调查结果显示(如上所述),观众中已经出现了庞大的、不再收看政治节目的群体,因为他们的注意力都转移到了娱乐节目上,②因此,收看到相同政治节目内容的观众数量无疑明显减少。

分裂理论还进一步得出,在上述背景下,被大众普遍重视的话题越来越少,共同的价值观和导向也在很大程度上被削弱。③ 从而使得政治传播的目的,即在达成共识方面很难实现,甚至成为不可能。因为"由传媒引起的、价值观导向和规范观念上出现的差异,使得社会中的冲突更加激烈,与此同时,又没有一种媒体能够发挥很好的协调作用,来缓和这种冲突"。④

这种发展使得政治公众分裂为无数个小范围的部分政治公众,而要实现这些部分之间的"相互理解和沟通"都非常困难⑤——公众由集中变得分散,从而引起社会的分裂。⑥ 从政治学的观点来看,这种发展趋势的后果是非常严重的:

• 由传媒引起的生活方式的个性化会使人们越来越忽视公共利益。

• 被忽略的社会融合以及公众的解体有可能会威胁到民主制度的核心内容:民主制度的核心是代表制原则,即人民通过选举议会成员来代表其利益。而当越来越多的民众不再关心政治,没有兴趣参与政治时,这种制度也就岌岌可危。这也关系到民主的另一核心内容,即参与制:当越来越多的民众不再了

---

① Hasebrink,个性化媒体使用中的政治传播,第360页。
② Kleinsteuber/Thomas,全球化和媒体技术革命时代中的政治传播,第226页。
③ 同上。
④ 同上。
⑤ Saxer,信息社会:理解与误解,第68页。
⑥ Hasebrink,个性化媒体使用中的政治传播,第360页。

解政治信息和话题,那么他们也就无法参与到政治当中。

● 此外,政治传播的重要目的,即达成共识,也会更难实现:传媒支持价值观以及规范观念上差异的出现,这会引起更多的社会冲突。

● 如果政治沟通仅在一个受限的范围内进行,国家的管理控制将会面临困难:对国家行为的认可,法律和条例的实施,都依赖于人民的遵从意愿,必须通过沟通得以实现。当这种沟通受到限制,甚至不再发生时,条例的遵守就会出现问题,其直接结果就是给有效的国家统治造成负面影响。

● 受限的政治沟通以及只在部分上起到作用的政治传播将使政治体系的合法化认可变得更加困难,也就是说,"政治共同体,以及包含了各种规范、条例、目标和机制的政治体系"都将更难获得支持。[①] 这将导致国家权威的丧失。

当然,在这里我们只能大致描述有可能出现的后果,迫切要解决的真正问题是,分裂理论涉及的前提条件以及看似必然的结果到底是否合理。其中一些概念还略显肤浅,且缺乏实证。因此,接下来我们将借助最新的调查结果来对分裂理论进行进一步分析。

2.2.2.2 媒体受众的分离?

为了对分离理论作进一步的分析,我们首先应该对"分离"这一概念作出明确的界定。到底什么是社会的分离,以及分离发生在哪些层面上? 对此,Ulrike Handel 在她的论文《媒体受众的分离》中进行了详细阐述。[②] 她有理有据地指出,传媒界和社会科学界都是在完全没有对分离这一概念做出明确定义的情况下来探讨这一现象的。于是她研究出一套分离理念,并把这一理念作为研究当前媒体受众的分离状况的基础。她就此提出了三个基本概念[③]:

1. 社会的结构:分离这一概念经常被用于普遍意义上的社会结构的异化过程,其作用在于描述社会在社会文化领域的解体以及"带有不同价值观和导向的部分公众群体的形成"[④]。

2. 媒体内容的结构:在这篇论文中,由媒体内容的区别造成的媒体市场的分割经常被称作分离。这种情况下所指的分离仅仅意味着媒体市场以及某些节目种类的扩张,而与受众的行为完全无关。

① Holtz-Bacha,引自:统治者,公众和人民代表,第67页。

② 参见 Ulrike Handel,传媒公众的分裂。媒体使用的结构组成和经验调研。Wiesbaden,2000。

③ Handel,传媒公众的分裂,第21/22页。

④ 同上,第21页。

3. 使用媒体的方式:对分离概念的这一理解把受众放到了中心位置,它要求媒体的使用具备特定的方式和风格,以避免出现被大众共同使用的媒体内容。

通过这一区分我们可以明确看出,我们必须在这一层面上明确界定"分离"的实质含义。社会学以及传媒学界的大多数作者都将分离看做是媒体使用中的一种现象。他们往往认为,受众对于媒体节目的频繁使用以及由此而形成的广泛的受众群体就是一种很好的、显示分离的指示器。不过这种论点也是存在漏洞的,因为当所有的受众对接收到的节目产生分歧或者达成一致时,他们之间又必然会产生联系。因此,只有当"个体或者观众群体收看的节目不被其他个体或者观众群体收看"时,才能真正产生分离,也就是说,分离指的是人与人之间在媒体使用上的背离。① 根据"分离"的这一定义,媒体使用中的关联成为了分离理念中的中心内容。因此,只有当媒体使用中不存在完全的关联时,才能谈得上分离。②

这种分离理论的出发点在于,人们有可能在多种媒体节目中进行选择,从而获取各不相同的经验,这些经验很少与其他观众群的经验发生关联——因为缺乏共同经验,所以也缺乏关于媒体节目的交流。③ 关于分离后果的讨论全是以节目供应为导向。不过这种强迫分离理论有着明显的漏洞,那就是尽管传媒市场扩张迅速,但在过去 20 年中,观众的使用时间并没有显著增加。④ 从表面上来看,收看某一固定节目的观众无疑将不断减少。

不过关键问题是,观众群中的这种分离究竟会不会发生。值得注意的是,就这一论点有过不少论据充分的理论,但是却没有实践性的调查来证实真正的观众群分裂程度,这也和进行这种调查存在实际困难有关。Ulrike Handel 在她所撰写的上述论文中,就对这一缺陷进行了弥补。⑤ 她的研究是以下述定义为基础的,即分裂代表着人与人之间在电视收看方面的差异。所以分裂理念的中心问题就是个体在媒体使用方面的交叉点。⑥ Handel 对 1805 名随机抽查的观

---

① Handel,传媒公众的分裂,第 25 页。
② 同上,第 32 页。
③ Holtz-Bacha/Peiser,传媒丧失了它的融合功能吗? 第 42 页。
④ Handel,传媒公众的分裂,第 17 页。
⑤ 参见 Handel,传媒公众的分裂。
⑥ 同上,第 25 和 32 页。

众的收视行为进行了调查,对每名被调查者花费的时间大约为 60 分钟。①

通过调查,她既得出了支持分裂理论的结果,也得出了与分裂理论相违背的结果。她发现,频繁的频道更换在一定程度上影响着收视。由于可以在大量的频道中进行选择,观众很容易在各个频道中频繁进行更换,这当然会导致大量的观众收看到不同的电视节目和片断,观众收看的电视内容发生交叉的概率也较小。②

与分裂理论相违背的结果是,Handel 还没有找到观众专门收看特定节目的迹象,因此她得出,长远来看,有特定内容的电视节目也不会取代混合类节目和综合节目。③ 在这一点上,她得出的结果和上述提到过的电视收视调查一致。

Handel 还指出,节目供应方的波动也会对分裂程度造成影响,例如情景方面的因素,新闻状况等。④ 这些因素都可以在一定程度上减小分裂,例如当某些事件引起公众的广泛关注时(例如世界杯足球赛、联邦议院选举和战争)。⑤

总的来说,她的调查没有对持有分裂理论的悲观者的担忧提供经验性的证据。就收视话题和内容而言,媒体使用的分裂度是很小的。⑥ Handel 认为,这主要归结于电视节目的"more of the same",也就是说"节目形式的标准化以及风格的标准化"使得能够广泛引起话题的内容变得均匀化。⑦ Handel 认为,出现这种均匀化的原因一方面在于,记者已经将挑选新闻的标准统一化了,这将均匀地对媒体播放的话题造成影响。⑧ 这些统一化了的标准也已经被新闻机构所采用,从而影响着他们对新闻话题的选择。而且各个媒体经常使用的都是同一个新闻来源(就电视而言是相同的节目供应商,以及被所有媒体使用的体育和娱乐档案信息)。⑨

另外一方面是因为,传媒市场是一个参照体系:在某个媒体中发生的重大事件,就会被别的媒体采用。就此 Handel 以从 2000 年 3 月起在 RTL2 播放的

① Handel,传媒公众的分裂,第 70 页。
② 同上,第 47 页。
③ 同上,第 57 页。
④ 同上,第 58 页。
⑤ 同上。
⑥ 同上,第 139 - 141 页。
⑦ 同上,第 142 页。
⑧ 同上。
⑨ 同上。

"Big Brother"为例进行了阐述：

"Big Brother 是传媒现象中的一个经典例子,而且引起了所有媒体和全国上下的广泛讨论。就算是从不使用媒体的群众,也无法避开这个话题,因为它已经成为日常话题。这种波及效果也不仅仅是由有新闻效应的事件造成的,它的产生还在于,大的传媒机构是在一个大范围中通过各种渠道提供他们的节目,结果就是,众多的渠道扩大了消息的传播面,也为分裂的观众群提供了共同的谈话基础。"①

Rogers 和 Dearing 将观察到的这种现象称之为"设置跨媒体间的议程(inter-media-agenda-setting)"②。该理论认为,传媒产生的影响是建立在自身基础上的,也就是说,一个媒体的报道是受别的媒体报道影响的。这方面的一个典型例子就是明镜周刊的领先效应,它的报道被不断引用,最终形成循环,我们看到被不断重复的话语"据明镜周刊早间的报道……"。这些媒体也被称作是引领观点媒体。它们的影响主要建立在这样的实事基础上,即被它们传播的话题不断被其他媒体引用加工。③ 这种设置跨媒体间的议程模式主要体现在不同的媒体类型之间(例如电视和平面媒体之间)。Roessler 还指出,"没有一家日报能够完全无视每日新闻报道的热门话题。"④

不过我们不能仅仅只看到媒体节目内容的相似性,靠近的趋势是存在的——多个频道播出着相似的节目形式,甚至内容。但是我们不能忘记,与双元化前的时期相比,我们有着 10 倍之多的电视节目可供选择,其中也不乏一些内容迥然不同的专题节目,所以今天的电视节目内容与双元化之前的时期相比无疑是更加丰富了。在之前的讨论中我们已经得出,在话题选择方面,尤其是在新闻话题的选择方面,公共电视台和私营电视台之间有时存在很大的差别(参见第四章,4)。不过在私营电视内部也必须有一定的差异性,因为每个节目只有与竞争节目之间存在一定差异,才能在竞争中引起观众的注意。

在信息节目方面 Roellser 得出了不同的结论。他对主要的新闻节目进行了调查并指出,在四大电视台(ARD、ZDF、RTL 和 SAT1)主要播放信息节目的时段

---

① Handel,传媒公众的分裂,第 143 页。

② Everett M. Rogers/James W. Dearing:Agenda-Setting 研究:他曾经在哪,将要去向何方? 选自:James Anderson,传媒年鉴,伦敦,1988 年,第 555 页。

③ Patrick Roessler,多数＝多样性＝分裂? 在微观层面上对节目多样性进行分析;选自:Imhof/Jarren/Blum,公众的分裂,Luzern 传媒研讨会第 6 卷,Wiesbaden 2000,第 177 页。

④ 同上,第 178 页。

中,只有不到五分之一的节目源自同一个来源渠道。① 另外有三分之一的节目则是至少被四家电视台中的三家都选中的内容,也就是说,起码有一半的节目被四家电视台中的三家同时播出。② 如果对最重要的 7 家电视台进行比较,我们可以得出,单个电视台对某个事件进行的单独报道基本不到其全部报道的二分之一。③ 其内容主要涉及体育赛事、跨区域的灾难或者犯罪,这些也是私营电视台的节目重点(另外三个被调查的节目选自私营电视领域)。这种局面体现了"电视的日常面貌"。如前所述,存在一些可以影响新闻状况的条件因素。我们可以发现,新闻事件的交叉率最高可以达到百分之七十。④

这一观察引出一个有趣的问题:从民主的观点出发,电视节目应该创造多样性。宪法要求,电视应该促进社会中多种价值观的形成。对此 Marcinkowski 表示:"多元化的社会要求民主的政治传播必须做到,尽可能广泛地反映社会群体不同的兴趣、观点及行为,为均等地顾及各方利益创造前提条件。"⑤

媒体供应内容方面如此明显的统一性与民主社会所要求的舆论多样性和观点多样性并不一致。不过在这个关于媒体功能和沟通的论证上显然存在一个悖论,即我们在对媒体的使用和结果进行评价时,使用了两种不同的评价手段,从而得出了相反的结论。之后我们还要对此进行详细说明(参见本章,2.2.3.1)。

我们可以对媒体公众的分离现状做出如下总结:从理论层面上看,关于分裂的设想不论是在公开讨论还是在迄今的研究中都出现了"不一致的情况"。⑥首先,这一理论缺乏统一的定义,关于分裂这一现象始终没有给出令人信服的定义。目前关于分裂这一现象的描述采用的完全是传媒节目的特征。⑦

仅仅从节目供应内容出发,还不能得出分裂的结论。从整个媒体界在结构上存在的差异也无法得出传媒节目内容方面确实存在差异的结论。⑧ 设置跨媒体的议程以及引领观点传媒等现象似乎都加剧了不同节目内容出现的难度。就电视领域而言,趋同趋势(尤其在私营电视领域)与显著区别始终同时存在

① PatrickRoessler,多个节目,一个话题? 多样性和分裂,选自:Inhof/Jarren/Blum,融合与传媒,第 157 页。

② 同上。

③ 同上,第 164 页。

④ 参见 Roessler,多个节目,一个话题? 第 153 页。

⑤ Bruns/Marcinkowski,电视中的政治信息,第 79 页。

⑥ Handel,传媒公众的分裂,第 66 页。

⑦ 同上。

⑧ Roessler,多数 = 多样性 = 分裂? 第 181 页。

（尤其在信息类节目领域，参见第四章，4）。新闻以及信息类节目可以被称之为"话题集中化过程中的多样化内容"。

因此，更多的供应商——更加丰富的节目多样性——观众的分裂这样一个简单的结构链需要根据具体情况被详细化。

Handel 在她的研究中并没有能够证明分裂度很强的媒体使用状况（参见本章，2.2.3.2）[①]。Roessler 将人际之间进行的连接式沟通与个人在社会环境中的导向联系起来。[②] 因此，"节目内容的多样性虽然导致了话题层面上巨大的差异性；而个人心理学机制又反过来促进了话题集中度的加强。"[③]

这一结论是否正确还有待于进一步论证，尤其是需要论证究竟有没有发生关于媒体内容的连接式沟通，也就是说大众传媒是否能够促进社会的融合——电视节目的内容和质量在这一过程中起到了怎样的作用，因为 Handel 还指出"我们还不能估量出分裂的结果"。[④]

2.2.3　通过大众传媒实现融合？

2.2.3.1　通过媒体统一实现融合

之前我们已经对电视观众群体的分裂以及大众传媒的融合作用进行过讨论，接下来要讨论的是借助于媒体统一来实现的社会融合，Winfried Schulz 对经过融合的媒体公众给出了如下定义：

1. 只被个体所使用的传媒渠道的数量要尽可能小；
2. 不同频道接收者之间的交集范围要尽可能大。[⑤]

媒体统一模式

	借助统一实现的融合
传媒供应	为社会团体提供的尽可能统一的传媒供应
媒体使用	有利于全社会共同的传媒体验的尽可能统一的使用模式
传媒内容	尽可能统一的话题选择和集中的报道色彩

资料来源：Hartmut Wessler，多样分化和传播统一——象征性共同点和传媒；选自：Imhof、Jarren、Blum，融合与传媒；Luzern，传媒研讨论坛，第 7 卷，Opladen 2002，第 68 页。

---

① Handel，传媒公众的分裂，第 137 页。
② Roessler，政治家：未来传媒话题的导演？第 162 页。
③ 同上。
④ Handel，传媒公众的分裂，第 137 页。
⑤ Winfried Schulz，政治沟通。理论方法和经验调研的结果，Opladen1997，第 99 页。

这种狭窄的频道供应模式与现代民主社会的基础价值观并不一致（参见第三章），即便不考虑这一因素，我们所追求的社会融合也是很值得怀疑的，因为这种追求是以社会文化的单一性为出发点。在当今这个不论在微观层面还是宏观层面都存在巨大相异性的社会中，"通过统一来实现融合"①似乎行不通，正如 Hasebrink 所说：

　　"融合经常被理解为，让社会中的个体或者群体或多或少收看到相同的电视节目。从这种意义上讲，占有 100% 市场份额的每日新闻算得上是一个融合的典范。不过这种层面上的融合过程已经渐渐失去了其意义：在过去的几年中，电视节目的覆盖面和所占有的市场份额逐渐减少，这些都会导致电视融合作用的减弱，而这种作用的减弱另一方面也是媒体供应相异性和收视行为个性化的结果。

　　不过得出这一结论还不具备足够的经验依据。一方面因为节目的覆盖面和占有的市场份额不能说明不同的观众以及观众个体在多大程度上产生交集，另一方面这种观点还是在超出单个节目供应定义的基础上提出的。"②

　　Hasebrink 同时还指出了另外一方面的内容。许多关于媒体接受与融合间关系的看法都基于这样一种现象，"即存在这样一种共同的事实，那就是晚间的新闻节目已经形成一种能够给全社会带来信任感的节目时段，它同时也是一天中最重要的节目播报"（Hasebrink："经典的每日新闻"）。③ 而媒体科学研究则指出，这种被视为非常重要的新闻节目对于不同的观众而言并不是同等重要的。因此，我们也不能忽视私营电视在该领域取得的成果（RTL – 最新报道），并对之前的普遍看法提出质疑。④ 目前，越来越多的观众感觉到，"关于同一天的新闻报道却呈现出了截然不同的内容，而他们并不能区别，哪个版本更贴近真正的现实"。⑤

　　Hasebrink 由此得出，经典的新闻节目目前正在经历着一场损失。不过研究调查也显示——同时 Hasebrink 也承认——"每日新闻"至今仍然是"整个电视节目供应中最稳固的基石"，因为由始至终人们都始终认为，他们通过每日新闻

---

① Wessler，多重差异性和传媒融合，第 66 页。
② Hasebrink，如何在传媒接收中识别个性化和融合？第 62 页。
③ Hasebrink，政治传播，第 364 页。
④ 同上，第 365 页。
⑤ 同上。

了解到一天中发生的最重要的事情。①

除了与宪法相冲突的问题外，"传媒统一"还涉及民主理论方面的问题。在把融合理解为统一的模式中，传媒供应必须尽可能的小，因为小范围的频道接收者主要得依靠尽可能统一的传媒供应得以实现。不过这最终也可能意味着，传媒的内容将提供尽可能统一的话题。②

不过这种理解是与民主理念的价值观即多样性相违背的。也就是说，传媒统一的这种模式将最终导致：融合越多，频道、节目以及话题的多样性就会越少。

Roessler 认为，根据公众原则，"既要保证决策权，也要保证权力控制权的实现"③，对两种不同目标的追求将会导致传媒报道中多样性以及集中性这一对矛盾的产生。④ Handel 在这里谈到了传媒作用中的一种悖论。⑤

重要信息的传播过程中的多样性是复杂的社会秩序的基础，因此必须要保障独立的信息传播渠道，以实现民主的观点和意识。另一方面，"传播内容的随意性"也是我们不希望看到的。⑥ Roessler 认为，"公众对重大社会问题的共同兴趣是对共同社会话题达成共识的基础。"⑦他认为，这种共识是通过对共同问题的讨论而实现社会融合的一种形式，正因为这种融合的存在，才有可能解决这些问题。⑧ 也就是说，从民主理论的角度来看，传媒内容在一定程度上的集中是有积极作用的，而且"借助成功的设置议程模式还可以避免在这一过程中产生话题的单一性"。⑨

但是我们依然有这样的疑问，那就是这种在多样性和集中性之间徘徊的理想传媒究竟是什么样的。Roessler 的出发点是，要在尽可能大的多样性和足够的集中性之间实现平衡：也就是说，一方面"新闻挑选的标准以及新闻机构之间的相互联系都要负责实现新闻报道的统一性"；另一方面，传媒体系内部的经济

---

① Hasebrink，政治传播，第 365 页。
② Wessler，多重差异性和传媒融合，第 68 页。
③ Imhof/Jarren/Blum，公众的分裂？第 9 页。
④ Roessler，多个节目，一个话题？第 150 页。
⑤ Handel，传媒公众的分裂，第 144 页。
⑥ Roessler，多个节目，一个话题？第 150 页。
⑦ 同上。
⑧ 同上。
⑨ 同上。

竞争又要求新闻具备内容上的独立性特征。① Roessler 承认,这种有关理想关系的笼统说法并不恰当,因为集中性与多样性之间的平衡度是随着环境的改变而改变的,例如随着"社会大环境、政治关系、现实事件以及传媒体系的结构"②的改变而改变。

至于在具体个例中,集中性是过多还是过少,关键还取决于传媒统一性这一理念在具体环境中是否正确:是不是只有当大众通过大众传媒获取到相同的或者相似的信息输入时,才能产生社会讨论? 是不是只有当交流伙伴拥有相同的信息基础时,他们才能对信息进行讨论式的加工处理? 是否有可能,恰恰因为公众对话题不了解,而在好奇心的驱使下对某一陌生话题产生激烈的讨论呢?

这个问题的回答对于解决融合作用的实质有着非常重要的意义,因为如果这个问题的回答是肯定的,那么,"关于社会上基本性话题的较小的集中性就足以确保实现就当代问题的连接交流,而不用要求整体传媒内容满足更多的统一性。"③

2.2.3.2　确保连接交流

我们可以对上述观点做进一步的阐述:也许正是媒体使用者的多样性带来了更大的融合潜力,因为"谁走的路越多,就有可能遇到更多的路人"④,也就是说,正是这种媒体间的个性化和分裂能够对社会的融合起到促进作用。

上述研究也表明,确实存在一些收视群体,他们要么只关注私营电视台的娱乐性节目,要么把大部分收视时间用于公共电视台的信息类节目。由此我们可以首先得出,这里涉及的是个性化以及分裂的特征,同时也关系到那些对电视的融合功能持负面态度的声音。⑤

不过它仅仅只在不同的收视群体之间适用。因为观众的收视行为在很大程度上取决于他们的社会素质因素,这种"稳定的、围绕固定节目的收视行为"意味着这些收视群体具有较高的融合可能性,不过这种观点成立的前提是"把融合定义为不同的人做相同的事情"。⑥

---

① Roessler,多个节目,一个话题? 第150页。
② 同上,第151页。
③ 同上,第165页。
④ Hasebrink,如何在传媒接收中识别个性化和融合? 第64页。
⑤ 同上。
⑥ 同上,第65页。

即使我们遵从这一把融合看做是相同行为的看法,不同的媒体使用仍然可以促成融合,因为有着不同收视兴趣的观众也完全有可能在他们选择的大量节目中选中了某个相同的节目。① 虽然如今的电视节目越来越针对特定的收视群,不过这一结论也依然适用,因为就像 Hasebrink 在名为"我来自多个目标群"的文章中所描述的一样,某个目标群体的观众并不仅仅收看那些特意为他们打造的节目。② 既然有交叉的存在,不同的收视群之间也就有融合的可能。这种分析也表明,纯粹从传媒节目出发的观点完全不能说明社会分裂或者融合的程度,基本的原则是:"选择越多,个性化越强,选择越少,融合越强"。③

因此,Hasebrink 有必要做进一步的调查研究,因为至少我们还无法断定,那些主要使用专门针对其兴趣制作节目的观众群体是否对于别的媒体而言已经毫无意义。如果答案肯定,那么节目的目标群体导向性的增强就将会危及传媒的融合功能。Hasebrink 认为:

"首先,至少我们可以依据经验来阐述,不同收视群体的观众在多大程度上也同时选择了为其他群体特制的节目。"④

对于社会融合至关重要的一点是,在不同群体的成员之间确实发生了关于社会和政治利益话题的沟通交流(2.2.1.2)。借助这样的沟通基础,我们可以对政治和社会问题的讨论加工进行控制,从而为政治观念的形成创造基础和前提条件,最终使价值观和规范观念具体化,并且相互印证,从而促进社会的团结和融合。因此,对于电视的融合功能至关重要的一点是,提供那些能够在公众中产生连接沟通的政治和社会信息。这其实也正是公共广播电视台的功效所在。

如今的社会现实又如何呢? 电视节目在多大范围内引起了公众间的沟通和讨论呢? 哪种广播体系(公共还是私营)推动了这种讨论呢?

Handel 通过调查研究得出,不同的媒体使用并不一定会导致连接沟通的消失,也并不一定会导致那些"分裂悲观主义者"所担心的结果。⑤ 她在自己的论文中证实,即使在完全不同的传媒内容的接受者之间也会发生连接沟通,⑥也就

---

① Hasebrink,如何在传媒接收中识别个性化和融合? 第 65 页。

② 同上。

③ 同上,第 69 页。

④ Hasebrink,个性化媒体使用中的政治传播,第 362 页。

⑤ Handel,传媒公众的分裂,第 139 页。

⑥ 同上。

是说,对于谈话的发生频率而言,有另外一些比共同的传媒内容更重要的因素。Handel 也指出,影响谈话发生频率最重要的因素是"顾问行为":

"某一个人越是经常地就任意一个话题提出建议,他也就会越经常地谈论传媒信息。这种现象也包括,人们被看做某些领域的专家以及人们向别人征求意见。"①

出人意料地,Handel 还在她的论文中得出,选择严格的使用风格能够有力地提高谈话发生频率:

"如果一个人有目的的,有意识地去选择他所接受的传媒内容,那么他就很有可能去谈论他所听到、看到或者读到的内容。"②而且对当地话题的兴趣也能促进人与人之间的沟通。③

Handel 进行的研究的中心内容是,传媒使用中的分裂度并不能起到影响交流的因素的作用。显然它对谈话发生频率只能产生微不足道的影响。

Holtz-Bacha 和 Preiser 的研究能在一定程度上证实这一结论,因为他们也没能找到证据证明,媒体使用方面的分裂现象削弱了大众传媒在社会内部沟通中的意义:

"我们的分析显示,随着电视使用中分裂化的增强,人与人之间关于政治的讨论沟通根本没有减弱,反而有所增强。这种现象与之前的猜测并不相符,即电视观众中产生的分裂将使社会内部的沟通和社会的团结受到负面影响。"④

为了对这种结论作出评价,我们必须对人与人之间的分裂和不同团体间的分裂进行区分。在这种前提下,我们可以对 Holtz-Bacha 和 Preiser 得出的结论进行不同的诠释:

• 分裂的媒体使用并没有对媒体的融合潜能造成负面影响,因为人与人完全可以对不同的传媒内容进行交流沟通。

• 研究表明,不同的收视群体也通过他们的收视经验而被进一步产生集中化(不断加强的人与人之间的交流可以被看做是不断集中的群体之间内部发生的交流)。⑤

在这里,Holtz-Bacha 和 Preiser 恰到好处地给出了一些"不确定性"。根据

---

① Handel,传媒公众的分裂,第 141 页。

② 同上。

③ 同上。

④ Holtz-Bacha/Peiser,传媒丧失了它的融合功能吗? 第 51 页。

⑤ 同上。

他们的调查,我们并不能准确地得出不同的使用群体之间是否能产生一致性,也不能得出个体之间的交流是否将减少,或者冲破团体的界限是否能就不同的传媒内容展开交流,第三种可能性则是,这两个过程同时并列发生,而并不相互排斥。

不管我们选择哪种猜测,这一研究都告诉我们,对于大众传媒的融合功能至关重要的是提供能够产生连接沟通的传媒内容。依据系统理论的观点,这也正是大众传媒本身的作用和功能所在。作为所在社会的子体系,它们为社会提供自我观察,然后再为其他的子体系和个体提供新的动力(参见第二章,3.2.4)。从而可以将大众传媒引起的沟通与其他社会子体系如政治、法律以及个体层面的沟通联系起来。多样的、复杂的功能关系以这种方式被稳定下来,也能促进体系和社会的融合①(参见2.2.1.1)大众传媒由此实现了"在现代社会中应该发挥的独立功能,即确保全社会范围的交流"。②

此外,单个体系之间交流沟通的实现也得益于大众传媒对众多话题的前结构化处理。这种前结构化处理增强了"与大众传媒相联系的社会内部交流的真实性"。③ 在个体层面上,大众传媒也通过这种前结构化处理促进了融合:通过对话题的调研我们能够得出,哪些促进作用由哪些话题产生,哪些话题属于哪个话题范围。借助于经过了前结构化处理的信息的传递,人与人之间的沟通变得更加容易,连接沟通引发新的连接沟通的可能性也随之增大,这种效果恰恰要归功于"对播报内容进行的前期筛选以及对内容的不断更新"。④

这其中也包含了公共广播电视的融合功能:它提供了高质量的、能够引起连接沟通的传媒内容,并对重要话题的前结构化处理起到了作用。

公共广播电视能否通过其现有的节目结构来满足这些要求呢? Handel 在经过调研之后得出,"公共电视台在一定程度上发挥了融合功能以及促进社会达成共识的功能"。⑤

这种观点与我们之前提到的实现融合功能的前提条件并不相符。通过对公共广播电视以及私营电视节目的观察,我们不难发现,公共广播电视的节目在政治信息、文化、科技以及纪录片等方面都明显领先(参见第四章4)。它们

---

① Sutter,通过媒体实现的融合,第126-128页。
② 同上,第129页。
③ Reinhardt/Jaeckel,估算模式和话题范围,第85/86页。
④ 同上,第86页。
⑤ Handel,传媒公众的分裂,第139页。

主要在这些领域提供了沟通内容,但是这些节目与娱乐性节目相比,收视率并不算高,所以我们往往难免会提出这样的疑问,他们是否是能够产生连接作用的节目,因为根本不存在不被使用的电视节目。

当然,这些节目大面积的覆盖率并不是问题的关键。从政治的角度出发,能够让众多观众收看到高质量的(政治)信息类节目自然不是坏事,但是:就像经验性调研显示的一样,[①]非常重要的一点是,这些内容的节目确实得到了播放,因为收看不同节目的观众也会因为他们收看的内容产生相互间的沟通连接。调研还显示,与接收相同的传媒内容相比,社会以及社会心理方面的因素对连接沟通的发生有着更大的影响。所以 Handel 认为,群体中的"建议行为"是影响沟通发生频率的最重要的因素之一。[②] 如果我们将这些、那些有关接收行为的研究结果汇总起来,便不难发现,对于公共电视实现其功能而言,至关重要的却是播放了与功能相应的节目内容,而至于这些节目在多大程度、多大范围内被接收并不是最重要的。而与双元化之前的时期相比,今天的电视台无疑提供了更多的这方面的节目。当然我们也不难听到这样的指责声,公共电视机构太庞大了,提供的节目太多了。接下来我们将就这样的指责进行探讨(参见第六章)。

这种观点认为,公共电视提供的电视节目很少被利用,因此应该缩小这些节目的规模,甚至彻底取消这些节目,因为制作此类节目的费用无疑是非常巨大的。不过在目前的状况下,这种观点显然是不具备说服力的,它带来的后果也是显而易见的。一旦公共电视台的节目被取消,它们毫无疑问将会被私营化,这将最终导致 ARD 和 ZDF 的节目内容和 RTL、Sat 1 和 ProSieben 的节目内容靠近。如此一来,电视台中播放的娱乐节目的比例将会大幅度上升。而政治节目和新闻节目虽然不太可能被完全替代,但是无疑将经历一次重大瘦身,新闻质量也极可能出现滑坡,因为在资金减少的情况下,这类节目的成本必须被控制在最小范围内。而像 Arte、Phoenix 或者 3sat 这样的文化类频道则很有可能无法继续存在,或者节目质量大打折扣,因为这些频道比较难获得广告收入。而所谓的"新闻频道"则很有可能存活下来,并继续获得经济效益,就像德国的"n-TV"和美国的 CNN 一样。不过这两大电视台关注的基本全是实事性的报道,根本不重视政治背景信息、科技以及文化等方面的内容。参照一下美国的全私营化频道,我们便不难发现,普通不收费电

---

① 参见 Holtz-Bacha/Peiser,传媒丧失了它的融合功能吗? Handel,传媒公众的分裂。
② Handel,传媒公众的分裂,第 141 页。

视台所关注的内容在这些完全私营化的电视台中完全不被重视①（对于 HBO 这样的很成功的收费电视台也是如此②）。因此我们可以谨慎地得出，如果以完全取缔的方式来完成对公共电视的私营化，那么很多对于政治层面而言非常重要的沟通内容将不复存在，或者不得不以非常劣质的形式存在（参见第六章,1）。

在对有重大社会意义的节目进行前结构化处理的过程中,公共电视台的节目也起着重要作用。在这方面,ARD 的"每日新闻"一直起着举足轻重的作用:没有哪个新闻频道会允许出现不播报在每日新闻中出现的重大新闻的情况;私营电视台在安排节目播出时,也会刻意将主要娱乐节目的播出时间与每日新闻的播出时间岔开。这种对新闻和话题的结构化以及集中化的处理对于连接沟通有着重要意义,因为一定程度上的话题集中对于连接沟通的发生是必要的。③"每日新闻 100% 的市场占有率"④对于社会中的政治讨论是不必要的,但是从连接沟通的角度来看,话题在一定程度上的集中是有利于展开政治讨论的。通过对新闻节目进行比较(参见第四章,4.1),我们可以得出结论,政治、经济方面能够产生连接沟通的节目主要是由公共电视台提供的。因此从政治学的角度看来,用私营电视台的新闻节目来替代这些节目是不可取的。

同时我们也不能否认,部分私营电视台的节目形式和内容也能对社会的融合起到促进作用。Kliment 和 Brunner 经过调查发现,年龄层较低的观众群,大多对政治不太感兴趣,也很少收看公共电视台的政治类节目,但却会收看私营电视台播放的政治类节目。⑤ Tenscher 估计,私营电视台这种将政治节目娱乐化的做法也许可以拉近政治节目与这部分观众之间的距离。⑥ Kliment 和 Brunner 对双元化体系中的这种"工作分工"提出了谴责,因为"这要求私营电视在一定程度上弥补公共电视在融合作用方面的不足之处",尽管这与"公共电视台的基本节目供应和约相违背"。⑦

---

① 参见 Meyn,德国的大众传媒,第 243 – 253 页。
② 参见 www.hbo.com。
③ 参见 Roessler,多个节目,一个话题? 第 150 页。
④ Hasebrink,如何在传媒接收中识别个性化和融合? 第 62 页。
⑤ Kliment/Brunner,双元化时代的节目范围和使用模式,第 268 页。
⑥ Tenscher,电视政策,第 206 页。
⑦ Kliment/Brunner,双元化时代的节目范围和使用模式,第 235 页。

但是令人不解的是,为什么 Kliment、Brunner 和其他一些参加这一调研的人员都支持取消或削弱公共电视体系。[①] 如果他们的观点正确,那么我们必须争取做到让每一个人都能收看到相应的公共电视提供的节目,因为 Kliment 和 Brunner 也承认,对于基本供应而言,最重要的节目还是主要由公共电视台提供的。[②] 如果私营电视台在这方面也发挥了作用,那么这种看法将无法从宪法和民主两方面作出明确地解释。在公共电视不被一些观众群体所接受的情况下,它在这些人群中,就不是实现融合的必要条件。尽管 Kliment 和 Brunner 也不能判定,这些人群随着年龄的增长会不会改变自己的收视习惯[③]。至关重要的是,这些(有着重要政治意义的)节目始终存在。[④] 当然沟通与讨论在全社会范围内发生的情景只是一种理想状况,它也不是基本供应和约所追求的。

2.3 结论

我们已经可以得出结论:几乎没有理由支持分裂理论悲观主义者的观点。尽管 Holtz – Bacha 和 Preiser 都曾指出,任何时候都很难提出有把握的预测。[⑤] 不同的收视群体的产生等现象从理论角度上讲可以被看做是分裂的开端。但是经验性的研究已经表明,这方面起作用的关键因素并不是让所有观众都收看到相同的政治节目内容,收看不同节目的观众群体之间也可能产生沟通,因为对于沟通发生频率而言,还有其他因素起着重要作用。

因此,从政治科学的角度看来,最重要的是提供尽可能高质量的、全面的信息类和政治类节目,让这些节目来促进各群体之间的沟通交流,而这类能够很好地促进社会内部沟通的节目主要是由公共电视台提供的。

例如关于政治体系工作方式以及政治决策过程的报道就几乎只出现在公共电视台的节目中(参见第四章,4.1)。这些节目内容构成了被 Sarcinelli 称之为由沟通产生的合法化的前提条件[⑥]:只有通过围绕这些结构进行的讨论和沟通才能促进民众对政治以及国家体系和机构的认可。

---

① 参见 Kliment/Brunner,双元化时代的节目范围和使用模式;mattern/Kuenstner,国际比较中的电视体系;Hamm,双元体系的未来,第 235/236 页。

② Kliment/Brunner,双元化时代的节目范围和使用模式,第 235/236 页。

③ 同上,第 279 页。

④ 参见,Handel,传媒公众的分裂,第 149 页;Holtz – Bacha/Peiser,传媒丧失了它的融合功能吗? 第 48 – 52 页。

⑤ Holtz – Bacha/Peiser,传媒丧失了它的融合功能吗? 第 52 页。

⑥ Sarcinelli,旧媒体——新媒体,第 21 页。

当然,包含这些内容的节目并不被所有民众接收到,甚至往往只被小部分民众所接收,我们仍然有理由认为,公共电视台以其现有的覆盖面和节目形式,实现了应尽的融合作用,同时还达到了其他方面对它提出的要求,尽管在个别情况下存在着对公共电视不满的声音(参见第四章4.1、第五章2.1以及2.2.3.2)。从政治学的观点看来,它所提供的节目也满足了基本供应合约中的政治要求和社会要求。

这一研究的出发点基于 Ingrid Hamm 提出的"必须对德国的基本供应和约进行检查,并对公共电视的节目和约进行重新定义"。① 在她发表的研究中我们发现,她所指的对基本供应合约的检查实际上指的是检查公共电视是否满足了基本合约提出的要求,以及检查公共电视播放的内容。

她的第二个要求则是我们下一章的出发点:其他节目是否也能够,或者甚至更好地实现基本和约提出的要求? 为此,我们将会探讨对公共电视的批评之声,并对公共电视进行进一步的检查。

对此我们主要针对公共电视在实现主要作用方面的成本——效果关系进行了研究。同时也提出了一些有关公共电视重组的一些建议。

最后我们将大胆预测一下公共电视的将来,这其中也包含了对现有技术可预期的发展的预测。

①　Hamm,双元体系的未来,第10页。

第 六 章

公共广电的未来:生存保护还是私有化?

在第五章提到,从政治学的角度来看,当前的公共台的(电视)节目供应大部分满足了基本供应相关的职能,即使有几点需要讨论。然而在 2003 年初,由于 ARD 和 ZDF 的 2005－2008 年的预算计划,对于公共广电体制的争论重新激烈起来(见第一章 1;第三章 2.2.5)。州长如 Stoiber,Steinbrück 和 Milbradt 要求重新检验对公共广电的资助并考虑降低公共广电参与数字网络方面的发展保障[1]。他们拒绝——如同 ARD 和 ZDF 要求的——继续提高收视(听)费,与此相反他们想裁减 5% 的公共台,合并 Arte 和 3sat 台并裁减总共 16 套广播节目[2]。为此政治家主要得到了私营电视台的支持,它们在 2003 年 10 月的慕尼黑媒体大会上要求,缩小公共电视的竞争并限制其节目。虽然一些要求(减少数字频道,裁撤儿童频道 Kika,合并 Arte 和 3sat 台)没有得到其他联邦州的支持,但是围绕公共广电的成本讨论却相当激烈[3]。

在之前的 1999 年,联邦经济和技术合作的一份鉴定就已经得出一个结论:德国的媒介制度应该彻底重新调整。这份鉴定的指导思想是,如同报刊业的情形,在广播和电视业也需要一种正常的竞争机制以保障相应的观点多样化。在一个媒介内容供应巨大的时代不应该再坚持公共广电的特权地位[4]。这份鉴定继续提到,普遍新闻法也应该适用广电领域,即使是完全的自由化甚或私有化

---

[1]　参见 2003 年 10 月 23 日和 11 月 12 日巴登日报。

[2]　参见 2003 年 11 月 12 日巴登日报;德新社 2003 年 11 月 9 日,链接:www.dpa.de。

[3]　参见 2004 年 1 月 26 日巴登日报。

[4]　参见联邦经济和技术部科学咨询委员会:开放的媒介制度,Berlin,1999;链接:www.bmwi.de。

也不应该是"禁忌"①。

在本书的开头就已经提到,德国的公共广电体制与其他的西方工业化国家相比,不仅在总的预算方面而且在每一播出分钟的制作成本方面都是最贵的(见第一章1.1)。另外,德国的公共广播台以13套电视节目和61套广播节目与其他国家的公共服务台②相比,也是世界上供应节目数量最大的③。

在围绕公共广电的批判和展开的新一轮的讨论的背景下,本文调查了下述可供选择的理论模式,同时也描述和检验了外国的公共广电体系,看这些模式和组织形式是否可以借用到德国的媒介和法律体系中。在此首先根据从英国的电视领域往德国的公共电视体系④移植个别元素的呼声进一步分析了英国的广电体制。

通过本次调查首先回答了这个问题——是否可以考虑其他政治学角度的可以完全满足基本供应委托的(成本更优化的)组织——供应——节目结构。接下来的一部要尝试给出的对于公共广电体制的结构改变和重组的具体的行动指南的改善建议——而这些建议是从和基本供应相关的视角出发的。同时,只要有可能预测的话,也应考虑到转播技术和节目形态可能性的新技术发展。

1 公共广播电视的私有化

自20世纪80年代以来(经济)科学界的一部分人以及CDU/CSU和FDP等党派就一再敦促对公共广电实行完全的私有化。围绕公共广电的讨论进入了一个全欧范围的自由化的讨论浪潮。这次讨论要求国家任务的私有化以及宣传由此而来的国家从公共领域任务里继续撤出。这导致了"公共领域的贬值和裁撤"⑤的结果,而产生了国家职责调控的新的范式:国家应该在"小政府"⑥

---

① 参见联邦经济和技术部科学咨询委员会:开放的媒介制度,Berlin,1999;链接:www.bmwi.de.

② 在国际领域,常常使用"公共服务"(Public Service)这个概念表示公共的广播电视体制。

③ Hamm,二元体制的未来,第8页。

④ 参见巴伐利亚州长Stoiber在2001年慕尼黑媒介大会上的讲话;讲话的文字,出自:www.medientage–muenchen.de.

⑤ Marie-Luise Kiefer,不可放弃还是多余?多媒体时代的公共广播电视;选自:广播和电视,1/1996,第13页。

⑥ Braun,Dietmar–有关国家控制的讨论。概览和平衡。斯图加特大学社会学研究所举办的"政治控制"专题报告会上所做的报告。2000年第5页和第6页。

的意义上集中精力于创建一个竞争的制度框架,以此在尽可能多的领域树立促进竞争的原则,另一方面国家只对"根据经济学理论存在公共物品、外部效应或者个体市场参与者的信息缺失"①进行干预。这种新的国家理念自然对公共广电体制有影响:

"如果说过去许多欧洲国家推行的更多是把文化政策的目标作为媒介政策的基础,如舆论自由、艺术质量、估计公共利益或者维护文化的一体性,那么现在推行的更多的是文化和区位政策意义上的媒介政策。"②

因此从这一角度来说,公共广电的特别财政形势③受到批评并被视为与市场原则扭曲的看法是一贯的。因此,在广电领域,同其他的任何领域一样,涉及的是经济利益(欧盟委员会也这样认为),所以收视费或者其他形式的国家补助都是不应该的④。此类批评在 90 年代的德国由于公共台的广告收入萎缩以及私营和公共台的节目(据说)可以更多的适应平衡的声称,找到了新的养分⑤。

公共广电台的内部结构也受到了批判。公共式的组织结构导致了过高的费用和不充分的创新,因为公共台领导层的"收入和企业的盈利太过于脱节,因此对于降低成本、改进质量和创新只有很低的兴趣"⑥。公共台在属于公共财产的情况下缺少惩罚机制,不能阻止"保留低效的供给或者扩大低效的生产,即使相关的成本超过了对社会的益处"⑦。由此,广电自由的原则、收视费负担运营开支和伴随对公共广电的生存和发展保障的基本供应任务就最终降级成了保证其相应收入的核心要素⑧。此外不仅投入了太多的人员,也支付了过多的薪水,两者都明显在市场水平之上⑨。

---

① Jarren/Donges/Künzler/Schulz/Held/Jürgens,政治、经济和社会网络下的公共广播电视,第 27 页。

② 同上。

③ 因此这里在涉及国际领域时,没有使用德国法学的概念"公共",而是运用了普遍概念"公共",这其中就包含了多数国家建立的广播电视组织形式。

④ 同上,第 28 页。

⑤ Kepplinger 选自:Noelle-Neumann/Wilke/Schulz,新闻学 124/125 页。

⑥ Hartwig/Schröder,市场和政策失灵之间的德国媒介体制,第 279 页。

⑦ 同上。

⑧ 同上,第 280 页。

⑨ 同上,第 283 页。

我们来设想一下公共广电完全私有化的情景，也就是说公共广电台转型为私营的必须适应市场的媒介企业。可能发生什么变化呢？这里只能猜测，本文已经指出的一些发展变化（参见第 5 章，2.2.3.2）很可能出现：公共播出机构必须——因为靠广告为生——接受私营广电台的行为逻辑，大部分播放对大众有吸引力的节目并在节目中主要为广告有关的 14 岁到 49 岁的目标群服务，冷落其他的受众群体①。对于基本供应也很重要的第三套节目和公共的栏目节目预计会被停播或者以明显较低的质量供应，因为此类节目通过广告很难或者根本不能被养活②。总结起来这意味着，下列节目不能在市场上获得成功，根本不能或者只能以非充分的质量提供：

● 由于高的生产或者准备费用。

● 较小规模的社会群体，他们的利益应该被考虑。

● 对于广告缺少吸引力的社会群体（特别是超过 49 岁的公民）。③

另一个可能性是，此类节目被以特别的付费电视（Pay-TV）的方式继续播出。当然，付费电视到目前为止在德国还很少实行，如果说有，那么也只在体育和娱乐领域④，因此这种可能性对于上述群体而言是否实现也是有疑问的。如果上述假设应验——一览德国当前私营台的节目和美国的电视业态可以猜测得出这种假设⑤——对于政治公共领域以及政治的和社会的意见形成的后果都是很严重的：高质量的交流节目供应在电视上就不复存在或者明显（继续）被边缘化（参见第五章，2.2.3.2）。或者，如同 Voß 有些过火的表达的，那么将"仅仅由经济成功决定（……）什么还会在公共领域有效，什么会从社会讨论中消失"⑥。

Jarren 等人还指出了完全私有化的另一个问题。他们担心，在和经济联系紧密的情况下（与和政治联系紧密类似，参见第四章，1.2.2）来自企业领导层的

---

① Jarren/Donges/Künzler/Schulz/Held/Jürgens，政治、经济和社会网络下的公共广播电视，第 55 页。

② 参见作为例子的巴登—符腾堡州的私营电视台财务和质量问题：在多次财务危机后，该电视台重新面临很大的问题。它的节目供应即使很宽泛的审视也不符合基本供应的要求。主要播出的是娱乐、宇航和购物秀节目。

③ Jarren/Donges/Künzler/Schulz/Held/Jürgens，政治、经济和社会网络下的公共广播电视，第 55 页。

④ Mattern/Künstner，电视体制的国际比较，第 198/199 页。

⑤ 参见 Meyn，德国的大众传媒，第 243－253 页。

⑥ Voß，没什么没有 ARD 不行，第 280 页。

对于电视台的组织和节目的影响的危险明显上升①。由此对于批评的报道就缺少必要的距离和独立性,该(媒介)企业的广告伙伴将不再出现在批评性报道中并原则上被积极展示。即使这个论点是很有可能的,也已经通过另一方面由于公共广电和政治体制的过于密切的联结表明会导致同样的结果,如同已经观察到的,根据党派的代表比例分配监管委员会的名额(广播委员会,电视委员会)。对此在本章中还将深入分析。

另一个现象好像和公共广电私有化后以及私有经济主导的媒介市场关系非常重大:有关资本集中的问题。

在最近几年可以看到国内媒介市场的多样化的集中过程和一种明显加快的企业行为的跨国化。② 主要是合并、组成战略联盟以及媒介、通讯、娱乐电子和计算机的聚合导致了国内和全球层次的明显的融合和集中过程。③ 这样伴随而来一种担忧,全球活跃的媒介工业以越来越强烈的规模被极少数——主要是美国的——"媒介巨头"经由纵向的,多媒体的和多领域的融合所控制。④ 对于这些企业而言,它们想达到的目标群是它们想牢牢把握的全球市场的一部分。起决定作用的是广告市场,因为这是商业广电市场的主要收入来源。为了能够在广告市场站稳脚,一定的企业规模以及经济集中是必要的。⑤

这种集中也要求在节目领域自身对价值创造链和开发梯次进行优化和增值,包括在许可和版权市场,但也包括参与所有相关的媒介市场以及"新媒介领域",通讯、电子商务等。这已经导致形成了跨国的组织的超国界的媒介康采恩相对于公共广电的经济和传播竞争优势⑥。

这些不断的融合和集中对于一种正常的传播竞争隐藏着巨大的风险:越来越少的节目供应者对于媒介的内容负责。这对于一个民主社会的政治传播是特别有害的。因为主要是媒体,特别是电视,做出了向全社会传播的话题的诠

---

① Jarren/Donges/Künzler/Schulz/Held/Jürgens,政治、经济和社会网络下的公共广播电视,第55页。

② Werner A. Meier,商业化造成的变化:跨国运营的媒介康采恩构造公众社会和市场;出自:Imhof/Jarren/Blum,信息社会的控制和管理问题,第61-74页;也参见 Kleinsteuber/Thomaß,全球化和媒介技术革命时代的政治传播。

③ Meier,商业化造成的变化,第69页。

④ 同上。

⑤ Kleinsteuber/Thomaß,全球化和媒介技术革命时代的政治传播,第218/219页。

⑥ Schneider-Freyermuth,对国家自由信条对于公共广播电视的影响的几个观点,第567页。

释并负责创造公共领域,但是也对社会化进程、培养舆论、价值和观念产生影响,因此"把这个对于社会和民主很重要的过程只保留在很少几个私营组织的电视机构的手中"①是不可接受的。这样限制了政治传播必不可少的新闻和意见多样化:

"发展成由少量经济雄厚的企业控制的媒介市场,是对于政治上周日演说还一直期待的媒介多样性的一种危险并限制了媒介和信息自由。

而这种自由对于一种正常的政治传播和以前一样是必要条件,政治传播的任务一方面是通过发现政治行为在公共领域的接纳的反馈来展示和辩护政策,另一方面想让这一过程变得公正。"②

联邦宪法法院看到了经济势力在几乎所有媒介领域累积过程中的"用于单方面影响公共舆论的目的的权力滥用的危险"③。由于"商业广电台所遭受的这种多方面的钳制"④,根据施耐德—福莱尔穆特的观点并鉴于市场经济的集中化趋势,"基于其不依赖于节目的财政特点和内部多元化的结构特点,一个运转有效的公共广电体制有能力长期保障舆论的多元化,并为民主的民意形成作出贡献(……)并履行其文化的任务,也是不可或缺的。"⑤实际上,要求对公共广电完全进行私有化好像也好似有问题的,因为我们看到,德国的私人电视市场在过去的二十年里最终被两家康采恩集团所控制,证实了一个危险,公共电视在私有化后也会陷入经济集中的漩涡,而不再作为媒介市场独立的参与者。

在这种所说的节目供应的不对称和媒介集中的危险的背景下,Jarren 等人宣传"结构多元化的观点"——该观点宣称一种普遍二级的广电体制结构:通过公共和私营电视台不同节目的合并和竞争可以在一个二元制的广电体制下通过一个体制的优点补偿另一个体制的缺点。⑥

Jarren 等人还赞成公共的财政支持至少能使公共广电和市场逻辑的紧密联

---

① Jarren/Donges/Künzler/Schulz/Held/Jürgens,政治、经济和社会网络下的公共广播电视,第 33 页。

② Kleinsteuber/Thomaß,全球化和媒介技术革命时代的政治传播,第 221 页。

③ 联邦宪法法院的仲裁 57,第 295 页。

④ Schneider-Freyermuth,对国家自由信条对于公共广播电视的影响的几个观点,第 566 页。

⑤ 同上。

⑥ Jarren/Donges/Künzler/Schulz/Held/Jürgens,政治、经济和社会网络下的公共广播电视,第 34 页。

系有所放松并有义务关注内容和质量,这在上述的纯粹市场的条件下是不能被(或者不充分)考虑到。他们还赞成维护公共台的"自主回旋余地",而这只能靠公共财政的支持才能达到:

"收视(听)费的资助给了公共台一种可能性——以社会责任的行动逻辑来构造相应的媒介组织、打造相应的结构和并使得在其框架内生产这样的节目的过程成为可能。"①

另一种反对公共广电体制完全私有化的理由是:联邦宪法法院的判决排除了对广电体制的没有国家调整干预的完全私有化:"广电不能放任给自由的游戏"②。与民主原则和广电自由原则的相联系的任务只有这样才能实现:在广电中存在一个"均衡的舆论多样性"或者强调,这种多样性根据联邦宪法法院的意见只能通过国家的规定出现(国家对于发展和保障广电自由的特别保障,见第三章,2.2.1)③。只有公共广电能够保障给民众以相应节目的基本供应(可区别的信息,考虑到舆论、世界观和不同文化流派的多样性④),因为公共节目的(部分)资金是通过收视费筹措的,不像私营台完全依靠收拾(听)率。因此联邦宪法法院在第六份广电判决中规定对于公共广电要有生存和发展保障⑤。由于这份判决,有人指责,联邦宪法法院对于市场和竞争的效率过分怀疑⑥。虽然如此,这份判决和尤其是 1986 年的第四份广电判决造成,至少私营台对于把公共台完全私有化持批判的态度。

因为在这份判决中联邦宪法法院做出了两项根本的决定:一方面,公共广电只要满足了其基本供应的任务,其特殊地位就得到了法律的保证。另一方面——这对于私营供应者也是决定性的——只要对私营广电在节目多样化方

---

① Jarren/Donges/Künzler/Schulz/Held/Jürgens,政治、经济和社会网络下的公共广播电视,第 175 页。

② 联邦宪法法院的仲裁 31,第 314 和 325 页。

③ 联邦宪法法院的仲裁 31,第 118 页;也见:联邦宪法法院的仲裁 57,第 295 和 296 页。

④ 联邦宪法法院的仲裁 31,第 118 和 155 页。

⑤ 联邦宪法法院的仲裁 83,第 238 页;也见:1991 年 8 月 31 日通过的《有关在统一的德国的广播电视的国家合同》,该合同于 1992 年 1 月 1 日生效,在此期间作过多次(轻微的)修改。在前言中写着,"保障公共广播电视的生存和发展。另外,公共广播电视应该参与所有新的技术研发和传播以及使用广播电视的新的主办形式。应该维持它的财务基础包括相关的财务平衡。"文字出处:http://www.artikel5.de/gesetze/rstv.html.

⑥ 参见 Doetz,一种开放的媒介制度需要什么样的框架? Neumann,媒介制度的开放,等等。

面比对公共台提出的高要求少,公共台的地位就是合理的①。这具体就是说,联邦宪法法院对于广电体制的完全私有化从组织法律的角度好像没有完全排除。但是在这种情况下,私营台对于生产的多样性和平衡性必须能够承担责任,并期待其有相应的节目形态。但是私营台对于这种形态的要求是很怀疑的,因为它们要部分损失(广告)吸引力和由此带来的盈利机会。另外还会出现像开普林格所预测的那样:

私营的媒介企业出于竞争政策的原因几乎没有机会,接管一家国服的广电台,因为担心那样做可能会造成接管后的私营台的竞争力受损而被别的(媒介)康采恩控制②。这样只会很少提出对于公共广电完全私有化的要求。今天的批评声音主要进入了另一个方向:公共广电应该集中精力与它的"核心任务",这些任务应该继续通过收取收视费完成,只有包含娱乐、体育等内容的完全形态的电视节目应该废止或者以市场的方式条件完成。

2 (更强的)面向市场

2.1 缩减公共广播电视/部分私有化

2.1.1 批评者的要求

私营广播电视和通讯委员会(VPRT)主席 Jürgen Doetz 批评说,联邦宪法法院的判决把给解决人民基本供应的任务只交给公共广电,而"私营广电台的节目主要被视为对自由的和评论的舆论形成的危害"③。这份判例和由此带来的不相称的特权"鉴于德国私营广电在经济和节目方面的积极发展不再是公平的"。

Doetz 要求"对源自公共财政资助的广东台的任务有一个具体定义",并援引了联邦经济和技术合作部已经公开的鉴定。该鉴定的核心内容是,公共广电应该限制活动在其自身的公共任务上,即"通过维护和促进统一的文化和文化的团结以达到国家和社会的融合"。只有这种实质内容上的任务可以为通过收视费资助公共广电而获得生存和发展保障辩护。

Manfred J. M. Neumann 也援引了这份鉴定并和德茨一样要求落实其中提

---

① 联邦宪法法院的仲裁 73,第 118 页。
② Kepplinger,出自:Noelle-Neumann,Schulz,Wilke,新闻学,第 125 页。
③ Doetz,一种开放的媒介制度需要什么样的框架? 第 18 页。

到的几点。两人都提到"巨大的媒介供应"可以"实际上成功排除"[1]任一种想要操纵舆论的危险。因此连续运用新闻和反卡特尔法也能保证在广播和电视领域有一个"运行有力的竞争并维持媒体的舆论多样性"[2]。Neumann 把焦点集中于"文化"这一概念并要求把"依靠强制缴费资助的公共台的内容"限制在文化领域,"因为共同的文化框架增抢了社会的团结"。"维护文化遗产并促进其继续发展是公共广电的法定任务"[3]。与此相反,"提供娱乐毫无疑问不是公共任务"[4](这当然与联邦宪法法院的判决相反[5],见第三章,3.2)。因此,必须明显降低公共节目的数量并以此为目的。这也可以通过一种(部分)私有化达到[6]。

要求缩小公共广电的人很多,即使大家对于应该把公共广电的节目供应限制在何种范围还没有明确定义。比如 Bullinger 建议,公共主办者应该把节目定位在"有特别的公共利益,如文化作为其核心领域"[7]。此外可以规定价值和质量高的节目的最少播出时间[8]。根据 Mattern 和 Künstner 的观点,可以通过设置所谓的"核心范围节目"保证通过规范电视播放有意义的基本供应节目[9]。

通常和上述要求相联系也要求对公共台的资助模式有新的设想。这里的一个新的关键点是公共广电体制的混合财政模式,也就是说通过收视费和广告资助。比如私营的媒介研究结构特诺尔所宣称,"广告收入的相互影响"和与此相关联的"按照收视率调整节目计划,以达到最广大的受众群体"会危害基本供应的任务[10]。另外还担心,广告会危害公共举办者在短期需求发展方面的独立性并造成和私营节目的强烈一致[11]。也有部分观点认为,公共台完全放弃广告收入会对电视体制产生积极的影响,因为在公共台的在较低的收视率压力下其

---

① Neumann,媒介制度的开放,第 8 页。

② 同上,第 9 页。

③ 同上,第 10 页。

④ 同上。

⑤ 参见联邦宪法法院的仲裁 87,第 181、182 页。

⑥ 同上。

⑦ Bullinger,公共广播电视的任务,第 95 页。

⑧ 同上,第 111 页。

⑨ Mattern/Künstner,电视体制的国际比较,第 179/180,185/186 页。

⑩ Medien Tenor,有关基本供应的讨论,引自:www. medien‐tenor. de/index 1 . html.

⑪ 参见 Mattern/Künstner,电视体制的国际比较,第 197 页。

节目和私营台会明显区分开来①。私营电视举办者也反对在公共电视中出现广告,因为他们看到了其中的竞争扭曲②。因此他们要求以英国为范例采用分离模式,即公共广电仅仅靠收视费而私营广电则只靠广告收入为生③。这种要求的背景可能是私营台打算把潜在的公共台的广告份额也争取给自己,以便强化其传播和社会位置④。

科学界也对要求缩小公共广电和改变以及缩减其节目供应表示部分欢迎。Schatz 的看法是,基本供应任务也可以通过在首要播出时间以外播出优质的"非适应"节目和通过专栏节目来加以满足。与此同时还应继续存在吸引大众的全态节目——此类节目当然应该更加关注娱乐和体育⑤。这将一直成为收视费特权的充分法律基础,并把公共广电从持续的死亡的"边缘化漩涡"中解救出来⑥。私营媒介研究机构特诺尔反对这种观点并认为,正是这种把与基本供应相关的节目内容移动到专栏节目的做法违背了基本供应任务。因此专栏频道"原则上不能归入不可缺少的基本供应,因为它们只面向一个很有限的参与圈并且题材也有局限性"⑦。专栏节目隐藏着"从全态节目外流的趋势",包含着"引诱到个性交流"的危险,这也违背了基本供应任务⑧。

Stefan Marschall 提出了一个问题,是否在这种缩减节目中存在机会,让"政治传播最终能占领独立的空间而不被其他传播节目抑制和排挤"⑨? 时事和纪录片频道凤凰(Phoenix)的节目理念是:

"时事和纪录片频道会找到它的观众:不是以零碎信息娱乐的那群人,而是关注在联邦德国、欧洲、世界上为设计未来的理念所作的努力。"⑩

这样的节目首先是针对信息精英并容忍事实上的出入。Marschall 明确认

---

① 参见 Mattern/Künstner,电视体制的国际比较,第 197/198 页。
② 同上,第 197 页。
③ Krüger,二元体制里的电视节目供应者和电视节目供应,第 98 页。
④ Schatz,二元体制下的广播电视发展:趋同理论,第 98 页。
⑤ 同上,第 76/77 页。
⑥ 同上,第 77 页。
⑦ Medien Tenor,有关基本供应的讨论,引自:www. medien – tenor. de/index 1. html.
⑧ 同上。
⑨ Marschall,公共领域和人民代表,第 68 页。
⑩ 引自:Marschall,公共领域和人民代表,第 68 页。

识到,这样的信息频道只能在那些有目的的寻求政治信息"并已经成为积极者"①的细分群体找到机会。当然这部分专业观众可以通过专门的播出频道收看专门的与政治相关的内容,得以获得特别持续性的信息和完成相应的优质的传播(Pfetsch 认为,这种情况是公共广电的精英的精英传播②)。

2.1.2 对批判的评价

如同本文开头提到,批判者的名单很长,当然通过对上述内容的分析已经列出了对公共广电的主要批判观点。下面逐一深入研究那些批判点。

2.1.2.1 批判中的矛盾/"对其一致性的怀疑"

来自私营台的批评和广电体制自由化的支持者明显有自相矛盾的地方:一方面他们宣称,运转正常的竞争可以保障充分的舆论多样性,另一方面这些批判者自己也感到,如果要求私营电视台也生产有文化内容的、有特别公共利益的或者如同公共电视那样的特别优质的节目,其宣称的巨大的媒介内容供应是不充分的。

批判者很明显看到——完全有理由说——如果仔细看一下私营电视台的节目,那么电视领域的节目供应也不是那么"巨大的"③(参见第四章 4)。尤其是与政治学角度相关的内容几乎没有被私营台供应,而且由于缺少再次投资,也不可能设想此类节目在摒弃公共广电后会以充分有效的质量来生产。我们这里讲的是市场失灵的一个典型案例,虽然市场要求公共领域提供相应的优质产品。

对于公共供应的潜在的"对其一致性的怀疑",也由于论证中的矛盾有些弱化了:大部分批判者也没有说,公共广电台没有生产符合基本供应要求的节目,而是它们生产了太多的与基本供应要求不相关的内容,因此要求其缩减节目供应。这种缩减也仅仅与娱乐和体育节目有关:这是私营电视主要从事的领域。没有提到其他节目领域(文化、信息、教育),因为这里不存在私营和公共播出者的竞争关系——私营台对此类节目好像很少感兴趣。从私营台的角度看这也是合乎逻辑的,因为广告市场对于此类内容也很少感兴趣,所以在私营台的节目中也会很少播出。

私营经济和自由经济角度的要求也证实了第四章中发现的结果:正是在这一令人关注的节目领域——我们把它总结为对于社会和政治传播的信息供

---

① Marschall,公共领域和人民代表,第 68 页。

② Pfetsch,联邦德国广播电视体制二元化的政治后果,第 44 页。

③ Neumann,媒介制度的开放,第 8 页。

应——没有一致性，而恰恰相反大部分是意见分歧。在此背景下也就不难明白，为什么对于公共广电体制的批判对着时间的推移减弱了。

今天几乎再也听不到要求取消公共广电也就是完全私有化的呼声了（见1）。这个有时候很表面的解决思路鉴于所谓的节目的一致性只能如此解释，常常被评价的只是 ARD 和 ZDF 的综合节目。这儿的在 ARD、ZDF、RTL、SAT 1 和 Pro 7 各台综合节目之间存在一致性趋势——特别是在黄金时间——是不容否定的并在本文中已经指出。在稍微严格观察之后很明显可以看到，这在信息领域还一如既往的有明显差异。为了得到对公共广电台的效率能力的合理评价，需要观看公共电视播放的全部节目而不仅仅是综合节目。像 Tenor 媒介①所做的那样，简单的对其他类别的节目不予考虑或者否认这与基本供应相关从媒介和社会学的角度很大程度是不严肃的，因为此类节目约占 17%—18%②的市场份额。这样就产生了对于部分来讲很"政治"或者说由利益所引发的讨论的怀疑。

2.1.2.2 集中于"特别的公共利益"并取消综合节目？

对于公共电视的批判者而言也很难指出实际上应该把广电电视限制在何类节目上。克诺特和施瓦巴断言说："当然，在个别情况下如何理解特别的公共利益或者优质，在于观看者的眼睛了。"③这里出现了一个促进公共（文化）的问题。何种内容是不是由市场提供并值得促进呢？宪法层面上这个有关公共广电的问题（好像）是解决了。根据联邦宪法法院的判例，公共广电可以自己决定如何满足基本供应任务：

"在满足职能的方式和方法上广电台原则上是自由的。她（指的是：对何种材料可以视为必要的所作的决定，作者的观点）首先与节目的内容和形式有关。"④因此联邦宪法法院明确把娱乐认定为基本供应的一部分⑤。这就是说，宪法对规范电视的定位在数量和质量角度几乎没有设置外部框架。

但是这也意味着，"这样为公共广电在节目数量上的随意扩张打开了大门"⑥。对这一问题的解决方案宪法角度是在资金层次。这里使得对总体预算的限制有了可能：收视（听）费的最高额度要根据社会承受度测算。当然自从联

---

① Medien Tenor，有关基本供应的讨论，引自：www. medien – tenor. de/index 1. html.
② 2000 – 2002 的数值；来源：AGF/GfK 电视研究。
③ Knothe/Schwalba，公共广播电视在数字化时代的定位，第 116 页。
④ 联邦宪法法院的仲裁 90，第 60，90 页。
⑤ 联邦宪法法院的仲裁 73，第 118 页；也见 94，第 173 页。
⑥ Knothe/Schwalba，公共广播电视在数字化时代的定位，第 117 页。

邦宪法法院 1994 年的第 8 例广电判决"大大限制了财政需求调查委员会（KEF）的检查空间并使得监控可行性变得极低"。因此也不足为奇，那就是由于有意识地提高收视费而导致自 2005 年以来对于公共广电的节目范围和筹资方式展开了新一轮的集中讨论。因为"社会承受度"这个概念具有不确定性和基本供应任务不是基于积极的宪法准确规定，而是基于可以变化的宪法判决这一事实，显得对于公共广电的节目供应范围进行一次社会学和政治学意义上的评估很有必要。我们再次回忆一下：公共台的全部节目供应由以下部分组成：[①]

- ARD 的共同节目(德国电视一套联盟)
- 德国电视二台
- 第三套电视节目:巴伐利亚广播电视台(BR)，黑森广播电视台(HR)，西部德国广播电视台(WDR)，北部德国广播电视台(NDR)，西南广播电视台(SWR)，中部德国广播电视台(MDR)，柏林—勃兰登堡广播电视台(RBB)，萨尔广播电视台(同 SWR 合作的节目)，不来梅电台
- 3Sat〔同 SRG(瑞士)、ÖRF(奥地利)的共同节目〕
- 儿童频道
- Arte
- Phoenix

ARD 和 ZDF 是跨地区的综合节目，第三套电视节目是带有强烈地区重点的综合节目(综合节目是只覆盖了信息、科教文化和娱乐领域的节目)。3Sat 主要集中播出德国、奥地利和瑞士范围内的信息节目。从 19 点才开始播出节目的 Arte 几乎只播放文化类的和(部分)政治类的内容及新闻。Phoenix 则是仅仅播放政治信息和纪录片的频道(参见第四章,4)。

如同已经提到的，对于公共电视的批判主要是反对 ARD 和 ZDF 播放与其他节目相比成本昂贵的综合节目，而且正好在黄金时间明显的大范围播放娱乐、科幻和体育节目(参见第四章,4)。取消此类(综合)节目将会带来明显的成本下降，因为正是娱乐和体育节目经常出现高成本(故事片版权、运动节目转播权、明星主持人的出场费等)[②]。

另一方面此类节目占公共总节目供应的 60% 强的市场份额，如下表所示。

---

① 只是没有考虑在地区或者在外国收看的公共电视节目，如巴伐利亚广播电视的"信息和科学频道—BR-alpha"(引自 www. br – online. de)或者"德国之声"。电视台的列表见 www. ard. de.

② 参见 Mattern/Künstner，电视体制的国际比较，第 198 页。

公共电视节目的使用率和总的使用率的关系（%）

	2000 年	2001 年	2002[1]
一套（Das Erste）	14.3	13.8	14.4
二台（ZDF）	13.3	13.1	13.9
三套（Dritte）	12.7	13.0	13.1
儿童频道（Kinderkanal）*	2.8	2.8	2.6
Arte*	0.6	0.6	0.6
3sat	0.9	0.9	0.9
Phoenix	0.4	0.5	0.5
公共台占电视使用的份额	45.0	44.7	46.0
没有 ARD 和 ZDF 的份额	17.4	17.8	17.7
ARD 和 ZDF 占公共节目使用的份额	61.3	60.2	61.5

1）2002 年的数值：一月到十一月。

＊依据各自的播出时间（儿童频道 6：00 – 19：00，Arte 19：00 – 3：00）。

来源：AGF/GfK 电视研究；媒介视角。

    这意味着，如果取消 ARD 和 ZDF 的综合节目公共台还有总共 17%—18% 的市场份额，而且这部分份额仅仅由地区节目（第三套节目）和特殊利益节目（3sat，儿童频道，Arte，Phoenix）维持。

    如果限制此类节目，公共电视面临着边缘化的危险，这将对节目的结构、内容和接受产生影响。[1] 媒介科学文献一致认为，在此情况下会加速出现"边缘化漩涡"：综合节目作为"引人注目的东西"使得观众也（继续）专注专栏节目的内容。假设没有综合节目，最有可能的是特殊利益节目的收视率明显回落。[2]

    但是这样也危害到基本供应任务和与此相关联的收视费特权。联邦宪法法院的判决把收视费特权和满足基本供应任务相联系，这只有在达到或者可能达到大众观众才能满足。[3] 这就可以理解，为什么在实践上很难批准一项针对

---

    ① 参见 Jarren/Donges/Künzler/Schulz/Held/Jürgens，政治、经济和社会网络下的公共广播电视，第 19/20 页；Heinz Bonfadelli/Werner A. Meier/Michael Schanne，公共广播电视和文化。处于社会使命和经济计算之间的瑞士广播公司，Zürich 1998，第 25 页。

    ② 参见 Mattern/Künstner，电视体制的国际比较，第 188 页。

    ③ 联邦宪法法院的仲裁 73，第 118 页。

电视节目的强制收费,而人民却几乎没有使用这些节目。调整公共综合节目的可能后果是取消收费特权并且也不能再生产其他的公共节目(地区节目和特别利益节目)。因此从政治学角度出发,不能批准把公共节目缩减到地区和专栏节目。值得怀疑的是,在就成本展开深入讨论的情况下是否可以为缩减或者部分私有化两套公共主要节目的一套找到合理的措施。

　　根据媒介科学研究的现状仅仅可以推测出此措施对整个公共电视体系可能带来的边缘化的后果。对于此措施还没有科学上的明确的结论。除了取消公共电视综合节目会带来的完全废除公共节目的危险之外,还有其他的反对把公共广电缩减到地区和专栏节目的原因:马沙尔的观点是,政治信息供应也许定位于节目没有被其他内容挤压的电视台更好。本文中也是这样的观点,重要的首先不是政治内容有大众式的接收——即使是这是值得期待的——以便保证在社会中关于政治内容有相应的(所希望的)传播渠道(参见第五章,2.2.3.2)。对此类内容的一种完全的没有任何“公众关联”①的边缘化,好像对于紧接着的社会大讨论是不充分的。马沙尔正是认识到,“公共题目的迟延和把政治传播内容(……)挤压到特定的节目”导致了“政治性传播最终被边缘化和强化政治精英辩论的自我责任”。② 媒介科学的调查可以在此证实,和基本供应有关的节目,如文化栏目,其影响范围在协调的综合节目中明显扩大。因此 ARD 综合节目里的一个文化栏目比该节目在 Arte 播出的收视率高得多。③〔这一发现一方面可以解释,不同电视台的“声誉”不同,这就是说,有一些观众倾向于观看确定的电视台并不收看其他台的节目(个人的节目喜好);另一方面,一些不太为人熟悉的电视台——首先是专栏电视台——在终端设备根本不被搜索和保存。〕因此,即使从这个角度来看取消综合节目好像也不是没有问题。此外,针对公共电视所达的批判也没有揭示,应该设置何种质量标尺来作有关的评价,应该在公共的责任下生产哪些播出内容。我们已经看到,宪法的框架设置得太宽泛,最后只在筹资和“社会承受度”找到它的界限。实际上从政治学的角度在单个案例上也很难决定,哪种节目适合基本供应有关——也就是说对于人民中政治传播很重要——哪种不重要。这可以以娱乐节目为例加以说明。批评者们不认为娱乐是公共台的任务。这里就已经出现了分类的困难:比如说政治表演或者信息娱乐节目是属于娱乐还是属于政治信息类节目? 这里的例子指的是包含多种成分的节目(如几乎大多数节目)。而且娱乐节的质量也是迥然不同的,这样

---

① Pfetsch,联邦德国广播电视体制二元化的政治后果,第 43 页。

② Marschall,公共领域和人民代表,第 68 页。

③ Mattern/Künstner,电视体制的国际比较,第 188 页。

上诉的表演节目肯定归入政治传播类,而"老大哥"(Big Brother)不可能归入此类。此处如果没有把对质量的讨论引入合适的宽度(参见4),也就没有指明公共台应该生产什么的问题。引人注目的是,对公共节目进行缩减的支持者很少表述明确,主要讲述普遍问题。可以断定,公共电视台的节目,如同上述调查的详尽节目分析中所展现的,为了适应基本供应委托的要求,在政治信息/纪录片、文化和教育方面是充分的(参见第四章,4.1,第五章,2)。从政治学角度来看存在"优质的节目"[1],即使这里个别时候总是争辩,单个节目和栏目必须走多宽和多深并根据什么尺度挑选信息。因此,要求对公共广电进行部分私有化的批判者看到的太肤浅并且是自相矛盾的,因为如果以取消综合节目的意义上来明显减少公共台的节目,也将危害到其他由公共台生产的(由批判者所要求的)节目领域的生存,如信息、教育和文化。

2.1.2.3 取消广告?

要求取消公共广电节目里的广告的要求不用在原则上被否定。首先可以断定的是,这种讨论失去了其尖锐性,因为公共广电总共只有约10%的资金是靠广告筹得的。[2] 尽管如此禁播广告对于公共广电紧张的财政形势还是很切中要害,这就是为什么公共广电的代表强烈呼吁放松对20:00的广告限制[3](一个工作日内最多20分钟广告并且只允许在20点之前的两套主要节目中。第三套电视节目,3sat、arte、儿童频道和Phoenix以及大部分ARD广播节目都是没有广告的)。通过广告收入对公共广电融资的混合财政模式有下面的优点:一个绝对的优点是公共财政以及政治权力层面的较大的独立性。这个观点是联邦宪法法院在其有关思考的中心点:

"由于通过收视费或者预算拨款为政治影响节目内容提供了可能,而广告筹资则为商业利益赢得了对于节目的影响。混合财政的模式与此是适应的,一方面松弛了单方面的依赖性并增强了广电组织者的节目设计自由。"[4]

首先通过广告部分筹资使得减轻收视费支付者的成为可能,即广告有助于把收视费维持在一个社会承受的水平。另一方面,一项由麦克金赛进行的国际研究表明,在广告费占公共广电的收入比例和其节目结构有明显的关系。[5] 广

---

① Bullinger,公共广播电视的任务,第111页。

② 参见Mattern/Künstner,电视体制的国际比较,第198/199页。

③ 参见Voß,没有ARD为什么不行,第285页。

④ 联邦宪法法院的仲裁83,第238/310/311页。

⑤ Adrian D. Blake,Keeping Baywatch at Bay;引自:Jarren/Donges/Künzler/Schulz/Held/Jürgens,政治、经济和社会网络下的公共广播电视,第163页。

告筹资的份额越低,那么时事,文化和儿童节目占总播出时间的份额越高。对于"广告——根据大众胃口调整节目——节目的一致性"这一链条也不能被不加考虑的予以排除,可以有趣的观察,现存的综合节目的一致性趋势是否加强了。如果上面的情况应验,再联想到公共电视台的过低的广告份额,那么把公共电视和广告市场完全脱钩绝对是一种有意义的选择。

至于在筹资层面,这么做也不会危害到联邦宪法法院所提醒的公共电视相对政治体制的独立性——它在1994年的第8例广电判决以后得到了充分保障。我们看一下英国广电和BBC有关的筹资的规定。所谓的"孔雀委员会"审查了要在BBC节目中引入广告的计划,但是最终拒绝了这种做法①。BBC自己在1992年的一份文件中也拒绝广告筹资,因为担心会"冲淡公共节目的目标"②。拒绝的另一个重要理由可能是看到英国广告增长会很有限③。

因此广告只允许出现在BBC的商业节目中。而BBC的商业臂膀——BBC Worldwide的盈利流回到收视费资助的节目中④。

2.1.2.4　小结

从政治学的角度,公共电视的节目总的来说是充足的。就此,其他的增加节目的计划是不必要的,比如媒体鼓吹的增加ZDF的第二套综合节目。另一方面在取消公共广电的呐喊下取消其综合节目也是不应当的。在此情况下,公共广电是否真的会陷入"自己边缘化的夹缝而作为国家的业余大学"⑤,现在还无法回答,即使已经明确存在有边缘化的趋向的因素。接下来可以观察的是,在公共台和私营台之间的综合节目趋同现象是否加强了。如果确实趋同,那么就一定要做出决定,公共广电或者不收收视费或者只收取很低的收视费完全不做广告的资助模式。这种资助模式可以通过以下方式实现:继续节省开支,更好地利用不同公共台之间的协同效应,努力销售节目,持续使用节目版权(商业活

---

① Peter Humphreys,英国的广播电视体制;出自:广播和电视的国际手册,Internationales Handbuch für Hörfunk und Fernsehen, Hans-Bredow 研究所出版, Baden-Baden 2000;引自:http://www. mediastudies – wel. com/mamaku/_sites/uk. htm#medienimwandel.

② Jarren/Donges/Künzler/Schulz/Held/Jürgens,政治、经济和社会网络下的公共广播电视,第146页。

③ 同上,第147页。

④ 同上146页。赞助的一些确定的形式已经被接受:节目如果没有赞助就无法被转播。BBC的节目不允许直接接受赞助。参见 Jarren/Donges/Künzler/Schulz/Held/Jürgens,政治、经济和社会网络下的公共广播电视,第147页。

⑤ Voß,没有 ARD 为什么不行,第281页。

动的收入约占总支出的 15%），继续外包娱乐节目或者降低管理成本[1]。这些措施将不会或者几乎不影响和基本供应相关的内容。

有问题的是，在有关成本的密集讨论的背景下，减少或者对两套公共综合节目的一套进行部分私有化是否是一种有意义的措施。由于在结构和内容方面存在的极大的类似性（参见第四章，4.1）会有人提出这样的问题，是否有必要存在两套（花费巨大的）综合节目。当然就采取此种措施而使公共电视的总体体制有可能边缘化的危险的后果也只是揣测，还没有精确的科学说法。

2.2 有公共使命的有限公司或者股份公司？

新西兰提供了一个私有化方向和以及与此相联系的成本降低的有趣模式。那里建立了一套在组织法律方面完全在私有经济基础上的广播电视体制。与美国相反，在新西兰却有节目任务。这个在欧洲也被讨论的模式规定，生产某种媒介产品或者服务应该得到公共的促进[2]。优点很明显："如果以内容标准规定的节目委托公开招标并且电视台可以自己寻求促进费（比如为文化节目），那么财政支持就是透明和符合节目需求的。这样的解决办法有助于对所有的电视台产生一种诱惑，吸收宪法的产品委托的元素到自己的节目中并寻求一种传播的竞争。"[3]

此模式移植到欧洲可以使得未来的制作社会所要求的广播电视内容的成本更优惠。另外，这种财政模式在未来可以更好的"培育大量的特定的视听媒介形式，因为特别资助无视传播方式只集中于内容的生产"。[4]

沃尔夫冈·舒尔茨和托斯滕·黑尔德尝试，对几个促进节目供应的组织模式进行研究并评估其对德国广播电视市场的适用性[5]。理论上有下列的可能性供国家选择：（a）它可以通过威胁缺点影响决定（制裁），（b）通过确保某些优先权提高对某些原则的激励，（c）通过结构上的规定改善达到目标的机会（比如，设置程序，

---

[1] 参见 Mattern/Künstner，电视体制的国际比较，第 200/201 页。

[2] Rolf H. Weber，广播电视法的管理和控制可能性；出自：Imhof/Jarren/Blum，信息社会的控制和管理问题，Opladen/Wiesbaden 1999，第 315 页。

[3] 同上。

[4] 同上。

[5] Wolfgang Schulz/Thorsten Held，从二元的广播电视制度到服务为特色的发散的信息制度？论文 C：可想象的资助模式；出自：www.rrz.uni-hamburg.de/hans-bredowinstitut/veranstaltungen/symposien/papierC.pfd.

制造新的参与者)①。在这里感兴趣的特别是与选项(b)和(c)相关的变形。

变形1:资助节目供应

这个变形也称之为"传统的新西兰模式"②,由国家资助受社会欢迎的内容(具体内容或类别)③。这一点德国已经在资助电影方面进行了实践。在新西兰已经几乎完全放弃对广播电视的国家监管。由收视费促进和资助产品和节目是基本的调控方式④。在具体播出某些节目播出时则(只)给私营电视台⑤可以得到给予资金或者税收减负的自助形式。这里的问题是,谁来决定资助哪些内容和节目。为了限制国家的影响,可以把决定权赋予自主的非国家的机构或者多元化组成的委员会。这一模式有几点潜在优点:人们可以很快地和有针对的对市场化的节目供应的所出现的损失做出反应,并且可以提升资助的等级——直接和具体支持,而不用中断一个另外的国家机构的工作。⑥ 另外一个优点是:对于公共和私人言论自由作出重要贡献的电视台,尽管缺少经济竞争力却可以获得资助并有助于传播的竞争。⑦

潜在的缺点或危险首先在于如何和国家特权的戒律取得一致。这里必须通过程序保障国家对内容不施加影响⑧。接下来舒尔茨和黑尔德还指出了一个问题,就是"供选择的参与者很可能不具备必要的知识,以达到提供值得赞助的节目的必要条件"⑨。这个问题今天的公共广播电视台的监管委员会在有些场合已经观察到了(见3)。此外,这一模式在当前的法律情况和欧洲的援助法相冲突⑩。起决定作用的是节目的质量不足。马腾和屈斯特纳在其对国际电视体

---

① Wolfgang Schulz/Thorsten Held,从二元的广播电视制度到服务为特色的发散的信息制度? 论文 C:可想象的资助模式;出自:www. rrz. uni – hamburg. de/hans – bredowinstitut/ver-anstaltungen/symposien/papierC. pfd.

② 有关新西兰电视体制的详情,参见 Mattern/Künstner,电视体制的国际比较,第44/45页。

③ Schulz/Held,从二元的广播电视制度到服务为特色的发散的信息制度?

④ Wolfgang Hoffmann-Riem/Wolfgang Schulz/Thorsten Held,趋同和管理 Baden-Baden 2000,第143页。

⑤ 可以想象的还有,除了对主办者还可以对单个产品和制作公司进行资助。参见 Schulz/Held,从二元的广播电视制度到服务为特色的发散的信息制度?

⑥ 同上。

⑦ 同上。

⑧ 同上。

⑨ 同上。

⑩ 同上。

制的比较研究中研究了新西兰的模式并证实："被批判的尤其是那种强烈的商业化调整,这种调整造成了节目中的过度的广告份额,被批判的还有新闻和信息节目中的较低的质量和多样性。"①另外只有以下部分获得资助的节目在黄金时间播出②。马腾和屈斯特纳因此得出结论："在一个纯粹私有经济组织下的电视体制,对核心领域某些节目的公共资助很明显并不能完全代替一个公共的电视台。"③因此,新西兰又在讨论是否建立一个至少部分靠收视费资助的接受公共委托的电视台④。

变形2:促进以及插入新的参与者

在这种促进方式中,重要的不是内容,而是培育参与者,同时必须区别对非商业的供应者的资助和对企业的资助。

在促进非商业的供应者(基金会,非盈利组织)时,资助的是处于经济竞争之外并追求社会目标的参与者。现在广播电视国家合同已经给了联邦州一个可能性,把广播电视收费的一部分应用到资助非商业的广播电视,而这在大部分联邦州也已经实现了(见公开渠道,第四章,2.4)。⑤ 这种资助方式的优点在于,非商业组织常常由于其较高的可信性见长,这使得在其社会身份上的评价很积极。⑥ 毫无疑问,资助这样的组织是对电视市场的结构多样化的一种贡献。当然这样的"节目生产者"只能在商业和公共的供应者的侧翼存在,因为不可能让所有的受资助的组织建立自己的播出结构和技术。这里要考虑的是公共和私有广播电视有义务支持和播出这些组织的作品。

英国的"Channel 4"提供了一个资助商业参与者的例子。这个电视台是私有经济组织形式的并靠广告资助的,但是却有一个文化委托:"它应该给少数派提供额外的表达可能性,以扩大其舆论多样性和尽可能进行新的尝试。"⑦这都

---

① Mattern/Künstner,电视体制的国际比较,第45页。

② 同上。

③ 同上,第44页。

④ 同上,第45页。

⑤ 对于促进限于地区的公开市民频道,见Schulz/Held,从二元的广播电视制度到服务为特色的发散的信息制度？引自：www. rrz. uni－hamburg. de/hans－bredowinstitut/veranstaltungen/symposien/papierC. pfd.

⑥ 同上。

⑦ Jarren/Donges/Künzler/Schulz/Held/Jürgens,政治、经济和社会网络下的公共广播电视,第65页。

是通过详尽的节目预先规定加以确定①。播出机构得到了一张"安全网"的保障,以免由于收入过于萎缩而使文化和适合小众的节目受到威胁。因为这个播出机构一直是盈利的②(尽管私营台的扩建和广告资助,这个播出机构实际上是一个非营利组织,因为其获利要缴纳到私营电视公司协会(ITV:独立电视台),但是这一规定却在讨论中③),这些保障就一直没有被启用。

在"Channel 4 – 模式"中也有变形 1 中出现的问题:Channel 4 的监管机关是独立的广播委员会(ITC),它是由 12 名由文化、媒介和体育部直接任命的成员组成;他们有向该部汇报的义务。④ ITC 确立许可条件和对节目的规定并监管对规定的遵守情况⑤。

同时 ITC 的作用通过两个法律的制裁权得到加强,即拥有收回或者不再延长广播电视执照的权力⑥。从政治学的角度来看给予了 ITC 与国家机关相近的太大影响力。与此相反,更有意义的是建立一个独立委员会,由它监督遵守节目基本原则的情况。这样一个委员会的任命程序对于德国改善公共广播电视的监管有指导意义(见 3.1)。当前德国公共广电尽管出现所述的亏损(见第四章,1.2.2),其突出的优点是具有相对于政治体制的较高独立性。此外在这一模式还有大量的管理技术问题:为了覆盖如 ARD/ZDF 或者 BBC 等公共服务的节目供应者的全部节目,必须找到多个愿意在相应的条件下"进入"广播电视领域或者对现存节目做相应改变的参与者。对新进入的参与者需要具有与扩建

---

① 参见 Jarren/Donges/Künzler/Schulz/Held/Jürgens,政治、经济和社会网络下的公共广播电视,第 82 页;Broadcasting Act 的 Sec. 25(2)规定,Channel 4 作为公共服务用于传播信息、教育和娱乐节目。据此,它的节目必须证明在所有方面都有高的质量标准。期待它提供多方位的节目(既包括整体节目也包括每天的和所有播出时间的节目),其中包含合适比例的具有高质量的教育节目和新闻节目以及欧洲节目。另外,每年必须播放一定比例的独立制作的多样化节目。

② Jarren/Donges/Künzler/Schulz/Held/Jürgens,政治、经济和社会网络下的公共广播电视,第 142 页。

③ Winand Gellner,转变中的媒体;出自:Kastendiek/Rohe/Volle(出版人),英国报告,Bonn 1998;引自:http://www. mediastudies – wel. eom/mamaku/_sites/uk. htm#medienimwandel.

④ Humphreys,英国的广播电视体制;引自:http://www. mediastudies – wel. com/ma – maku/_sites/uk. htm#medienimwandel.

⑤ Jarren/Donges/Künzler/Schulz/Held/Jürgens,政治、经济和社会网络下的公共广播电视,第 100 页。

⑥ Humphreys,英国的广播电视体制。

相应的电视技术结构和高投资。在私营供应者中意味着从重要的广告客户开路,因为这些被要求的供应节目不如当前私营台的节目那么具有大众吸引力。

另一个可能是,把现存的公共结构转换成私营结构并根据 Channel 4 的典范,给其规定公共的任务和得到保障的保留条件。最终在这里只能预测,即节约财政资金是否真的能达到,如果目前公共台的节目供应范围仍如政治学的角度要求的那样保持下来。如果保障资助被大量要求,3sat 或者 Phoenix 的节目供应也要求重新资助几乎是不现实的,这也不足为奇。仔细审视一下 Channel 4 (大部分是等同于私营台质量水平的有大众吸引力的节目,比如 Reality-Show," Big Brother;大的广告份额)证实了在前面的研究中预测的公共广播电视的部分私有化的发展(见 2.1.2)和由马腾和屈斯特纳在有关新西兰的电视体制研究得出的结论,即给资助有公共委托的私营台必须在多样化和内容质量方面承受损害①。

（在此需要指出的是,马腾和屈斯特纳的研究是受贝塔斯曼基金会的委托进行的,有疑点的是其对公共电视体制并不了解）。此外,Channel 4 在英国只是作为 BBC 的公共服务节目供应的补充②。这一模式也只是提供了对于目前的电视结构(公共和私营广播电视)的一种补充的可能性,以便促进广播电视领域的继续多样化。当然有疑问的是,这种可期待的效应是否可以为相应的结构转变的大量花费做辩护。

3　新的（监管）结构

传播和科学界除了批判公共广播电视的节目范围太广和昂贵外,还常常指责其和国家走得太近(见第五章,1.2.2)。政党和议会对公共广播电视的影响太大了,这还最终造成公共广播电视的报导至少在有些时候不具批判性。党派对广播电视台的干涉也受到了批判③。实际上,公共广播电视台监管委员会的组成亲近党派(先前的活跃顶级政客,"朋友圈子",详见第四章,1.2.2),也是有问题的,因为该委员会对于节目构成能够施加影响(见第三章,2.2.6)。此外值得怀疑的还包括这个监管委员会成员的业务能力:

---

① Mattern/Künstner,电视体制的国际比较,第 44/45 页。

② Humphreys,英国的广播电视体制。

③ 参见 Pfetsch;Noelle-Neumann/Schulz/Wilke;Hartwig/Schröder;Bethghe 等其他多人研究。

"对于提供给他们（指的是监管委员会的成员，作者的观点）的需要监控的信息，他们常常缺少有关广播电视台内部的节目内容和管理过程方面的知识。而且从公共电视的扩张中受益的社会各个阶层的代表应该才是各个委员会的成员。"①

Heinrich 把这归罪于监管委员会成员的不专业的动机，因为"非行业组织机构的行政干部"一般只是"有限合理的"，并"不是按照组织的目标，而是按照自己的目标"行事。② 因此政策感兴趣的不仅是避免和电视播出者的冲突，而且是维持和扩大公共电视的节目供应"，因为"公共电视的结构给政府和党派的代表提供了事实上的施加影响的可能，而一种私营的节目供应只能给他们提供一种有限制的可能"③。

这个说法可以依此得到支持，就是公共台常常比私营台更多播出政治稿件，这些一般和"政治机构和政党领导人的参与有关"。④

当然对于较大的机构参与相关的批判也应该看到，有关政治、经济和社会的"硬新闻"报道从新闻和消息的结构来看一般与私营节目的主要是"软新闻"的报道相比，也肯定有较大的政治关联（相关内容见第四章,4.1），因此也应该以极大的怀疑审视加在公共广播电视身上的标签，即它们只是"政治管理体制自我展示的复制机构"⑤或者"政治体制的服务机关"，⑥在实际上也是无益的。Tenor 媒介说，与国际走得太近无论如何是"对于基本供应委托是一个很实质的危险"。⑦ 即使批判存在部分的夸大，并且有几个批判者把可能造成的后果说得太激烈，但是国家参与者和党派对于公共广播电视的满足职能有太大的影响也是有害的，虽然国家组织的和尽可能多的社会团体的联合监督也是不可少的（见第三章,3.2）。⑧

---

① Hartwig/Schröder,市场和政策失灵之间的德国媒介体制,第281页。

② Jürgen Heinrich,媒介体制的控制和管理经济学——监督面向受众调整；出自:Imhof/Jarren/Blum,信息社会的控制和管理问题,第256页。

③ Hartwig/Schröder,市场和政策失灵之间的德国媒介体制,第282页。

④ Barbara Pfetsch,政治的电视世界：私营台和公共台的政治报道；出自:当代信息,1993年特刊,第118/119页。

⑤ Klaus Lange,电视里的政治形象：政治现实在电视新闻中的电影式构造,Frankfurt a. M. 1981,第187页。

⑥ Pfetsch,联邦德国广播电视体制二元化的政治后果,第34页。

⑦ Medien Tenor,有关基本供应的讨论1997,引自:www. medien – tenor. de/index 1. html.

⑧ 参见 Jarren/Donges/Künzler/Schulz/Held/Jürgens,政治、经济和社会网络下的公共广播电视,第56/57页。

3.1　双平台模式

为了缓和这个问题，一个专家组建议进行新的尝试，①目的是在当前法规的基础上达到改善。原本设立监管委员会的初衷是通过多元化保障广播电视自由。社会相关团体和组织被作为监督和平衡多样性的组织保障而引入广播电视环节的。② 但是这一模式既不能"阻挡国家的和与此相关联的间接的党派影响，也不能钳制台长的控制地位"③。当然在此也需指出，从宪法的角度也没有禁止党派以及国家的和国家间接的机关在广播电视委员会的影响。宪法对于国家和党派代表在公共广播电视监管委员会的允许份额没有具体规定。④ 关键的是，"国家占的份额不能是控制性的或者占优势的，在此要考虑委员会的具体组成。"⑤另外，国家代表在广播电视委员会对节目本身的影响越低，问题越少，也就是说，⑥法律规定在这里写得很宽泛，对于阻止国家和党派的影响提供了很少的具体可实践的线索。为了消除这种不足并同时保留该模式的社会代表性，专家组提议了"双平台模式"。⑦ 这一模式应该阻止对于监管委员会的政治影响并把委员会的工作设计得更透明、专业和有效：

1. 公共平台：在一个所谓的"公共平台"模式不仅允许国际机构（政府、议会）使用，而且允许公共的社团和组织以及这些机构的协会使用：一个选择可以是"完全排除国家机关在广播电视的代表，只设置党派代表，而且在公共平台出现的党派代表不能同时有政府职务或者议会席位。设置这种模式的目的在于，党派能够参与影响对民众的意愿培养（基本法第 21 条第一段）。派遣法和每一

---

① Thorsten、Grothe/Werner、Hahn/Victor、Henle/Lothar、Jene/Matthias、Knothe/Michael、Sagurna/Frank、Scherer，德国广播电视的社会多元的制度和控制模式——有关改革的思考。有上述专家参加的一次谈话的结果；出自：Wolfgang Schulz（出版人），远离国家的公共广播电视的监管委员会。有关改革的讨论资料，Hans-Bredow 研究所的工作论文，Nr. 12，Hamburg 2002，第 21 – 29 页，引自：www. hans – bredow – institut. de.

② 同上，第 21 页。

③ 同上，第 22 页。

④ Thorsten Held/Barry Sankol，公共广播电视监管委员会的国家自由——判例和文献的观点一览；出自：Wolfgang Schulz（出版人，远离国家的公共广播电视监管委员会，第 17 页引自：www. hans – bredow – institut. de.

⑤ 同上。

⑥ 同上。

⑦ Grothe/Hahn/Henle/Jene/Knothe/Sagurna/Scherer，德国广播电视的社会多元的制度和控制模式，第 25/26 页。

个在州议会有代表的党派都有关系"①。为了限制在监管委员会的直接政治砝码,应把党派在公共平台的份额限制在五分之一的成员数。②

2. 协会平台:"协会平台是社会参与设计和监督公共广播电视的核心。由此也导出了一个法律规定的要求,即此监管委员会的主席由该平台安排。"③这里也提出了"有关组织方式多样性标准的法律规定"④。为了阻止政治的影响,任命协会平台的成员无需国家任何形式的参与,仅由协会自己实施并且排除了(国家对此的)一般的解除职务的权力。⑤ 此外,专家团还敦促对理事会进行重组。理事会会在选举台长和在预算决定方面是起着重要的作用。如同 2002 年 ZDF 台长选举事件所显示的那样,理事会在此次台长选举的影响清楚表明,在许多电视台的理事会都有高层的政府代表。⑥ 因此在 ZDF 的理事会,各州的代表主要是州长。在此本文建议,不要在理事会中任命国家的代表,而是任命有司法独立性的人物(比如审计署长和法院院长)并规定其为"法定的"成员。⑦

这些成员必须能显现是内行;他们的独立性应该通过明确的代表职位不可撤销得到加强。⑧ 为了保障(监管)委员会工作的透明性,专家团建议委员会全体会议原则上保持公开,并且这种公开透明只能在理由充分的例外情况下才能排除。在节目问题上则公开的原则不能被排除。⑨ 此外每个委员会有义务,每年向公众提交一份自己的工作报告,每次会议后以新闻发布会的形式并以一份新闻通报(包括在互联网上)公开内容并定期安排公众答疑时间。⑩ "双平台模式"的要求和目前组成人员时间相比,也更好地保障了宪法所规定的在公共广播电视中的社会团体的代表,当然这一模式是以现在公共广播电视体制的结构为前提,规定的只是进行修改。还有的模式明显走得更远,提出了公共广播电视领域的新结构乃至重组,而不改变其公共的状态。这些模式将在下面加以阐述。

---

① Grothe/Hahn/Henle/Jene/Knothe/Sagurna/Scherer,德国广播电视的社会多元的制度和控制模式,第 25 页。

② 同上。

③ 同上。

④ 同上。

⑤ 同上,第 25/26 页。

⑥ 同上,第 26。

⑦ 同上。

⑧ 同上。

⑨ 同上,第 27 页。管理委员会在开会时没有讨论公共领域的机会,因为这个机构负责的是内部程序和业务的商业机密。

⑩ 同上。

3.2 法律调控还是自我调控?

Jarren、Donges、Künzler、Schulz、Held 和 Jürgens 在他们的特别有趣的论文《政治、经济和社会网络化下的公共广播电视》[①]认为,政治和经济对公共广播电视(公共服务)的影响的可能性非常低,但改善了其社会联结。在此他们区分了法定的"调控工具"和自我调控的机制。

3.2.1 法定"调控工具"

作为法定的调控工具在本文里指的是该变公共广播电视体制结构或者影响其某种行为的统一规定,也就是等级调控的"经典"事例。[②]

3.2.1.1 外部监管

一段时间以来还出现了一种对于公共的(公共服务[③])和商业的节目供应者同等的一种主要是外部的监管和控制结构,目前只在法国和瑞典得以实现。[④]内部监管和控制的模式隐藏着上面已经提到的危险,即"控制机关和被控制组织之间的互动会变得过于紧密并造成互相的适应过程甚至依赖性"。[⑤] 在英国以"州长委员会"的名义设立一个委员会,该委员会具有制定框架条件的权限,然而不能干涉 BBC 的业务执行。[⑥] 此决定层面的设立成功遵循了下面的目标:"广播电视的战略调整是为了把'每日业务'和公共服务相分离以及区分与不同层面相关的责任",[⑦]也就是强调"外部"调控。当然在英国人们也就州长委员

---

① Jarren/Donges/Künzler/Schulz/Held/Jürgens,政治、经济和社会网络下的公共广播电视。

② 参见 Görlitz/Burth,政治管理,第 110-115 页。

③ 因为本文涉及的是一项国际研究,运用了公共服务这个概念作为公共广播电视体制的同义词。

④ Jarren/Donges/Künzler/Schulz/Held/Jürgens,政治、经济和社会网络下的公共广播电视,第 173 页。

⑤ 同上。

⑥ BBC 的 Board of Governors 是一个经过枢密院(Queen in Council)任命的由 12 名成员组成的领导委员会。在实际操作中由政府根据与议会反对派和 BBC 的咨询结果建议人选。成员人选在"证实的独立性、能力和可以为公共领域长时间服务"的背景下任期五年。该委员会是 BBC 的一个法定的机构,有很大的权力,特别是人员的任命,比如有任命在组织中行使实际指令权的总经理的权力和领导行政委员会,参见 Humphreys,英国的广播电视体制。Woldt:"这样的 Board of Governors 才是真正的 BBC",Runar Woldt,BBC 的自我义务。公共广播电视的一个透明模式? 出自:媒介视角 2002 年第 5 期,第 203 页。

⑦ Jarren/Donges/Künzler/Schulz/Held/Jürgens,政治、经济和社会网络下的公共广播电视,第 173 页。

会的自相冲突的双重角色进行了讨论①——一方面它是企业政策和战略的参与设计者,另一方面与 BBC 管理层相对立的公共机关和控制机关的托管人——是否一个更强大的外部监管在执行公共服务的目标时更有效。② 1995 年德国的一个由理查德·冯·魏茨泽克领导的委员会在一份"电视形势的报告"中要求评价电子传媒的理事会(媒介理事会),当然该建议最终没有被执行。③ 这个媒介理事会的任务是:观察节目责任在电视台中如何被保障,找出电视台节目中的值得批判的趋势。它也应该找出电视台在媒介市场的结构发展变化并以批判的角度审视电视监管机关的工作(主要是公共广播电视的监管委员会)并诊断出可能存在的弱点和不足。④ 此外,媒介委员会应该制定出电视台自我调控的指导意见,为媒介政策取得结论性建议并把它转呈立法者。⑤

3.2.1.2 内部质量管理

Jarren 的研究小组也建议"确立内部的(质量)方针"或者"创立一套质量管理体系"。⑥ 在公共广播电视内引入这样的内部方针或者管理体系本身有下面的优点,就是它们"会被设计得很实用并能产生较高的约束力"。⑦ Jarren 等人准确认识到,引入这样的方针的前提条件要求建立组织外部的以及内部的机关,它们"监督对此方针体系的遵守并拥有对不遵守者的惩罚权限"。⑧ BBC 已经实行了一系列这样的方针,⑨例如:

● 有关广播电视组织的企业行为的方针(如:公共服务的非商业行为和商业行为的关系);

---

① Woldt,BBC 的自我义务,第 203 页。

② 由多方建议,或者取消 Board of Governors 或者把主要控制功能转移到新成立的管理机关 Ofcom(Office of Communications),根据政府的计划,在未来将由该机关监督私营广播电视和通讯的广大领域。当然,英国政府在 2000 年 5 月宣布,将维持 Board of Governors 目前的任务,BBC 不受新建立的 Ofcom 的管辖,参见 Woldt,BBC 的自我义务,第 208 页。

③ Ernst Gottfried Mahrenholz,声明;出自:Kristiane Hallermann/Ariane Hufnagel/Kurt Schatz/Roland Schatz,基本供应—义务和权利。ARD 和 ZDF 的信息供应的长期内容分析,1998;引自:www. medien – tenor. de/in – dexl. html.

④ 同上。

⑤ 同上。

⑥ Jarren/Donges/Künzler/Schulz/Held/Jürgens,政治、经济和社会网络下的公共广播电视,第 176 页。

⑦ 同上,第 177 页。

⑧ 同上。

⑨ 参加 www. bbc. co. uk.

● 有关技术的或者新闻质量标准的方针；

● 有关企业内部文化和领导的方针；

● 设计节目的方针；

● 设计单个节目播出规格的方针（如选择播出）。

这样的方针在德国只有部分被认知和实行，如设计节目的方针（广播电视国家合同：当然这远远超过上述方针）或者设计单个节目播出规格的方针。在其他方面德国则深浅不一的跟着 BBC 的要求走。当然，通过 2003 年 9 月 26 日制定的第 7 套广播电视变化的国家合同从 2004 年 4 月 1 日起更加强调对 ARD 的自我义务职能。该职能有助于"集中于主要方面"并使得对公共广播电视的任务的一场社会讨论成为可能。①

3.2.1.3 "责任和义务"

一个和自我义务相联系的保障公共广播电视的可能性是和民众以及公共领域的更好的重新密切联系。这种密切联系要在义务的意义下让节目设计适应社会需求和变化。② 目前代表公共领域的只是以监管委员会的代表的形式出现，他们或者是由州议会派遣的，由社会团体（教会、工会、科学界等）直接派遣的或者是由州议会建议的。③ 一些欧洲国家（英国、瑞典）在此方面已经走得很远：那里的公共广播电视机构有义务向议会或者广泛公众提交正式的工作报告。④ 这可以给市民以及受众"至少一种可以就公共广播电视的发展表态的机会，或者至少就有关机构的形式——表达一种意见"⑤。提交公共报告的形式则有不同的方式：⑥

● 公共广播电视企业向议会做的工作报告；

● 公共广播电视企业的年度报告，其中主要包含其社会政治目标的完成，遵守或者违反方针，财政方面等内容；

● 监管机关的报告，如观众的投诉。

---

① 参见巴伐利亚州长 Stoiber 在 2003 年慕尼黑媒介大会开幕式上的讲话；引自：www. medientage – muenchen. de.

② Jarren/Donges/Künzler/Schulz/Held/Jürgens，政治、经济和社会网络下的公共广播电视，第 192 页。

③ Donsbach/Mathes，出自：Noelle-Neumann/Schulz/Wilke，新闻学，第 493 页。

④ Jarren/Donges/Künzler/Schulz/Held/Jürgens，政治、经济和社会网络下的公共广播电视，第 178 页。

⑤ 同上。

⑥ 划分方式根据 Jarren/Donges/Künzler/Schulz/Held/Jürgens，政治、经济和社会网络下的公共广播电视，第 178 页。

在英国还实行了一个对于公共领域负有义务的特别形式:BBC 每年要向受众承诺,承诺的内容是下一年节目规划的一般以及具体目标("责任和义务":给付费者每年的义务报告)。① 在年终要对这些承诺进行评估并向公众公布结果。② 这种"BBC 的诺言的报告"在 1994 年英国政府的白皮书中被称为 BBC 传统法律基础(皇家宪章③和协定规定的内容④)之外的"第三条腿"。

报告每年和收费发票一起邮寄给付费人。"承诺"的内容主要是:

• 确定 BBC 的所有靠收视费资助的节目和服务的目标;

• 定义 BBC 节目的任务,首先要遵循非党派性、真实性和伦理标准。

• 改善对于观众的开放性和透明性,因为 BBC 经常被付费者视为"不好接近的";

• 阐明 BBC 如何检查其履行承诺和为此使用了何种手段(委员会,与观众联络,研究等)。⑤

当然在 BBC 的法律基础——皇家宪章和协定里——"没有规定如果违反了承诺的制裁措施"。⑥ 因此,Woldt 认为"承诺"从其"推动方向和表达来看"首

---

① Woldt,BBC 的自我义务,第 203/204 页。

② Jarren/Donges/Künzler/Schulz/Held/Jürgens,政治、经济和社会网络下的公共广播电视,第 129 页。

③ 皇家宪章是 BBC 的主要法律基础。自 1926 年以来,它规定了 BBC 的组织结构、任务和财务模式。通过皇家宪章,BBC 得到了公共委托,主要包括组织的一般目的,Board of Governors 和其他委员会的责任以及 BBC 的报告义务。所谓的协定,是由主管的部委(Secretary of State,Department for Culture,Media and Sport)和 BBC 之间签订的,这样其实是 BBC 的"准入证"。除了许多其他细节外,这个协力主要规定了 BBC 的公共任务,描述了节目范围(在电视和改变的频道数量,地区节目供应等)和定义节目的质量标准。参见 Woldt,BBC 的自我义务,第 203 页。

④ Woldt,BBC 的自我义务,第 203 页。

⑤ 在实践上可以细分为"承诺"不同的变形:1.所谓的"Core Promises"描述了五个核心要求,是由对 BBC 的公共委托和收费资助产生的。它们形成了对具体表述的目标的基础。五个元素是:"value for money"(广播电视收费的等价物):这里首先包含了对于栏目和内容多样化的责任;保证一种可行的高的节目标准;BBC 的有效率的工作;节目供应的普遍可用性,这是说不需要额外的费用;问责制。2."Continuing Commitments":同 Core Promises 相似,需要长久建立并扩建 Core Promises,当然明显更具体和详细。3."Objectives"描述的也是具体的目标,然而是针对确定的某一年。4."Promises"有时处于 Objectives 的位置,部分补充和并使 Objectives 更精细化。这里没有系统区分质量和数量要素。参见 Woldt,BBC 的自我义务,第 204/205 页。

⑥ Woldt,BBC 的自我义务,第 204 页。

先针对的是"BBC 的透明度作为组织制度在其企业政策中得到提升,并且缩小和付费者的距离"①。BBC 的其他和公共领域有关的方式是让观众对计划的新节目发表意见②和通过公开听证③。另外,BBC 每年必须向议会提交一个报告,而且该报告需要出版(所谓的"年度报告",皇家宪章的第 18 款)。

因此尽管规定是非常合理的,公共领域对于 BBC 的自我义务的反响却是很低。④ 专门为公共监督设立的"承诺"被理解为"BBC 例行公事的呈交报告"的一个要素:

"很明显,BBC 基于皇家宪章和协定的特殊地位和 1994 年白皮书分配的角色还没有扎根于英国的公共领域。"⑤一方面缺少就此主题的媒体报道应该对此负责,另一方面也提出了一个在此不能回答的问题,一个广泛的公众层是否真的对这个主题感兴趣。总之只能小心评价 BBC 的自我义务经验,因为"几乎不存在公众的真实反馈"。⑥ BBC 的例子说明了公共服务必须与一个较宽的公众层相联结的方式的弱点:

首先提出的问题是,如何并且怎样使公共服务提供者和社会之间的关系机构化。⑦ 为了让公共服务提供者能考虑到公民的不同兴趣和要求,公民必须首先清楚地表达其兴趣。

这点主要可以通过下面得到保障,即参与者以及对话伙伴是从受众领域产生的。⑧ 如果参与者不是如此产生的,那么如何让观众的兴趣改变广播电视体制并只是间接的改变,只有两种可能性:

一方面可以通过收视率调查观众的兴趣。收视率只能用来了解市场的接受度,很少能给出其社会关联度或者有关其社会相处的信息。(见第二章 2.

---

① Woldt,BBC 的自我义务,第 204 页。

② Jarren/Donges/Künzler/Schulz/Held/Jürgens,政治、经济和社会网络下的公共广播电视,第 129 – 131 页。观众可以打电话、写信或者通过互联网对计划的节目发表看法。此外,可以在公共图书馆看到相关的文件;调查的结果可以在网上看到,参见 www.bbc.co.uk。

③ 皇家宪章规定了进行公共听证和在州的不同地方开展研讨,以便让公共舆论塑造 BBC 并能吸收相应的批评或者启发,参见 Jarren/Donges/Künzler/Schulz/Held/Jürgens,政治、经济和社会网络下的公共广播电视,第 129 – 131 页。

④ Woldt,BBC 的自我义务,第 206/207 页。

⑤ 同上,第 206 页。

⑥ 同上,第 209 页。

⑦ 参见 Jarren/Donges/Künzler/Schulz/Held/Jürgens,政治、经济和社会网络下的公共广播电视,第 56/57 页。

⑧ 同上,第 56 页。

1)。另外收视率也几乎不能给出受众接纳节目的动机和收益的情况。①另一方面,社会参与者如协会或者党派可以诠释和代表观众的利益。当然,在诠释观众的利益时会因为多级选择信息必然会造成信息的扭曲。②

尽管有这些困难,Jarren 的研究小组还是呼吁,公共广播电视必须要致力于"建立和受众以及公民的联系":③

"公共广播电视必须促成有关自己的角色和任务的讨论过程并行动起来。它必须使社会团体的多样化的而且总体也增多的不一致的要求之间的协议过程制度化。这对于公共广播电视了解和领会观众的愿望和需求也是必要的。"④

因此,公共广播电视必须形成与不同的受众团体建立关系的策略。一个可能性是,"主动参与一个异质观众内部的活跃者的培养"。⑤这样一个模式原则上存在一个危险,只有特定的获得资源能力强的团体才能够把活跃者组织起来,然后他们才能对公共服务的提供者产生超过人数比例的较大的影响,因此造成不同民众团体的利益表述的信息扭曲。⑥另外一个可能性是,公共服务提供者自己推动或者支持有关的社会讨论。讨论的内容是向其提出的各种正常的要求。通过这种讨论一方面产生一种约束效果,另一方面公共广播电视可以获得榜样效果——通过了解所有活跃群体的社会需求而做到相应的工作。⑦由于公共广播电视的委托只能首先是为满足社会目标服务(见第三章,4),所以这种强烈的社会联结可以改善其履行职能并让其更灵活。因为公共广播电视认识到社会的变化后可以在节目内容方面作出反应。因此通过社会联结达到调整的目标可以弱化经济行动逻辑的影响(如果这一点被评估为太强的话),以便打开公共广播电视的其他行动逻辑。⑧为了建立这种社会关系,雅恩的研究小组建议如下的具体策略:⑨

1. 公共广播电视必须找到和社会的接口,这一接口尤其在公民和受众那儿

---

① 参见 Jarren/Donges/Künzler/Schulz/Held/Jürgens,政治、经济和社会网络下的公共广播电视,第 56 页。

② 同上。

③ 同上,第 57 页。

④ 同上。

⑤ 同上。

⑥ 同上。

⑦ 同上,第 58 页。

⑧ 同上。

⑨ 参见同上,第 58/59 页。

遇到问题(缺乏社会活跃者)。

2. 公共广播电视必须改善对自己自身的反映:这点可以通过加工来自它周边的信息的组织预防成为可能。

3. 为了相应的实行第 2 点,公共广播电视必须建立外部和自身的评价方式。

建立更强社会联结的模式肯定会对改善公共广播电视的合法地位做出贡献。然而在实践中,对这个模式的几点要求几乎无法实施。因此很难想象得到,公共广播电视应该如何积极参与"异质观众内部的活跃者的培养"。[①] 在这里可以想象的只是和前面已经谈到的"双平台模式"相联系(见3.1),这样规定了公共广播电视监管委员会在组成时有一个改善和透明的实践。

因为"双平台模式"规定了派遣协会或者其他组织的社会活跃者,却出现了如同 Jarren 等人准确判断的,由于对观众利益的相应的诠释和选择而造成了信息扭曲。[②] 把观众和电视台的关系持久制度化的另一个可能性还没有给出。相反,有关加强观众和公共广播电视的联系的公开讨论的可行性以及因此而来的公共广播电视的法律地位的改善,却是完全切合实际的。如同英国的经验所示,自我义务、讨论或者类似的只是寄发收费通知,是无论如何不够的。因为不能确定有一个很广泛的观众层对这个问题感兴趣,但是必须要有一个广泛的讨论基础(这个基础也包括那些不使用公共广播电视的人),必须在资源紧缺的时代通过大量的媒体工作把公众的注意力引入公共的讨论中,而这么做却又花费不菲。这种情况可以在电视领域日益增长的技术互动时代得到改变,因为可以在不对受众做很多工作的前提下,让他们发表观点。当然,相应的技术如何发展(简单的操作性),还必须耐心等待。但是,受众对这个主题缺少兴趣的问题和在其他媒体上与此相关的恶意报道将继续下去。

Jarren 等人进一步要求,公共电视必须改善对自己自身的反映并应该建立外部的和自身的评估形式,肯定是值得积极评价的,但是只有当公民和公共广播电视之间成功建立和扩大了持续的沟通机制,才会真的有效。

3.2.1.4 小结

我们认识了公共广播电视体制新的(部分)结构的几个模式,模式的目的是给予公共广播电视必要的自主,以便它们能够以活力的方式履行社会责任。这

---

① 参见 Jarren/Donges/Künzler/Schulz/Held/Jürgens,政治、经济和社会网络下的公共广播电视,第 57 页。

② 同上,第 56 页。

些模式的另一个目的是,让公共广播电视保持对社会的推动的开放并能够系统的认识和加工这些推动。[①] 只有这样使得公共广播电视的合法身份得到持久巩固。在"双平台模式"和BBC的"义务"规定中,重要的首先是公共广播电视的社会责任的改善以及扩大乃至证实其合法身份的基础。同样这里与英国的广播电视体制相比,也谈到了广播电视监管的新形式,它应该排除国家对于公共广播电视体制的过大影响。

由 Hans-Bredow 研究所引入讨论的"双平台模式"[②]是一个让这些要求合理化的良好开端。如果这一模式能够实现,那么有关公共广播电视体制的一种新的外部监管的讨论将会变得多余(当然其中未触及在新技术、经济和欧洲法的发展背景下的有关整体广播电视领域新的监管结构的讨论。我们在下面还要分析这个问题,见5.3)。"责任义务"模式好像是一种有效的社会约束,然而在实际施行这个理论模式时遇到了广播电视方面,主要是受众方面的大量困难。

与该模式的社会责任先关联的要求建立一种新的质量管理体系的要求受到了欢迎。猛地一看这里涉及的好像是一种自我调控的措施。不过可以观察到,为了实现这样一种质量管理的功效又必须要建立组织外部的管理机构,它可以监督对质量方针的遵守情况并拥有相应的处罚权限。[③] 可以赞同 Jarren 的一点即控制组织结构在保障公共服务时起到了核心作用。当然,在讨论改善公共广播电视体制的结构时调查自我调控的潜力有多大也是必不可少的。

3.2.2　自我调控策略

在一些欧洲国家的广播电视领域很长时间以来就实现了自我调控的要素——这与(传统的)命令式的等级调控正好相反。[④] 仅仅国家投入应该满足公共任务的公共机构这个事实——如广播电视不(只)应该由市场调控——并且给这些机构一个可以得到普遍执行的委托,而在此没有国家的直接影响的影子,表明国家在这里只是作为间接的调控主体发挥作用。[⑤] 首先在选择组织形式和计划规定节目内容的可行性和密度出现了自我调控和外部调控的比例这

---

①　Jarren/Donges/Künzler/Schulz/Held/Jürgens,政治、经济和社会网络下的公共广播电视,第56/51,56-59页。

②　Grothe/Hahn/Henle/Jene/Knothe/Sagurna/Scherer,德国广播电视的社会多元的制度和控制模式,第25/26页。

③　Jarren/Donges/Künzler/Schulz/Held/Jürgens,政治、经济和社会网络下的公共广播电视,第177页。

④　同上,第178页。

⑤　同上。

个表达,其实两种调控方式的要素经常交叉乃至在积极的事例上互相补充(见3.2.1.2)。因此在德国与此相关的方面存在公共广播电视台的相对高的自治权,如同下面所体现的:组织形式的选择方面、作为有自我管理权限和相当大的预算自主权的公共台和普遍节目内容的义务。雅恩等人对自我调控的要素表示欢迎,却呼吁对此进行更大的升级,因为外部的等级规范的国家调控以法定的节目规定一般被"认为是有问题的"。① 他们列举了三个原因:第一,国家的规章"只是和节目有关,这从国家政策和宪法的原因看总是不稳定的并且一直保持如此",因为国家"通过规定广播电视的确定节目或者播出形式、主题和风格、综合节目和专栏节目等强力干涉了公共服务的传播行动逻辑"。② 这个观点一般来说是正确的,但却和德国的公共广播电视体制不相关。德国的体制特点是有很大的节目自由——看一下当前的科学辩论和当前的新闻舆论甚至可以说,有关公共广播电视的讨论正是围绕其太宽泛和缺少详细说明的节目委托和与此相关联的供养制度展开的。Jarren 等人引用的第二条原因和德国的公共广播电视体制至少部分的相关:对节目监管的外部规章总是会碰上必须界定义一些要求如"平衡性"和法律上操作这些要求。③ 这样就不能充分考虑到"社会向公共服务提出的多种多样和部分是矛盾的要求"的这种状态。④ 这里也指出了德国的特定情况:由于给予公共广播电视台在满足基本供应委托时的宽泛的活动空间,这里能看到的问题很少,而且在显著的范围里保障了自我调控的要素。第三个原因是支持升级自我调控要素的,这个原因是决定性的:和节目有关的(即使很宽泛)规定的出发点,在现代化的、高度灵活的社会被证实是一种障碍,因为"这种出发点是基于一种法律的基础——绝对不能适应当今传媒领域的充分快捷的发展,而且它还阻碍了公共广播电视在现代化的过程中所必需的活力"。⑤ 因为不能单个展开分析,那些对调控的普遍的、非常激烈的辩论⑥——如果在此一一展开,本文内容会无限扩增——因此在此简短分析一篇 Schulz 的非常有趣的文章,他研究的是媒介领域的节目调控并把通常的有关调控的讨论

---

① 　Jarren/Donges/Künzler/Schulz/Held/Jürgens,政治、经济和社会网络下的公共广播电视,第 188 页。

② 　同上。

③ 　同上,第 189 页。

④ 　同上。

⑤ 　同上。

⑥ 　作为概览参见 Görlitz/Burth,政治管理。

与"广播电视"的控制领域相联系。① 和所有调控理论家一样,舒尔茨的出发点是,政治一方面是在一个"逐渐上升的、绝少格式化和线性的过程里"进行,另一方面,因为"共同的价值取向和榜样都消失了",使得"应该依靠法律的约束实现达成的一致的目标"更难。② 这首先对高技术活力的调控领域产生影响,因为"立法过程的从容"常常只能在技术创新已经过时时才能发现它们。③ 在目标表述的层面上,在媒介和广播电视领域已经出现了调控问题。这主要是因为缺少和在一个变得复杂的社会的调控对象领域有关的知识引起的。调控好像"用一根棍子在雾里捅了一下,带来了额外的障碍,因为棍子有自己的意志"。④ 但是即使目标的表述很成功,法律也不一定证明是合适的调控工具。Schulz 在这参考了系统理论:如果法律政策用来确定控制领域,那么就出现了系统理论措辞里的封闭的有自己意义结构的功能系统,这就造成一个结果,每个调控的刺激被双重传播:

"在定型节目时必须首先顺着法律/非法的准则解释政治所要求的;必须再次在政治领域(……)依照新闻传播学的法则(……)解释并如此理解节目,这样会出现所希望的变化。"⑤这样就明显增加了有意识的政治调控的困难。

在执行层面也同样出现了问题。Schulz 举出了这种情况下媒介和技术政策领域的巨大的变化速度:这种变化常常把被调控的领域彻底变为与先前状态不可相比的另一个领域,并伴随着的多种特征的惊人上升。⑥ 这种变化不能被法律规定的政治节目的贯彻者所理解,如舒尔茨在执行者的判例中所指出的:

"行政法院还在尽可能地从指导方针的角度出发,基于广播电视的社会职能赋予其一个特别重要的地位,而民事法院常常首先把广播电视认作为一种服务,这种认识有可能妨碍广播电视立法者的节目调控的意图。"⑦

在上述问题的背景下,下面的做法也就自然合乎逻辑了,"较少通过节目相

----

① Wolfgang Schulz,"信息社会"的法律保护:立法学说的复兴? 管理节目的发展,以联邦德国和英国的"数字电视"为例;出自:Imhof/Jarren/Blum,信息社会的控制和管理问题,第342 – 360 页。

② 同上,第343 页。

③ Weber,广播电视法的管理和控制可能性,第297 页;Schulz,"信息社会"的立法,第342,344,345 页。

④ Schulz,"信息社会"的立法,第344 页。

⑤ 同上。

⑥ 同上,第345 页。

⑦ 同上。

关的调控,而是更多通过调整了的自我调控的形式以及通过建立协商体制或者通过专业的咨询体制,达到有助于实现其社会目标并遵循公共广播电视原则。"①

节目规划不必定型为法律的(宪法的)概念,如德国的广播电视法尽管法律框架很宽还是如此,而是让节目规划可以"通过形成公共服务节目的细分的最高层面的标准",②起到"榜样"的作用。然后才可以把定义举办者任务的机制与此相衔接。接下来的一步是采取组织的和程序上的预防措施,以便确保公共广播电视"以比目前较高的规模向向其提出组织和节目要求的周围环境开放"。③ 这些要求应该通过"自己组织的专家委员会或者来自外部的、但是受制约的在其内部发挥作用咨询者"处理。

公共广播电视的更多自主权④的要求在这个模式里和广播电视台承担的自我义务的度是一致的。⑤ Jarren 等人认识到了这个模式的问题:因为"这种自我义务(指的是公共广播电视组织者,本文作者的观点)不是很容易就能实现,所以除了通过国家机关的等级管理之外,尤其是受调控的自我调控是很有意义的"。具体就是说,除了自我痛苦的要素之外,等级式的国家调控也一如既往必须存在。尽管在政治学的调控讨论中自我调控很受欢迎,在上述例子中所有自我调控策略的普遍问题却变得很清楚:自我调控虽然能提供释义的帮助,以便在个别场合对行为尺度具体化;但是缺点也马上显现出来:缺少普遍约束性和在操作自我调控时经常缺少可行性。⑥ 另外由于广播电视与控制领域的极高的社会和政治关联性,对于国家能否完全撤出其调控行为也是有疑问的。Manfred Mai 认识到,一个运转正常的自我控制要以下面的情况为前提,"国家能够发出在自我控制失灵时亲自干预的可信服的威胁信号。如果没有这种威胁权限,国家就会逐步失去实现媒介政策目标的机会"⑦。Manfred Mai 虽然强调一个连续

---

① Jarren/Donges/Künzler/Schulz/Held/Jürgens,政治、经济和社会网络下的公共广播电视,第 189 页。

② 同上。

③ 同上。

④ 参见 Voß,没有 ARD 为什么不行。

⑤ Jarren/Donges/Künzler/Schulz/Held/Jürgens,政治、经济和社会网络下的公共广播电视,第 190 页。

⑥ Weber,广播电视法的管理和控制可能性,第 298 页。

⑦ Manfred Mai,媒介政策中的外界管理和自我管理的关系;出自:Im-hof/Jarren/Blum,信息社会的控制和管理问题,第 336 页。

的讨论的理论必要性——所有媒介制作和接受的参与者都与讨论捆绑在一起，与 Jarren 的研究小组相反，他却认为在实践中只有很少的效果：

　　"很多现存的有关媒介的讨论（如：慕尼黑媒介大会，贝塔斯曼基金会论坛等），参与这些讨论的人几乎都是仪式性的媒介管理的相关经理和台长及批判者，讨论几乎没有进入到自我控制的改善方向。"①

　　Mai 认为自我控制机制缺少效果的原因在于，与其他的经济部门相比，在（公共的和私营的）媒介领域没有协会和其他的中间作用的机构可以在国家和经济界的利益之间进行调解，因此"很难在媒介领域建立其符合自我控制这个名字的体系"。② 此外，因为国家所依赖的媒介法这种"硬的"控制手段在媒介技术的发展中一再出错，"所以国家也必须对媒介管理的自我调控能力的发展感兴趣"③。对于 Mai 来说这种发展取决于以下因素：④

　　● 媒介企业的愿意程度，如果它们违反了市场逻辑，也愿意进行自我限制。这也适用于公共台，因为它们也有私有经济的因素起作用并部分依赖于市场上的成功；

　　● 公共领域的媒介权限的存在；

　　● 取决于参与竞争的企业就伦理道德和质量标准达成一致并遵守的能力；

　　● 媒介监管是否存在，对是否遵守上面定义的标准进行监督并严厉惩罚违反者。

　　对于 Mai 来说，最重要的是已经提到的在媒介领域缺少的公司结构。只要这种调控机制失灵，国家只能费时费力的协商和妥协，"这种情况却总是由于现实的发展——比如原先的竞争者之间的新的联盟而变得过时"。⑤ 另外，在国家和媒介之间涉及技术发展的知识时，由于没有建立起协会的机构而继续存在明显的权限落差，而且这还加大了国家的控制在撤出时的困难：

　　只要在媒介领域几乎只有对于不同利益几乎没有明显职能界定的协会，那么政治就必须放弃通过自我责任让国家减负的希望，而在很高程度上依赖于外部调控。在这么一种情况下要求自我责任，意味着放弃社会目标和对媒介的期

---

　　①　Manfred Mai，媒介政策中的外界管理和自我管理的关系；出自：Im-hof/Jarren/BIum，信息社会的控制和管理问题，第 337 页。

　　②　同上。

　　③　同上。

　　④　根据 Mai 的划分，第 338 页。

　　⑤　同上。

德国公共广播电视：基础—分析—展望

待。尽管如此,长期的旨在自我调控的措施,如提高媒介权限或者推动有关媒介的责任和质量的讨论等,都是朝着正确的方向迈出的步伐。①

至于德国的公共广播电视,人们可以发现在很大范围内实现了自我调控的要素。德国公共广播电视台要满足的任务的宪法法律的框架在欧洲范围内相比覆盖面是最宽的。② 在国家方面仅仅还有对预算和非常普遍的法律概念如"基本供应"影响性的检查权限;但是几乎没有谈到调控机制的问题。以"非官方"的途径还有其他的影响广播电视委员会的人员组成的可能性。但是如同开头所提到,公共广播电视体制未来的结构问题正是在这里:虽然在很大程度上给予公共广播电视在具体构思节目和企业组织方面自我调控权限是正确的,也正是为了能够对媒介领域的变化迅速作出反应——在这里那种慢条斯理的等级式的规范调控是阻碍发展的。但也正是这种广泛的自我调控权限危害了公共广播电视体制的社会和政治合法性。因为由于广泛覆盖的内容框架和很低的监督可行性,尤其是在财政方面,在经济迅速发展和私营台的节目供应巨大的背景下,而让公民必须缴费来维持这一体制是很难解释这样一种公共广播电视体制存在的必要性的。因此需要公共广播电视的一种模式改变,以便保证其未来能够持续存在。下面给出了建议包含了一种这样的模式改变需要有什么要的元素,并且给出行动指南,能够指引公共广播电视从"合法性困境"中走出来的道路。

4   结论:行动指南

公共广播电视的未来(和一般来说的公共服务提供者)在媒介技术迅速发展和竞争激烈的背景下不能得到保障,这使得一再出现的有关"合法性下降"、"合法性困境"或者"公共广播电视的无穷尽的危机"③的讨论很清楚。公共广播电视的一个较强的经济经营的取向不一定是为了持久生存,因为如邦法德尔、迈耶尔和沙内正确认识到的,这样会创造结构条件,"挑起冲突和矛盾"④:

"因此一方面要求去官僚化、更多的效率和企业式的行为,另一方面同时又

---

① Manfred Mai,媒介政策中的外界管理和自我管理的关系;出自:Im-hof/Jarren/BIum,信息社会的控制和管理问题,第339页。

② 参见 Jarren/Donges/Künzler/Schulz/Held/Jürgens,政治、经济和社会网络下的公共广播电视。

③ Bonfadelli/Meier/Schanne,公共的广播电视和文化,第9/10页。

④ 同上,第11页。

对这种企业式的行为进行批评,因为这样减少了私营经济节目供应者的机会并对能否满足多样化的和高质量的节目委托提出了疑问。"①下面的做法却又增加了矛盾:一方面强烈限制收视费和广告收入,但是另一方面要求吸引观众的、高质量的节目,好要求考虑社会少数群体的需求。此外,公共广播电视节目的影响范围在二元化后的回落也被解释为公共广播电视的合法性的损失和成绩不足②。结果对收视费财政提出了更多的疑问。③ 在欧洲的层面上,由于市场自由化政策而要求并促进了广播电视领域的深入的商业化,即使不允许触动公共广播电视的专门的财政情况。④ 公共广播电视应该对这种发展做出何种反应?到目前为止我们已经分析了重组模式,新的监管结构和自我调侃的策略,在接下来介绍的(适应)策略和与此相关联的行动指南,应该能让公共广播电视确保在未来的存在和履行它的重要任务——生产大量高价值的交流力强的信息供应。

　　根据 Bonfadelli、Meier 和 Schanne 的观点,公共广播电视的问题是由其自己造成的。人们已经接受的市场的表达方式来给自己定位并引用市场经济的战略来使得(自己)合法化。这种企业式的"自我商业化"必然导致"疏远自己的策略和目标设置"。⑤ 这么一种发展也导致了组织内部的紧张关系:

　　"这种所要求的公共广播电视的在更强烈的面向顾客和组织市场思路上的企业文化的转变,在很多员工那里违反了对新闻的自我地位理解。"⑥

　　对于所谓的"自我商业化危机"的坚定的回答是 Hulten 和 Brants 以原教旨主

---

① Bonfadelli/Meier/Schanne,公共的广播电视和文化,第 11 页。

② 同上,第 12 页。

③ Jarren/Donges/Künzler/Schulz/Held/Jürgens,政治、经济和社会网络下的公共广播电视,第 26/27 页。

④ 在欧洲法的层面上,媒介和媒介产品被视作商品和服务。当然欧盟条约的第 128 款在宽泛的意义上也顾及国内和跨国的视听工业的文化方面。因此授予成员国有制定国内广播电视法的权限,特别是促进文化和新闻出版的多样性。在推行广播电视的文化政治目的时,大多数国家都委托公共的组织者,并按照欧洲法的要求通过国家的补助和收费在一定程度上保障组织者的财务。只要"直接和各自社会的民主、社会和文化的需求以及和要求相关,就应该保障媒介的多元化"(欧盟条约附录的记录报告)。这样就允许各国继续以收费形式为公共的广播电视机构筹资,即使它们实际上只完成了公共组织者委托的任务。相关的检查权限在欧盟。这种管理应该阻止公共的组织者可能有损于私有供应者——推行扩张的发展策略。参见 Bonfadelli/Meier/Schanne,公共的广播电视和文化,第 25/26 页。

⑤ Bonfadelli/Meier/Schanne,公共的广播电视和文化,第 12 页。

⑥ Jarren/Donges/Künzler/Schulz/Held/Jürgens,政治、经济和社会网络下的公共广播电视,第 20 页。

义的正统的战略称谓的内容：①他们思考"公共广播电视的传统并首先集中精力于这样的节目和风格———一方面对于公共广播电视是决定性的，另一方面是那些其他的(商业)提供者更喜欢忽视的内容，比如少数群体、文化和教育节目"②。在这种模式下，为了不危害公共委托(参见 BBC)，广告作为财政方式被明确拒绝。我们已经讨论了这点：在包含症状的所有差错中很可能期待的是公共广播电视的边缘化，这最终导致了，公共广播电视的节目滑到其履行职责的要求之下。

由 Hulten 和 Brants 建议的第二条策略规定的正好是相反的上述内容。在那个所谓的适应策略中，公共广播电视正是针对私营领域的新发展做出调整。流行节目被播出了，广告被视为重要的财政手段。③ 趋同趋势的结果被接受了，乃至有意趋同，因为随着节目与私营竞争者相似，为公共台在市场上的存活打下了经济基础。④ 这个策略很明显与设立公共广播电视的目的相反，而且隐藏着巨大的合法性问题，因此这个策略对于解决这个问题没有帮助。

平衡战略介绍了一条中间道路并尝试塑造一个适应市场的公共广播电视。⑤ 这个模式的基本思路是，只有公共电视在市场上取得成功，那么其合法地位才能成功获得认可。这就要求一贯和灵活的适应潜在受众的需求和期望，同时又应该提供这样的节目："有公共台的显著特征：针对意见形成的信息，传播文化的和教育类的内容以及作为生活的助手提供导向和咨询服务。"⑥

Bonfadelli、Meier 和 Schanne 赞成平衡策略并在一系列措施中称为"适应策略，以便保障公共广播电视在政治和经济市场的存活"。他们要求⑦：

1. 一种流行节目和公共服务的需求的混合。

2. 对公共领域、国家、经济和文化(比如文化报道、社会平衡、媒介理事会等)的加强的透明性和辩护。

3. 在市场条件下开发新的、开放的市场。在此也必须让公共广播电视借助

---

① Olaf Hulten/Kees Brants, 出自：Karin Siune/Wolfgang Truetzschler, Dynamics of Media Politics. Broadcast and Electronic Media in Western Europe, London 1992, 第 116/117 页。

② Bonfadelli/Meier/Schanne, 公共的广播电视和文化, 第 16 页。

③ Olaf Hulten/Kees Brants, 出自：Karin Siune/Wolfgang Truetzschler, Dynamics of Media Politics. Broadcast and Electronic Media in Western Europe, London 1992, 第 116/117 页。

④ Bonfadelli/Meier/Schanne, 公共的广播电视和文化, 第 16 页。

⑤ 同上。

⑥ 同上。

⑦ 根据下面划分：Bonfadelli/Meier/Schanne, 公共的广播电视和文化, 第 28/29 页。这里只列举了和本文有关系的几点。

收费服务和在媒介领域的其他服务让其企业式的扩张成为可能。

4. 对政治体制和顾客的积极"加工"(比如通过其他媒体的广告)。

5. 在执行新的技术创新时的一种主动的、领导角色。

6. 强调质量标准而不是成果标准。

7. 为制衡私营媒介企业的媒介集中而维持充足的内部多样性。

8. 保持与重大体育和文化事件的通道,这样履行由于收费形成的合法化的基本供应义务,同时不能排除经济困难(看不起私营电视的)广大受众圈的权力。

这个目录的大部分要点都是正确的,但是对其中部分内容上也有反驳意见。比如要点 3 和 5 就无法和对公共广播电视的情况的现实评价达成一致。公共广播电视在装备上不可能成为技术方面的先锋,也没有规定让其起这种作用。通过联邦宪法法院判例所给予的生存和发展保障,谈及了公共广播电视要参与这种发展,[1]但是没有谈到,公共广播电视应该自己能够推动技术的研究和发展。

为了实现上述目标必须明显增加它的财政资金并改善其法律环境,而这又是不现实的。另外也找不到明显的理由,为什么公共广播电视应该发展成为技术企业。而且要求分享付费服务也缺少基础。如果 Bonfadelli、Meier 和 Schanne 在第8 条中要求一条"重要的体育和文化事件"的自由通道,那么他们自己就是自相矛盾的。[2] 公共服务提供者的任务正是向广大的人民群众提供免费的广播电视节目。否则又如何解释为什么有收视费呢? 即使 Bonfadelli、Meier 和 Schanne 所建议的适应策略能对有关公共广播电视的讨论作出贡献,比如要求"对公共领域、国家、经济和文化界的加大的透明度和辩护"或者"强调质量标准而不是成果标准",[3]这些总的来说只部分指向了问题的核心。

更准确是 Marie-Lusie Kiefer 文章:她认为,公共广播电视在二元制体制下没有很大的决策自由:

"因为公共广播电视越来越难以摆脱商业化,留给它们的用以生存保障的只有有限几个选择或者行动可能性。"[4]

---

① 联邦宪法法院的仲裁 83,第 238/239 页。

② Bonfadelli/Meier/Schanne,公共的广播电视和文化,第 28/29 页。

③ 同上。

④ Marie-Luise Kiefer,选择权:否—行动可能性:是。二元体制下的公共广播电视;出自:Silke Holgersson 等(出版人),德国的二元广播电视,有关广播电视发展理论的文章,Münster 1994,第 134/135 页和 Kiefer,不能放弃还是多余? 多媒体世界的公共广播电视;出自:广播和电视,1/1996,第 26 页。

Kiefer 为公共广播电视开出了一个行动准则的清单，它为对于公共广播电视的未来地位的讨论提供了富有成果的贡献[1]：

1. 界定和具体化公共广播电视的节目委托，有意识的和私营台相区别。

2. 建立达到目标和检查节目委托的方针。

3. 推进一种和商业广播电视相区别的企业文化和个性。

4. 执行营销措施，优化复杂的周边关系（其中包括受众）并保障有充足的受众接受度。

5. 充足准备大众福祉意义上的有实质内容的材料和服务。

6. 实行措施，阻止在广播和电视中不断上升的商业性。

现在我们单个分析这些建议。第 5 点和第 6 点的内容，"准备大众福祉意义上的有实质内容的材料和服务"[2]，正能够阻止视听媒介供应中不断上升的商业性，因为如果没有公共广播电视的可选择性供应，那么就只有商业性决定提供给受众何种内容。从政治学的角度来看，电视领域供应的商业化很明显不仅没有使得质量提升，反而导致质量降低（参见第四章，4）。

同时也表明，公共台提供了范围广、量大的有实质内容的、满足了基本供应和传播力强的节目（参见第四章，4 与第五章，2）。Kiefer 的建议有一条值得肯定，即供应这样的内容在未来也是公共广播电视的重要任务之一，即使有对其合法性的疑问。[3]

---

[1] 根据 Kiefer，不能放弃还是多余？多媒体世界的共公广播电视；出自：广播和电视，1/1996，第 26 页。

[2] Kiefer，不能放弃还是多余？第 26 页。

[3] Heinrich 指出，播出内容（Heinrich 这里指的是"论坛领域"，参见 3.2）的"中心的和几乎无法解决的问题"在于"保障节目供应的收看"的困难。因为只有受众在较大的范围内需求相应的信息节目供应，才能出现所期望的公众社会、所期望的观点多样性、形成所期望的标准或者所期望的政治控制（Heinrich，媒介体制的控制和管理经济学，第 256/257 页）。我们已经研究过这个论点：起决定作用的不是相应的节目供应被大众收看，重要的多的是，毕竟存在相应的节目供应，然后才能有可能被收看（详细参见第五章 2.2.3.2）。因为从政治学的角度肯定希望尽可能多的人关心社会和政治问题，所以 Bonfadelli、Meier 和 Schanne 在他们的措施手册的第一点要求就很有道理，它规定了"流行节目和公共服务的内容相应混合"，以便这种内容通过对大众有吸引力的节目达到较大的收视率，（此观点已得到证实：与纯粹的政治和文化专栏节目相比，这种混合可以给非大众型内容带来更高的收视率，参加 Mattern/Künstner，电视投资的国家比较，第 188 页）。这里应该要求 ARD 和 ZDF 的公共综合节目的负责人有更多的勇气制作质量高的、不随主流的节目，即使是在黄金时间这种节目很明显的被收看的机会不多（参见第四章 4.）。或者如 Bonfadelli，Meier 和 Schanne 在第 6 点中表述的："强调质量标准而不是成功标准"。

但是 Kiefer 提出的行动指南目录中第一点和第二点也很重要。

首先公共广播电视必须有意识和私营台相区别并明确定义和具体化其节目委托。只有这样公共广播电视才能从已经提到的"合法性下降"(见第三章,3.2)中解放出来,因为一种泛泛的、几乎没有具体化的基本供应委托只能给出很少的依据,能让公共广播电视体制对于政治和社会体制的重要性和履行相应的任务变得透明。人们从公共广播电视的角度有时候拒绝一种这样的具体化,[①]是因为设置任务的界限——意味着一种的具体化——是可以理解的。为了在经济竞争激烈和涌现新的节目供应者的背景下长久保障公共广播电视的未来和履行其重要的社会和政治任务,把这些面向公民但也面向政治体制的任务变得更清楚并为此建立相应的合法身份是十分重要的。长远来看只有人民中多数愿意资助公共广播电视,其特殊的组织和财政形势才能得以维持。如果"收视费接受度"继续下降,那么公共广播电视体制至少不能以其目前的形式和广度继续存在(可以设想的是从一般的国家税收中支付,这样会造成公共广播电视明显和国家走得太近并会受到国家的控制。[②] 可以通过两步来清楚表述公共广播电视的功能和任务:

1. 把基本供应委托/带有自我义务特点的节目规定具体化。

必须把基本供应委托加以具体化,这点在修正的马腾和屈斯特纳模式里已经提到了(见第三章,3.2)。在这里可以讨论单个的难点设置(见讨论第五章,2),然而在论坛功能、补充功能、典范功能和融合功能里包含的要求应该描述公共广播电视节目的主要要素,以便给社会和政治讨论供应尽可能高质量的传播产品。

在接下来的一步,公共广播电视必须把基本供应委托的具体化要求转化为带有自我义务特点的具体实际的节目规定。Kiefer 在她的措施的第二点的前半句中把这称为"建立达到目标的策略"。[③] 在具体设计节目时应该给予公共广播电视台——和现在一样——一种尽可能宽的、自主的和首先是国家不干预的

---

① **Voß**,没有 ARD 为什么不行,第 282/283 页。

② 欧盟委员会也在关注基本供应委托的具体化事情。它推行完全的市场经济的导向政策并对媒介领域的公共设施持拒绝态度。它把广播电视收视费升级为(难以忍受的)补助。根据 Amsterdam 协议的声明,成员国可以确定哪些节目是公共属性的并进行资助,当然这里应该尽可能的限制公共节目和不妨碍竞争。因为收视费财政已经被欧盟委员会评级为妨碍和扭曲竞争,所以有鉴于此背景值得对公共的委托加以明确的具体化。

③ **Kiefer**,不能放弃还是多余? 第 26 页。

活动空间。有疑问的是,这种节目规定是否仅仅起到"样板"的作用,"组成公共服务节目的有区分的目标尺度的最表层"①,并不具备法律制裁的约束性,也就是说不定型为公正的(宪法)法律概念。

尽管公认为有很高的调控潜能,自我调控策略由于(有意识选择的)受制约的监督性越来越要承受合法身份问题之痛。这个问题在公共广播电视的情况下更加被激化,因为公民由于被强制缴费来供养这一机构。为了消除这一不足可以采取不同的方式:

(a)没有或者只有很低的潜在法律制裁的自我调控权限:英国走的就是这种道路(见本章,3.2.1.3)并不仅在组织方面而且在节目设计方面提高了 BBC 的透明度。② 在这种情况下,由于缺少监控机制,其合法身份缺失依然存在,这点只有通过强烈的社会联系和与受众的相关交流加以补偿(见下面2)。

(b)建立一个被多次讨论过的"媒体理事会"③或者加强目前公共广播电视的监管委员会:这个方式有个好处,就是可以从外部监督与基本供应有关的节目规定的执行情况,也就是通过有普遍义务的不从属于国家的委员会执行(这样,也排除了一种考虑,即监督节目的任务让官方机构进行)。当然应该按照已经提到的"双平台模式"来设置公共广播电视的"媒介理事会"或者目前的监督委员会④(参见本章,3.1),以便保障一种相应的社会联系和把国家的影响最小化。

(c)联邦宪法法院作为"监管委员会":在这种模式下基本维持了当前状态。只有在宪法的途径下可以监督对节目自我义务的遵守情况,但是出于多种原因又意义不大:首先,联邦宪法法院必须自己做出基本供应委托的具体化规定,以便建立一个相应的法律和干预基础。此外,联邦宪法法院只能在有提案的情况下才能有所作为,因此不能对公共广播电视有定期的监督。另外,走法律之路毕竟耗时甚久。如果走政治之路,那么和不久前发生的那样,要由州长会议对相应的广播电视合同进行修改。但是这里也出现了一个问题,一个极其僵硬的监控机构和缺少监督可能性与媒介领域的灵活不适应,因为广播电视的

---

① Jarren/Donges/Künzler/Schulz/Held/Jürgens,政治、经济和社会网络下的公共广播电视,第 189 页。

② Woldt,BBC 的自我义务,第 204 页。

③ 参见 Mahrenholz,声明;引自:www.medien - tenor.de/indexl.html.

④ Grothe/Hahn/Henle/Jene/Knothe/Sagurna/Scherer,德国广播电视的社会多元的制度和控制模式,第 25/26 页。

国家合同没有规定相应的监督机构。

正是 Kiefer 在她的措施目录第二点的后半句要求对节目委托(经常)检查并(经常)检查相应的自我义务,[1]这才使得 C 模式只能不充分的成为这里宣传的公共广播电视体制未来结构的一种模式。基本供应委托必须能够不断适应新的社会和媒介发展。当然必须存在一个宪法法律的框架——该框架可以确定和保障公共广播电视的社会和政治定位,但是法律规定作为唯一的调控机制却太坚硬和缓慢,不仅在技术方面而且在社会方面不能适应调控目标的活力。

基本供应委托具体化的"副作用"是在围绕公共广播电视的节约方面的论战中产生的更多的建设性意见。不久前,巴伐利亚州、北莱茵-威斯特法伦州和萨克森州要求合并文化电视台 3sat 和 Arte[2],尽管这样的节目从政治学角度来看有很重要的意义,与 ARD 和 ZDF 的综合节目相比明显更有益。一个伴随基本供应委托具体化的公开讨论在科学认识的基础上能够澄清事实。因此在这里也需要说明的是,人们更愿意讨论对 ARD 和 ZDF 的两套极为相似并花费巨大的综合节目进行私有化或者部分私有化的话题(参见本章,3.2.1.4)。限制其他节目(第三套、Arte、3sat、Phoenix、儿童频道)则从政治学的角度看是不合适的,可以参考第五章的叙述。

为了让公共广播电视更灵活的适应变化,必须实现自我调控的主要要素。自我调控虽然已经建立,但是自我义务在德国的公共广播电视还很不发达。因此出现了模式 a 和 b,在此需要注意一个规则:"控制越少,社会联系越多"。不管遵循这两个模式中的哪一个(这个问题应该是开放式的),都会导致重要的下一步。

2. 交流充足的社会联系只能通过交流得到保障。公共广播电视必须公开它的社会指向,它的目的如何实现并透明化。

Kiefer 在她的措施手册第四点提到"优化复杂的社会关系的营销措施"[3],邦法德尔、迈耶尔和沙内要求"面向公众、国家、经济和文化的强化的透明和辩护"[4]。但是,在建设公共广播电视的一种和外界持久交流机制时(参见本章,3.2.1.3),产生的费用和困难也有些惊人:公共广播电视在这方面目前还是很节制的,如同调查所显示的,它还是履行了大部分在基本供应具体化过程中形成的职能。公共广播电视应该相应重视这个重要的领域。英国的 BBC 这里可

---

① Kiefer,不能放弃还是多余? 第 26 页。

② 参见 2003 年 11 月 12 日巴登日报。

③ Kiefer,不能放弃还是多余? 第 26 页。

④ Bonfadelli/Meier/Schanne,公共广播电视和文化,第 28/29 页。

以作为榜样：在邮寄收费账单时附送自我义务说明并执行公开听证也应成为德国的习惯。到目前为止，ARD 和 ZDF 已经推出了网站作为交流措施。[①] 但是，BBC 的经验反馈表明，推出网站还不足够。因此在这里完全同意 Bonfadelli、Meierh 和 Schanne 的看法，在"注意力"成为紧缺商品的时代，其他类型的媒体（印刷、张贴广告、互联网等）对此也必须大力追求。[②] 当然不允许如 ZDF 的张贴画宣传运动那样（"用第二个看得更好"）在视觉和内容方面诱导个人用户，而是与此相反，应该展示公共广播电视的优势和原本任务。[③] 由此也应该批判地看待由 Stoiber、Steinbrück 和 Milbradt 三个联邦州州长所要求的消减公共广播电视的网上活动。[④] 经营电子商务肯定不属于公共广播电视台的网上展示任务，但是它们无论如何应该有能力制作一个提供高质量的、广泛的传播信息和及时的网上平台。

在以明显的篇幅集中于基本供应相关并很少关注娱乐内容的电视节目（第三套节目）取得成功的背景下，保留公共广播电视台是无法理解的，因为这一领域的外部节目十分丰富。长期来看公共广播电视不能和私营电视台在综合节目收视率上竞争来证明其合法地位（参见本章 1 和 2.1）[⑤]。公共广播电视台必须明白，正是因为鉴于未来可预见的节目爆炸，强调与基本供应相关的功能和任务，强调"质量标准代替成果标准"[⑥]，才有机会证实和维持其地位。因为在自由化的电视市场上竞争变得十分激烈，只有承担别人无法履行的任务才能证明其合法身份。承担这些任务同时也是公共广播电视台的长处，但是必须有清晰的功能任务来指导自己的行为，并和公众、国家、（媒介）经济和文化界有相应的沟通，以便达到持久的社会联系。欣喜的是，尽管在走向这条路中出现了很多困难，朝着这个方向已经迈出了最初的步伐。随着 2003 年 9 月 26 日的第 7

---

① 参见 www.ard.de 和 www.zdf.de 并有其他公共广播电视机构的主页的链接。广播电视机构对于用于公共的在线服务供应的财政开支也有争议，因为这种在线供应的范围太大。对这方面的讨论与对电视领域的讨论强度相似。尤其遭到批评的是各台的商业性的网上活动（e-commerce），参见巴伐利亚州长 Stoiber 在 2003 年慕尼黑媒介大会开幕式上的讲话；引自：www.medientage-muenchen.de. ARD 自 2003 年以来在德国西南广播电视台的台长 Voß 的领导下制定自我义务，其中表示放弃电子商务。

② Bonfadelli/Meier/Schanne，公共广播电视和文化，第 28/29 页。

③ 参加 Kiefer，不能放弃还是多余？第 26 页，第 3 点。

④ 参见 2003 年 11 月 12 日巴登日报；也见本书第三章 2.2.5。

⑤ Bonfadelli，Meier und Schanne 在这里确切的谈到了一种"流行节目和公共服务要求的混合"。参见 Bonfadelli/Meier/Schanne，公共广播电视和文化，第 28/29 页。

⑥ 同上。

份广播电视变革的国家合同的签订,从 2004 年 4 月 1 日引进了自我义务的机制,这样广播电视台应该"检查其公共的轮廓"①。尽管进入自我义务是朝着正确的方向迈出的一步,但是到目前为止还没有看到公共广播电视台在对基本供应委托具体化方面做出规划。没有这样的规划而逐点施加起自我义务是不充分的,时间一长会造成运行无效。在这里,科学讨论和在本次研究中取得的结果可以提供帮助,因为公共广播电视体制要巩固在未来的社会地位必须采取已经谈到的其他步骤。

5　展望:数字化

最后我要大胆对电视的技术未来做一个展望。在此要描述和分析媒介领域的可能的变化是否会对公共广播电视的组织和监管结构产生影响。我们从前面的描述中得知,公共广播电视作为广播电视体制的重要组成部分应该保留其必要的业务范围。同时也简要叙述反对公共广播电视继续存在的可能的发展因素。

5.1　新的技术可能性

21 世纪在广播电视领域的流行词是数字化和(技术)聚合。数字化的意思是,传输信号必须在一个所谓的多路技术中进行,在这个过程中内容被数字化了并捆绑成一个同意的数据传输流。在此形成的数据容器中可以传输不同的内容(广播电视、媒介服务、电信服务)。② 因此,为了让其节目得以数字化传输,到达这样一个多路技术的通道是节目提供者的前提条件。结果代替一个模拟电视频道,在数字化的传播路线上可以传输 6—10 个频道。③ 德国由于拥有好的线缆基础对于迅速引进数字电视有一个有利的技术基础。④ 快速的计算机、更好的线路和通过压缩而"瘦身"的数据量预计可以在 2010 年向普通家庭

---

① 参见巴伐利亚州长 Stoiber 在 2003 年慕尼黑媒介大会开幕式上的讲话;引自:www. medientage – muenchen. de. 即使 ARD 在此期间对基本供应委托进行具体化和自我义务页不再持拒绝态度:ARD—主席 Plog:"一种明智的选择在于以自我义务声明的方式对我们的委托进行具体化。"引自:2004 年 1 月 23 日巴登日报。

② Schulz,"信息社会"的立法,第 349 页。

③ 2010 年的传播制度——一个贝塔斯曼基金会的未来文件,出自:www. bertels – mann – stiftung. de,第 15 页。

④ Mattem/Künstner,电视体制的国际比较,第 202 页。

提供高质量的多媒体、电影传输、网络游戏和视频会议服务。① 可以预计数字化的结果是，节目、文章和标题的数量强劲增加，节目供应将明显继续细分。② 值得期待的是，大部分节目提供者明显遵循细分策略，也就是说，尽可能准确顾及群体和个人特别的需求将爆炸式的产生新的频道，③虽然这些频道可能主要定位于付费电视的形式④（还无法预测可能出现节目的具体数字。估计将有大约一百到几百套节目⑤）。

电视供应的结构将可能与美国当今有线模拟电视的节目相近或者很可能超过美国，⑥这样会破坏目前的基于"频率和资源短缺的理念"的法律规定的稳定状态。⑦ 对于单个供应者的成功起决定作用的是导航系统：

"为了能对于数字化传输的节目有个通览，如同计算机系统的用户界面一样，需要一个允许浏览节目的用户导航。一个电视台是否和如何在这样一个导航系统中出现，对于它的节目的关注度是关键性的。"⑧

在此背景下，现在的一个重要的政治目标是发现经济奠基的优势地位是如何形成的，"它能够造成公共传播过程中的扭曲和潜在的瓶颈"。⑨ 此外，在未来的媒介市场上国际化和集中化的趋势也（继续）上升。

跨境的媒介消费变得相似和均质并加快了"文化的全球化"。⑩ （技术的）聚合：传统的广播电视概念必须适应性的形势，因为不同的媒介在共同成长：文

---

① Mattem/Künstner，电视体制的国际比较，第 202 页。

② 2010 年的传播制度，第 23 页；Knothe/Schwalba，公共广播电视在数字化时代的定位，第 111 页。

③ Knothe/Schwalba，公共广播电视在数字化时代的定位，第 111/112 页。

④ Mattem/Künstner，电视体制的国际比较，第 73 页。

⑤ Mattem/Künstner，电视体制的国际比较，第 72－78 页；Ridder/Engel，大众传播 2000，第 102－125 页。

⑥ 2010 年的传播制度，第 23 页；Mattern/Künstner："如同人们期待的在其它国家作为实施数字技术而出现的结果一样，在美国由于模拟有线电视的专栏节目的大量供应已经出现了一种类似的市场形势。除了六个大的提供综合节目的国内网络，有大约 50 到 60 套专栏节目。顾客因为缴纳有线费而获得一种所谓的'基础节目套餐'——它由不同的全国和区域节目组成。其他的加价收看节目——大部分是故事片和运动节目以及为特殊群体制作的专栏节目，可以个性化预订。这样形成一个数量庞大的私营专栏节目供应，其节目内容是针对特别的社会兴趣群体。"Mattern/Künstner，电视体制的国际比较，第 73/74 页。

⑦ Bonfadelli/Meier/Schanne，公共广播电视和文化，第 10 页。

⑧ Schulz，"信息社会"的立法，第 349 页。

⑨ 同上，第 350 页。

⑩ 2010 年的传播制度，第 27 页。

字、图画和录像越来越多的融合成"多媒体",数量众多的从电脑到移动电话的终端设备能够接受所有内容。[①] 电脑很可能中期内不会排挤电视,相反通过二者接受的内容会不断接近。今天人们已经可以通过电视在网上冲浪和通过电脑看电视。预计到2010年所有的媒体(包括"被动"媒体如现今的电视)将会互动:播出者和用户的交流在两个方向上都有可能,用户可以有意识的和个性化的选择节目("视频点播")。[②]

　　一个问题是,投资基础设施的巨大费用和新技术的不太可靠的再筹资金的可能性。比如完全扩建德国电信的宽带网需要投资几百亿欧元。[③] 到目前为止许多迹象都表明,这些费用可能不会吓跑潜在的投资者——即使高昂的费用可能会导致一些(移动)宽带技术将延迟在市场上出现。[④] 也有人担心,技术更新的密集费用会导致"公共广播电视在每次技术推进时会重新陷入财政困难"。[⑤] 根据Koppers的看法,公共广播电视不是"新技术发展的发动机"。新技术发展会造成公共广播电视"陷入新的依赖中并且商业化和国际化的趋势会加强"。[⑥] 由Hamm等人所做的国际研究表明,在被调查的欧洲国家如德国、法国和英国存在共识是"公共电视应该参与技术传播意义上的数字电视"。[⑦] 在此给予下面的论断以特别的重视:"如果公共电视从一开始就参与了研发,那么这对所有的参与者都有好处。"只有这样,"公共电视长远来看才有能力在新的结构的电视市场上履行其职能"。[⑧] 在一些讨论之后,在德国形成对此的一致看法,公共

---

① 2010年的传播制度,第21页。

② 同上。Mattern/Künstner通过了未来可能性的一个例子:"ARD和ZDF共同经营目前在模拟有线网播出的儿童频道和事件频道Phoenix。此外,它们对数字化的未来推行不同的战略。ARD强调的是它的补充节目供应的纯粹公共导向。它的战略是'联网代替专栏'。它还打算提供额外补充的专栏节目——比如巴伐利亚广播电视台的教育频道Alpha,并提供有背景信息的在线服务。在电视节目中提供'书签'服务,这个功能和网上的链接相似,是一种节目之间的互相链接。比如观众在ARD的主节目中看到了一档联邦议会辩论的新闻节目,接下来观众可以在专栏节目中了解联邦议会的构成。"Mattern/Künstner,电视体制的国际比较,第203/204页。

③ 2010年的传播制度,第20页。

④ 同上。

⑤ Bonfadelli/Meier/Schanne,公共广播电视和文化,第10页。

⑥ Jarren/Donges/Künzler/Schulz/Held/Jürgens,政治、经济和社会网络下的公共广播电视,第29页。

⑦ Mattern/Künstner,电视体制的国际比较,第74页。

⑧ 同上。

广播电视应该参与数字电视，即使这样会产生新的费用。[1]

5.2 使用/效果

涉及新的节目供应的使用情况，还很少有确定的说法。荷兰1998年的一份研究得出结论说，数字化在短期内对电视的使用几乎没有影响，因为电视使用更多的受社会因素而不是技术可能的影响。[2] 贝塔斯曼基金会的"2010年的传播秩序"研究的结论是，"十年后不再有传统的受综合节目影响的社会领导职能和融合职能"。[3] 随着内容的栏目化和碎片化也形成了相应的分众。[4] 因此，该研究反对综合节目在未来还作为一个"社会的结晶点"，这一观点在其他场合也都被表达过。[5] 另外，由于互联网使用的不断扩大造成"有利于英语语法内容的单方面的国际化"和"产生加深的知识沟危险（数字分化——信息精英和获取不到信息者的社会分裂)。[6]

Christa-Maria Ridder 和 Bernhard Engel 反对贝塔斯曼——研究项目的结果。从调查中他们发现，尽管节目数量大量增长，大部分受众（大约90%）认为，"只有很少几个电视台是真正重要的。"[7]当然，年轻人对这个说法的赞同率的明显低得多。为了证实只有很少的电视台是重要的这个观点，Ridder 和 Engel 引证说，尽管多年来每户平均至少可以收到30多套节目（见第五章1)，但是五个影响最强的电视台占据了很高的市场份额（ARD、ZDF、RTL、SAT 1 和 Pro 7)。84%的受访者在有关公共广播电视的问题时表示，应该不能放弃公共的广播和电视节目（在年纪较轻的人群里还有高达73%的人赞成在以后的十年里不能放弃公共广播电视)。[8]

---

① 参见所谓的"must-carry—管理"，参见巴伐利亚州长 Stoiber 在 2003 年慕尼黑媒介大会开幕式上的讲话；引自：www. medientage – muenchen. de；也参见 2004 年 1 月 26 日的斯图加特日报和巴登日报的 ddp—报道。

② 参见 Bekkers，Wim——数字时代的电视使用。观众期望和专家观点中的会聚题目，以荷兰为例；出自：媒介视角 2/98，第 83 – 86 页。

③ 2010 年的传播制度，第 8 页。

④ 同上。

⑤ 同上，第 50 页。

⑥ 同上，第 8 页。

⑦ Ridder/Engel，大众传播 2000：大众媒体的形象和职能比较，第 123 页。

⑧ 同上。

5.3 任务分配/组织/规章

尽管预测的结果不同并且也不准确,有大量建议要求在未来的普通媒介领域进行任务分配和有对公共广播电视的特殊规定,还是有些令人吃惊,下面简要介绍其中的几个建议。

肯定的一点是,由于技术的聚合,"传统的广播电视概念"(见第三章2.2)将会变化或者必须适应新的情况。当然也对未来的规定提出了一个主要要求:今天广播电视组织方面的规定是各个联邦州的权限范围,而播放或者传输技术的规定是联邦政府的权限。根据企业咨询公司布兹、阿伦和哈密尔顿的一项研究,这种"在市场监管方面的高度分裂"和"由于有明显权限交叉的多个委员会的决策过程的无效率"应该避开一种"全面的市场监管"[1],因为一种这样的监管只在联邦层面上有意义并明显削减了联邦州的权限,在目前的宪法条件下是不可实行的。

贝塔斯曼基金会的"未来文件"——"2010年的传播制度"也是出于相同方面的考虑。它认为,未来的媒介领域的管理有两根支柱:一方面与技术的聚合相似,是一种"管理的聚合";另一方面是媒介领域的自我监督:

"当前的媒介法率的制度体系的根源在于和不再有现实意义的广播电视概念的规范的联结。当各种不同的媒体共同成长时,文字、图片、声音和录像融合成'多媒体'和从电脑到移动电话的多种终端设备能够接收所有内容时,这种现有的广播电视概念也就过时了。随着而来,传统的制度体系便会消亡。为了平衡在传播和媒介市场上的发展,在德国出现了多种媒介监管形式:电信法、信息和传播服务法、媒介服务的国家合同和广播电视国家合同组成了一个数量还要庞大的法律规定的核心内容,这些规定通过联邦和州层面的大量的机关用于市场的监管和控制。因此,媒介在内容和技术上聚合的趋势越强,这样的一种分裂的结构问题就越多……"

具体说就是:目前对电信、广播电视和新信息媒体的分离的监管结构必须聚集成一个全面的面向市场和竞争的制度框架;制度政策上的干预必须更强烈的在国际层面上协调;国家的制度政策必须设置一个支持自我监督、保障自由

---

① Booz Allen & Hamilton,实验台上的监督:德国媒介和电信监管面临的挑战。对广播电视和电信监管的设计方案(受贝塔斯曼基金会委托所做的一项研究),Gütersloh 1999,引自:www. bertelsmann - stiftung. de,第10/11页。

竞争、明确定义公共媒体提供者的职能并实行中央的基础结构决定的框架。"①

实际上很难理解,联邦州媒介机构只对通过线缆或者陆地渠道到达听众和观众的广播电视节目的监管负责,但是却不监管相同内容的互联网电视节目。因此我们要认同"未来文件"的内容,"长远来看,从法律上区分声频的、视频的或文字的传输既不可行也不是值得期待的"。② 这样就需要一个管理结构,它可以在联邦范围内对私营广播电视的提供者进行约束并统一领导对电信、广播电视和其他的相关内容的服务的监管。③ 这种统一应该如何实现,是一种广泛讨论的内容。

提出用于讨论的方案有:一个各州的媒介研究所,一个联邦和州联合的电信和媒体研究所,一个广播电视和媒介服务的各州机构,一个联邦电信处,一个传播委员会,一个联邦和州"新媒体"联合体,一个欧洲的管理公共机构(欧洲通讯)或者一个国内的跨市场的管理机构。④ 这个管理模式的第二个支柱是媒介领域的自我监督作为"一种2010年传播制度的核心组成部分"⑤。我们已经分析过媒介领域的自我监督出现的问题和自我监督的实际控制潜力,因此在这里就不做赘述。

不管这种管理聚合意义上的监管结构在经济方面和在欧盟对未来的传输技术的可能的规定方面如何合理⑥,还是会有强有力的宪法方面的忧虑:广播电视或者和广播电视类似的产品(网上内容等)的内容和组织都是各个联邦州的事情。要建立一个联邦层面上的管理权限,需要修改宪法,这个根据今天的形势,可能会遇到各个州的强力抵制。大的政党如社会民主党(SPD)和基督教民主联盟(CDU)对此问题的态度和它们与各州政策的密切联系也使得这样的宪法修改在中期内不很可能。

5.4 小结

政治学的角度认为,公共广播电视在未来的组织、管理和监督模式也必须有特殊地位是很重要的,以便能够履行其任务。有疑问的是,保障言论多样性

---

① 2010年的传播制度,第55和57页。
② 同上,第66页。
③ 同上,第68页。
④ 参见同上,第68/69页。
⑤ 同上,第74/75页。
⑥ 同上,第70页。

的必要性通过节目的倍增是否真正实现,如布兹、阿伦和哈密尔顿所选称的那样。[①]

同样的争执在二元化开始时已经出现了。我们已经看到(参见第四章4),私营经济组织的播出者对于电视节目的质量上升,尤其是在(政治)信息供应领域和言论多样性几乎没有作出贡献。因此需要等待的是,如果未来不是收到40套而是250套节目,这个论断是否会变化。

贝塔斯曼基金会的"未来文件"正确认识到,正是因为对"互联网时代的内容多样性不能一目了然,也可能会有公共广播电视的新任务"[②]。比如可能"在选择和预选与社会先关的内容时"存在一个(新的)任务——在生产内容的同时,公共广播电视可能通过评论或者推荐私营(电视)内容而成为"提供信息风向的代理商"。[③]

特别是公共广播电视的基本供应相关的职能(论坛、融合、榜样和补充功能)将会因为未来的传播和媒介情况不是一览无余,而如在二元化后的时期一样重要,因为电视的情况基本上没发生改变:节目会继续增多,而据预测,对于视频媒介内容的被动消费一如既往的在媒介使用中占最重要的地位(参见5.2)。在媒介历史上还从来没有一种媒介手段排挤另一[④],而且互动的网络媒介大部分适用于别的目的(有意识的找寻信息,互动,游戏),这与电视不同(被动消费,娱乐,一般信息和新闻)。所以不能预测说电视以其"传统的"形式在不久的将来必然会失去重要性。因为本文赞同贝塔斯曼——文件的内容,公共的综合节目通过社会的不同利益、群体和辈分得到反映和找到自己,在未来也(可能)正是"联络点……但是是否能通过个体和特别供应的有区别的交织得以成功,至少是有疑问的"。[⑤]

在宪法方面通过"生存和发展保障"(见第三章2.2.1)可以确定,基本供应委托不依赖于确定的技术和经济框架条件。[⑥] 立法者必须创造条件,让公共广播电视在改变了的技术框架的条件下也能履行其所收的委托。委托必须规定

---

① Booz Allen & Hamilton——实验台上的监督,第1页。

② 2010年的传播制度,第9页。

③ 同上。

④ 参见Wilke,联邦德国的媒介史。

⑤ 2010年的传播制度,第50页。

⑥ 联邦宪法法院:"基本供应这个概念仅仅与广播电视在基本法第5款保护的传播过程要满足的功能有关",第6例电视判决1991,联邦宪法法院的仲裁83,第238页。

为确定的节目形式。

公共广播电视必须在它的节目格式中考虑到改变了收听和收看习惯,而内容方面它一直有履行特殊的公共委托任务。[1] 因此一再讨论过的公共台不进入或者撤出数字技术领域就没有意义了。[2] 不进入该领域的后果是,公共电视很快处于绝对的市场外围,因为纯模拟传输技术的重要性在以后会下降。[3] 前面已经提到,这样的一种不进入是宪法不允许的,因为会造成公共广播电视在播出技术方面的边缘化并与基本供应委托和法律赋予它的生存和发展保障相矛盾。

因此,今天不进入数字领域是前后矛盾的,因为中期来看,如果不完全取消公共广播电视的话,那么它在这方面必须成功。这种迟来的加入已经占满了的市场的结果只能是"一种高的不很合理的资金投入,这种投入除了进行扎实的研发外还必须保证克服市场障碍"。[4] 公共广播电视的资金在未来也必须主要通过收费得到保障,目前适用交费的只是"广播电视接收机",由于在电脑上也能收到广播电视,所以也在讨论是否对个人电脑收取收视费(个人电脑目前还是免除了交费义务的)。[5] 因此将要讨论的是,是否只要有技术接收设备就要履行交费义务还是引进所谓的"人头费"。[6] 只有公共电视不直接和私营台竞争并不从事商业性的活动,社会才能接受的通过交费资助数字公共电视。[7] 当然还没有能够看到的客观原因,为什么公共广播电视只因为传输技术的变化就应该停止它的商业活动(广告)——相反还经常要求降低公共广播电视的收费。[8] 即使公共广播电视只是播放私营台不能生产的节目,也是不长久的,因为与当前的情况相比没有发生根本的变化(特别是综合节目将保持其重要性)。

在总览了迄今为止的预测后,电视领域并没有值得期盼的明显变化。虽然节目继续增多,但是接收的方式和综合节目的重要性在中期时间内不会变化。因此,从政治学的角度看,一个运转正常的公共广播电视体制在未来社会并没有失去意义。

---

[1] 参见 2010 年的传播制度,第 48－50 页。

[2] 参见 2003 年 10 月 23 日和 11 月 12 日巴登日报。

[3] Knothe/Schwalba,公共广播电视在数字化时代的定位,第 116 页。

[4] 同上,第 113 页。

[5] Jarren/Donges/Künzler/Schulz/Held/Jürgens,政治、经济和社会网络里的公共广播电视,第 150 页。

[6] 同上。

[7] Mattern/Künstner,电视体制的国际比较,第 75 页。

[8] Bonfadelli/Meier/Schanne,公共的广播电视和文化,第 27－29 页。

第 七 章
结　论

接下来将简单总结本文的主要结果和论证路径。第二步将谈到期待的发展和继续讨论和研究的需求。

1　总　结

不管人们是否把它称为"无穷的危机"[①]或者合法身份缺失,公共广播电视一直在被讨论。从社会的、政治的、科学的和私营经济的角度,公共广播电视由于各自不同的原因而被批判:受批判的从高昂的费用、政治施加影响到依赖于政治体制、缺乏社会联系、与私营供应者的集中效应、不清晰的任务定义和其他很多方面。相应的,提出的塑造未来的公共广播电视体制的建议也是各不相同:谈到的建议有(部分)私有化、重新定义其委托、明确瘦身、重新架构监管委员会和限制广播电视台的财政自主,这些列举还不是全部。

在此背景下给本文提出一个任务,根据对这些批判点的讨论从政治学的角度找出公共广播电视对于政治和社会体制的价值。由于电子视频媒体对于政治传播的突出意义,公共广播电视处于研究的中心。在此有三个主要的问题作为研究的准线:

(a)首先需要澄清的是,公共广播电视从政治学的角度看必须满足何种社会和政治职能。在这个研究点上主要特别分析了"基本供应"这个概念。这里主要基于政治学、社会学和媒介科学的认识,但是也有法律体制的规定,得到公共电视的可操作和可监督的职能分配,并把"基本供应委托"这个一般概念具体化。

---

① Bonfadelli/Meier/Schanne,公共的广播电视和文化,第9页。

（b）接下来分析的是，公共电视在二元制的，强烈细分的和经济化的媒介领域的条件下是否履行其职能。

（c）接下来介绍和讨论了几个由批判者建议的对广播电视的（重）组织模式。

在此也讨论了在广播电视领域的新的和未来期盼的技术发展和与此联系的变化。在这个框架下形成了本文的具体建议和行动指南，它们指出了公共广播电视从政治学的角度出发如何在未来也能够保障其需要的生存。在细节上本文划分为下面的研究步骤和结果：

1. 为了从理论上定位大众传媒在政治过程中的作用，首先详细介绍了"公共领域"这个概念在政治学范畴内的含义。一个运转正常的政治公共领域应该一方面保障民众参与政治的意见形成和决策过程并监督政治体制，另一方面公共领域要服务社会融合。二者都必须通过国家和政治过程的透明性，也就是说"能看得到"，才能实现。基于这些前提和奈德哈德的定义可以得到公共领域的三个功能，即透明功能、合法化或铁饼功能，以及公共舆论的功能或者导向功能，满足这些功能，一个运转有效的政治公共领域才能存在。这些功能组成了基础，接下来才能研究大众传媒在政治和社会过程中的角色和职能。

2. 从公共领域对于政治的意见形成过程的角色和职能得出，不仅不受阻碍的到达公共讨论的通道，而且意见形成的质量都起着决定性的作用：如果公共领域和作为自由考虑而形成公共意见通过政治体制而对解决问题产生影响并监督这些，必须存在尽量基本的和广泛的有关社会和政治过程的信息，以便让每个公民都可能参与公共讨论。

3. 在现代民主中，直接的政治公共领域在个人或者政治活动的框架下只是有限制的产生的。今天，如果不使用技术的传播方式就不再能产生广泛的公共领域，因此大众传媒以其广泛的作用半径和结构的坚固而在产生（政治的）公共领域时起着突出的作用。大众传媒组成了现代社会的占支配地位的传播空间，因为它们使得公开的辩论能够持续稳定并让公民能参与这种讨论。观众，也就是国家公民，主要从大众媒介中获得有关政治和政治主题的知识，因此政治传播的任务独一无二的落到了大众传媒身上。在这里，电视起着决定性的作用，因为电视不论是有效半径还是使用寿命上都是传播最广并且接受最多的媒体。

4. 在所谓的"公共领域的第二次结构转变"中，大众传媒的结构和工作模式都发生了变化。媒介组织由于社会和经济原因与传统的、与社会空间相联系的承载者相脱离（政党、协会、教会和出版家族）并导致了大众传媒的明显的经济化和私有化。这样,政治体制对于媒介的影响就减小了,同时经济体制的影响增加。由于发展中的媒介市场的节目和节目供应者之间的竞争,形成了高度面向竞争的、强烈细分的媒介市场。这种发展对媒介表述和政治报道有强大的影响。下面的发展变化值得注意:

- 包括新闻和政治节目在内的强烈的娱乐倾向(资讯);
- 包括在政治报道中的持续的个性化的趋势;
- 在报道中的中心参与者的主导地位("精英奖励");
- 由于媒介的强迫而缩短政治事实(如可视化、戏剧化);
- 新闻价值获得重要性(如行动、爆炸性新闻、情感、冲突、暴力等)。

这样,通过媒体传播的公民和政治之间的讨论的质量将会恶化,因为与政治相关的信息和内容将会"降低复杂性"并受制于有象征意义的政策条件,对于一个政治的公共领域建设作用的审慎的元素和有意义的政治传播节目在今天的电视节目中相对较少看到。

为了保障一个运转正常的政治公共领域,对于媒介和电视节目来说,在传播政治内容时较少屈从于媒介逻辑很必要。

5. 相应的节目供应必须由公共的广播电视体制来提供,因为这种体制是由宪法判例分配了基本供应委托和"传统的节目或者广播电视委托"。基本供应委托要求公共广播电视提供对意见多样性的不缩减的描述、不限制世界观的多样性的全面的节目供应和节目的实际可接收性。传统的广播电视委托要求制作和播出对全民福祉负责的节目,并均衡考虑信息、教育、文化和娱乐。基于对媒介效果研究和电视的作用半径的认识的发展,可以确定,宪法对于公共广播电视的规定和在通常的"基本供应委托"意义上的功能分配特别对于电视领域,在强烈细分的从属于市场逻辑的媒介体制下不再够用。由于这种认识在 Hamm、Mattern 和 Künstner 的模式的基础上总结出了公共广播电视的四个社会和政治功能,这些功能由于媒介和社会科学的认识,尤其是考虑到公共领域的政治职能,补充和具体化了宪法规定的基本供应委托:[1]

- 融合的功能:通过共同的"信息基础",公共广播电视体制应该保障社会的团结统一。
- 通过论坛功能应该用公共广播电视保障政治的均衡和考虑到少数群体的利益。另外,公共广播电视应该是公共意见交流的平台。

---

[1] 参见 Hamm,二元体制的未来,第 9,15/16 页;Kliment/Brunner,德国电视,第 239 页。

● 通过补充功能应该保障播出社会期待的节目,而这样的节目从纯粹经济的角度不会获得资金支持。

● 榜样功能:公共电视的节目应该表现出高水准的专业性和严肃性。

这些对基本供应委托具体化和确定功能分配的特征是本文基于公共广播电视对于一个运转正常的政治公共领域的作用而评价公共电视的基础。

6. 紧接着对公共广播电视单个功能的规定的节目分析清楚表明,由于电视领域的电子媒体的二元化,媒体领域的发展加快了。对于电视节目供应的单个研究的评价(1997－2001年)表现出结果的高度相似性,不管这些研究是有关公共还是私营领域的。总体上得出了下面的结果:公共节目一如既往的首先保障提供政治信息和现实报道以及背景信息。私营台的节目在这里只起着一个补充的功能。尽管可以在表现形式上观察到趋同的趋势,然而在"传统的"信息传播领域还不能证实趋同的说法。这里在不同的主办者之间即在内容上也在表现形式上存在结构的差异。

7. 有关二元制广播电视体制下的电视使用的研究表明,电视从"二元前"时代主要作为二手的信息媒介发展成为了"带有信息和娱乐重点的宽频媒体"。[1]现在在电视里寻求的常常是娱乐和放松,而不是寻求政治信息。因此观众可以分为私营的和公共的"独家观众"。私营台的独家观众使用电视仅仅是出于娱乐目的,而公共的独家观众则主要观看信息节目。如果把使用动机、社会人口结构和使用的方式综合到一起,可以得出结论,公共电视有成为"对政治感兴趣的、高层次的受教育的市民层的专门供应者"[2],而在私营台的部分独家观众中则持尽量避免看到政治信息的态度。

但是使用情况分析表明,对信息节目的总体使用情况在二元化造成下降后又轻微上升。

8. 在前面所做的节目和使用情况分析的基础上研究了公共电视是否满足了其功能。[3]

(a)论坛功能:公共广播电视机构的总体供应,尤其是考虑到第三套节目的内容,是遵循赋予其的保障内部多元化的义务,让政治保持平衡和充分考虑少数群体的利益。当然在此关联下,公共台的综合节目尤其是新闻节目将大多集

---

① Gerhards/Grajczyk/Klingler,电视的节目供应和栏目使用,2000,第257页。

② Kliment/Brunner,德国电视,第279页。

③ 在本次研究中发现,大部分文献没有严格区分 ARD 的公共综合节目和其他的公共电视节目。

中于政治知名人士、政府成员以及机构。私营台在这个领域给予非现任政要和非国家行为者明显更多的空间,并对此作出了重要贡献,以便保障由论坛功能所要求的意见表达和意见多样性。

(b)补充功能要求提供社会期望的节目供应,此类节目——尤其是文化和科学内容,在纯粹经济的视角下难以得到资金保证。公共机构在这一领域生产了一系列的节目,甚至建立单一类型的电视台(Arte,Phoenix)。即使不能满足所有人的愿望,节目也是充足的。私营台在这里只提供了一小部分的节目供应。我们在这一领域将可以有趣的观察到,数字的栏目(付费)电视在未来是如何发展的。

(c)履行榜样功能——由公共节目提供信息内容、政治内容和新闻内容也普遍的被私营节目组织者所认可。使用出现的问题:在对单个功能进行检查时提出这样的问题,对相应节目的利用到何种程度对于履行功能是决定性的。对于信息和政治节目的利用与二元化前时代相比是下降的。公共节目的大量的节目只被部分使用。尤其是明显根据基本供应视角建立的电视台如 Arte、3sat 或者Phoenix被观众很少收看(它们的收视率一般低于1%)。

本文作者的观点是,必须考虑使用频率,当然对于履行功能不能是最关键的。因此,比如对于履行论坛功能(建立一个公开交流意见的平台)关键的是,能有这么一个平台,以便让尽可能多的群体和公民有公共公开表达他们想法的机会。在媒介社会仅仅把东西播送出去这个事实,就很令人满意了——因为通过公开可以了解和重视其中表述的观点和要求。所以,1%的收视率就已经表示70多万人看到这个节目,这个数字就是大型的跨地区的优质报纸几乎达不到的。也有迹象表明,在预测的范围内并没有出现对公共电视缺乏接受的问题:公共的电视节目和尤其是它的信息节目供应在实行二元制体制15年后没有如部分人所预测的那样,失去重要性和边缘化了:可以肯定的是,公共节目的利用率(包括专栏节目和第三套节目)在过去的几年中保持了稳定。

9.在检查此次研究的中心点——融合功能时,分为三步:首先把"融合"这个概念为了研究目的变得可操作化;接下来展示和讨论了"碎片论断";最后一步通过公共电视分析了对融合功能的履行。

(a)在政治学和法学上都没有使用一个统一的融合概念,因此本文中探讨了这个概念的不同的近似值。在汇集了不同的提法后,为本文找到了一个可操作的融合模式,一方面个体对于统治地位的标准和价值达成共识,另一方面这些共识主要是通过社会内部的讨论得到的。因此,就政治和社会相关问题进行交流是至关重要的,因为这种语言交流证实、平衡并保证遵循标准和价值,而且在这样的社会讨论中标准和价值被继续发展并能适应新的社会形势。因此公共电视提供交流类节目是很重要的,因为此类节目促进了社会讨论,但同时也描述了现存的价值和标准。

(b)在对融合功能检查之前,碎片的论断要接受受批判,因为这些论断表示,大众传媒尤其是电视不能促进社会融合,相反,由于不同大众媒介内容的使用加重了社会融合的负担乃至使社会融合变得不可能,并最终让社会分化为小群体的碎片。论断认为,最后会形成互相封闭的信息和传播圈,这样使得一个国民整体所要求的融合变得不可能。

乌尔里克·韩德尔的研究(业内很少有的对于媒介使用的碎片化的程度的一篇经验调查论文)对于持碎片论的悲观者的担心没有提供经验派的证据。有关媒介使用的碎片化的度在接受了的主题和内容方面其实是很低的。韩德尔把这主要归因于电视节目供应的"更多相同",也就是说格式、播出形式和风格的日益的标准化导致内容的明显的同质化。一个主要原因是媒体间的议程设置:

在一个媒体报道的重大事件会被其他媒体吸收并形成自己的话题,这样有些媒体会成为舆论的领导者。

(c)通过保证交流可以达成社会的融合。这个论点和本文中出现的社会融合的模式有关。该模式认为,媒介目标群体的成员之间,即公民之间进行有关社会和政治利益的交流是很重要的。通过这样的交流基础可以对政治和社会问题进行讨论,这样建立了政治意见形成和参与的基础和前提并对价值和标准观念具体化和互相证实。因此实现融合功能的一个决定性因素是通过公共电视以尽可能的广度和深度提供政治和社会内容的信息并与大众沟通。这个论点的另一个关键因素是通过大众传媒对主题进行预结构化:预结构化是指在准备节目时就规定好,哪些内容属于那些主题。通过大众传媒对这种预结构信息的传播使得并不是长久处于互动状态的人际之间的交流渠道(和部分体系)明显轻松,并有力提高了与其他交流渠道的交流。这样可以详尽说明一下融合功能:

为了满足融合功能,公共电视必须提供高质量的、广被收看的交流节目并参与对作为舆论领袖社会相关题目的预结构化。公共广播电视在节目领域提供了包括普通的和政治信息、地方节目、纪录片/科学和文化在内的广泛的节目供应,而私营台在这些领域提供的节目明显要少。当然,此类节目与(公共的和私营的)娱乐节目相比被利用的很少,这就造成对此类节目是否是能被收看存在疑问。

大面积的使用这些供应对于履行融合功能并不是最关键的:如同仅有的几个经验调查表明,重要的是,此类内容的节目究竟是否能被播出,因为不同的使用者接受不同的媒介内容:在接受除普通媒介内容以外的节目时,社会心理的决定因素("顾问行为",通过高选择性的使用样式而从传播中受益,对地方题目的兴趣)起着较大的作用。因此,这种(与政治相关的)节目供应存在并通过此类节目进行交流是决定性的。但是要求全体民众参与这种交流和讨论则是乌托邦式的,对于履行融合功能也不能如此要求。

在对社会相关的话题进行预结构化时,公共台的节目供应也作出了决定性的贡献。在这里 ARD 的"每日新闻"作为舆论引导栏目在电视领域有着重要意义。

10. 在本文的最后部分鉴于对成本讨论的背景,介绍和讨论了公共广播电视的几个(重)组织模式。在这里引导研究的核心问题是,是否可以考虑其他的节目委托和相应结构,如果它们同样可以乃至更好地满足由基本供应委托所引导出的功能。

从政治学的角度出发必须拒绝由一些人一再要求的完全的私有化:公共台必须接受私营台的行动逻辑,就是说播出的节目大部分是对大众有吸引力的并在节目中主要服务于与广告相关的 14—49 岁的目标群体。如果节目的制作或者播出成本较高,却又只能照顾到很小的一个社会群体的利益,对于投放广告又缺乏吸引力,将不会被提供或者只不充足的质量供应。这对于政治公共领域和对于政治和社会的意见形成的后果是很严重的,因为高质量层次的交流节目在电视上将不再存在或者明显被边缘化。此外,在公共广播电视体制私营化的情况下在电视领域所期待的经济集中增加是有问题的。公共的资金至少使得公共广播电视不那么紧跟市场逻辑,并才可能遵守以内容质量为特征的义务,这在纯粹市场的情况下不能或者不能充分考虑到。另外,联邦宪法法院的判决也排除了对广播电视体制进行完全的私有化(生存和发展保障)。

11. 要求对公共广播电视进行部分私有化的观点认为,公共电视(和电台)应该集中精力于它的"核心任务","播出有特别公共利益的节目",而且继续由收视(听)费供养,同时取消包含娱乐、体育等内容的综合节目或者在市场的条件下运作此类内容。这种观点必须由于多种原因而受到批判:

它不能指明,应该把公共广播电视实际上限制在何种节目上。Knothe 和

Schwalba 则有理由认定：

"如何在每个个案上理解特别的公共利益或者高质量当然取决于观察者了。"①

关键的原因是，如果取消综合节目将危害公共广播电视：综合节目在公共电视节目的市场份额中占了足足 60%，这样公共台还有占整体电视市场的17%—18%，这部分仅仅由地区类节目（第三套节目）和特别利益节目（3sat、Kinderkanal、Arte、Phoenix）组成的。结果就造成公共电视的边缘化，这不仅对节目的结构、内容和接收有影响：在综合节目中可以使得观众关注专栏节目的（进一步的）节目内容。如果取消了综合节目，那么很可能特殊利益节目也面临收视率的大幅回落。这样有可能危害到收费特权，因为联邦宪法法院的判决把收费与要求公共广播电视达到大规模的观众或者有潜在的可能相联系。因此，停止公共台综合节目的一个可能的后果是，由于废止了收费特权，也不能再制作公共类的其他节目（地区节目和特殊利益节目）。从政治学的角度也不赞同取消综合节目而缩减公共广播电视，因为这样会危害公共的其他节目领域如信息、教育和文化的生存。

12. 与部分私营化的提议相关联也探讨了给予私营电视台以公共委托的模式。新西兰的广播电视体制是这种模式的典范，其组织法律完全建立在私营经济的基础上。这个模式规定，制作确定的媒介产品由国家资助。英国在"Channel 4"电视台实践了这个模式。优点是，可以保障财政支持的透明和高效率并会激励所有的组织者，在其节目中吸收公共功能的元素。当然也有情况表明，这个模式鉴于太大的国家影响和节目方面的质量缺陷也是有问题的，并不能取代公共广播电视。因此在此期间，在新西兰又在讨论是否建立带有公共委托的至少是部分靠收费供养的电视台。在英国，Channnel 4 只是被视作公共服务提供者 BBC 的补充。

13. 因为公共广播电视总是受到指责，说它与政党和国家走得太近。国家和政党的太强的影响会危害公共广播电视履行职能，因为公共广播电视的一个职能是监督国家机构和并将可能让多数社会群体表达声音。这里讨论了两个选择性的可以消除这种不足的监管和组织结构：

（a）所谓的双平台模式尝试在当前的法律规定的基础上达到改善的目的。因此，社会相关团体和组织继续作为保证机制来监督节目的多样性，同时通过

---

① Knothe/Schwalba，公共广播电视在数字化时代的定位，第116页。

监督委员会的人员组成方式和委员会工作的透明来限制来自政党和国家方面的影响。

　　研究表明,如同在当前的人事组成实践中的情况,双平台模式的要求在保障社会团体在公共广播电视的体现上,是一种有意义的选择。

　　(b)一段时间以来提出的方案主要都是对于公共的和商业的供应者都一样的外部监督和控制结构。1995 年,由 Richard. V. Weizsäcker 领导的一个委员会建议建立一个鉴定电子媒体的委员会,当然该建议没有被采纳。这个媒体委员会的任务是观察电视台如何履行节目责任和节目供应中的发展趋势。它也应该关注媒介市场的结构发展和以批判的眼光关注监督电视的机构(主要是公共广播电视的监管委员会),并预测可能出现的弱处。

　　对于媒介委员会有两个很大的顾虑:一是这个委员会的人事组成很关键,因为如果它按照目前的组织实践安排人员,那么基本上不会有任何改变。因此,改变目前监管委员会的组织实践比建立一个其他的机构更有意义——建立新机构将增加官僚的开支。另外,建立一个统一的、主管全国的媒介委员会在政治上也很难,因为联邦州在广播电视系统有内容上的管理权限,加上二元制的经验,很难让它们把这种权限让给一个中央机关。

　　14. 让政治和经济对公共广播电视的影响尽量降低并改善其社会联系和合法身份的可能性是建立和强调内部的自我义务,采用的形式是效仿英国的"问责制"规定的质量方针和更大范围的观众参与。与 BBC[①] 相反,在德国只是部分了解和实行了内部的质量方针,如设计节目的方针(广播电视合同:这里当然规定得很宽泛)或者设计单个播出格式的方针。当然通过第 7 份广播电视变化的国家合同,从 2004 年 4 月 1 日起至少对 ARD 而言更加强调自我义务的机制。

　　另一个与自我义务相联系的保障公共广播电视的可能性是更好地与民众以及各个领域保持联系。对于这种联系可以理解为节目设计适应社会需求和变化的一种义务。目前,公共领域只在监管委员会里有代表。在一些欧洲国家(英国、瑞典),公共广播电视台有义务向议会或者广泛的公共领域提交有关其行为的普通形式的报告。在英国还实践对于公共领域的一种特殊形式的义务:BBC 每年公开对受众许下承诺,包括下一年度节目设计的一般和具体目标("问责制":向付费者作报告的义务)。在年末要对这些承诺进行评估并向外界公布

---

　　① BBC 实行了一系列内部的质量方针,比如:涉及技术的或者新闻标准的方针政策;涉及企业内部文化和领导等的方针政策;设计节目的方针和设计单个播出格式的方针。参见 www.bbc.co.uk.

结果。对于这种自我义务的公开反应却很低。一方面,缺少对这个主题的新闻报道要对此负责,另一方面也有人提出疑问,一个公共的公共领域对这个主题究竟是否感兴趣。总之,由于缺少公开的反馈,要小心评价 BBC 的自我义务的经验。

这样就很清楚,"问责制"模式在理论上好像是进行有力的社会联系的一条光明大道。然而具体在实践这个理论模式时遇到了来自广播电视方面特别是来自受众方面的大量困难。因此,公共广播电视自己启动和支持向其提出的关于不同的标准要求的社会讨论。通过这种讨论一方面已经产生了一种约束力,另一方面可以因此获得规范的让公共广播电视和社会期望相联系的模式。

15. 在讨论改善公共广播电视体制的框架内本人也研究了自我调控的潜力问题。对于自我调控的要素的重要起因是因为缺乏法律形式的规定导致公共广播电视不能以足够的速度适应媒介领域的现实发展。因此,在目标表述的层面就已经因为调控的实施者缺乏调控方面的知识出现了调控问题。在执行层面也出现了问题,比如在媒介和技术政策领域的巨大的转换速度。

在此背景下,对节目的规定不能像法律(宪法的)条款那样僵化定型,而是可以起着典范的作用,广播电视台的任务定义机制可以结合这种典范。在接下来的一步可以采取组织和程序的预防措施,以便保障公共广播电视能系统的比现在更多的向来自周围环境的对其组织和节目的要求开放(见 14)。

当然,考虑到广播电视管理的极高的社会和政治关联,没有出现国家完全从管理行为中撤出的情况。运作良好的自我控制要求以国家能在自我控制失灵时发出可信服的干预威胁信号为前提。因为媒介法律这种"硬的"管理手段一再落后于媒介技术的发展,所以国家必须有兴趣促进和发展媒介界自我调控的潜力。

16. 公共广播电视通过电视台和电视节目为政治的意志养成和一个运转正常的政治公共领域作出了重要贡献,但是越来越多的遇到合法身份的问题。基于这种认识,本文的目的是找到公共广播电视的(适应)策略和与此相联系的行动指南,以便在未来保证其生存和履行它的重要任务——制作高质量的有传播力的信息节目供应。这里的基础是吉福提出的行动准则目录,它为有关公共广播电视的未来定位的讨论作出了富有成果的贡献。①

现在我们逐点讨论和修改这个目录:

_____

① Marie-Luise Kiefer,选择权:否—行动可能性:是。第 134/135 页;Kiefer,不能放弃还是多余? 第 26 页。

1. 在有意识的划清和私营台的界限的情况下,对节目委托加以定义和具体化。

2. 形成达到目标的策略和检查节目委托。

3. 促进有不同企业文化和身份的商业性的广播电视。

4. 优化复杂的环境关系和保障充足的观众接受度的市场措施。

5. 在共同福祉的意义上提供充分的内容产品和服务。

6. 贯彻提升广播和电视商业性的措施。

这个目录的几个点(3、5 和 6)至少已经部分的得到实现,其他的已经引起有关方面的兴趣(2)。但是关键的一点是,公共广播电视能在有意识的划清和私营台的界限的情况下,对节目委托加以清晰的定义和具体化(第 1 点)。

放弃普通的和几乎没有具体化的基本供应委托给出太少的根据,让公共广播电视体制对于政治和社会体制的重要性和通过一个运转正常的公共广播电视履行相应的任务变得透明。

另一个关键的一步是,把这些面向公民但是也面向政治体制的任务更清楚的商业化(4)和产生一种相应的合法身份。

在媒介体制细分的信息社会时代,只有通过对职能的持续描述和交流,才能长久保障公共广播电视的未来和在经济急速发展并出现新的节目供应者的情况下履行其重要的社会和政治任务。

因为长远而言,公共广播电视要依赖于"收费接受度",如果接受度继续下降,那么公共广播电视体制至少以目前的形式和宽度不能继续存在。令人惊讶的是,公共广播电视在这个方面当目前为止表现得很谨慎,尽管它——如同本次研究所表明的——大部分履行了在基本供应具体化过程中形成的职能。在这里 BBC 可以部分的作为榜样。到目前为止 ARD 和 ZDF 首先实现了作为交流工具的网站展示。但是这样做还不够:在"注意力"成为紧缺商品的时代,在其媒体(印刷、海报、互联网等)也必须为赢得它而努力。在此我们描述公共广播电视的长处和原本任务。

公共广播电视必须清楚地明白,其证实和维持地位的机会正在于当数字化而引起未来的节目数量爆炸时,必须强调和基本供应委托相关的职能和任务、强调"质量标准而不是成绩标准"[1],因为在竞争变得如此激烈的自由电视市场,公共广播电视首先能够通过内容的质量和制作以及履行其他机构不愿制作

---

[1] Bonfadelli/Meier/Schanne,公共广播电视和文化,第 28 页。

的节目和任务使其身份合法化。这个任务必须以清楚的职能委托的形式成为
自己行动的指导方针,并由公共领域、国家、媒体、经济和文化界进行相应的沟
通,以便达到持久的社会接受和合法化。只有如此才能长久地保障公共广播电
视,继续为政治交流和为一个运转正常的政治公共领域作出重要贡献。

2　进一步的研究需要

如果人们详尽和深入的研究这个题目,会获得新的认识和见解。但是也会
出现在研究这个问题之初看不到而没有提出或者只是轻微提出的新问题。人
们也常常认识到,由于这个问题的现实性而几乎没有做任何的研究工作。由于
这个题目对于政治的意志和意见形成很重要和公共广播电视的讨论的社会政
治迫切性和感染性,在这里简短描述一下出现的几个问题和研究不足。媒介学
和政治学感兴趣的一个问题是,作为第二套综合节目的 ZDF,鉴于成本情况,在
多大程度私有化或者部分私有化,而不影响它履行与基本供应相关的功能。这
个问题在本文职能提出来,却不能回答。因此,研究和演示带有公共委托的私
有化了的 ZDF 作为其他公共节目的补充的模式——如英国的 Channel 4——将
非常有启发意义。这个模式的优点在于明显的成本和收费下降。

正鉴于在电视里对政治的介绍的质量和数量,节目供应的未来发展问题将
得不到解决。现在可以观察到,公共台的综合节目和私营台的综合节目特别是
在黄金时间出现趋同的趋势。因此在将来需要研究,这种由“私营台引导的娱
乐渲染和包装政治的趋势”[①]如何和怎么持续,并且“传统的”政治描述格式,如
电视政治杂志将在多大程度上被排挤。如果趋同的趋势加强了并且政治传播
的质量下降,那么就会提出这个问题,是否像英国那样禁止在公共的综合节目
中播放广告。根据目前得到的结果,取消两套综合节目是一种错误的做法。一
再受到批判的还有,公共广播电视机构的在线服务太大并用在线服务推行电子
商务。根据这种代表意见,必须给公共台通过在线服务引导节目收视的可能
性。至于是否应该也对在线服务进行商业上的利用(例如通过这种收入降低收
费),则还需要讨论。有趣的是 Hans-Bredow 研究所提出的一个观点:由于互联
网的内容的不可控性,是否需要(明显)扩大公共台的网上服务并相应的为此宣
传,以便在互联网上提供高质量的政治节目? 由于对传输技术的可期待的会

[①]　Tenscher,电视政策,第 208 页。

聚,使得这个问题在不久的将来会明显赢得重要性。因此,本文中总结的广播电视体制数字化的后果还需要在科学上得到证实。这里还需要预测的是,由于将要出现的节目爆炸和媒介供应在技术方面的趋同是否会根本上改变人们的使用行为,并且这样的一种变化对于公共的广播电视有何种影响。这个科学研究的前提是公共广播电视体制对于政治传播非常重要。

政治学角度看到的一个有趣的问题是,公共广播电视能够或者必须根据它受的委托在多大程度上有助于欧洲的公共领域①建设。受到指责的是,在电视领域很少表述欧洲的机构、程序流程和讨论情况,在报道时遵循的原则同以前一样还是强烈按照国家民族的利益。这里需要搞清楚的是,媒介的表述能在多大程度上促进和支持欧洲公共领域以及欧洲意识的形成。可以设想的是成立一个自己的公共"欧洲地方台",内容和德国国内的地区台第三套节目相似——欧洲地区的问题和主题。比如可以扩建目前报道德国、奥地利和瑞士的(政治)现实事件的 3sat 台或者对其进行结构调整。合理的做法还可以在公共的综合节目中引进纯欧洲的新闻节目。在本文中还对接触到的一个有趣的研究问题是,政治体制和国家在多大程度上需要公共广播电视成为一个有效的政治控制机构。要求运转正常的政治传播意味着"国家对自身的兴趣"②。如果政治体制和其控制效能继续以目前的质量保持不很透明,可以预见到,公民会很强烈的让国家或者政治对不同的缺失负责,也包括对社会的其他职能领域引起的不满负责。这会造成一个后果是,公民会怀疑政策的意义和合理性,并降低对政治活动家的支持。③ 因此政治体制要依靠于对它的意图和动机进行宣传。信息和合法化是民主社会的政治传播的核心任务。传播自己的意图和动机即使有政治关联在一个媒介体制越来越强烈适应媒介逻辑的背景下,也更多的不容易成功。在此意义上需要研究公共广播电视作为为现代(媒介)社会的控制资源的潜能。公共广播电视通过媒介逻辑的转换和播出背景情况报道能有助于改善政治调控吗? 这有可能是公共广播电视除了那么多需要完成的重要的职能之外在 21 世纪的最重要的任务之一。

① 参见 Jürgen Gerhards,在动员公共舆论时的新冲突线:一个个案研究,Opladen 1993。
② Marcinkowski,通过电视和广播进行的政治传播,第 166 页。
③ 同上,第 167 页。

附　件

1. 有关西南广播电视的国家合同

§26 选举和解职台长

(1)台长任期五年,由广播电视委员会和行政管理委员会共同召开会议选举产生。当选者必须获得超过半数的法定代表委员的票数,且其中至少一半的投票是本州的代表委员的。选举最迟在上任台长任职到期前六个月进行,在台长提前解职时需马上进行,最迟在六个月之内完成。允许重新选举。

(2)应行政委员会的建议,广播电视委员会和行政委员会可以共同决定在台长任期内解职台长。对于解职决定需要两个委员会法定委员会的四分之三多数票。台长必须服从决定。

也见:§100 Abs. II,Nr. 1 LPVG(州人员代表法)

(合同文字全文见:http://www.artikel5.de/gesetze/swr-stv.html#Headingl6)

2. 有关在一个统一的德国的广播电视的国家合同

§26 保障电视领域的意见多样性

(1)一个企业(自然人或者法人或者多人协会)可以自己或者通过所属的企业在德意志联邦共和国境内主办不限量的电视节目,除非它获得了根据下列规定的要求的主导地位的意见力量。

(2)如果一个企业所属的节目一年的平均观众份额达到了30%,那么估计就出现了主要地位的意见力量。如果这个企业在与媒介相关的市场上有主导的地位,那么25%的市场份额也被认为是有主要地位的意见力量,或者有关其在电视和媒介相关市场的总体评价表明,这个企业获得媒介影响相当于电视观众份额的30%。在根据第二条计算观众份额时,如果在这个企业所属的观众份额最高的综合节目中根据§25 第4 条,以适当的、至少以目前的程度吸收窗口节目,那么可以从实际的观众份额中扣除两个百分点;根据第五章的规定,如果第三方转播了同样时长的节目,可以继续从实际的市场份额中扣除三个百分点。

（3）如果一个企业所属的节目达到了主导地位的意见力量，那么就不能授予这个企业的所属的其他节目播出权或者购买该企业参与的股份。

（4）如果一个企业所属的节目达到了主导地位的意见力量，州的媒介主管机构建议媒介领域集中度调查委员会（KEK，§35第2款第1条第1号）对该企业采取以下的措施：

①该企业可以放弃它所属的主办者的股份，到该企业所获得的观众份额降到符合第2款第一条的规定界限之下；

②可以根据第2款第2条降低其在媒介相关市场的市场地位或者放弃其在主办机构所属的股份，到符合第2款第2条不再有如果一个企业所属的节目达到了主导地位的意见力量；

③可以根据§30到32，在企业所属的主办者中采取保障多样性的措施。采取该措施的目的是达成一种一致的规定。如果达不成一致，或者在企业和集中度调查委员会之间达成的措施没有在合适的期限内完成，那么州的媒介主管机构在查明情况后可以同该委员会取消该企业所属的诸多节目，直到该企业不再有主导地位的意见力量。选择取消和保留节目由该委员会根据个案的特点斟酌。由于撤销许可证而造成广播电视国家合同第21页的资产弊端得不到保障。

（5）州媒介机构每三年/或者应联邦州的要求出版KEK有关媒介集中的发展和在私营广播电视领域保障言论多样性的措施的报告，主要是考虑到：

①电视和媒介相关市场的交叉；

②不同传播领域的广播电视主办者的横向交叉；

③媒介领域的国际交叉。

报告也应该对于§26到32的运用情况和规定的必要的改变表明立场。

3.有关在一个统一的德国的广播电视的国家合同

§35在保障言论多样性框架内的监管

（1）州的媒介主管结构在发放许可之前和之后要根据国家合同对私营电视台是否遵守保障舆论多样性的规定进行检查并根据合同的相应规定做出决定。

（2）对于任务的完成根据第一款达成了：

①媒介领域集中度调查委员会（KEK）；

②各州媒介机构主任会议（KDLM）。根据第一款，该会议服务于作为完成任务的行政机关的各个联邦州的媒介机构作为完成任务的机关。

（3）KEK由广播电视和经济法的6个专家组成，其中3人必须具有法官的能力。KEK 的成员和两名用于对一名非暂时性缺席的成员代替成员由各州州长任命,任期五年;可以撤回任命。不能被任命的人员包括下列各种机构的成员:欧盟机构、联邦和各州的宪法机关、ARD、ZDF、德国广播台、欧洲电视文化频道"arte"、各州的媒介机构和私营举办者的委员会成员和服务人员,以及和它们直接或者间接根据§28 参与企业的成员。

4.有关在一个统一的德国的广播电视的国家合同

§30 保障多样化的措施

根据在主办者或者企业中保障多样性措施的上述规定,适用如下的措施:

①保障独立的第三方节目的播出时间(§31);

②建立一个节目咨询委员会(§32)。

§31 对于独立第三方的播出时间

(1)根据上述规定的履行保障播出时间的义务而播出的窗口节目,必须在维护主要举办者的节目自主的情况下对于文化、教育和信息领域的节目的多样性做出额外的贡献。窗口节目的设计必须保持对主要节目的编辑独立性。

(2)窗口节目的长度每周必须达到 260 分钟,其中 75 分钟在 19 点到 23 点30 分之间播出。每周最多 150 分钟的地区窗口节目,其中最多 80 分钟在第 1款所列的播出时间以外的第三段播出时间播出的,可以计入每周播出时间;如果每周播出的地区窗口节目较低,那么可折算的 80 分钟也相应地减少。只有地区窗口节目是在独立编辑的情况下组织制作的,才可以折算。

(合同文字全文的第 2、3、4 点见:http://www.lfk.de/gesetzeundrichtlinien/rundfunk - staatsvertrag/download/RStV6.pdf)

参考文献

Baerns, Barbara – 新闻还是公关工作? 有关媒介体制的影响, Bochum 1985。

Beck, Kurt – 广播电视的社会政治责任; 在: 经济服务。经济政策杂志, 80. 2000 年卷, 第 10 – 13 页。

Bekkers, Wim – 数字时代的电视使用。观众期望和专家观点中的会聚题目, 以荷兰为例; 在: 媒介视角 2/98, 第 83 – 86 页。

Berens, Harald/Kiefer、Marie Luise/Meder, Arne – 二元广播电视体制下的媒介利用的专业化。对于"大众传媒"长期研究的特别评价; 在: 媒介视角 2/97, 第 80 – 91 页。

Berg, Klaus/Kiefer、Marie-Luise – 大众传播 V。Eine 有关媒介利用和媒介评价的长期研究 1964 – 1995, Baden-Baden 1996。

Bethge, Herbert – 基本法保护媒介警察? 在: NJW (新法学周刊) 1995, 第 557 和 558 页。

Bethge, Herbert – 二元广播电视制度下公共电视的法律地位。Baden-Baden 1996。

Bleckmann, Albert – 公共的专栏节目作为基本供应的组成部分? 一份法律鉴定, Berlin 1996。

Boettner, Johannes – 竞技场里的竞技场。城市的公共生活和城市公关工作的陷阱; 在: 新闻学 41, 第 403 和 404 页。

Bonfadelli, Heinz/Meier, Werner A./Schanne, Michael – 公共的广播电视和文化。处于社会使命和经济计算之间的瑞士广播电视公司, Zürich 1998。

Booz Allen & Hamilton, 实验台上的监督: 德国媒介和电信监管面临的挑战。Booz Allen & Hamilton 受贝塔斯曼基金会委托所做的一项研究, Gütersloh 1999。

Braun, Dietmar – 有关国家控制的讨论。概览和平衡。斯图加特大学社会学研究所举办的"政治控制"专题报告会上所做的报告。2000。

Brettschneider, Frank - 议程设置。研究水平和政治结果；在：Jäckel, Michael/Winterhoff-Spurk, Peter(出版人)，政治和媒体，Berlin 1994，第 210 - 219 页。

Brettschneider, Frank - 公共意见和政治。有关德国联邦议会 1949 年到 1990 年见对社会意见的响应. 经验研究，Opladen 1995。

Bühl, Achim - 数字社会。信息社会的神话和现实，Köln 1996。

Bruns, Thomas/Marcinkowski, Frank - 电视里的政治信息。一项有关新闻和政治信息节目的政治传播变化的纵向研究，Opladen 1997。

Bullinger, Martin - 公共广播电视的任务。通向功能委托的道路。受贝塔斯曼基金会委托的研究，Gütersloh 1999。

Burkart, Roland - 传播学。基础和问题领域。一门跨学科的社会学的轮廓，Köln 1995。

Childs, Harwood L. -Public Opinion. Nature, Formation and Role, Princeton 1965。

后 记

　　本书是国外公共广播电视研究系列丛书之德国卷,由我牵头,组织部分教师共同翻译的,具体承担的翻译工作如下:

　　中国传媒大学外国语学院 修春民:前言,第一、六、七章,通稿并校正全书;山东青年政治学院外语系 温盛妮:第二章;中国传媒大学外国语学院 孙宁宁:第三章;中国传媒大学外国语学院 张世佶:第四、五章。

　　因书中所有涉及"公共广播电视"时"公共"一词的表达在德语中都是用公法(öffentlich-rechtlich)一词,故原书最初译名定为《公法广播电视——一个过时模式? 基础—分析—展望》,考虑到丛书的整体译法及国内的阅读习惯,我们最后定稿时采用了"公共"一词。

　　本书首先由所有参与翻译的老师共同拟定一个总体的翻译要求,然后根据分工分头翻译;初稿完成之后由我本人承担了第一轮的统稿工作;最后,由北京第二外国语学院的李继东老师负责定稿。尽管我们已经尽力,但由于本书是一部理论性很强的作品,翻译作品中可能存在的理解或者汉语表达不到位的缺点、错误在所难免,肯请读者不吝赐教,以便再版时修订。

　　最后,由衷地感谢中国传媒大学副校长胡正荣教授的支持。胡校长的鼎力支持是本书的翻译工作得以启动和顺利完成的第一因素,没有他的支持就不可能有本书。我也要感谢出版社的编辑老师们的悉心校对,她们的认真负责给我留下了难忘的印象。

　　最后,祝参与该书工作的各位老师身体健康、工作顺利。

修春民

2010 年 12 月